Zutrauliche Teilhabe
Thomas Mann über Goethe

Herausgegeben von
Wolfgang Mertz

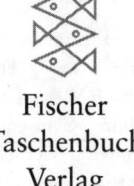

Fischer
Taschenbuch
Verlag

Veröffentlicht im Fischer Taschenbuch Verlag GmbH,
Frankfurt am Main, Juli 1999

Lizenzausgabe mit Genehmigung
des S. Fischer Verlags GmbH, Frankfurt am Main
© 1999 Fischer Taschenbuch Verlag GmbH, Frankfurt am Main
Gesamtherstellung: Clausen & Bosse, Leck
Printed in Germany
ISBN 3-596-13986-4

Inhalt

Vorbemerkung 9

Erstes Hauptstück
Phantasie über Goethe 17

Zweites Hauptstück
Vor-Bild, Ur-Bild, Über-Bild 61
Weltgröße als Kind der Bürgerlichkeit 95
Aller Dinge Ursprung 118
Vergeistigung des Politischen 149
Sittliche Kultur 173
Weil die Poesie ein Gemeingut
der Menschheit ist 208
Das Genie kann nicht normal sein 229
Ein Bund wechselseitiger Bewunderung:
Goethe und Schiller 242

Siglenverzeichnis 259
Anmerkungen 261
Verzeichnis der erwähnten Werke
Thomas Manns 317
Verzeichnis der erwähnten Namen,
Personen und fremden Werke 320

„Vergleiche dich! Erkenne, was
du bist!"

(Goethe: Tasso)

Vorbemerkung

Es ist kaum zu bestreiten, daß Goethe an seinem zweihundert-
fünfzigsten Geburtstag im kulturellen und gesellschaftlichen
Leben dieses Landes wenig präsent ist und daß Thomas Mann
fünfundvierzig Jahre nach seinem Tod eine Popularität genießt
wie eh und je, die germanistischen Seminare füllt und von den
Editionsphilologen so umsorgt wie von den Lesern aller Alters-
stufen geschätzt wird.

Wer mag sich an 1949 erinnern, als Goethe das Unterpfand
für die geistige Einheit des geteilten Deutschland war – so
wurde Thomas Manns Auftritt in Frankfurt und Weimar empfunden –, wem ist gegenwärtig, wie Thomas Mann 1932 beim
hundertsten Todestag im Zeichen Goethes auf die im Bürgerlichen liegenden grenzenlosen Möglichkeiten unbeschränkter
Selbstbefreiung und Selbstüberwindung verwies und seine völ-
kisch gesinnten Kollegen es ihrerseits eilig hatten, Goethe, den
Weltbürger, als »Heimatkünstler«, so E. G. Kolbenheyer, für
die erhofften neuen Ordnungen zu reklamieren. Und heute?
Ein Kultusminister mag sich Abiturienten vorstellen, die den
›Faust‹ nicht kennen, wenn sie nur überhaupt einen Text der
Klassik gelesen haben; Weimar wird Kulturstadt Europas und
dupliziert das Gartenhaus; und wird der vollständige ›Faust‹ als
Expo-2000-Artikel mehr sein als ein gigantisches Medienereig-
nis?

Völlig anachronistisch mutet unter diesen Umständen die die
ganze erste Jahrhunderthälfte durchziehende Diskussion an,
wer denn mit welchem Recht die Nachfolge Goethes und die
Rolle des Nationalschriftstellers beanspruchen könne, denn sie
setzt eine unbezweifelte Geltung und Alleinstellung dessen voraus, der da zu ersetzen ist. Tatsächlich hatte die Entfremdung
von Goethe am Ende des 19. Jahrhunderts einer neuen Zu-

wendung Platz gemacht: die Berliner Goethe-Vorlesungen Herman Grimms, publiziert 1877, mögen die Neubewertung eingeleitet haben. 1899 heißt es dann in Stefan Georges ›Goethe-Tag‹: »Doch ahnt ihr nicht dass er der Staub geworden / Seit solcher Frist noch viel für euch verschliesst«, die Philosophen Wilhelm Dilthey und Georg Simmel lieferten Bausteine zu einem neuen, unphiliströsen Goethe-Bild, und für Friedrich Gundolf, den George-Schüler, war Goethe »die größte Einheit, worin deutscher Geist sich verkörpert hat« (so im ersten Satz seines monumentalen ›Goethe‹ von 1916).

Es ging also darum, wer auf Goethes Thron zu sitzen kam. Die Konkurrenz war hart und verschmähte die Mithilfe der Haarkünstler und die Beleuchtungseffekte der Photographen nicht.

Auf der Ebene unruhiger Bewunderung war Thomas Manns Eintragung im Notizbuch 9 von 1908 oder 1909 angesiedelt: »Hofmannsthal betrachtet sich ohne weiteres als eine Art Goethe.« Schon damals bildete er für Thomas Mann das maßgebliche Kriterium bei der Einschätzung der Lebenden und der Toten (und der eigenen Arbeiten): »Was Keller über Fontane erhebt, ist seine Goethe-Nachfolge«, und Stifter, der die »deutsch-böhmische Abwandlung des Goethischen Kunstgenius« darstellt, muß sich die Bemerkung gefallen lassen, daß »ich mit mehr Recht als er von mir sagen kann, daß ich von ›Goethes Familie‹ bin«.

Der Wettstreit mit Gerhart Hauptmann, »der sich offen bemühte, auch die Physiognomie des Alten von Weimar zu bekommen« (Peter von Matt), wird gerne dramatisiert: Der Zürcher Germanist spricht von Hauptmanns »geradezu diabolischer Vernichtung« durch das Mynheer-Peeperkorn-Portrait im ›Zauberberg‹. Den drei Kapiteln und einer Bemerkung über die »kleinen und blassen, recht ungoethischen Augen« von Hauptmann in ›Die Entstehung des Doktor Faustus‹ stehen allerdings einige Zeilen später die Worte entgegen, daß bei der Nachricht von seinem Tod Thomas Manns Trauer sich von dem Gefühl nährte, »daß wir bei aller Verschiedenheit unserer Naturen, und wie weit Leben und Geschehen uns auch auseinandergeführt, etwas wie Freunde gewesen waren«.

Weit weniger spektakulär ließ sich der Vergleich mit Hans Carossa an, der wie kein anderer Autor der ersten Jahrhunderthälfte »sein eigenes Leben und Schaffen unter Goethes Gesetz gestellt hat« (Hans Wysling). Aber das geschah unter dem Signum unbedingter Verehrung, während bei Thomas Mann die Auseinandersetzung mit Goethe zunächst der Vergewisserung seiner selbst und der Legitimation seines Schaffens galt, so daß in vielen Niederschriften mehr über Thomas Mann als über Goethe zu erfahren ist. »Die Verschmelzung mit der Vater-Imago« mußte notwendig auch die dunklen und problematischen Seiten Goethes berücksichtigen, ehe ein Brief von 1943 den Erfolg aller Bemühungen um Goethe bekennen konnte: »Wie es mir auf die Dauer gelungen ist, die Goethe-Assoziation herauszurufen und andere, gleich mir selbst, in meinem Leben und Werk einen persönlich geprägten Beitrag zur Unsterblichkeit Goethes erblicken zu lassen.«

Die Zweifel an der eigenen Position in Literatur und Gesellschaft, die Lust zu repräsentieren und ein stark entwickeltes didaktisches Talent, das seine Bühne, sein Publikum und eine allseits verehrte Bezugsperson brauchte, das alles kann nicht hinreichend den Prozeß der Identifikation mit Goethe erklären. Man muß jetzt, am Ende des Jahrhunderts, auch vor Augen haben, daß Thomas Mann sich als Kind des 19. Jahrhunderts begriff, dessen Ehrenrettung er nimmermüd betrieb; daß er dreiundvierzig Jahre nach Goethes Tod auf die Welt kam und daß sein Großvater, Johann Sigmund Mann der Jüngere, im 18. Jahrhundert geboren wurde und fünfunddreißig Jahre seines Lebens mit Goethe teilte. So beweist der Brief des zwanzigjährigen Thomas Mann an den Schulfreund Otto Grautoff – siehe Seite 61 – trotz eines ironischen Schlenkers eine unverbrauchte zeitliche Goethe-Nähe.

Von diesem Fragment bis zum Brief an die Familie Michael Mann aus dem Kantonsspital Zürich (9. 8. 1955) spannt sich der Bogen der hier versammelten Texte und Zeugnisse. Wie tief und nachhaltig die »Götter« seiner Jugend: Schopenhauer, Wagner, Nietzsche, auf Thomas Mann gewirkt haben mögen – mit hohem Respekt sei hier auf die neue, von Hans Rudolf Vaget besorgte Ausgabe ›Im Schatten Wagners‹ hingewiesen –, es ist doch Goethe, dem er sich mit nie nachlassendem Entzükken und zunehmender Kennerschaft zugewandt hat: »Ja, ich habe ihn geliebt von jung auf … Es gab kein Vorbild in der Geisteswelt, in dessen Anblick ein solches Vertrauen, eine solch rückhaltlose Hingabe, ein so tiefes Einverständnis möglich gewesen wäre wie hier … das eigene Wesen ins Vollkommene projiziert.« Selten, daß er die Exzellenz zu bekritteln wagte, aber die Mißbilligung Kleists wurde ihr fast nicht verziehen – eine Ausnahme. Wohl war Thomas Mann versucht – nachzulesen auf den Seiten 175 f. –, sein Vorbild auch in schlimmer, ja peinlicher persönlicher Verstrickung darzustellen, er schrieb dann aber doch den ›Tod in Venedig‹ und beließ es dabei, Goethes Marienbader Abenteuer und die ›Elegie‹ mitleidend zu bewundern.

Natürlich galt Thomas Manns Teilhabe nicht allen Kontinenten des Goethischen Kosmos in gleichem Maß – T. J. Reed meinte sogar, daß ihn Goethes Werk nicht sonderlich interessierte: »Für seinen Zweck genügte, daß Goethe ein Künstler war und er auch einer ist. Das garantiert ihm, daß ihre Erfahrungen von verwandter Art sind und daß er intuitiven Zugang zu Goethes Leben und inneren Problemen hat.« Dennoch: Er beschäftigte sich anläßlich der Princetoner Vorlesungen nachhaltig mit ›Faust‹ und ›Werther‹, schrieb über ›Die Wahlverwandtschaften‹ als »höchste Dichtung in ihrer Einheit von Gestalt und Gedanke«, während er das biographische Material der ›Biedermannschen Gespräche‹ für ›Lotte in Weimar‹ zu Rate zog. Und ›Der Zauberberg‹ verknüpfte sich verständlicherweise mehr mit ›Wilhelm Meister‹ als mit den botanischen Schriften.

Thomas Manns »Goethe-Protokolle« in jedwelcher Form sind ein unvergleichlicher Führer zu und durch Goethe: spontan, begeistert, wortmächtig, zitierfroh. Zugleich spiegeln die großen Aufsätze und die Aperçus der Briefe und Tagebücher den ganzen Thomas Mann, seine Lernbegier im Verkehr mit großen Gelehrten, seine Lieben und Abneigungen, Zweifel und Nöte, sein Verhältnis zur Geschichte, zu Deutschland, zu sich selbst – Leiden und Größe des Meisters.

›Zutrauliche Teilhabe‹ versteht sich als eine Art Doppelbrevier und gliedert eine Auswahl aus der Fülle der Goethe-Bekundungen von Thomas Mann nach Themen; innerhalb der einzelnen Kapitel sind die Texte in der Regel chronologisch aufgeführt. Die Zuordnung der Auszüge aus größeren Werken – wie ›Betrachtungen eines Unpolitischen‹ –, aus Reden und Aufsätzen auf die jeweiligen Teile kommt manchmal nicht ohne Willkür aus, denn fast jede Äußerung bezieht weitere Felder ein, und Kunst und Politik, Literatur und Mythos, Geschichte und Gesellschaft, Privates und Öffentliches lassen sich nicht sauber trennen.

Vollständigkeit aller mit Goethe befaßten Stellen wurde nicht erstrebt. Das Fischer Taschenbuch ›Thomas Mann, Goethe's Laufbahn als Schriftsteller. Zwölf Essays und Reden zu Goethe‹ legt die kompletten Texte der offiziellen Bekundungen vor, verzichtet auf Briefe und Tagebücher und nimmt bewußt Überschneidungen und Wiederholungen in Kauf. Die thematische Gliederung und die Zuweisung von einzelnen Abschnitten einer größeren Arbeit an verschiedene Kapitel in ›Zutrauliche Teilhabe‹ sucht Verdoppelungen zu vermeiden, sie läßt aber Raum für Nuancen und Schattierungen inhaltlich gleicher oder ähnlicher Aussagen.

›Lotte in Weimar‹ – »eine deutsche Merkwürdigkeit edlerer Art« (Thomas Mann an Agnes Meyer) – war als Sonderfall zu berücksichtigen: »Genius von Genius gesehen und wieder hergestellt in Leib und Seele« (Agnes Meyer an Thomas Mann). Der Goethe-Roman ließ sich nicht als Quelle benutzen: kaum überschaubar ist die Zahl der offenkundigen, der verdeckten und der erfundenen Zitate; jede Auswahl, wie immer begründet, würde den Rahmen dieser Zusammenstellung sprengen. Die Fatalitäten, beinahe politische Verwicklungen, die sich aus Thomas Manns Mischtechnik ergeben können, sind auf den Seiten 142 f. dieses Buches dokumentiert.

Zur Einstimmung setzt der Band mit einem ungekürzten Essay ein, der, 1948 für den amerikanischen Verlag Dial Press geschrieben, in einem großen Wurf die Summe der Eindrücke und Erfahrungen Thomas Manns zieht: ›Eine Phantasie über Goethe‹. »Hier gewinnt die als selbstverständlich geltende künstlerische Anziehung Goethes überwältigenden Ausdruck« (Max Rychner).

Thomas Mann hat einmal eine Sammlung älterer Arbeiten »eine Gabe für nähere Liebhaber« genannt. ›Zutrauliche Teilhabe‹ will für Goethe und seinen »Erben« Liebhaber gewinnen. Das letzte Wort gebührt dem alten Goethe: »Man liest viel zu viel geringe Sachen, womit man die Zeit verdirbt und wovon man weiter nichts hat. Man sollte eigentlich immer nur das lesen, was man bewundert ...«

Der Herausgeber trägt mit diesem Taschenbuch auch eine Dankesschuld ab: Bei meinem Schwiegervater, Max Rychner, der mir ein Leben unter dem Goethe-Gestirn vorgelebt hat, und bei Hans-Otto Mayer, meinem buchhändlerischen Lehrherrn in Düsseldorf; vor dem Dombau seiner Thomas-Mann-Sammlung erfuhr ich, welche Erfüllung der uneigennützige Dienst an *einem* Autor schenkt.

Frankfurt am Main, im Frühjahr 1999
Wolfgang Mertz

Erstes Hauptstück

Phantasie über Goethe
(1948)

Das Kind, das am 28. August 1749, da die Uhr Mittag schlug, in einem Frankfurter Bürgerhause von einer achtzehnjährigen Mutter unter großen Anstrengungen geboren wurde, war schwarz und schien tot. Es schien das Licht nicht zu sehen, den Lebensweg, der dann so lang und weit führend, so reich umblüht, so gesegnet-mühsam, so menschlich erfüllt, so musterhaft werden sollte, gar nicht erst antreten, sondern vom Mutterleibe sogleich zur Erde kehren zu sollen. Geraume Zeit währte es, bis die Großmutter hinterm Bett hervor der seufzenden Wöchnerin zurufen konnte: »Elisabeth, er lebt!« Es war ein Ruf von Frau zu Frau, animalisch frohe, häusliche Nachricht, nichts weiter. Und doch hätte er der Welt, der Menschheit gelten sollen, und doch hat er noch heute, nach zwei Jahrhunderten, vollen Freudengehalt und wird ihn wahren durch alle kommenden: Solange es Leben und Liebe geben wird auf dieser Erde, solange das Leben sich selber liebt, seiner süßen Not nicht müde wird, sich nicht im Überdruß von sich wendet, wird dieser Frauenruf, der ahnungslos große Verkündigung war, dauern und klingen: »Er lebt!«

Dem Menschenkinde, das damals so schwer, bereits erstickt, dem dunklen Schoß entbunden wurde, war ein ungeheuerer Lebensbogen vorgeschrieben, es war ihm beschieden, in mächtigem Aushalten ein wahrhaft kanonisches Leben zu führen, gewaltige Kräfte des Wachstums und der Erneuerung zu entfalten, das Menschliche ganz zu erfüllen und eine Majestät der Existenz zu gewinnen, vor der Könige und Völker sich beugten, und deren natürliche Entstehung er selbst wohl einmal, nicht ohne Feierlichkeit, zum Gegenstand seiner Untersuchung machte. Dreiundachtzig Jahre nach jener Sommer-Mittagsstunde seiner Geburt – Massen von Geschichte hatten sich

17

unterdessen vorbeigewälzt und seinen Geist bestürmt: der Siebenjährige Krieg, der Unabhängigkeitskampf Amerikas, die Französische Revolution, Aufstieg und Fall Napoleons, die Auflösung des Heiligen Römischen Reiches, der Jahrhundertwechsel mit seinen physiognomischen und atmosphärischen Weltverwandlungen, der Anbruch des bürgerlichen, des Maschinen-Zeitalters, die Juli-Revolution – steht der alles überlebende Greis, schneeweiß und starr, um die Pupillen wunderliche Altersringe, die seinen braunen, nahe beisammenliegenden Augen etwas Vogelhaftes verleihen, – steht er an dem Pult seines absichtlich unbequem gehaltenen Arbeitszimmers zu Weimar, in dem Haus, das längst zu einer Wallfahrtsstätte der menschlichen Verehrungsbedürftigkeit geworden, und schreibt seinen letzten Brief, schreibt in sklerotischer Träumerei und klarer Betrachtsamkeit an einen alten Freund, den Sprachforscher und Staatsmann Wilhelm von Humboldt in Berlin:

»... Das beste Genie ist das, welches alles in sich aufnimmt, sich alles zuzueignen weiß, ohne daß es der eigentlichen Grundbestimmung, demjenigen, was man Charakter nennt, im mindesten Eintrag tue, vielmehr solches noch erst recht erhebe und durchaus nach Möglichkeit befähige ... Die Organe des Menschen durch Übung, Lehre, Nachdenken, Gelingen, Mißlingen, Fördernis und Widerstand und immer wieder Nachdenken verknüpfen ohne Bewußtsein in einer freien Tätigkeit das Erworbene mit dem Angeborenen, so daß es *eine Einheit hervorbringt, welche die Welt in Erstaunen setzt.* – Treu angehörig J. W. v. Goethe.«

Großartige Naivität, naive Großartigkeit der Selbstschau! Sie hat etwas Kindliches und Dämonisches, etwas Entzückendes und Schaudererregendes zugleich. Siebzehn Jahre früher schon, er steht damals in später, dichterisch zweckhafter, jedenfalls dichterisch fruchtbarer Liebesleidenschaft zu einer ganz jungen, eben verheirateten Frau, Marianne von Willemer, der Suleika des ›West-östlichen Divan‹ – aber seine letzte Passion ist es durchaus nicht, die überwältigt ihn gar erst mit vierundsiebzig, als Seine Exzellenz, der rangälteste Staatsminister des Großherzogtums Sachsen-Weimar und weltberühmte Dichter, in Marienbad noch einmal zum Tanzsaal-Löwen und Seladon wird, liebelt und liebt, scharmutziert und schnäbelt und durchaus eine siebzehnjährige Mädchenblüte heiraten will, woraus aber nichts wird, da die Seinen sich dagegen in Positur setzen und auch die Kleine es doch lieber nicht möchte, übrigens *ohne dann je einem anderen sich zu vermählen* –, mit sechsundsechzig also, über beide Ohren verliebt und unter den Augen des wohlwollenden Gatten schwärmerisch wiedergeliebt, gibt er im Gedicht ein Bild seiner Existenz, das ähnlich berührt und erschüttert wie die Wendung von der in Erstaunen gesetzten Welt. Er reimt:

Nur dies Herz, es ist von Dauer,
Schwillt in jugendlichstem Flor,
Unter Schnee und Nebelschauer
Rast ein Ätna dir hervor.

Du beschämst wie Morgenröte
Jener Gipfel ernste Wand,
Und noch einmal fühlet Hatem
Frühlingshauch und Sommerbrand.

Der rasende Ätna ist eine poetische Übertreibung. Wie ich ihn kenne, hat sein Herz nie für eine Frau vulkanisch gerast; er war überhaupt gegen das Vulkanische, auch wissenschaftlich. Aber: »jener Gipfel ernste Wand« – welche Mächtigkeit, welche durchaus nicht prahlerische, sondern ruhig und wahrheitsgemäß beschreibende Erhabenheit der Selbstempfindung! Von sich zu sagen, von sich sagen zu dürfen: Ich gleiche einem gewaltigen, hoch gipfelnden Bergmassiv, ehrfurchtgebietend, unzugänglich und abweisend in seinem steilen Ernst, doch zärtlich beschienen von einer Lieblichkeit, die grimme Größe nicht scheut, sondern sogar zu allererst sie küßt, verklärt, beschämt – von der Morgenröte!
Dabei ist dem nichtdeutschen Leser das Folgende bemerk-

lich zu machen. Die Struktur des Gedichtes verlangt auf dies Wort »Morgenröte« im übernächsten Vers einen Reim, der orientalische Name Hatem aber, mit dem das innere Ohr abgespeist wird, ist kein solcher, der schelmisch versagte Reim, den das Ohr jedoch unwillkürlich, zugleich erheitert und erschrocken, vollzieht und vollziehen soll, ist der wirkliche Name, ist *Goethe,* – dies merkwürdige, heute nicht mehr vorkommende Sippenschild, welches, nachdem viele Schwache, Gleichgültige es getragen, durch den Einen, Späten, durch eine unvergleichliche Kraft, Erworbenes mit Angeborenem zu verbinden, zu einem Palladium der Menschheit, zum Namen für ganze Welten der Kunst, Weisheit, Bildung, Kultur geworden ist und nach der Sinnentwicklung, die er durchgemacht, an den Cäsar-Namen erinnert, – dieser Name, in dem das Nordisch-Gotische (denn von »Gothe« kommt er doch wohl), das Barbarische also, durch den flötenhaften Umlaut ins Musische geläutert ist, und den sein Träger mit tiefem Gefühl auf das Holdeste reimt, was die sinnliche Welt zu bieten hat: auf die Morgenröte.

Wir haben da eine Art von großartigem Narzißmus, eine Selbsterfülltheit, viel zu ernst und um Selbstvervollkommnung, Steigerung und »Cohobation« des Gegebenen bis ans Ende bemüht, als daß ein Wort so kleinen Sinnes wie Eitelkeit dafür brauchbar wäre, – eine tiefe Freude am Ich und seinem Werden, der wir ›Dichtung und Wahrheit. Aus meinem Leben‹, die beste und jedenfalls liebenswürdigste Autobiographie der Welt verdanken, einen Ich-Roman, der in unbeschreiblich angenehmem Tonfall darüber unterrichtet, wie ein Genie sich bildet, Glück und Verdienst nach irgendwelchem Gnadenbeschlusse sich unauflöslich verketten, eine Persönlichkeit unter der Sonne höherer Gunst sich entfaltet ... Persönlichkeit! Goethe hat sie »das höchste Glück der Erdenkinder« genannt, aber was sie eigentlich ist, welche Bewandtnis es mit ihr hat, worin ihr Geheimnis besteht – denn ein Geheimnis ist es mit ihr –, das hat auch er nicht gesagt und erklärt, – wie er denn, bei aller Liebe zum treffenden, das Leben genau aussprechenden Wort, überhaupt nicht der Meinung war, daß alles gesagt und erklärt werden müsse. Gewiß ist, daß wir mit diesem Wort, diesem Phänomen »Persönlichkeit« die Sphäre des bloß Geistigen, Vernünftigen, Analysierbaren verlassen und eintreten in eine Sphäre des Natürlichen, Elementaren, Dämonischen, welches »die Welt in Erstaunen setzt«, ohne weiter der Erörterung zugänglich zu sein.

Der erwähnte Wilhelm von Humboldt, ein äußerst kluger Mann, erklärte wenige Tage nach Goethe's Tode: Das Merkwürdige sei, daß dieser Mensch gleichsam ohne alle Absicht, unbewußt, bloß durch sein Dasein so mächtigen Einfluß geübt habe. »Es ist dies«, schrieb er, »*noch geschieden* von seinem geistigen Schaffen als Denker und Dichter, es liegt in seiner großen und einzigen Persönlichkeit.« – Da sieht man, daß dieses Wort ein bloßer sprachlicher Notbehelf für etwas der Sprache nicht Zugängliches ist, für eine Ausstrahlung, deren Gründe nicht im Geistigen, sondern im Vitalen zu suchen sind: sie muß die höchste Aufmerksamkeit erregende, höchste Anziehungskraft übende Wirkung einer besonderen, intensiven und mächtigen, aber nicht groben, nicht einfachen, aus Kraft und Infirmität eigentümlich gemischten Vitalität sein, deren Zustandekommen ein Laboratoriumsgeheimnis der dunkel schaffenden Natur ist.

Ein Stammesblutwerk läuft da durch die Jahrhunderte deutschen Lebens, zufällig, unbeachtet, gewöhnlich, mit welchem die Allmutter gewiß kein Ziel verfolgt, das aber dem Effekt nach eines hat: den Einen. »Denn es erzeugt«, wird dieser seine Iphigenie sagen lassen,

> – denn es erzeugt nicht gleich
> Ein Haus den Halbgott, noch das Ungeheuer;
> Erst eine Reihe Böser oder Guter
> Bringt endlich das Entsetzen, bringt die Freude
> Der Welt hervor.

Den Halbgott und das Ungeheuer, will sagen: den Unmenschen, – er denkt das zusammen, er nimmt das eine fürs andere und weiß, daß es ohne einiges Entsetzen in der Freude, ohne das Ungeheuer im Halbgott nicht abgeht. In kühler Prosa sagt er: »Erhalten Geschlechter sich lange, so kommt es, daß, ehe sie aussterben, ein Individuum erscheint, das die Eigenschaften seiner sämtlichen Ahnen in sich begreift und alle bisher vereinzelten und angedeuteten Anlagen vereinigt und vollkommen ausspricht.« – Das ist sauber formuliert und lehrhaft bemerkt, den Menschen zu besserer Kenntnis, Wissenschaft der Natur, besonnen abgezogen vom eigenen, nicht geheueren Sein. Wie kam und ging es aber? Wie mischte es sich heran? Sehr unterderhand, sehr unscheinbarerweise. Da kreuzen und gatten die Sippen sich, die Handwerker, Hufschmied- und Metzgergeschlechter, und der aus Nachbarlandschaft zugewanderte Gesell freit nach Brauch die Meisterstochter, die gräfliche Lakai- und Sartorsdirn kopuliert sich dem geschworenen Landvermesser oder studierten Amtswalter, – ein Quodlibet harmlosen, auf Tod und Geburt sich wiegenden Lebens, das nach nichts aussieht, oder allmählich nach Besitz und Bildung, städtischer Wohlgeborenheit und Patriziertum, Schultheißenwürde auszusehen beginnt, – wie nämlich die Lindheimers sich mit den Textors, einem aus Süddeutschland in Frankfurt eingewanderten Geschlecht, und diese mit den Goethe's sich versippten, die nördlicher, in der Gegend zwischen Thüringer Wald und Harz, ihren Ursprung hatten.

Ich glaube, daß das Lindheimer'sche Blut, zu Hause ganz nahe dem römischen Limes, wo antikes und Barbarenblut von je zusammenfloß, das beste, gesundeste und glücklichst bestimmende Element im Wesen des großen Dichters war: das Erbe von seiner Mutter Mutter, der Lindheimerin, verehelichten Textor, einer rüstig-schlichten, braun-handsamen Weibsnatur. Von ihr hatte er, den Bildern zufolge, Stirn, Kopfgestalt und Mund, die Italieneraugen, den mittelmeerländischen Teint, von dieser Seite gewiß das Klassische, das Verlangen nach Form und Klarheit, Geist, Ironie und Anmut, die eigentümliche, oft kritisch degoutierte, oft zornige Distanz zum Deutschtum, das doch, als derb-mythische Volkstümlichkeit, als Hans-Sachs- und Luther-Mitgift, auch wieder sehr mächtig in ihm war, so daß man sagen kann, nie sei die kühle und souveräne Beurteilung des Deutschen aus deutschem Gemüte gekommen, nie habe es ein deutscheres Anti-Barbarentum gegeben ...

Im übrigen sah es in der Familien-Kombination, die bestimmt war, das Phänomen, den Halbgott, hervorzubringen, biologisch nicht gar vielversprechend aus. Sein Großvater väterlicherseits, der Schneidermeister Friedrich Georg Goethe, war offenbar im Alter nicht ganz bei Troste. Aus zwei Ehen hatte er elf Kinder, die zumeist schon in zartem Alter starben. Von den dreien, die ihn überlebten, war der Älteste eindeutig geisteskrank und starb mit dreiundvierzig in Verblödung. Des Dichters Vater, Johann Kaspar, war von den elfen das zehnte, ein spätes Kind betagter Eltern. Es war ihm anzumerken. Jurist und »Kaiserlicher Rat« nach seinem erkauften Titel, war er ein sonderbar übelnehmerischer, unverträglicher Mann, ein moroser, berufsuntätiger, sammeleifriger Eigenbrötler und lastender Pedant, ein querulierender Hypochondrist, dem jeder Luftzug die mühsame Ordnung störte. Ihn heiratete mit siebzehn Jahren, halb so alt wie er, Elisabeth, des Schultheißen und der Lindheimerin fröhliche Tochter, – nicht eben zu ihrem Glück, denn ihre besten Jahre verbrachte sie als Diakonissin eines dekrepiten Tyrannen. Ihr Erzeuger, Johann Wolfgang Textor, muß eine »Frohnatur«, wie Goethe das Mütterchen nannte, auch wohl gewesen sein, zum mindesten in seiner Jugend, – will sagen: ein Lebemann und waghalsiger Frauenjäger, manchmal von ergrimmten Gatten schmählich ertappt, dabei aber – seltsame Mischung: – ein Wahrträumer, der Gabe der Weissagung teilhaftig und im Alter (er wurde an achtzig) desto ernster, wortkarger, strenger und gemessener, je bunter er es in der Jugend getrieben. Seine letzten Jahre verbrachte er geistesschwach im Krankenstuhl.

Elisabeth, die Rätin Goethe, kam sechsmal nieder, davon viermal nur für den Tod. Sie traten, diese Geschwister, nach wenig Tagen gleich wieder zurück ins Dunkel, und nur eine Schwester überlebte mit Wolfgang die frühesten Tage: Cornelia, ein unglückselig-herbes, neurotisch-hautleidendes, auf Erden bitter-fremdes Geschöpf, frigid, halb-männlich, zur Äbtissin, wie ihr Bruder meinte, eher geschaffen als zur Ehe, mit der sie's doch versuchte, nur um im verhaßten Kindbett elend umzukommen. Er lebte, er allein, und lebte für Sechse, so möchte man sagen, obgleich er nicht immer über die Lebenskräfte gebot, um die die anderen zu kurz gekommen waren und die er in metaphysischer Habsucht an sich gezogen.

Einer seiner Enkel, die Schatten nur noch von Menschen waren, pflegte in melancholischer Selbstverspottung zu sagen: »Was wollen Sie, mein Großvater war ein Hüne, und ich bin nur ein Hühnchen.« Anfällig aber war der Hüne. Eine jahrzehntelange latente Tuberkulose scheint sich durch sein gewaltiges Leben zu ziehen, denn als Student in Leipzig, wo er schlecht Maß gehalten, aus Übermut einmal und einmal aus Weltschmerz gegen seine Gesundheit getollt hatte, erlitt er einen Blutsturz, kehrte als ein gebrochener Jüngling (übrigens auch ohne alle Studienerfolge) ins bitter enttäuschte Elternhaus zurück, – und dem Einundachtzigjährigen stößt nach dem Tode seines unseligen Sohnes wieder eine schwere Lungenblutung zu: unglaublich zu sagen, der Greis verliert, eingerechnet den Aderlaß, den man für angezeigt hielt, fünf Pfund Blut – und ersteht davon, um in straffer Arbeit, durch »Vorsatz und Charakter« ersetzend, was die »freiwillig tätige Natur« nicht mehr leisten wollte, den noch fehlenden vierten Akt des ›Faust‹ zuwege zu bringen.

Der Jüngling, von langwierigem Siechtum genesen, das ihn wiederholt an den Rand des Grabes gebracht hatte, – der zwanzig- bis dreiundzwanzigjährige Goethe in Straßburg, wo er, unter vielen, teils phantastisch-geheimwissenschaftlichen, teils poetisch-schöngeistigen Abweichungen vom juristischen Fach, weiterstudiert, in Wetzlar an der Lahn sodann, wo er als »Lizentiat« (oder auch »Doktor«) der Rechte am Reichskammergericht praktiziert (in Wirklichkeit aber gar nichts tut als lieben, leiden, schwärmen, faulenzen und sich das innere Wachstum gönnen) – dies ständig hintenausschlagende Vollblut-Füllen und Genie im Puppenstande muß einen teils zu ärgerlichem Lachen reizenden, teils bezaubernden, bei alt und jung, groß und klein Liebe erweckenden Eindruck gemacht haben: einen ärgerlichen durch hundert Affereien in Kleidung und Manieren, durch unleidliche »Präsumtuosität« und wilde Unreife, einen entzückenden durch Jugendglanz, hellichte Begabung, eine beinahe schon physisch spürbare, elektrisierende Lebensgeladenheit, dazu durch unbeschreibliche Naivität und die Gutherzigkeit eines von sich selbst und anderen etwas verzogenen, aber lieben Jungen voll besten und reinsten Wollens.

Er war sehr hübsch damals, ein Freund der Kinder und des Volks, das heißt der Natur, dabei »äußerst leicht und spatzenmäßig«, nach Herders Kennzeichnung, »ein junger übermütiger Lord mit entsetzlich scharrenden Hahnenfüßen« – das heißt, wenn er nicht gerade in tiefste Liebesmelancholie, unbändigen Weltschmerz versenkt war und versuchte, sich ein Messer in der Herzgegend täglich ein wenig tiefer ins Fleisch zu stechen. »Ich weiß nicht, was ich Anzügliches für die Menschen haben muß«, schreibt er selbst, »es mögen mich ihrer so viele.« Aber auf ihrer Höhe muß diese »Anzüglichkeit« gewesen sein, als der sechsundzwanzigjährige, schon weit berühmte Verfasser herrlicher Lieder, des ›Götz von Berlichingen‹, des ›Werther‹ und einiger unglaublich frischer und packender Fragmente eines Faust-Gedichtes als Favorit des jungen Herzogs seinen Einzug in Weimar hielt, – vermeintlich zu einem vorübergehenden Besuch, in Wirklichkeit, um dort sein Leben zu verbringen. Wieland, Prinzenerzieher daselbst und ein Mann schon von zweiundvierzig, ist Mundstück der allgemeinen Begeisterung, wenn er kurz nach der Ankunft des Frankfurter Gastes schreibt: »Seit dem heutigen Morgen ist meine Seele so voll von Goethe, wie ein Tautropfen von der Morgensonne.« »Mit einem schwarzen Augenpaar«, dichtet er,

Zaubernden Augen voll Götterblicken,
Gleich mächtig, zu töten und zu entzücken.
So trat er unter uns, herrlich und hehr,
Ein echter Geisterkönig, daher!

So hat sich nie in Gottes Welt
Ein Menschensohn uns dargestellt,
Der alle Güte und alle Gewalt
Der Menschheit so in sich vereinigt!
Der unzerdrückt von ihrer Last
So mächtig alle Natur umfaßt,
So tief in jedes Wesen sich gräbt,
Und doch so innig im Ganzen lebt!

Das laß mir einen Zaubrer sein!
Was macht er nicht aus unsern Seelen?
Wer kann so lieblich ängsten und quälen?
Wer aus der Seelen innersten Tiefen
Mit solch entzückendem Ungestüm
Gefühle erwecken, die ohne ihn
Uns selbst verborgen im Dunkeln schliefen?

Man ermesse nach diesem schwärmerischen Erguß den vitalen
Magnetismus, die in Geist aufflammende Lebensgewalt, die
ausgegangen sein muß von diesem Menschen, als er das Füllen-
und Spatzenstadium schon hinter sich hatte, den tiefen und
schweren Ernst seiner Erdensendung schon ahnte und seine Ju-
gendtollheit nur noch dazu benutzte, dem Übermut des jungen
Souveräns, der ihn liebte, damit zu sekundieren, indem er ihn
unterderhand – und mit Erfolg – zum Ernst, zum Fleiß, zum
Guten anzuhalten suchte.

   Die Übersiedelung nach Weimar, der Eintritt in den Staats-
dienst oder vielmehr gleich in die Regierung eines kleinen Staates war, von außen gesehen, reiner Zufall, – ein Zufall gleichwohl, der einem inneren Lebensplan gehorchte, die Fügung
dessen, was Goethe das »obere Leitende« nannte. Nie nämlich
waren eines Dichters Leben und Werk inniger ineinander ver-

schränkt, untrennbarer einander zugeordnet, so, daß das Werk ganz Erfahrung, Aussprache, lyrisches Bekenntnis war, das Leben dem gleichsam präformierten, vorherbestimmten, aber auf bestimmte Wendungen des Lebens angewiesenen Werke diente. Als Goethe Mitte der siebziger Jahre des achtzehnten Jahrhunderts durch die Vermittlung zweier reisender Edelleute, die ihn verehrten, der Grafen Stolberg, in Karlsruhe die Bekanntschaft des Erbprinzen Carl August machte, war er verlobt mit Lili Schönemann, einer reichen und reizenden Bürgerstochter von Frankfurt, verlobt aus Liebe oder Verliebtheit, ein glücklicher Bräutigam, tief unglücklich in seiner Seele über die werkwidrige Dummheit, die er zu machen im Begriffe war, von schlechtem Gewissen mysteriös gequält ob der bevorstehenden bürgerlichen Festlegung und ehelichen Stillung seines Lebens. Dieses Gewissen drängte, wie schon mehrmals vorher, zur Flucht, und die Reise in die Schweiz, zu der er sich jenen enthusiastischen jungen Adligen anschloß, war eine solche. »Ich muß fort in die freie Welt!« rief es in ihm und rief er auf dem Papier. Aber wer es mit ihm oder sogar durch ihn rief, war die persona seines die Phase höchst unfertigen Jugendreizes haltenden, aber zu mächtigem Reifen und Altern bestimmten Lieblings- und Lebenswerkes, die ihn in diesem Rufe selbst zur »persona« machte: es war *Faust*, der in das tätige Leben, die große Welt geführt werden wollte, unter anderm auch an einen Herzoghof zu bringen war. Und Goethe gelangte an einen Herzoghof.

Carl August von Sachsen-Weimar, sagt der Biograph, hatte sich auf jener Reise zwiefach verliebt: in die schöne Prinzessin Luise von Hessen-Darmstadt, seine Braut, und in den Dr. Goethe. Als er ihn wieder traf, in Frankfurt, etwas später, war er regierender Herr und eben vermählt. Er führte sie beide heim, die Liebste und den Günstling, – mit dem er dann in seinem Hauptstädtchen und den Dörfern, Jagd- und Lustgründen ringsum unendlichen, souveränen und ausgelassenen Spaß hatte, indem er zugleich alles Vertrauen, alle Ehren und Machtbefugnisse auf ihn häufte, die nach der Meinung seiner würdig-altbewährten Räte einem gänzlich unerfahrenen und ungedienten sogenannten Originalgenie, wie diesem zugereisten Frankfurter Advokaten und Poeten, keineswegs gebührten.

Es war denkwürdigerweise die Meinung Carl Augusts nicht. »Sie werden selbst einsehen«, schrieb er an seinen grollenden, protestierenden, mit Amtsniederlegung drohenden Ersten Minister, einen gewissen von Fritsch, »daß ein Mann wie dieser nicht würde die langweilige und mechanische Arbeit in einem Landes-Collegio von unten auf zu dienen, aushalten. Einen Mann von Genie nicht an dem Ort gebrauchen, wo er seine außerordentlichen Talente gebrauchen kann, heißt denselben mißbrauchen.« Er macht den Siebenundzwanzigjährigen zum Geheimen Legationsrat mit Sitz und Stimme im Conseil und einem Gehalt von 1200 Talern, den Dreiunddreißigjährigen schon zum »Wirklichen Geheimen Rat«, zum Minister, zur Exzellenz und verschafft ihm im selben Jahr vom Kaiser den erblichen Adel, – was aber Goethe nicht weiter berührte, da »wir Frankfurter Patrizier uns immer dem Adel gleichgehalten hatten«. Überhaupt darf man sich nicht einbilden, daß er seine »Erhöhung«, die sehr an diejenige Josephs durch Pharao erinnert, im geringsten als traumhaft und überwältigend empfunden hätte. »Ich habe niemals«, sagt er in einer kleinen Selbstbetrachtung, »einen präsumtuoseren Menschen gekannt als mich selbst, und daß ich das sage, zeigt schon, daß wahr ist, was ich sage. Niemals glaubte ich, daß etwas zu erreichen wäre, immer dacht’ ich, ich hätt’ es schon. Man hätte mir eine Krone aufsetzen können, und ich hätte gedacht, das verstehe sich von selbst ... Aber daß ich das über meine Kräfte Ergriffene durchzuarbeiten, das über mein Verdienst Erhaltene zu verdienen suchte, dadurch unterschied ich mich bloß von einem wahrhaft Wahnsinnigen.«

So spricht kein Ehrgeiziger und kein Triumphierender. Es spricht vielmehr so ein natürlich Bevorzugter, der gnadenweise schon alles hat, aber ein ernsthaftes Menschenkind ist, gewillt, sich das Seine zu verdienen. Von einem seiner Altersportraits sagte jemand, man sähe, daß das ein Mann sei, der viel gelitten habe. Es sei das besser ein wenig aktiver zu fassen, meinte er, und richtiger zu sagen: »Das ist auch einer, der sich's hat sauer werden lassen.«

Wirklich, er ließ es sich sauer werden als Minister-Favorit und »Zweiter im Königreich«, wie er sich, bestimmt nicht ohne Erinnerung an Joseph, wohl einmal nannte, – als klug gängelnder und pädagogischer Mentor des Herzogs und Seele der Weimarischen Regierung. Zehn Jahre lang, seit ihm der grenzenlos vertrauensvolle Herr auch das Präsidium der Kammer übertragen, ist er das Faktotum des kleinen Staates, »das Mark der Dinge«, wie jemand spöttisch oder verwundert sagte, – während unterdessen sein Dichterruhm fast verblich und er selbst seine mächtigste Gabe, seinen natürlichsten Beruf in sich zu unterdrücken suchte. »Ich entziehe diesen Springwerken und Kaskaden«, schreibt er, »so viel als möglich die Wasser und schlage sie auf Mühlen und in die Wässerungen.« Die Mühlen, die Bewässerung, das sind: Akziseordnungen, Tuchmanufaktur-Reglements, Rekrutenaushebungen, Kanal- und Straßenbauten, Armenanstalten, Gruben und Steinbrüche, Finanzen und hundert Dinge mehr. Er opfert sich ihnen mit wahrer Wut, mit an sich selbst gerichteten Befehlen wie: »Eherne Geduld! Steinern Aushalten!« Er erreicht manches: Ordnung und Sparsamkeit in einem wohl recht verlumpten kleinen dixhuitième-Staatswesen, – um für seine Person zuletzt zu dem Ergebnis zu kommen: »Wieviel wohler wäre mir's, wenn ich von dem Streit der politischen Elemente abgesondert den Wissenschaften und Künsten, wozu ich geboren bin, meinen Geist zuwenden könnte. Mit Mühe habe ich mich vom Aristoteles losgerissen, um zu Pachtsachen und Triftangelegenheiten überzugehen. Ich bin recht zu einem Privatmenschen erschaffen und begreife nicht, wie mich das Schicksal in eine Staatsverwaltung und eine fürstliche Familie hat einflicken mögen.« Das letzte Ergebnis ist: »Wer sich mit der Administration abgibt, ohne regierender Herr zu sein, der muß entweder ein Philister oder ein Schelm oder ein Narr sein.«

Es gibt ein großes Wort von ihm, das lautet: »Ob einer sich in der Wissenschaft genial erweist, oder im Krieg und der Staatsverwaltung, oder ob einer ein Lied macht, es ist alles gleich und kommt bloß darauf an, ob der Gedanke, das Aperçu, die Tat lebendig sei und fortzuleben vermöge.« Das richtet sich gegen die einseitig schöngeistige Genie-Auffassung seiner Zeit, ist das Wort eines Menschen, der aufs Ganze geht, eines integralen Menschen, welcher weiß, daß ein großer Dichter vor allem groß – und erst dann ein Dichter ist. Und doch zeigte sich, daß es zu weit geht, im Gegenstande hingebender Aktivität ein Gleichgültig-Auswechselbares, »nur ein Gleichnis« zu sehen, – es zeigte sich, daß Traurigkeit und Krankheit dabei herauskommt, wenn Pegasus sich zwingt, die Mühle zu drehen. Goethe ward traurig und krank, er sprach nicht mehr, welkte körperlich dahin – und floh, floh wieder einmal Hals über Kopf, wozu eine seraphisch entnervende Liebschaft nicht den letzten Antrieb gab: das Verhältnis zu der Hofdame Frau von Stein, eine nicht ganz durchsichtige, sonderbar ekstatische und nicht recht gesunde Leidenschaft, die schwerbegreiflicherweise ein Jahrzehnt seines Lebens durchwaltete, eine unwahrscheinlich lange sich hinziehende, halb mystische Verfallenheit, die, wenn sie länger gedauert, wenn er sich nicht daraus davongemacht hätte, sicherlich seine Natur, das Natursichtige, Erdgeisthafte in ihm, ohne welches sein Dichtertum bläßlicher Verdünnung und Schwächung ausgesetzt war, schwer geschädigt haben würde.

Nicht daß sie unfruchtbar gewesen wäre, diese wunderliche Passion, die zum eigentlichen Liebesverhältnis wahrscheinlich nie gediehen ist. ›Iphigenie‹, ›Tasso‹, selbst Mignons Sehnsuchtslieder noch kamen aus ihr. Und doch, wenn er sagt, die Hauptabsicht seiner italienischen Reise, dieser in aller Eile und Heimlichkeit ins Werk gesetzten Flucht, sei gewesen, »ihn von den physisch-moralischen Übeln zu heilen, die ihn in Deutschland quälten«, so dürfen wir, wenn er es aus Pietät nicht selber tat, Charlottens Namen mit diesen Übeln, dieser Qual, diesem Durst nach Heilung verbinden.

Italien also, ein Urlaub von vollen zwei Jahren unter klassischem Himmel, inmitten eines südlichen Volks, der Anschauung hingegeben der Antike und großer Kunst, – ein Bildungserlebnis weit gewaltigerer Art, als der sittigende Minnedienst von Weimar ihm hätte gewähren können. Sinn und Wesen dieses Erlebnisses ganz zu erfassen, völlig uns einzufühlen in seine unaufhörlichen Exklamationen des Glücks, der Befreiung, des Neubeginns, – »Ich zähle einen zweiten Geburtstag, eine wahre Wiedergeburt von dem Tage, da ich Rom betrat«; »eine neue Jugend, eine zweite Jugend, ein neuer Mensch, ein neues Leben«; »so meine ich bis aufs innerste Knochenmark verändert zu sein« usw. usw. – Ausrufe, die er an viele Adressaten, darunter auch an die ohne Abschied verlassene Charlotte richtete, – ich sage: diese Umwälzung und Neubildung wirklich zu verstehen, fällt uns Heutigen nicht eben leicht, – auch die Literaturhistoriker und Goethe-Philologen wissen im Grunde weniger davon, als sie sich den Anschein geben. Das Wesen der Sache scheint eine vorhergesehene, gewollte, als lebensnotwendig empfundene und sofort einsetzende Neu-Integrierung seiner Person, seiner disparaten Anlagen, der natürlichen und geistigen, wissenschaftlichen und künstlerischen, sinnlichen und sittlichen, gewesen zu sein, – »so bestimmt, so lebendig, so zusammenhängend«, um seine Worte zu gebrauchen. *Ganzheit*, das ist es, worauf er aus ist, und beständig führt er um diese Zeit das Wort im Munde. »Naturgeschichte, Kunst, Sitten pp., alles amalgamiert sich bei mir ... Ich fühle, daß sich die Summe meiner Kräfte zusammenschließt.« Sie schloß sich zusammen in der Anschauung der Antike, die er nicht mit dem Blick des Ästhetikers betrachtet, sondern wie ein herrliches Naturgewächs studiert, und zu der er ein viel mächtigeres, zugleich höheres und derberes Verhältnis gewinnt als das, wovon seine formale Wendung zum Klassischen, oder vielmehr Klassizistischen, in der ›Iphigenie‹, im ›Tasso‹ unter Charlottens Ägide bestimmt gewesen war. Das war Bildung, Bändigung, Sittigung, der Einfluß femininer Seelenhaftigkeit und im Grunde etwas sehr Anti-Heidnisches, Anti-Natürliches gewesen, – während gerade das Ineinanderwachsen und Einswerden der Begriffe »Antike« und »Natur« das Erlebnis und Ergebnis seines Aufenthaltes in Italien war, wo, so sagte er später, »das bisher beengte und beängstigende Naturkind in seiner ganzen Losheit wieder nach Luft schnappte«.

Was die Erfahrung heidnischer Naivität, der Natürlichkeit südlichen Volkslebens ihm bedeutet hat, läßt sich ermessen. Sie ist das Glück und die Ganzheit. »Übrigens«, schreibt er, »habe ich glückliche Menschen kennen lernen, die es nur sind, weil sie *ganz* sind … Das will und muß ich nun auch erlangen … Wie das Leben der letzten Jahre wollt' ich mir eher den Tod gewünscht haben.« – Es ist beinahe unglaublich, daß er dies ausgerechnet der Stein sagt, die den Bruch herauslesen mußte, bevor er vollzogen wurde. Aber jedes Wort, das er schreibt, ist im Grunde gegen sie und ihre ätherische Sphäre gerichtet. »Meine Existenz hat nun einen Ballast bekommen, der ihr die gehörige Schwere gibt; ich fürchte mich nun für denen *Gespenstern* nicht mehr, die so oft mit mir gespielt haben.« – Was ist das Gegenteil des Gespenstischen? Das Solide. »Wer mit Ernst sich hier umsieht und Augen hat zu sehen, muß *solid* werden, er muß einen Begriff von Solidität fassen, der ihm nie so lebendig ward.« Und solide, heidnisch, klassisch, naiv und »ganz« ist nun auch seine Konzeption der Liebe, in welcher, um die ›Römischen Elegien‹ zu zitieren: »Folgte Begierde dem Blick, folgte Genuß der Begier.« 1795 mußte die edle Charlotte das gedruckt lesen. Gewiß hat sie die Augen gen Himmel gehoben.

Was sonst noch zu jener epochemachenden Konsolidierung, jenem Stämmigwerden seiner Persönlichkeit beitrug: die Berührung mit dem Mittelmeerländischen, das ihm auf irgendeine Weise von Bluts wegen heimatlich war, mit dem Außer-Deutschen, das ihm befreiend wohltat, mit der historischen Größe, die seinem Großheits-Instinkt entgegenkam, – wir können es ungefähr ahnen, erraten, versuchsweise rekonstruieren. Tatsache ist, daß das urbane Genie, der erzogene Titane, der europäische Deutsche, welcher der Welt zwar ein ausgeprägt deutsches, der eigenen Nation aber ein europäisches Antlitz zuwendet, in Italien fertig wurde.

So kehrte der Neununddreißigjährige zurück in das Thüringische Residenzstädtchen, vom Herzog versichert, daß er von seiner hohen Stellung im Staat nur noch die Ehren, aber keine Pflichten mehr haben, das heißt nur noch ein bißchen Oberaufsicht über das Theater, die Bildungsanstalten führen solle, um in Muße seinem Werk leben zu können. Ein merkwürdiger Herr, dieser Duodez-Pharao, der soviel Blick, Instinkt, Gefühl für die Singularität seines Joseph hatte, – unter den Fürsten Germaniens selbst eine durchaus singuläre und ewig achtenswerte Erscheinung. Es ist eine sehr hübsche Einzelheit, daß er bestimmte, Goethe solle, wenn er einer Sitzung des Conseils oder der Kammer beizuwohnen wünsche, berechtigt sein, seinen Platz auf dem für den Herzog selbst bestimmten Stuhl zu nehmen. Und dabei hatte Goethe als Minister ihm 290 von seinen 600 Soldaten weggenommen!

Er kehrte zurück unter kleine, schöngeistige oder rohe, engstirnige, zimperlich verklatschte, prüde und weltlose Kleinstadt- und Kleinstaatmenschen, – ein anderer als der, der sich davongemacht hatte, gefestigt, vervollständigt, erfahren und in sich ruhend, das Herz voller Distanz-Gefühle, ein Einsamer im Grunde fortan. Sich zu eröffnen, sich mitzuteilen, ist nun sehr schwierig geworden. Man findet, daß er sich entweder banal-konventionell gebe oder sich sonderbar ausdrücke, lästige Prätentionen mache und nicht zu verstehen sei. Zu alten Freunden wird kein Verhältnis mehr gefunden, die von ihm ausgehende Kälte ist allen fühlbar, und nach einer Gesellschaft in seinem Hause, bei der er sich damit half, Zeichnungen vorzulegen, sagt man: »Es war uns allen höchst unwohl.« Seine Güte ist Herablassung geworden, reservierte Verbindlichkeit. So sagt es Schiller, der während des ersten Winters, den er in Weimar zubrachte, von Goethe kaum beachtet wurde. »Er besitzt das Talent, die Menschen zu fesseln und durch kleine sowohl als große Attentionen sich verbindlich zu machen, aber sich selbst weiß er immer frei zu behalten. Er macht seine Existenz wohltätig kund, aber nur wie ein Gott, ohne sich selbst zu geben.« Es ist das Wort eines Mannes, dessen Beobachtung durch Kränkung geschärft ist.

Da ist Madame Herder, Caroline Herder, die Frau des be-

33

rühmten Predigers, Kunstphilosophen und Volksliedsammlers, Goethe's Straßburger Mentors, den er als Generalsuperintendenten nach Weimar gezogen hatte. Sie äußert: »Er will durchaus nichts mehr für seine Freunde sein. Für Weimar taugt er nicht mehr.« Sie sagte auch, und das ist echt weimarischer Tonfall: »Oh, könnte er nur etwas Gemüt seinen Schöpfungen geben und sähe man nicht überall *eine Art von Buhlerei* oder, wie er selbst es so gern nennt, das betuliche Wesen darin!« Treffliche Caroline! Aber sie hat recht. Er selbst gibt seiner Egeria von einst, Frau von Stein, die Nachricht: »Meine Tugenden wachsen, aber meine Tugend mindert sich.« Man kann es nicht knapper und bekümmernder sagen. Gemütvoller hatten Italien, die Antike, der Umgang mit großer Kunst ihn nicht gemacht. In sein Wesen war zum Befremdenden auch noch das Anstößige gekommen: ein Zug von entschlossener Sinnlichkeit, einer Sinnlichkeit ohne schlechtes christliches Gewissen, voll souveränen Trotzes gegen dieses und seine gesellschaftlichen Grimassen, ein heidnisches Verhalten, das den Gebildeten – und gebildet waren sie alle! – den Ekelnamen »Priap« für ihn eingab.

Es war damals, daß er zur händeringenden Verzweiflung seiner verlassenen Iphigenie und Prinzessin von Este, der Stein, und zur Entrüstung aller Leute von Stand und Moral ein kleines Blumenmädchen, sehr hübsch und gründlich ungebildet, un bel pezzo di carne, Christiane Vulpius mit Namen, als Bettschatz zu sich nahm, ein Verhältnis von herausfordernder Libertinage, das er erst viele Jahre später legalisierte und das die Gesellschaft weder ihm noch ihr jemals verzieh. Er hatte mit ihr mehrere Kinder, von denen nur eines, August, es zu mittleren Jahren bringen sollte, – nicht zu seinem noch zu des Vaters Glück, denn er war ein unseliger Mensch, dem Trunk und jeder Ausschweifung ergeben, eine arme, von Anbeginn verzweifelte Seele, exzessiv, brutal und schwach.

Die dauerhafte Physis seines Erzeugers ging durch Phasen, deren Anschauung wir durch Bilder, Zeichnungen, Scherenschnitte und durch die Beschreibung von Zeitgenossen besitzen. Hatte er in der Jugend gleich einem stutzerhaften Apoll, oder besser wohl Hermes, sich dargestellt (abgesehen von etwas zu kurzen Beinen), so nahm zu Anfang des Jahrhunderts, in das er ein Menschenalter weit hineinlebte, sein Körper eine schwerfällige Beleibtheit an, die schon in Italien begonnen hatte sich zu entwickeln. Es gab Jahre, wo sein in der Anlage so schönes Gesicht eine mürrische Dickigkeit mit hängenden Wangen zeigte. Im Alter dann näherte seine Erscheinung sich wieder mehr derjenigen des Jünglings an, nur daß aus dem Apoll oder Hermes ein Jupiter geworden war, höchst majestätisch, ein König halb, halb ein Vater, wie Grillparzer sagte: ein wundervolles Haupt mit herrlicher Felsenstirn unter feinem und reichlich gebliebenem, schön angewachsenem, täglich sorgsam gekräuseltem und leicht gepudertem Haar, einem bezwingenden schwarzen Augenpaar, blitzend von geistiger Energie, wenn es nicht eben von maussader Müdigkeit gedämpft und verhangen war, die Kleidung sehr vornehm, gewählt, in der Mode etwas altväterisch zurückhaltend. Dafür freilich trat bei dem Alternden und Alten die Steifigkeit, die als gravitätisches Gehaben schon den Jungen gekennzeichnet hatte, mehr und mehr hervor: das abgemessen Zeremonielle, auch Schrullige, auch konventionell Gebundene, das sein Gespräch sich oft in nichts über das Niveau eines gebildeten Ministers erheben ließ und machte, daß mancher enthusiastische Besucher des Werther- und Wilhelm-Meister-Dichters tief enttäuscht, ernüchtert und erkältet von ihm schied. Da kam das Vatererbe, der alte Johann Kaspar, gespenstisch zum Vorschein: mit seiner starren Pedanterie und puschelhaften Ordnungssucht, auch seiner kauzigen Sammellust und wunderlichen Vielgeschäftigkeit. Man braucht nicht zu zweifeln, daß er sich dieser in ihm allerdings bedeutend erhöhten Wiederkehr bewußt war, mit geisterhafter Heiterkeit den Alten in sich wiedererkannte und im stillen lächelnd das Vater-Vorbild sublimierte.

Damals, will sagen zwischen siebzig und achtzig, war er längst nicht mehr nur der Dichter des ›Werther‹, des ›Faust‹, – er war zu einer beinahe schon mythischen Gestalt, zum ersten Repräsentanten der abendländischen Kultur und sich selbst bereits historisch geworden, einer überragenden Figur von hoher geistiger Feierlichkeit, der man sich von überallher, aus allen Ländern Europas und selbst schon von jenseits des Ozeans, mit Ehrfurcht und oft mit zitternden Knien nahte. Leute, die Brillen trugen, pflegten dieselben im Vorzimmer abzulegen, da bekannt war, daß er es haßte, in spiegelnde Gläser zu blicken. Solche, die gereist waren, etwas gesehen, etwas zu melden hatten, verhörte er gründlich, sagte: »Halt, bleiben wir bei diesem Punkt«, und ließ sich genau informieren. Denn er wollte alles wissen, sich alles zutragen lassen und sich die Kenntnisse aneignen, die andere zufällig besaßen. Sie waren bei ihm auch am besten aufgehoben. War einer ein bißchen interessant und seinem Universalismus nützlich, so wurde er zum Mittagessen dabehalten und bekam sehr gut zu essen und zu trinken, während er ausgeholt wurde. Er durfte dann auch wohl etwas von den Sammlungen sehen, mit denen das noble Haus am Frauenplan, ein Geschenk des Herzogs und späteren Großherzogs, vollgestopft war: den Kupferstichen, Medaillen, Mineralien, antiken Kostbarkeiten. »Ich besitze«, sagte der Alte, »seit dem fünfzehnten Jahrhundert bis heute die Münzen aller Päpste. Es dient zur Geschichte der Kunst. Ich kenne alle Graveurs. Die griechische Prägung vor und zu Alexanders Zeit ist noch nicht erreicht.« – Das war nur eine kleine Provinz des Imperiums von Wissen, über das er gebot, und dessen Zeichen er in Mappen, Kästen, Vitrinen um sich versammelt hielt.

Er war einer der umfassendsten, allseitigsten Dilettanten, die gelebt haben, ein Pan-Amateur, und machte sich nichts daraus, wenn man ihm zu verstehen gab, bei so vielen Liebhabereien, für die Physik, die Pflanzenkunde, die Osteologie, Mineralogie, Geologie, Zoologie, Anatomie und so weiter, von den bildenden Künsten zu schweigen, müsse sein Eigentlichstes, sein Dichtergenie zu kurz kommen. »Wer sagt euch«, mochte er denken, »daß nicht die Poesie die Liebhaberei ist und das Eigentliche etwas ganz anderes, nämlich *das Ganze?*« – Er hat eine ›Farbenlehre‹ geschrieben, in deren erstem Entwurf schon sein Freund Schiller »viele bedeutende Grundzüge einer allgemeinen

Geschichte der Wissenschaft und des menschlichen Denkens« fand. Tatsächlich ist der historische Teil des Buches, ganz nach Goethe's Absicht, etwas wie ein Gleichnis der Geschichte aller Wissenschaften, der durch die Jahrtausende führende Roman des europäischen Gedankens geworden.

Das ungeheure Ansehen des Mannes galt gewiß vor allem seinem weiten und herrlichen dichterischen Werk. Doch ebenso gewiß ist, daß die »Liebhabereien« und szientifischen Nebendinge stark dazu beitrugen, ihm den magischen Ruhm eines Weisen, die unbestimmte Hochherrschaftlichkeit zu verleihen, die in gewissen brieflichen Anreden nach Ausdruck suchte. Französische Korrespondenten nannten ihn »Monseigneur« – was eigentlich ja ein prinzlicher Titel ist. Ein Engländer schrieb: »Seiner Durchlaucht, dem Fürsten Goethe in Weimar.« »Das möchte«, erläuterte der Alte, »wohl daher kommen, daß man mich gern den Dichterfürsten nennt.« Als er dahingegangen war, sagten die Deutschen zueinander – auch solche, die wohl nie etwas von ihm gelesen hatten –: »Weißt du denn schon? Der große Goethe ist gestorben.« Es klang beinahe wie »Der große Pan ist tot«.

Er sagte oft, daß das Talent »eine tüchtige physische Grundlage« brauche und meinte wohl seine eigene. Aber er sprach auch von der »schwächlichen Konstitution solcher, die Außerordentliches leisten«, und dachte, wenn er die Verbindung von Zartheit und Zähigkeit andeutete, die die besondere Vitalitätsform des Genies ausmacht, wiederum an sich selbst. Tatsächlich stand es, auch ohne greifbares Detriment, meistens auf Spitze und Knopf mit ihm, labil und anfällig, und von Zeit zu Zeit brachten schwere Krankheiten ihn an den Rand des Grabes: mit zweiundfünfzig eine durch fürchterlichen Krampfhusten komplizierte Blatterrose, von der große Nervenschwäche lange zurückblieb, vier Jahre später ein »Brustfieber« (Lungenentzündung?), auch von Krämpfen begleitet, – nicht zu gedenken der Gichtanfälle und Nierenstein-Koliken, die ihn schon früh in die böhmischen Bäder führten. In sehr bedenklicher Verfassung war er Herbst 1823, mit vierundsiebzig, äußerst matt und in sich gekehrt. Es war der Rückschlag auf die Marienbader Ekstase, der Abschied von der Liebe, und wenn die Krankheit, die folgte, indefinibel war, so war sie doch fast eine Krankheit zum Tode.

Kurzum, es war eine gefährdete Freundschaft, die er unterhielt mit dem Leben, aber er liebte es sehr, diese Freundschaft hervorzukehren, Saft und Kraft zu präsentieren, den breit aufgepflanzten Sohn der Erde, den Eichbaum zu spielen und auf seine Dauerhaftigkeit zu pochen. Seine Lebensweise hatte viel Robustes. Er war ein sehr starker und interessierter Esser, um seinen Appetit besorgt, mit einer Vorliebe für Kuchen und Süßigkeiten, und für unsere Begriffe beinahe ein Alkoholiker, denn täglich zu Mittag trank er eine ganze Bouteille Wein, dazu noch mehrere Gläschen Süßwein zum Frühstück und nach Tische. Das galt damals für mäßig. Seine Art war es auch, sich über flüchtige Lebenskraft oder eine solche, die nicht aufs Äußerste vorhielt, humoristisch geringschätzig zu äußern. Mit einundachtzig sagt er: »Da ist der Sömmering« (ein namhafter deutscher Anatom) »gestorben, kaum elende fünfundsiebzig Jahre alt. Was doch die Menschen für Lumpe sind, daß sie nicht die Courage haben, länger auszuhalten als das! Da lobe ich mir meinen Freund Bentham« (den englischen Ökonomisten und Utilitaristen), »diesen höchst radikalen Narren; er hält sich gut, und doch ist er noch einige Wochen älter als ich.«

Da spricht, im Scherz, ein eigentümlicher Lebens- und Natur-Aristokratismus, der aber im Ernst ein entscheidendes Element seines Selbstgefühls bildet. Der Spott über Benthams »Radikalismus«, in dem er eine Narrheit sieht, gehört auch dazu. Der Gesprächspartner meinte: In England geboren, wäre Seine Exzellenz auch wohl ein Radikaler geworden und gegen Mißbräuche in der Staatsverwaltung zu Felde gezogen. Darauf Goethe, mit der Miene des Mephistopheles: »Wofür halten Sie mich? Ich hätte sollen Mißbräuchen nachspüren und noch obendrein sie aufdecken und namhaft machen, ich, der ich in England von Mißbräuchen würde gelebt haben? In England geboren, wäre ich ein reicher Herzog gewesen oder vielmehr ein Bischof mit jährlichen dreißigtausend Pfund Sterling Einkünften.« Da meint der andere, er hätte in der Lotterie des Lebens doch auch eine Niete ziehen können, es gebe so viele Nieten! – Und Goethe: »Nicht jeder, mein Lieber, ist für das große Los gemacht. Glauben Sie denn, daß ich die Sottise begangen haben würde, auf eine Niete zu fallen?« – Das ist Übermut, Lebensprahlerei, unbedingtes Vornehmheitsbewußtsein. Daß er seine Geburt und Existenz in Deutschland im Grunde als eine Mesquinerie betrachtet – im Vergleich mit dem, was er in England gewesen wäre –, geht nebenbei daraus hervor. Die Hauptsache ist die metaphysische Gewißheit, unter allen Umständen ein Mann des großen Loses, unter allen Umständen wohlgeboren, ein Glückskind und großer Herr, ein Mann der Welt zu sein, über deren Korruptheit sich zu empören Sache der Schlechtweggekommenen ist.

Er liebte eine Redensart, die logisch gar nicht zu rechtfertigen ist, aber ihm mit vornehmer Selbstverständlichkeit von den Lippen geht: Er spricht von »angeborenen Verdiensten«. Wieso? Das ist ja ein hölzernes Eisen. Verdienste sind nicht angeboren, sie werden erworben, errungen, und das Angeborene ist kein Verdienst, es sei denn, man löse dies Wort aus allen seinen moralischen Beziehungen. Das ist es jedoch genau, worauf er es absieht. Die Redewendung ist ein bewußter Affront gegen das Moralische, gegen alles Wollen, Ringen, Streben, Kämpfen, das höchstens löblich, aber nicht vornehm ist, und das er im Grunde für aussichtslos hält. »Man muß etwas *sein*«, sagte er, »um etwas zu machen.« Das heißt: im esse, nicht im operari, liegt das Verdienst (und die Schuld), und nicht aufs Meinen, Sagen oder auch Tun kommt es an, sondern aufs Existenzielle, auf die Substanz, – so daß einer das Rechte vertreten mag, und es ist das Rechte nicht, weil er der Rechte nicht dafür ist. Das schönste Wort, in das er diesen seinen Glauben an naturadelige Prädestination gekleidet hat, lautet: »Da höre ich sagen: ›Wenn nur das Denken nicht so schwer wäre!‹ Das Schlimme aber ist, daß alles Denken zum Denken nichts hilft, *man muß von Natur richtig sein*, so daß die guten Einfälle immer wie freie Kinder Gottes vor uns dastehen und uns zurufen: Da sind wir!«

Natur. Er ist im Grunde kein Vater-Mensch, obgleich er zum Teil das Charakterlich-Väterliche verklärend wiederholt, er ist ein Muttersohn, der Sohn Frau Aja's, der Frohnatur, der Lindheimerin, – Gunstkind und Hätschelhans der großen, der Allmutter. An ihr hängt er, sie glaubt er, ihr dankt er. Daher seine beglückte Empfänglichkeit, schon als Jüngling, für die Philosophie Spinoza's, diese liebende Zustimmung, an der er festhielt bis ans Ende. Es ist die Idee von der Vollkommenheit und Notwendigkeit alles Daseins, woran er hängt, die Vorstellung einer Welt, die von End-Ursachen und End-Zwecken frei ist und in der das Böse wie das Gute sein Recht hat. »Wir kämpfen«, erklärt er, »für die Vollkommenheit des Kunstwerks in und an sich selbst. Jene« (die Moralisten) »denken an dessen Wirkung nach außen, um welche sich der wahre Künstler gar nicht bekümmert, so wenig wie die Natur, wenn sie einen Löwen oder einen Kolibri hervorbringt.« Die Zweckfremdheit der Kunst-wie der Naturschöpfung also ist ihm oberste Maxime, und das ihm eingeborene dichterische Talent betrachtet er »ganz als Natur«, als eine Gabe der allgütigen Mutter, die Gutes und Böses gleichmütig umfaßt. Seine frühe Begeisterung für Shakespeare hat hier ihre Wurzeln, und in die Zeit hinaus hat Goethe's Natur-Ästhetizismus und Anti-Moralismus sehr stark auf Nietzsche, den Immoralisten, gewirkt, der einen Schritt weitergehen und das Vorrecht des Bösen vor dem Guten, seine überwiegende Wichtigkeit für die Erhaltung und den Triumph des Lebens ekstatisch behaupten wird.

Bei Goethe ist alles noch in ruhigerem, heitererem Gleichgewicht, objektive und plastische Gesinnung. Aber wie aus seiner Naturvergottung, diesem spinozistischen Pantheismus, seine Güte kommt, seine Duldsamkeit und Konzilianz, sein Geltenlassen, seine »Läßlichkeit«, so kommt auch daher seine Kälte, sein Mangel an Enthusiasmus und ideellem Schwung, den viele ihm zum Vorwurf machten, seine Ideenverachtung, sein Haß auf das Abstrakte, das ihn lebensmörderisch dünkt. »Allgemeine Begriffe und großer Dünkel«, lautet einer seiner Kernsprüche, »sind immer auf dem Wege, entsetzliches Unheil anzurichten.« Das ist das Motto für sein Mißverhältnis zur Französischen Revolution, die ihm schrecklich war, ihn als Weltereignis gequält hat wie nichts anderes in seinem Leben und ihn fast sein Talent gekostet hätte, – obgleich er doch durch sein sensationelles Jugendwerk, den an den Grundfesten der alten Gesellschaft wild-empfindsam rüttelnden ›Werther‹, mit dem Kommenden in prophetischer Fühlung gestanden, ja geholfen hatte, es vorzubereiten.

Seine Stellung zur Revolution wiederholt mit frappanter Genauigkeit diejenige des Erasmus zur Reformation, die anzubahnen er so viel getan hatte und die er dann mit humanistischem Dégoût ablehnte. Goethe selbst hat die beiden großen »Störungen« mißbilligend zusammen genannt in dem berühmten Distichon:

> Franztum drängt in diesen verworrenen Tagen, wie einstmals
> Luthertum es getan, ruhige Bildung zurück.

Ruhige Bildung – diese Liebe, dieser Quietismus und Anti-Vulkanismus war es, was ihn mit dem Rotterdamer verband, und die beiden Verse lassen keinen Zweifel – wenn sonst ein Zweifel wäre –, wie er sich im sechzehnten Jahrhundert gehalten und gestellt haben würde: nämlich gegen den Aufruhr des Subjekts auf die bewahrende, die Seite der objektiven Macht, der Kirche. Und doch hätte auch er wahrscheinlich, wie Erasmus, den Kardinalshut abgelehnt, den der Papst dem großen Gelehrten anbot und den dieser unter eleganten Entschuldigungen zurückwies, weil er sich weder an das Alte, an das er in tiefster Seele nicht mehr glaubte, noch an das Neue, das ihm zu wüst war, zu binden wünschte. Auch Goethe's politisches Torytum war zuletzt das eines unsicheren Kantonisten, und als ein gewisser Freiherr von Gagern im Jahre 1794 einen Aufruf erließ, worin er die deutsche Intelligenz aufforderte, ihre Feder in den Dienst der »guten«, das heißt der konservativen Sache, genauer: in den eines neuen deutschen Fürstenbundes zu stellen, bestimmt, das

Land vor der »Anarchie« (man würde heute sagen: dem Bolschewismus) zu retten, da antwortete Carl Augusts Intimus nach höflicher Danksagung für das ihm erwiesene Vertrauen, er halte es für »*unmöglich, Fürsten und Schriftsteller zu gemeinsamem Wirken zu vereinen*«.

Genau dieses Sich-Entziehen, dieses den beiderseitigen Zumutungen Ausweichen findet man bei Erasmus. Die beiden Zelebritäten ihrer Epoche zusammenzustellen, die Ähnlichkeit ihres Verhaltens zu der Zeit zu beobachten, in die sie gestellt waren, hat größten Reiz. Aber der Bewunderung für den entzückenden Ironiker des ›Lobes der Torheit‹ ist der Vergleich nicht günstig. Wie seine im Literarischen aufgehende Feinheit, seine hochberedte, aber dünnstimmige Geistigkeit abfällt gegen die Wucht und Getriebenheit, die bäurische Erdkraft und gewaltige Volkhaftigkeit seines Zeitgenossen Luther, so fällt sie ab gegen die gebildete Natur Goethe's, der Erasmus war *und Luther dazu*, der eine Vereinigung des Urbanen und des Dämonischen darstellt, wie sie in so gewinnender Größe kein zweites Mal vorgekommen ist in der Geschichte der Gesittung; in dem das Deutsch-Volkhafte und das Mediterran-Europäische zu vollkommen zwangloser und einleuchtender Synthese werden, einer Verbindung, die im Wesen dieselbe ist, wie die des Geniehaften mit dem Vernunftvollen in ihm, des Geheimnisses und der Klarheit, des Tiefenlautes und des geschliffenen Wortes, des Dichters und des Schriftstellers, der Lyrik und der Psychologie. So ist in seiner Existenz etwas wundervoll Beispielhaftes, dem Erasmus' Bildungsfürstlichkeit in all ihrer Erlauchtheit nicht gleichkommt; etwas Mustergültiges zumal für den Deutschen, denn das Ideal der Deutschheit erfüllt sich in ihm – man möchte hinzufügen: das Ideal des Menschen.

Und dennoch ist an ihm gelitten worden, mit Erbitterung gelitten worden von höchst ehrenwerten Zeitgenossen: nämlich an seiner »ungeheuer hindernden Kraft«, wie Börne es ausdrückte, an seinem Apolitismus, der Wucht, mit der seine Natur dem Enthusiasmus der Zeit, der national-demokratischen Idee, entgegenstand. Er war gegen Pressefreiheit, gegen das Mitreden der Masse, gegen Demokratie und Konstitution, war überzeugt, daß »alles Gescheite in der Minorität« sei, und hielt es offen mit dem Minister, der gegen Volk und König seine Pläne einsam durchführt. Es war in ihm zwar Herzlichkeit für das einzelne Menschenantlitz, dessen Anblick, wie er gesteht, ihn gleich von der Melancholie zu heilen vermag; aber von humanitärem Glauben an die Menschen, die Menschheit, an ihre revolutionäre Reinigung, ihre bessere Zukunft hatte er wenig oder nichts. Vernunft und Gerechtigkeit sind den Menschen nicht beizubringen. Ewig wird es hin und wider schwanken und des Kampfes, des Blutvergießens kein Ende sein. Wäre das nur mit pessimistischem Kummer gesagt! Aber im Grunde ist es ihm recht so, denn vom Pazifisten hat er sehr wenig. Im Gegenteil ist in ihm ein Sinn für Macht, für den Streit, »bis eins dem andern Übermacht bethätige«, der stark an des Wagner'schen Wotan Wort erinnert: »Denn wo kühn Kräfte sich regen, da rat' ich offen zum Krieg.« Er bekennt, daß es »ihn traurig mache, mit allen Leuten gut zu sein«, daß er »den Zorne brauche«. Nun, christliche Friedensliebe ist das nicht, wenn es auch lutherisch ist und bismarckisch dazu. Zur Kennzeichnung seiner Streitbegier, seiner Lust »dreinzufahren und zu züchtigen«, seiner Bereitschaft, gegnerische Meinungen durch Machtgebrauch mundtot zu machen und »solche Leute aus der Gesellschaft zu entfernen«, ließe sich manches beibringen. Es ist das alles, wenn man will, nur drei Schritt, oder weniger, vom Brutalen entfernt, – wie sein Realismus überhaupt es war, seine Verweigerung ideeller Begeisterung, die Sinnlichkeit seines Wesens, die ihn die Brandschatzung eines Bauernhofes als wirklich und der Teilnahme wert, den »Untergang des Vaterlandes« aber als Phrase empfinden ließ.

Das Schlimme dabei und das Gramvolle für die Patrioten, die Deutschland zur politischen Freiheit zu erziehen wünschten, war, daß seine unanfechtbare Größe seinen »hindernden« Gesinnungen soviel autoritäres Gewicht verlieh. In Deutschland neigt die Größe zu einem an sich schon undemokratischen Hypertrophieren; es ist dort zwischen ihr und der Menge eine

Kluft, ein »Pathos der Distanz«, um Nietzsche's Lieblingswort zu gebrauchen, wie es anderwärts in dieser Schärfe nicht vorkommt: in Ländern, wo Größe nicht Knechtschaft auf der einen – und ein Überwuchern absolutistischen Ich-Gefühls auf der anderen Seite schafft. Von diesem Absolutismus und persönlichen Imperialismus hatte Goethe's majestätisches Alter viel; der Druck dieses Alters auf alles, was neben ihm auch noch leben wollte, war schwer, und nicht nur Nymphenklage um den großen Pan wurde bei seinem Tode laut, sondern auch ein deutliches »Uff!«.

Wenn er die Freiheit für schlecht aufgehoben erachtete in den Händen der Unfreien, so gönnte und nahm er selbst sich desto reichlicher davon, – eine umfassende, ins Ungreifbare, Undefinierbare entgleitende Freiheit, die Freiheit des Proteus, der in alle Formen schlüpft, alles zu wissen, alles zu verstehen, alles zu sein, in jeder Haut zu leben verlangt. Hic et ubique: das Romantische und das Klassische, Gotik und Palladio, Kerndeutschtum und vornehme Ablehnung des Patriotisch-Popularischen, Heidentum und Christentum, das Protestantische und das Katholische, Ancien régime und Amerikanismus, – man findet es alles bei ihm, er erfüllt das alles, und es ist da eine Art von souveräner Treulosigkeit, der es Spaß macht, die Anhänger im Stich zu lassen, die Partisanen jedes Prinzips zu beschämen, indem man es vollendet – und das andre auch. Ja, es ist etwas wie Weltherrschaft als Ironie und heiterer Verrat des einen an das andere, und ein tiefer Nihilismus, der zum Scheiden und Werten unwillige Objektivismus der Kunst – und der Natur – ist darin wirksam, etwas Natur-Elbisches, das aller Eindeutigkeit entwischt, ein Element der Fragwürdigkeit, der Verneinung und des umfassenden Zweifels, das ihn, wenn wir seiner Umgebung glauben dürfen, gern Sätze sprechen ließ, die gleich den Widerspruch auch schon enthielten. Das wird schon richtig sein, denn wie könnte sonst eine Frau wie Charlotte von Schiller urteilen: »Er hat sein Sach' auf nichts gestellt«? Unter denen, die ihm zuhörten, ist von einer erschreckenden Indifferenz und ungläubigen Neutralität die Rede, von etwas Boshaft-Verwirrendem,

Negierend-Teuflischem, kurz von einer Problematik, die er für sich allein in Anspruch nahm, ohne sie sich etwa von anderen gefallen zu lassen. »Wenn ich die Meinung eines anderen anhören soll«, befiehlt er, »so muß sie positiv ausgesprochen werden; Problematisches hab' ich in mir selbst genug.« – Man hüte sich also und spreche schlicht und bestimmt vor ihm. Er wird zwar denken, wie er sein Leben lang gedacht: »Ihr guten Kinder, wärt ihr nur nicht so dumm!«, aber er wird euch »gelten lassen«. –

Aber man sollte den Reichtum, die Weite seines Wesens, die nur der Beschränktheit unheimlich gewesen sein mag, wohl nicht auf diese Weise dämonisieren, sondern sich getrösten, daß er einfach »kein ausgeklügelt Buch« war, sondern »ein Mensch mit seinem Widerspruch«, – ein großer Mensch mit seinem großen, weit klafternden Widerspruch. Er hat sich gern einen »dezidierten Nicht-Christen« genannt, hat aus seiner antik-herrenhaften Antipathie gegen das »Kreuz« kein Hehl gemacht, – und es ist wahr: in seiner Naturkindlichkeit und resoluten Diesseitigkeit ist viel Anti-Christliches, das in Nietzsche's fiebrigen Diatriben gegen die Religion des Mitleids auf die Spitze getrieben ist. Aber sowenig dessen leidenschaftliche Verfolgung der christlichen Moral den asketischen Zug verleugnet, sowenig spricht Goethe's vielberufenes Heidentum gegen seine unverleugbare Bestimmtheit durch die am tiefsten greifende Revolution oder richtiger: Mutation, die das menschliche Gewissen und Weltgefühl je erfahren hat. »Alles Leiden hat etwas Göttliches.« Wer das Wort gesprochen hat, der ist ein Christ, und wäre hundertmal Demut und Dulden nicht seine Sache.

> Hätt' Allah mich bestimmt zum Wurm,
> So hätt' er mich als Wurm erschaffen.

Schon recht.

> Was bringt in Schulden?
> Harren und Dulden!

Schon gut. Und daß man im Leben die Wahl habe, »Hammer oder Amboß« zu sein, hat er auch mit harter Stimme erklärt. Dennoch pries er die heroische Tugend der Geduld aufs höchste und äußerste im Gespräch: »Hammer zu sein scheint jedem rühmlicher und wünschenswerter als Amboß, und doch, was gehört nicht dazu, diese unendlichen, immer wiederkehrenden Schläge auszuhalten!« – Wie ist es übrigens denn auch mit der »Entsagung«, die je länger je mehr zum Generalthema seines Dichtens wird, ähnlich wie für Schiller die »Freiheit« und für Wagner die »Erlösung«? Man wird sich besinnen, Entsagung ein heidnisches Motiv zu nennen. Und wenn er kein Pazifist, wenn er für Macht und Übermacht, für den Kampf ist, so weiß er über den Krieg genau Bescheid: »Der Krieg ist in Wahrheit eine Krankheit, wo die Säfte, die zur Gesundheit und Erhaltung dienen, nur verwendet werden, um ein Fremdes, der Natur Ungemäßes zu nähren.«

Sein Christentum, als natürliches Ingrediens seiner Persönlichkeit, soweit es eben nicht überlagert ist von antikisierendem Humanismus sowohl wie germanischem Trotz, hat protestantische Färbung. Er ist Protestant von Kultur, wie ja ein Werk gleich den ›Leiden Werthers‹ ohne eine lange Schule pietistischer Introspektion nicht denkbar ist. Sein Luthertum ist tief und echt, eine national-persönliche Verwandtschaft, ein Wiedererkennen ist da im Spiele. Er nimmt als Jüngling die Bibel-Übersetzung in den ›Faust‹ auf und hielt allezeit Luthers Sprachwerk, dessen Erbe und verfeinernder Fortentwickler er war, in hohen Ehren, indem er hinzufügte: »Nur das Zarte darin hätte ich allenfalls besser gemacht.« Aber sein Protestantismus, wie alles, was er vorstellt und seiend zu erfüllen weiß, ist nicht ganz zuverlässig: er steht offen der Bewunderung – nicht sowohl der ästhetischen Vorteile, als der demokratisch-gemeinschaftsbildenden Macht katholischen Lebens. »Man müßte gleich katholisch werden«, ruft er, »um teil an der Existenz der Menschen zu haben. Sich unter sie mischen, gleichgestellt, ein Leben auf dem Markt, im Volk. Was wir in den kleinen souveränen Staaten für elende, einsame Menschen sind!« Und er preist Venedig als Monument nicht eines Befehlenden, sondern eines Volkes. – Wo bleibt der germanische Aristokratismus? Und wo die protestantische Charakterstärke, wenn er, am Schlusse des ›Faust‹, es sich dichterisch gönnt, oder sich nicht anders zu helfen weiß, als einen weihrauchduftenden katholischen Opernhimmel mit Mater gloriosa, Büßerinnen, seligen Knaben, Engelschören, Pater profundus und Pater Seraphicus aufzubauen? Es ist noch nicht das Schlimmste, denn was erlaubt er sich gar in dem Roman von den ›Wahlverwandtschaften‹, wo er die Nachgiebigkeit gegen das Katholische so weit treibt, mitten in protestantischer Sphäre eine Heilige zu kreieren, zu deren Leichnam das lutherische Landvolk sich wundergläubig in die Kirche drängt! Dabei ist der Natur-Fatalismus dieses Meisterwerks überhaupt nicht christlich, besonders, da er auch im Jenseits nicht enden soll, an das zudem niemand im Buche eigentlich glaubt. Die Schlußwendung von dem freundlichen Mit-einander-Erwachen der zwanghaft Liebenden aus dem Todesschlaf ist nichts als ein konzilianter Schnörkel.

Dieser Geist ist bei nichts festzuhalten, auf nichts festzulegen. Man subsumiere ihn irgend einer Denk- und Daseinsform, man tue es mit Recht, und sogleich wird man sich besinnen und finden: nein, er ist auch das Gegenteil. Das reicht hinab in seine moralische Existenz, in sein Verhältnis zur *Zeit* zum Beispiel, das teils ein gewaltiges Sich-Zeit-*Lassen*, ein Abwarten, Aufschieben, ja ein Schlendrian, ein pflanzenhaft passives Sich-ihr-Anvertrauen ist, und doch wieder dabei ein wahrer Zeit-Kultus, das genaueste Überwachen, Festhalten, Ausbeuten, Kultivieren des Zeitgeschenks unter dem Wahlspruch:

> Mein Erbteil wie herrlich, weit und breit!
> Die Zeit ist mein Besitz, mein Acker ist die Zeit.

Und unter dem anderen: »Le temps est le seul dont l'avarice soit louable.« – Das reicht ins Künstlerische paradoxal hinab: wo er als der große Objektive, der apollinische Ironiker sich darstellt – und zugleich als der Lyriker und Bekenner katexochen, der immer nur aus sich selber schöpft, immer nur sich selber gibt und gerade durch diesen romantischen Subjektivismus in Frankreich am stärksten gewirkt hat. Von Bekennertum kann man wohl sprechen, nämlich in einem seltsam radikalen und büßerischen Sinn. Denn wie gibt er sich selber? Indem er Schächer und Schwächlinge gibt. Der Selbstmörder Werther, der Verräter Clavigo, der Hysteriker Tasso, der haltlose Eduard, der geradezu läppische Fernando in ›Stella‹, man fragt sich, wie er bei all dem dazu kommt, die »Lazarettpoesie« zu verspotten und eine tyrtäische (begeisternde) dafür zu verlangen. Es ist ja ein Lazarett, – denn es ist Psychologie, Geständnis, Preisgabe des Menschlich-Allzumenschlichen. Selbst Meister und Faust lassen an exemplarischer Männlichkeit und charakterlicher Imposanz Erkleckliches zu wünschen übrig, – für den, dem es darum zu tun ist.

Aber ist dies vielfältige Dichtwerk nicht überaus männlich (dasjenige Schillers ist viel männlicher), so ist es dafür *menschlich* aufs ehrlichste, offenste, äußerste und trägt zudem oder eben dadurch an jedem Punkt und in jeder Wendung den persönlichen Stempel einer Liebenswürdigkeit, wie man sie in allen Weiten und Breiten geistiger Schöpfung nicht leicht ein zweites Mal findet. Ich beziehe mich dabei am liebsten auf seinen ›Egmont‹, ein Stück, gegen das dramaturgisch und selbst allgemein künstlerisch so manches einzuwenden ist, dessen Lässigkeit gegen alles Theatergerechte aber so gut mit dem Charakter seines Helden harmonisiert, – diesem nobel-populären und sträflich sorglosen Grandseigneur, einem dämonisch leichtsinnigen Liebling der Götter und Menschen, auf dessen Gestalt der Dichter alles Interesse versammelt und in welchem für mich die spezifisch goethische Liebenswürdigkeit kulminiert: nicht zuletzt in seinem von Leidenschaft recht fernen, zärtlich geneigten und etwas selbstbespiegelnden Umgang mit Klärchen, dem kleinen Mädchen aus dem Volk, einem echten Geschwister Gretchens, dem er sich eines Tages, um ihr kindlich Ah! und Oh! zu genießen, im spanischen Hofkleid mit dem Goldnen Vliese zeigt. Da haben wir wieder das Narzißhafte, eine Erotik, die als tiefsten

Reiz die Heimsuchung holder Schlichtheit durch einen Kömmling aus glänzend-fremder Geistes- und Liebeswelt empfindet, welcher nur zu leicht den redlich bürgerlichen Liebhaber und Freier bei ihr aussticht. Das büßende Schuldgefühl des Verführers, der nicht zu heiraten gedenkt, der immer liebt und nie sich binden mag, gehört mit hinein ...

Goethe's Liebesleben – es ist ein seltsam Kapitel. Die Kenntnis seiner Liebschaften ist bildungsobligatorisch, im bürgerlichen Deutschland mußte man sie herzählen können wie diejenigen des Zeus. Sie sind, diese Friederiken, Lotten, Minnas und Mariannen, zu Nischen-Figuren geworden im Dom der Humanität, und das mag sie schadlos halten dafür, daß das fahrende Genie, das zeitweise zu ihren Füßen lag, so wenig bereit war, ernste Konsequenzen für sein Leben, seine Freiheit aus diesen holden Abenteuern zu ziehen, schadlos für seine immer wiederkehrende Flüchtigkeit und dafür, daß sein Werben ziellos, seine Treuherzigkeit treuloser Art und sein Lieben ein Mittel zum Zweck, ein Mittel zum Werke war. Wo Werk und Leben eins sind, wie bei ihm, da haben diejenigen das Nachsehen, die es nur mit dem Leben, dem Menschenleben ernst zu nehmen verstehen. Aber er verweist es ihnen. »Werther muß – muß sein!« schreibt er an Lotte Buff und ihren Verlobten. »Ihr fühlt *ihn* nicht, ihr fühlt nur *mich* und *Euch* ... Könntet Ihr den tausendsten Teil fühlen, was Werther tausend Herzen ist, Ihr würdet die Unkosten nicht berechnen, die Ihr dazu hergebt!« – Sie haben alle die Unkosten getragen, gern oder ungern.

Gedichtet hat er von Anbeginn: anakreontisch, französisch, tändelnd, begabt und konventionell. Zum Dichter wurde er in Straßburg, unter dem Einfluß Herders, in mächtig auflockerndem Kontakt mit Homer, mit Macpherson-Ossian, mit Shakespeare, den er sein Leben lang grenzenlos bewunderte und hoch über sich stellte, mit der Bibel als dichterischem Werk und ganz besonders mit dem Volkslied, in dessen Taufrische, dessen sprachlicher und rhythmischer Herzensgewalt seine Lyrik gesund sich badet. Durch Kenntnisse, Einsicht, kritisches Gefühl für das Notwendige wäre Herder zum Lenker der literarischrevolutionären Sehnsüchte berufen gewesen, die damals, um 1770, in Deutschland des schöpferischen Anrufs warteten. Aber ihm fehlte, was sein Schüler, der fünf Jahre jüngere Goethe besaß, der in seiner Unfertigkeit bereit gewesen war, sich als bloßen Planeten des Herder-Gestirns zu betrachten: der Zauber, die Gnade, das zwingende Geheimnis der Persönlichkeit. Die Sonne, so stellte sich heraus, um die das neue geistige Leben in Deutschland sich drehen sollte, war Goethe, und ich glaube, Herder hat das früh gefühlt und ist der Bitterkeit über diese Wendung der Dinge niemals ganz Herr geworden. In seinem Verhalten gegen den geduldig verehrenden Jungen, diesem ewigen stachlichten Spott und Hohn, dieser Lustigmacherei über seinen Namen, der ebensogut vom Kote stammen könne wie von Gothen oder von Göttern, über seinen Mangel an Scharfsinn, an gutem Geschmack, seine Affektationen und so weiter ist das Pädagogische vom Rankünösen, ja von einem tiefen Liebeshaß schwer zu unterscheiden, und endlich, im Alter, verdirbt er es mit dem großen Gönner durch ein unkontrolliertes Witzwort: Von Goethe's wirklich etwas langweiligem Revolutionsdrama ›Die natürliche Tochter‹ sagt er: »Dein natürlicher Sohn ist mir lieber«, was der alten Freundschaft das Genick bricht.

Man macht sich heute kaum eine Vorstellung davon, welche Sensation, welchen geistigen Jubel zu jener Zeit des Genie-Frühlings, des seelisch-formalen Sturmes und Dranges ein Gedicht erregte wie ›Willkomm und Abschied‹, dieses

> Es schlug mein Herz, geschwind zu Pferde!
> Und fort! wild, wie ein Held zur Schlacht!
> Der Abend wiegte schon die Erde,
> Und an den Bergen hing die Nacht;
> Schon stund im Nebelkleid die Eiche,
> Ein aufgetürmter Riese, da,
> Wo Finsternis aus dem Gesträuche
> Mit hundert schwarzen Augen sah.

Wie neu, wie kühn, wie wundervoll frei, melodiös und bildhaft das war, wie von dem Sturm und Stoß dieser Rhythmen der Puder von den rationalistischen Perücken flog! Es war nicht anders mit der dramatischen Historie vom ›Götz von Berlichingen‹, diesem shakespearisierenden Wurf und lebenstrotzenden Bilderreigen aus deutscher Vorzeit, den noch Friedrich der Große als formlosen Unfug verwarf, der aber in deutschen Landen neben der Freude an dem herzlichen Affront gegen verstockte poetische Satzung jenes »nationale Behagen« hervorrief, das der Autobiograph in ›Dichtung und Wahrheit‹ sehr anmutig schildert. Die ersten Szenen des ›Faust‹, frisch aus der Feder, – man glaubt es gern, daß die Freunde die Hände zusammenschlugen vor Erstaunen, wie doch »der Kerl zusehens wachse«. ›Werthers Leiden‹ aber, der Brief-Roman, war vom ersten Augenblick an keine Freundes-, keine Koterie- und Schulangelegenheit, auch keine intern deutsche: die Welt ergriff ihn, er ergriff die Welt. Die entnervende und zerrüttende Empfindsamkeit des kleinen Buches, die der Schrecken und Abscheu der Moralisten war, obgleich sie doch auch mit so viel Natur-Innigkeit und jugendlichem Unendlichkeitssehnen vereint ist, erregte einen Erfolgssturm, der alle Grenzen überschritt, sie rief einen Rausch, ein Fieber, eine über die bewohnte Erde hinlaufende Ekstase hervor und wirkte wie der Funke, der ins Pulverfaß fällt, wobei in plötzlicher Ausdehnung eine gefährliche Menge gebundener Kräfte frei wird. Eine allgemeine Bereitschaft ist vorzustellen, auf die das Büchlein traf. Es war, als ob das Publikum aller Länder, insgeheim und ohne es zu wissen, genau auf dies Werk eines noch ganz beliebigen jungen deutschen Reichsstädters gewartet hätte, das der gebundenen Sehnsucht einer ganzen Zivilisation auf revolutionär entbindende Weise gerecht wurde, – ein Treffer ins Schwarze, das erlösende Wort. Napoleon, der schicksalsfinstere Mann von Eisen, hatte die französische Übersetzung in seinem Gepäck auf dem ägyptischen Feldzug. Er sagte, daß er sie siebenmal gelesen habe.

Goethe, der Schriftsteller, hat nie wieder einen Erfolgssturm dieser Art erlebt. Sein Werk, diese gewaltige Spur seines Lebens, war nie mehr, wie zu Anfang, von der Begeisterung der Menge begleitet. Die Kühle der deutschen Öffentlichkeit, erzeugt durch die klassizistische Wendung, die seine Kunstrichtung mit der ›Iphigenie‹, dem ›Tasso‹ nahm, war vollkommen. Denn der zauberhafte und fast pikante Kontrast zwischen der klassischen Form und der dichterischen Intimität und Gewagtheit des Geformten wurde nicht empfunden. ›Wilhelm Meister‹ war ein für damalige Zeiten extensiv bedeutender und der Intensität nach außerordentlicher Roman-Erfolg, ja, aus der Sphäre der höchsten deutschen Bildung von damals, der romantischen Bewegung, konnte das Wort kommen: Die Französische Revolution, Fichte's Wissenschaftslehre und der ›Wilhelm Meister‹, das seien die drei großen Ereignisse der Epoche. Aber eine wie vielfältige literarische Nachkommenschaft dem klassischen deutschen Bildungsroman beschieden war (sie reicht über Stifter und Keller bis zum ›Zauberberg‹) – an zündender Tageswirkung stand er dem ›Werther‹ notwendig nach, und noch mehr tat das der natur-mystisch psychologisierende Roman des Sechzigjährigen, ›Die Wahlverwandtschaften‹, dessen Gestalten zwar lebenswahr und individuell überzeugend, zugleich aber Symbole sind, ebenmäßig gruppierte und gegeneinander bewegte Schachfiguren einer hohen Gedankenpartie. Immerhin hat gerade dieses Buch zu einer der dankbar-hübschesten Charakteristiken von Goethe's Prosa Anlaß gegeben. Sie stammt von seinem Freund, dem Chordirektor und Komponisten Zelter in Berlin, der ihm nach der Lektüre schrieb: »Es gibt gewisse Sinfonien von Haydn, die durch ihren losen liberalen Gang mein Blut in behagliche Bewegung bringen … So geht mir's, wenn ich Ihre Romane lese, und so ist mir's geworden, wie ich heute Ihre ›Wahlverwandtschaften‹ las. Das mutwillige, geheimnisvolle Spiel mit den Dingen der Welt und den Figuren, die darinne angestellt und geleitet werden, kann Ihnen niemals mißlingen, mag auch zwischendurchlaufen, was Platz hat oder sich Platz macht. Dazu eignet sich endlich noch eine *Schreibart*, welche wie das klare Element beschaffen ist, dessen flinke Bewohner durcheinander schwimmen, blinkend oder dunkelnd auf- und abfahren, ohne sich zu verirren oder zu verlieren. Man könnte zum Poeten werden über eine solche Prosa, und ich möchte des Teufels werden, daß ich keine solche Zeile schreiben kann.« – Es war einem Musiker vorbehalten, der Präzision und Gewandtheit der Goethe'schen Prosa, ihrem rhythmischen Zauber, der ein vernünftiger Zauber, die klarste Mischung von Eros und Logos ist, mit so heiter-kritischem Wort gerecht zu werden. –

Die erste Auflage des ›West-östlichen Divan‹, der unschätzbare Perlen Goethe'scher Spätlyrik enthält, wurde überhaupt nicht gekauft und blieb als Makulatur liegen. Den zweiten Teil des ›Faust‹, nachdem der Greis ihn mit rührender Kraftanstrengung abgeschlossen, wenn auch nicht vollendet hatte (denn er war nicht vollendbar), siegelte er ein und wollte »diese sehr ernsten Scherze« auch den weit verteilten und »durchaus dankbar anerkannten« Freunden nicht, noch weniger der Öffentlichkeit bei Lebzeiten mehr mitteilen, denn, sagte er, »der Tag ist wirklich so absurd und konfus, daß ich mich überzeuge, meine redlichen, lange verfolgten Bemühungen um dieses seltsame Gebäu würden schlecht belohnt und an den Strand getrieben, wie ein Wrack in Trümmern daliegen und von dem Dünenschutt der Stunden zunächst überschüttet werden«. – Man sehe die Ausdrucksweise des Alten, die die Bildkraft der Jugend voll bewahrt und einen Hauch des Geisterhaften, die ergreifende Würde hochbetagten und schon verbleichenden, schon aus der Zeit zurücktretenden Schöpfertums hinzugewonnen hat!

Und so geschah's. Schlecht belohnt sind seine lebendurchwaltenden Bemühungen um dies »seltsame Gebäu« immer geblieben, denn wenn dem ersten, jugendlichen Teil, wenigstens im gebildeten deutschen Bürgertum, eine Art von Zitatenpopularität zuteil wurde, – der zweite ist wohl geehrt, ja bewundert und philologisch durchpflügt, aber wenig geliebt worden, immer galt er als ein Ausbund frostig allegorischer Geheimniskrämerei und als ein »nationaler Besitz« von schrulliger Ungenießbarkeit. Warum? Das habe ich nie begriffen – oder begreife es wenigstens längst nicht mehr. Denn so viel Kritik möglich sei, moralisch und selbst künstlerisch, an diesem »inkommensura-

blen« Erzeugnis (aber was ist interessant außer dem Inkommensurablen!), diesem ungeheuren und dabei durchaus überseh-
baren, durchaus durchdringbaren Zeitgewächs, halb Ausstat-
tungs-Revue, halb Weltgedicht, das innerlich dreitausend Jahre
Menschheitsgeschichte, von Trojas Fall bis zur Belagerung Mis-
solunghis, umfaßt und in dem alle Quellen der Sprache springen, – es ist an jeder Stelle so vorzüglich, so geistvoll, so herrlich
wortgenau und abundierend an Weisheit und Witz, so kunst-
froh, heiter und leicht im Tiefsinn und in der Größe, in der
humoristischen Behandlung des Mythos zum Beispiel, auf den
Pharsalischen Feldern und am Peneios, und in derjenigen des
Mysteriums der Helena, daß jeder Kontakt damit entzückt, er-
staunt, belebt, zur Kunst befeuert, daß es Liebe verdient, dies
ewig kuriose Gebilde, weit mehr noch als Ehrfurcht, ja, daß
man die größte Lust hätte, einen ganz frischen, ganz unphilolo-
gischen und unmittelbar zutunlichen Faust-Kommentar zu
schreiben, der manchem abergläubischen Leser das Fürchten
ablehren sollte vor einem Gedicht, das reizend ist auch dort, wo
es sich eben nur gerade zu helfen weiß.

Übrigens sind Teile des zweiten ›Faust‹ zu Goethe's Lebzeiten
erschienen: Die Helena-Episode erschien, und er konnte feierliche Besprechungen der Novität in großen Zeitschriften des
Auslandes, französischen, schottischen, russischen lesen, *Weltliteratur* – praktisch wurde längst alles, was er gab, vom maß-
gebenden Urteil als solche empfunden und aufgenommen, und
er kreiert das Wort, stellt es als Tatsache halb und halb als Forderung in die Zeit, – nicht zuletzt als Ausdruck seines persönlichen Zuges ins Weltweite, der sich im Alter mehr und mehr
verstärkt – sehr erklärlich bei einem Autor, dessen Laufbahn
mit einem so ausgreifenden Erfolge wie dem ›Werther‹ begann,
– aber auch als pädagogische Zurechtweisung für seine Deutschen. »Anstatt sich in sich selbst zu beschränken«, läßt er sie
hören, »muß der Deutsche die Welt in sich aufnehmen, um auf
die Welt zu wirken … Ich sehe mich daher gern bei fremden Na-
tionen um und rate jedem, es auch seinerseits zu tun. National-
literatur will jetzt nicht viel sagen, die Epoche der Weltliteratur

ist an der Zeit, und jeder muß jetzt dazu wirken, diese Epoche zu beschleunigen.« Wie er die Welt in sich aufgenommen und auf die Welt gewirkt hat, was England, Italien, Frankreich, Spanien, der Ferne Osten, Amerika ihm gegeben, und was wieder sein Werk im Geistesleben dieser Länder sowie im Norden und Osten angeregt und freigesetzt, über diese Systole und Diastole hat kürzlich der Berner Literatur-Gelehrte Fritz Strich ein nicht genug zu rühmendes Buch geschrieben: ›Goethe und die Weltliteratur‹, ein Werk von wahrhaft panoramischer Umsicht, das eben dadurch so geistreichen Genuß bereitet, daß es uns das Goethe'sche Europäertum in seiner Subjektivität und Objektivität, als Empfänglichkeit und als Sendung zeigt.

Es ist sehr klar, daß das Konzept »Weltliteratur« ein Ergebnis aus beidem war, daß das Bewußtsein eigener Bildung und Dankesschuld dazu nicht genügte, sondern das Gewahrwerden reicher Rückwirkung nötig war, die Idee zu vollenden. Überdies ist es einfach ein Wort aus dem Vokabular der *Größe*, – jener Größe, in die hinein-, zu der emporzuwachsen das Schicksal des Bürgerknaben vom Frankfurter Hirschgraben gewesen war und von der der Siebzigjährige gesteht, daß er sie »mit Mühe habe erlernen müssen«: die Größe nämlich, in weiten nationalen und Epochenkreisen das Genüge für seine Wirksamkeit zu suchen. »Wer nicht von dreitausend Jahren«, lautet einer seiner Alterssprüche,

Sich weiß Rechenschaft zu geben,
Bleib' im Dunkeln unerfahren,
Mag von Tag zu Tage leben.

Der ›Faust‹ ist das erstaunliche Produkt dieser inneren Weiträumigkeit, dieser enzyklopädischen Weltbeherrschung, und wieder war es im besonderen die Helena-Episode des zweiten Teils, von der Emerson sagte: »Das Wunderbare ist die gewaltige Intelligenz darin. Der Verstand dieses Mannes ist ein so mächtiges Lösungsmittel, daß die vergangenen und das jetzige Zeitalter, ihre Religionen, Politiken und Denkungsarten, sich darin zu Urtypen und Ideen auflösen.« Allein diese »gewaltige Intelligenz«,

dieser alles erfassende, organisierende und dichterisch ein-
schmelzende Verstand, dient keineswegs nur der Synopsis von
Vergangenheit und Gegenwart, er ist ebenso kühn im Zukunfts-
gefühl, im Vorausschauen und Vorwegnehmen des Kommenden, dessen, was »an der Zeit« ist, und wofür »Weltliteratur«
nur ein Sigel und Symbol ist, – er beschreibt sie gelegentlich
auch als »Freihandel der Begriffe und Gefühle«, was einer charakteristischen Übertragung liberal-ökonomischer Grundsätze
auf das geistige Leben gleichkommt.

Das ist neunzehntes Jahrhundert, das Jahrhundert der Öko-
nomie und Technik, in das der Sohn des achtzehnten ein Menschenalter weit hineinlebte, und das er bis weit über die Grenzen seines persönlichen Lebens, ja bis über die Grenzen des
Jahrhunderts selbst hinaus, bis in nachbürgerliche Zeiten hinein
»verstand« und seherisch ankündigte. Es ist sehr merkwürdig
und sogar rührend, wie gerade die letzten Jahre seines Lebens
erfüllt waren von diesem dem Tode trotzenden, über den eigenen Tod all-lebendig hinwegsehenden Erspüren dessen, was »an
der Zeit« war, was, im Moralischen und im Äußerlich-Lebens-
technischen, kommen wollte und was zu beschleunigen also jeder sich angelegen sein zu lassen hatte, sei es auch auf Kosten
lange gehegter, aber abgelebten Zeiten angehöriger Ideale.
Wirklich ist viel »Entsagung« in dem Altersroman ›Wilhelm
Meisters Wanderjahre‹ – die Selbstüberwindung einer individualistischen Humanität ist darin zugunsten menschlicher und
erzieherischer Grundsätze, die erst unseren Tagen eigentlich
angehören. Es wetterleuchtet in dem Buch von Ideen, die weit
abführen von allem, was man unter bürgerlicher Humanität
versteht, weitab von dem klassischen und bürgerlichen Kulturbegriff, den zu schaffen und zu prägen Goethe selbst in erster
Linie behilflich gewesen war. Das Ideal privatmenschlicher All-
seitigkeit wird fallengelassen und ein Zeitalter der Einseitigkeit
proklamiert. Das Ungenüge am Individuum ist da, das heute
herrscht: Erst sämtliche Menschen vollenden das Menschliche,
der Einzelne wird Funktion, es kommt darauf an, was durch ihn
für die Kultur zu leisten ist, der Begriff der Gemeinschaft tritt her-

vor, des »Bandes«, der Kommunität, und der jesuitisch-milita-
ristische Geist der »Pädagogischen Provinz«, musisch durchhei-
tert wie er ist, läßt vom individualistischen und »liberalen«, vom
bürgerlichen Ideal kaum etwas übrig.

Welch ein Greisenalter! Es ist, bei aller Würde, nichts von
Vertrocknung, Verknöcherung darin, es ist lauter Empfindlichkeit, Neugier, Lebenssinn und dem Neuen gewährte Vorschub-
leistung. An dem Tische dieses oft so steifen und feierlichen
Grandseigneurs aus dem achtzehnten Jahrhundert ist schließlich von Dampfschiffen und ersten Versuchen mit einer Flugma-
schine, von utopisch-welttechnischen Problemen und Projekten
mehr die Rede als von Literatur und Poesie, – und kann es denn
wundernehmen bei dem Dichter des letzten Faust, der seinen
höchsten Augenblick in der Verwirklichung eines utilitaristi-
schen Traumes, der Trockenlegung eines Sumpfes erblickt?
Nicht müde wird der Alte der Erörterung von Möglichkeiten,
den Mexikanischen Meerbusen mit dem Stillen Ozean zu verbinden, nicht müde, die unberechenbaren Ergebnisse auszuma-
len, die solch ein Werk für die ganze zivilisierte und noch unzi-
vilisierte Menschheit zeitigen müsse. Er rät den Vereinigten
Staaten von Amerika, die Sache in die Hand zu nehmen, und
phantasiert von den blühenden Handelsstädten, die an dieser
Küste des Pazifik, wo die Natur mit geräumigen Häfen schon so
glücklich vorgearbeitet habe, nach und nach entstehen müßten.
Er konnte dies alles kaum erwarten, dies und die Verbindung
von Donau und Rhein, die freilich ein über alles Hoffen riesen-
haftes Unternehmen sein würde, und etwas Drittes, ganz Großes noch: den Kanal von Suez für die Engländer: »Dies alles
noch zu sehen«, ruft er, »würde es wohl lohnen, auf Erden noch
etliche fünfzig Jahre auszuhalten!«

So war seine Zukunftsfreudigkeit umfassend, sie brauchte
den Raum der ganzen Welt, und etwas von großartiger Nüchternheit ist in dieser Begeisterung fürs Weltweit-Technisch-Ra-
tionale, das Gefühl für die Notwendigkeit der Ernüchterung
einer an verdumpften und das Leben hindernden Seelentümern
krankenden Welt.

Amerika, du hast es besser
Als unser Kontinent, der alte,
Hast keine verfallenen Schlösser
Und keine Basalte.

Die Burgruinen und allzu ehrwürdigen Versteinerungen, sie sind das »verstorbene Zeug«, von dem er an anderer Stelle spricht, und dem der Mensch »sich entziehen« solle, um dafür Lebendiges zu lieben. Sie sind das Symbol einer Belastung mit Gemüt, die dieser Dichter beinahe der mörderischen Dummheit gleichsetzte, gegen welche er sich früh schon auf die Seite des hellen Verstandes schlug. »Das Menschenpack«, sagt er bereits in den ›Lehrjahren‹, »fürchtet sich vor nichts mehr als vor dem Verstande; vor der Dummheit sollten sie sich fürchten, wenn sie begriffen, was fürchterlich ist; aber jener ist unbequem, und man muß ihn beiseite schaffen, diese ist nur verderblich, und das kann man abwarten.«

Das Verderben abzuwarten ohne den Mut, dem Verstande dagegen freie Hand zu geben: ist diese Neigung und Gefahr der Menschheit nicht heute erst recht auf ihren Gipfel gekommen? Goethe kannte sie, sah sie wachsen, und sie war es, die Macht der Dummheit, der seine Größe eigentlich entgegenstand – viel mehr als der Revolution, der Konstitution, der Pressefreiheit, der Demokratie. Man sagt, sein letztes Wort vor dem Hinüber-schlummern sei gewesen: »Laßt mehr Licht herein!« Es ist nicht ganz sicher. Aber was er wirklich gesagt hat, sein eigentlich letz-tes Wort, ein Wort gegen den Tod und für das Leben, ist dieses:

Es gilt am Ende doch nur vorwärts.

Zweites Hauptstück

Vor-Bild, Ur-Bild, Über-Bild

[...]

hunderten von Engeln. Eine goldene Treppe führt ins Unabsehbare empor, und oben sieht man, das heilige Kind im Arm, die Mater dolorosa; am Fuße den seligen Faust; in der Mitte Grethchen. Und von milden Chören vernimmt man die überirdischen Verse:

> Alles Vergängliche
> Ist nur ein Gleichnis,
> Das Unzulängliche
> Hier wird's Ereignis,
> Das Unbeschreibliche
> Hier ists gethan,
> Das ewig Weibliche
> zieht uns hinan.

Vielleicht ist es lächerlich; aber mir wurde fromm und gläubig zu Sinn bei diesem electrisch beleuchteten Blick ins Metaphysische. – Und nun noch ein paar Verse, die der geistreiche Teufel spricht und an die ich Dich persönlich erinnern will, weil ich schon oft an sie gedacht habe, wenn es Dir gefiel von meinem »unglaublichen« »Glück« zu sprechen:

> Wie sich Verdienst und Glück verketten,
> Das fällt den Thoren niemals ein;
> Wenn sie den Stein der Weisen hätten, –
> Der Weise mangelte dem Stein.!

Brief an Otto Grautoff, Anfang Mai 1895

Was habe ich in der letzten Zeit nicht Alles an bedeutsamen Büchern gelesen! Ich fange nicht erst mit dem Aufzählen an! Augenblicklich bewundere ich Eckermanns ›Gespräche mit Goethe‹ – welch ein beschämender Genuß, diesen großen, königlichen, sicheren und klaren Menschen beständig vor sich zu haben, ihn sprechen zu hören, seine Bewegungen zu sehen! Ich werde garnicht satt davon, und ich werde traurig sein, wenn ich zu Ende bin.   *Brief an Otto Grautoff, 21. 7. 1897*

Der Schäfer

Es war ein fauler Schäfer,
Ein rechter Siebenschläfer,
Ihn kümmerte kein Schaf.

Ein Mädchen konnt' ihn fassen:
Da war der Tropf verlassen,
Fort Appetit und Schlaf!

Es trieb ihn in die Ferne,
Des Nachts zählt' er die Sterne,
Er klagt' und härmt' sich brav.

Nun da sie ihn genommen,
Ist Alles wieder kommen:
Durst, Appetit und Schlaf.

(Goethe)

Daß die Leidenschaft, das [Eng] sündige Engagement des Ich den Schlaf raubt.   *Notizbuch 7, auf Mai 1904 zu datieren*

So habe ich voriges Jahr, angeregt durch Gott weiß welche Erfahrungen, meinen Aufsatz ›Bilse und ich‹ geschrieben, jenen sehr persönlichen und sehr passionierten Essay, in welchem ich das sittliche und künstlerische Recht des Dichters, die Wirklichkeit zu benutzen, gegen eben diese Wirklichkeit verteidigte und in der Hauptsache Goethe's Aussage paraphrasierte: »Das Benutzen der Erlebnisse ist mir immer alles gewesen; das Erfinden aus der Luft war nie meine Sache: ich habe die Welt stets für genialer gehalten als mein Genie.«

Mitteilung an die Literarhistorische Gesellschaft in Bonn, 1906

Moderne deutsche Feierlichkeit, Ehrgeiz. Hofmannsthal. »Epiker«. »Dramatiker«. – G. Keller spricht im ›Grünen Heinrich‹ von seinem »einfachen Leben«. Seine Bescheidenheit, zufrieden beim Trünklein. Kann, angeheitert, seine Wohnung nicht finden. Wenn K. an Goethe dachte, so fand er keinen Grund, sich feierlich zu nehmen. Hofmannsthal betrachtet sich ohne weiteres als eine Art Goethe. Sympathisches daran. Grössere Verpflichtung, Strengeres Leben.

Notizbuch 9, wohl auf 1908/1909 zu datieren

Abends im Goethe geblättert. Wandrey erzählte, in seiner Anti-Bürgerlichkeit mache Sternheim sich aufs frechste über Goethe, besonders über ›Hermann und Dorothea‹ lustig. Wer züchtigt das Geschmeiß? *Tagebuch 21. III. 1919*

Goethe und Tolstoi
Fragmente zum Problem der Humanität
(1921)

[...]

Goethe und Tolstoi, diese beiden, hat man als göttlich empfunden. Die Redensart vom »Olympier« ist Gemeinplatz. Aber
nicht erst den weltberühmten und geistig gebietenden Greis hat
man göttlich genannt, schon als Mann, als Jüngling mit zaubernden Augen voll Götterblicken, wie Wieland sang, hat er
tausendmal von den Mitlebenden dies Attribut empfangen, und
Riemer erzählt, wie der Sechzigjährige sich bei Gelegenheit bitter darüber lustig gemacht und gerufen habe: »Ich habe den
Teufel vom Göttlichen! Was hilft's mir, daß man mir nachsagt:
das ist ein göttlicher Mann, wenn man nur nach eigenem Willen
tut und mich hintergeht. Göttlich heißt den Leuten nur der, der
sie gewähren läßt, wie ein jeder Lust hat.«

[...]

Es gibt ein gutes Wort, das lautet: »Liebe zu sich selbst ist
immer der Anfang eines romanhaften Lebens.« Liebe zu sich
selbst, so kann man hinzufügen, ist auch der Anfang aller
Autobiographie. Denn der Trieb eines Menschen, sein Leben zu
fixieren, sein Werden aufzuzeigen, sein Schicksal literarisch zu
feiern und die Teilnahme der Mit- und Nachwelt leidenschaftlich dafür in Anspruch zu nehmen, hat dieselbe ungewöhnliche
Lebhaftigkeit des Ichgefühls zur Voraussetzung, die, nach jenem klugen Wort, ein Leben »romanhaft« macht – subjektiv,
für den Erlebenden, aber auch objektiv, für die anderen, die
Welt. Selbstverständlich ist diese »Liebe zu sich selbst« etwas
anderes, etwas Stärkeres, Tieferes und Produktiveres als gemeine »Selbstgefälligkeit«, »Selbstverliebtheit«. Sie ist in den
schönsten Fällen das, was Goethe in den ›Wanderjahren‹ »die
Ehrfurcht vor sich selbst« nennt und als die oberste Ehrfurcht
feiert. Sie ist das dankbar-ehrfürchtige Erfülltsein der *Götter-
lieblinge* von sich selbst, wie es mit unvergleichlich innigem
Nachdruck aus den Zeilen spricht:

> Alles geben die Götter, die unendlichen,
> Ihren Lieblingen ganz:
> Alle Freuden, die unendlichen,
> Alle Schmerzen, die unendlichen, ganz.

Sie ist das naiv-aristokratische Interesse an dem Mysterium hoher Bevorteilung, substantieller Vornehmheit, gefährlicher Auszeichnung, als deren Träger sie sich fühlen, ist die Lust, aus geheimster Erfahrung zu bekunden, wie ein Genie sich bildet, Glück und Verdienst nach irgendwelchem Gnadenschlusse sich unauflöslich verketten: diese Lust, die ›Dichtung und Wahrheit‹ hervorbrachte und die recht eigentlich die große Autobiographie überhaupt inspiriert.

[...]

Goethe hat sich sein Leben lang gegen die Prüderie gewendet, die das Gefallen an sich selbst verpönen möchte. Er gab zu verstehen, daß sie Sache derer sei, denen zum Gefallen an sich selbst auch nicht der mindeste Grund gegeben ist. Offen hat er sogar die gewöhnliche Eitelkeit verteidigt, durch deren Unterdrückung die Gesellschaft zugrunde gehe, und hinzugefügt, der Eitle könne nie ganz roh sein. Ist denn Selbstliebe von der Liebe zu den Menschen überhaupt zu trennen?

> Wie sie sich an mich verschwendet,
> Bin ich mir ein werthes Ich;
> Hätte sie sich weggewendet,
> Augenblicks verlör' ich mich.

[...]

Schillers Ruhm ist der des Sängers höchster Freiheit; aber Goethe hat sich zu diesem Begriff zu jeder Zeit sehr vorsichtig verhalten, nicht nur im Politischen, sondern konsequent, grundsätzlich und in jeder Beziehung. Von Schiller sagte er: »In seinem reiferen Leben, wo er der physischen Freiheit genug hatte, ging er zur ideellen über, und ich möchte fast sagen, daß diese Idee ihn getötet hat; denn er machte dadurch Anforderungen an seine physische Natur, die für seine Kräfte zu gewaltsam waren. Ich habe vor dem kategorischen Imperativ allen Respekt, ich weiß, wieviel Gutes aus ihm hervorgehen kann, allein man muß es damit nicht zu weit treiben, denn sonst führt diese Idee der ideellen Freiheit sicher zu nichts Gutem.« – Ich gestehe, daß diese pflegliche Art, unter Hindeutung auf Schillers heroisches Leben vor Übertreibungen im Gebrauch des kategorischen Imperativs zu warnen, mich von jeher humoristisch angemutet hat, genau so humoristisch, wie das Naive gegenüber dem Sittlichen immer wirkt. Aber es gibt andere Äußerungen des Gotteskindes über den Helden und Heiligen, die anders lauten und mit großartiger Treuherzigkeit für den Adel zeugen, welchen der Geist verleiht. Denn wenn Goethe eines Tages erklärte, er gälte zwar für einen Aristokraten, aber Schiller sei es im Grunde weit mehr gewesen als er, so zielt diese Bemerkung, die das Problem der Vornehmheit direkt berührt, gewiß nicht aufs Politische, nicht darauf, daß Schiller von den Ewig-Blinden gesprochen hat, denen man nicht des Lichtes Himmelsfackel leihen solle, sondern sie meint den Aristokratismus des Geistes selbst, den Goethe in diesem Augenblick mit seinem eigenen, mit dem Adel der Natur verglich und höher, strenger als diesen erfand. »Nichts genierte ihn«, sagte er bewundernd, »nichts engte ihn ein, nichts zog den Flug seiner Gedanken ab. Er war am Teetisch so groß, wie er es im Staatsrat gewesen wäre.« Diese Bewunderung und Verwunderung kommt aus der Tiefe von Goethe's Antäus-Natur, die sich einer solchen Freiheit, Unbedingtheit, Unabhängigkeit durchaus nicht bewußt war, sich vielmehr allezeit durch hundert Umstände bedingt, gebunden, beeinflußt, und zwar willig, ja mit erdadeligem Stolz gebunden und beeinflußt wußte. Pantheistische Notwendigkeit war das Grundgefühl seines Daseins. Es ist zu wenig gesagt, daß er an Willensfreiheit nicht glaubte, er negierte den Begriff, er leugnete, daß so etwas zu denken sei. »Man gehorcht den Gesetzen der Natur«, sagte er, »auch wenn man ihnen widerstrebt; man wirkt mit ihr, auch wenn man gegen sie wirken will.« Das dämonisch Determinierte seines Wesens ist von anderen oft empfunden worden. Man nannte ihn einen »Besessenen«, dem es nicht gestattet sei, willkürlich zu handeln. Seine tellurische Abhängigkeit äußerte sich zum Beispiel in einer solchen Wetter-Empfindlichkeit, daß er sich ein »dezidiertes Barometer« nannte, und es ist *nicht* anzunehmen, daß er eine solche Gebundenheit, die *Ver*bundenheit bedeutet, je für seine Person als entwürdigend empfunden, je mit seinem Willen sich dawider gestemmt hätte. Der Wille ist des Geistes; die Natur ist eher läßlich und gelinde. Aber gleichwie der Adel der Gebundenheit einen adeligen Stolz dareinsetzt, die dunkle Macht zu salutieren, der er gehört und von der er sich wohl geführt weiß, so verfügt er auch, wie wenigstens der Fall Goethe's lehrt, über die vornehme Geste der Huldigung vor dem Adel der Freiheit. »Denn hinter ihm«, sagt Goethe im ›Epilog zu Schillers Glocke‹,

Denn hinter ihm in wesenlosem Scheine
Lag, was uns alle bändigt, *das Gemeine.*

Dies ist wahrhaftig ein Huldigungswort der tiefsten Selbstentäußerung. Denn was ist das »Gemeine«? Nichts anderes als das Natürliche, vom Standpunkt des Geistes und der Freiheit gesehen. Denn Freiheit ist Geist, ist Loslösung von der Natur, Widersetzlichkeit gegen sie; sie ist Humanität, begriffen als Emanzipation vom Natürlichen und seinen Bindungen, diese Emanzipation als das eigentlich Menschliche und Menschen-*würdige* verstanden. Man sieht, wie hier das aristokratische Problem mit dem der Menschenwürde zusammenfließt! Was ist vornehmer und menschenwürdiger: Freiheit oder Gebundenheit, Wille oder Gehorsam, das Sittliche oder das Naive? Wenn wir es ablehnen, die Frage zu beantworten, so geschieht es aus der Überzeugung, daß sie endgültig *niemals* beantwortet werden wird.

[...]

»Aus dem einen Auge blickt ihm ein Engel«, schreibt jemand, der auf Reisen seine Bekanntschaft machte, »aus dem andern ein Teufel, und seine Rede ist eine tiefe Ironie über alle mensch-

67

lichen Dinge.« Über alle? Das ist groß, aber es ist nicht liebreich, und er selbst ist doch schließlich auch ein Mensch. »Überhaupt«, meldet einer, der ihn oft sah, »war er heute in jener bit-
ter-humoristischen Stimmung und sophistischen Widerspruchs-
art, die man so oft an ihm wahrnimmt.« Da haben wir abermals
die Negation, die Bosheit, den Widerspruchsgeist, die Medi-
sance, von der der junge, sanfte Sulpiz Boisserée in seinem Tagebuch ein Lied zu singen weiß. »Um elf Uhr bin ich wieder bei
Goethe. Das Lästern geht wieder an.« Es geht her über Politisches, Ästhetisches, Gesellschaftliches, Religiöses, Deutschland,
Frankreich, Philhellenismus, Parteiwesen und so fort, in einem
Stil, daß sich der arme Boisserée »mit allen diesen moquanten
Reden zuletzt wie auf dem Blocksberge vorkommt«. »Auf dem
Blocksberge« – das ist stark gesagt.

[...]

»Du führst«, spricht Goethe-Faust zum Erdgeist,

> Du führst die Reihe der Lebendigen
> Vor mir vorbei, und lehrst mich meine Brüder
> Im stillen Busch, in Luft und Wasser kennen ...

Meine Brüder: Man weiß, daß es Goethe war, der mit dem Gedanken, daß »der Mensch aufs nächste mit den Tieren verwandt« sei, Ernst machte auf eine Weise, wie der Wissenschaft
bis dahin nicht beigekommen war, es zu tun; und das Erfülltsein
von diesem Gedanken, seine tiefe, wirkliche Anschauung, ist
bezeichnend für das Naturkind und seine Sympathie mit dem
Organischen. Schillers Humanität, sein Menschlichkeitsbegriff,
der emanzipatorischer, im Grunde stolz-naturfeindlicher Art
war, hätte wenig Gefallen an diesem Gedanken gehabt, und
man findet Gedanken nicht, die einem nicht gefallen, das heißt
ideell willkommen sind. Es gibt keine »voraussetzungslose Wissenschaft«. Die Entdeckungen der Wissenschaft sind immer das
Ergebnis einer ideellen Voraussetzung; das mittelalterliche
Wort »Ich glaube, damit ich erkenne« wird ewig recht behalten;
der Glaube ist das Organ der Erkenntnis, und ohne die vor-

gefaßte, vor-angeschaute Idee eines einheitlichen Bildes, nach welchem die höhere Tierwelt nebst dem Menschen geformt ist und dem im botanischen Reich die angeschaute Idee der »Urpflanze« entspricht, hätte Goethe niemals das os intermaxillare am Menschen gefunden. Man darf auf den humoristischen Widerspruch hinweisen, der zwischen der Tatsache dieser Entdeckung und der humanen Erläuterung besteht, die Goethe dazu gibt. Der Zwischenkieferknochen, sagt er, der bei den Tieren, je nach Umständen und Bedürfnis, verschieden gestaltet sei, – zuletzt, im Menschen, dem edelsten Geschöpf, verberge er sich schamhaft, »aus Furcht, tierische Gefräßigkeit zu verraten«. Idealistischer Menschenstolz könnte einwenden, dann sei es recht inhuman, das schamhaft Verborgene zu entdecken und an den Tag zu bringen.

Und doch ist es eben das Merkwürdige und tief Bedeutsame, zu sehen, wie bei Goethe das Biologisch-Medizinische von Grund aus mit dem humanistischen Interesse, dem Interesse am Menschen und seiner Schönheit, und also auch mit der Kunst verquickt ist, wie bei ihm die Kunst als humanistische Disziplin erscheint und alle Disziplinen und Fakultäten menschlichen Forschens, Wissens und Könnens sich als Abschattungen und Variationen ein und desselben großen, dringlichen und liebevollen Interesses und Anliegens darstellen, des Interesses am Menschen. Die Betrachtung des Menschlichen unter dem naturwissenschaftlich-medizinischen Gesichtswinkel lag nicht in der Überlieferung seiner Familie, wie bei Schiller und Dostojewski, die beide Söhne von Ärzten waren, sich aber beide um den Leib des Menschen niemals gekümmert haben. Von Goethe dagegen weiß man, daß er seit seinen Leipziger Tagen sich mit medizinischen Studien befaßt hat, in Straßburg täglich mit Medizinern verkehrte und mit einem Ernst, als seien nicht besonders die sogenannten »Schönen Wissenschaften« sein zukünftiger Beruf, sondern etwa die Chirurgie, im Seziersaal, in der inneren Klinik und in der für Geburtshilfe arbeitete. Der Geist, in dem er diese Studien trieb, das Interesse, aus dem er sich ihnen hingab, erhellt aus der Tatsache, daß er später selbst jungen Künstlern in der Zeichenakademie Vorlesungen über den Knochenbau des menschlichen Körpers hielt. Es erhellt noch klarer aus gewissen Äußerungen Wilhelm Meisters, in den ›Wanderjahren‹, der sich zum Wundarzt ausbildet, sich also vor allem der Anatomie zuwendet und über die Art, wie er sich auf einem ganz anderen Tätigkeitsgebiet schon von langer Hand her darauf vorbereitete, sehr merkwürdige Auskunft gibt.

»Auf eine sonderbare Weise«, sagt er, »welche niemand erraten würde, war ich schon in Kenntnis der menschlichen Gestalt weit vorgeschritten, und zwar während meiner theatralischen Laufbahn; alles genau besehen, spielt denn doch der körperliche Mensch da die Hauptrolle, ein schöner Mann, eine schöne Frau! Ist der Direktor glücklich genug, ihrer habhaft zu werden, so sind Komödien- und Tragödiendichter geborgen. Der losere Zustand, in dem eine solche Gesellschaft lebt, macht ihre Genossen mehr mit der eigentlichen Schönheit der unverhüllten Glieder bekannt als irgendein anderes Verhältnis; selbst verschiedene Kostüme nötigen, zur Evidenz zu bringen, was sonst herkömmlich verhüllt wird. Hiervon hätte ich viel zu sagen, so auch von körperlichen Mängeln, welche der kluge Schauspieler an sich und anderen kennen muß, um sie, wo nicht zu verbessern, wenigstens zu verbergen, und auf diese Weise war ich vorbereitet genug, dem anatomischen Vortrag, der die äußeren Teile näher kennen lehrte, eine folgerechte Aufmerksamkeit zu schenken; so wie mir denn auch die inneren Teile nicht fremd waren, indem ein gewisses Vorgefühl davon mir immer gegenwärtig geblieben war.«

Das ist, wie gesagt, eine bedeutsame Auskunft. Sie gestattet einzusehen, daß die Bekanntschaft mit dem menschlichen Körper, die Wilhelm dem »loseren Zustand« des Schauspielerlebens verdankte, nicht nur eine glückliche Vorbereitung auf seine anatomischen Studien war, sondern daß beides, sein Hang zum Theater wie seine medizinischen Neigungen, ein und demselben tiefen Interesse, der Sympathie mit dem organischen Leben und dessen höchster Offenbarung, der Menschengestalt, entstammt, einem Interesse, einer Sympathie, der, wie wir sagten, Eros nicht fern ist. Er ist zum Beispiel nicht fern, als Wilhelm Meister eines Tages auf seinem Platze im Seziersaal als zu bearbeitendes Präparat »den schönsten weiblichen Arm« vorfindet, »der sich jemals um den Hals eines Jünglings geschlungen hatte«, und als er sich bei seinem Anblick denn doch nicht überwinden kann, »dies herrliche Naturerzeugnis« mit seinem Besteck noch weiter zu entstellen. Und aus dieser Situation ergibt sich für ihn die Bekanntschaft mit jenem merkwürdigen Mann, dem »plastischen Anatomen«, einem Bildhauer, der zugleich aus Wachs oder sonstiger Masse anatomische Zergliederungen anfertigt, die das frische, farbige Aussehen natürlicher Präparate haben und mit deren reichlicher und immer verfeinerter Herstellung er der Anschauung lernender und praktizierender Mediziner in aller Welt zu dienen hofft. Da ergeben sich nun die beziehungsreichsten Gespräche über das Verhältnis von bildender Kunst und anatomischer Wissenschaft, und wunderlich greift beides ineinander dort, wo der Meister »einen schönen Sturz eines antiken Jünglings in eine bildsame Masse abgießt und nun mit Einsicht die ideelle Gestalt von der Epiderm zu entblößen und das schöne Lebendige in ein reales Muskelpräparat zu verwandeln sucht«.

Hier knüpft das prosaische Alterswerk an frühe Gedanken und Bildungserlebnisse Goethe's an. Daß Kunst- und Naturerkenntnis sich wechselweise vertiefen, hatte er zeitig empfunden und ausgesprochen. »Wie ich die Natur betrachte«, schreibt er aus Rom, »so betrachte ich nun die Kunst, ich gewinne, wonach ich so lange gestrebt, auch einen vollständigen Begriff von dem Höchsten, was Menschen gemacht haben, *und meine Seele bildet sich* auch von dieser Seite mehr aus und sieht in ein freyeres Feld.« »Nun ist mir Baukunst und Bildhauerkunst und Mahlerey wie Mineralogie, Botanik und Zoologie«, heißt es in einem Brief an Herder. Und ein andermal: »Wir können zuletzt beim Kunstgebrauch nur dann mit der Natur wetteifern, wenn wir die Art, wie sie bei Bildung ihrer Werke verfährt, ihr wenigstens einigermaßen abgelernt haben … Die menschliche Gestalt kann nicht bloß durch das Beschauen ihrer Oberfläche begriffen werden: man muß ihr Inneres entblößen, ihre Teile sondern, die Verbindungen derselben bemerken, die Verschiedenheiten kennen, sich von Wirkung und Gegenwirkung unterrichten, das Verborgene, Ruhende, das Fundament der Erscheinung sich einprägen, wenn man dasjenige wirklich schauen und nachahmen will, was sich als schönes ungetrenntes Ganzes in lebendigen Wellen vor unserm Auge bewegt.« Dies sind Goethe's Worte, und wer wollte zweifeln, daß es dem Künstler nützlich ist, auch unter der Epidermis Bescheid zu wissen, so daß er mitmalen kann, was nicht zu sehen ist; mit andern Worten: wenn er zur Natur noch in einem andern Verhältnis steht als bloß dem lyrischen, wenn er zum Beispiel im Nebenamt Arzt ist, Physiolog, Anatom ist und von den Dessous auch noch seine stillen Kenntnisse hat? Die Hülle eines Menschenkörpers besteht nicht nur aus den Schleim- und Hornschichten der Oberhaut, sondern darunter ist das Lederhautgewebe zu denken, mit seinen Salben- und Schweißdrüsen, Blutgefäßen und Wärzchen, und darunter wieder die Fetthaut-Polsterung, deren vielen Fettzellen die Anmut der Form überhaupt erst zu danken ist. Was aber mitgewußt und mitgedacht ist, das spricht auch mit; es fließt in die Hand und tut seine Wirkung, ist nicht da und irgendwie doch da, und dies eben ergibt Anschaulichkeit. Die Kunst, wie wir sagten, ist nur eine humanistische Disziplin unter den anderen; sie alle, Philosophie, Juristerei, Medizin, Theologie, wie selbst auch Naturwissenschaften und Technologie, sind nur Abwandlungen und Spielarten einer und derselben hohen und interessanten Angelegenheit, zu welcher man niemals verschiedenartig und vielseitig genug sich verhalten kann, denn es ist der Mensch; und die *menschliche Gestalt* ist der Inbegriff ihrer aller, sie ist, mit Goethe zu reden, »das non plus ultra alles menschlichen Wissens und Tuns«, »das A und O aller uns bekannten Dinge«.

Es gibt, meint Goethe, für jeden Menschen die Stunde, da er »vertrieben wird aus dem Paradiese der warmen Gefühle, um ein Mann zu sein und im Werke ein neues geistiges Paradies zu finden«. Das ist wahr. Die Stunde aber, von der Goethe spricht, kommt früher für den einen und für den anderen später.

Betrachtungen eines Unpolitischen, 1918

›Hermann und Dorothea‹, das herzlichste, biederste, edelste, naivste und sittlichste unter Goethe's Gedichten, wie Friedrich Schlegel es nannte, indem er zu weiterer Kennzeichnung die heute wohl unmögliche Lobeserhebung »vaterländisch« hinzufügte – war das hohe Muster, das mir bei der Improvisation meines Gedichtes vorschwebte; mit ihm hat es den Hintergrund von großem, umstürzendem Geschehen, von Krieg und Völkersturm gemeinsam, und auch in der – um nochmals mit Schlegel zu reden – »liberalen« Betrachtungsart dieser Ereignisse möchte es ihm nachahmen.

Über den ›Gesang vom Kindchen‹, 1921

Es war J. J. Rousseau unzweifelhaft einer der Lehrer und Befruchter seiner Jugend, von dem Goethe diese beiden Elemente, das autobiographische und das erzieherische, übernahm. Aber erst bei ihm, bei Goethe, werden wir dessen, was ich ihre organische Zusammengehörigkeit nannte, recht gewahr, während sie bei Rousseau ziemlich unvermittelt, menschlich unverbunden und willkürlich nebeneinanderstehen. Mit welcher Notwendigkeit ist der Verfasser der ›Confessions‹ auch derjenige des ›Emile‹? Eine solche Notwendigkeit muß vorhanden sein, aber sie wird nicht deutlich, ihre verschiedenen Elemente leben getrennt von einander, während die beiden großen Denkmale von Goethe's Leben, das poetische und das prosaische, der ›Faust‹ und der ›Wilhelm Meister‹, beides auf einmal sind: Bekenntnis- und Erziehungsgedichte, dergestalt, daß die beiden von Rousseau übernommenen Tendenzen sich in ihrer Verschränktheit und menschlichem Verbundensein zu einer Idee vergeistigen, einem Hochgedanken unsterblich nationalen Charakters, einem kulturellen Heilsbegriff zugleich plastischen und spirituellen Sinnes, welcher seitdem in deutscher Sphäre zur obersten Herrschaft gelangt ist und durch keine Revolution, keine soziale, wirtschaftliche, geistige Umschichtung je um seine Majestät wird gebracht werden kann: ich meine den Begriff der »*Bildung*«.   *Bekenntnis und Erziehung, 1922*

Meine Arbeitszeit ist vormittags, morgens. Ich liebe das Wort Goethe's: »Tag vor dem Tag, göttlich werde du verehrt! Denn aller Fleiß, der männlich-schätzenswerte, ist morgendlich.« Dennoch geschah es nicht ohne Bedauern, daß ich der Nachtarbeit, die ich als junger Mensch wohl übte, notgedrungen absagte.   *Meine Arbeitsweise, 1925*

Ich fand es immer humoristisch und naiv, wenn Goethe, ein ziemlich »freier« und egoistisch unehelicher Erotiker, bekennt: »Es ist eine sehr angenehme Empfindung, wenn sich eine neue Leidenschaft in uns zu regen anfängt, ehe die alte noch ganz verklungen ist. So sieht man bei untergehender Sonne gern auf der entgegengesetzten Seite den Mond aufgehen und erfreut sich an dem Doppelglanz der beiden Himmelslichter.« Aber diese treuherzige Treulosigkeit scheint mir durch die Freizügigkeit der Homoerotik weit überboten zu werden – was denn eben ein Ausdruck ihres Mangels an Seßhaftigkeits- und Verewigungsinstinkt ist: sie ist nicht gründend, nicht familienbildend und geschlechterzeugend.

[...]

Ich habe schon gesagt, wie ich die Idee des Künstlertums von Anfang an konzipierte, welches Mittlertum ich ihm zuschrieb: Wir sind Sorgenkinder des Lebens, aber Kinder des Lebens eben doch und im Grunde zur sittlichen Güte bestimmt. Mit vierundzwanzig Jahren konnte ich die Flucht eines Abgekämpften in den metaphysischen Individualismus erzählen – wahrhaftig, ich verstand mich schon in diesem Alter darauf. Aber das Wissen ist etwas anderes als das Sein, höchstens ein Teil des Seins. Goethe wußte vom Werther mehr, als er von ihm *war*, er hätte sonst nicht fortleben und -wirken können. Und der jugendliche Autor des Thomas Buddenbrook heiratete wenige Jahre, nachdem er ihn zum Sterben geleitet.   *Über die Ehe, 1925*

Das Komische *als Labsal*, der Humorist als wahrer Wohltäter der Menschheit, – je älter ich werde, desto inniger empfinde ich es so, und ich habe es sehr früh so empfunden. »Humorist und also nicht vom ersten Range«, sagt Goethe in ›Dichtung und Wahrheit‹ von einem italienischen Künstler. Ich habe es angestrichen und mir hinter die Ohren geschrieben. Es ist ein vorwegnehmend modernes Urteil nebenbei, welches heute wohl kritisch herrschend geworden: Das Humoristische gilt als »bürgerlich«, und ein Element des Gutmütigen, das ihm innewohnt, mag wohl wirklich der strengen Zeit entgegen sein. Aber wie kommt es, daß trotz solcher kritischen Verfügung das Humoristische, produktiv, heute eher in der Ausbreitung als im Rückgange begriffen ist? Ist Hamsun, der Größte unter den Lebenden, nicht Humorist vom ›Hunger‹ bis zum ›Letzten Kapitel‹? Ist nicht die Reaktion auf seine Erzählung vor allem das Lachen, das tief heraufquellende, zugleich sardonische und herzensinnige, erquickungsvolle Lachen, zu dem Leben und Wahrheit uns reizen, wenn sie so durch das Mittel der letzten Komik gezeigt werden? Wie ist es mit Bernard Shaw, dem nächsten im Range? Ist er nicht vor allem ein *lustiger*, ein zu vollkommener Freiheit aufgeweckter, ein humoriger Geist? Die humoristische Überlieferung ist stark in England aus epischen Bürgerzeiten her; alle Lebensäußerungen Albions waren mit Drastik, mit Humor durchsetzt von jeher, noch die letzte Unterhausrede ist das; man kann den Humor geradezu die Form der britischen Männlichkeit nennen, und wirklich ist er allgemein etwas sehr Männlich-Germanisches. Das hindert nicht, daß heute das Humoristische sogar in den romanischen Ländern um sich greift, sogar in Frankreich, dessen literarischer Sinn den Humor bisher eigentlich nicht kannte: er war sec – im Gegenteile der Wortbedeutung von Humor. Heute entdeckt es Jean Paul. Ist so etwas wie die Reise des von Insekten verfolgten Provinzialen in Gide's ›Caves du Vatican‹ noch französisch? Oder gewisse komische Detailmassen bei Proust? Auf jeden Fall ist das alles hervorragend humoristisch: der Zeit zum Trotz? Ihr zu Gefallen! behaupte ich, wenn auch der Sinn des Humors heute ein anderer sein mag als in satteren Zeiten: nämlich der einer Zuflucht für Leidende. Wen rührte nicht das Bekenntnis unseres Hermann Hesse zum Humor, seine eingestandene Sehnsucht nach ihm, sein Willensbekenntnis, ihn fortan zu suchen, an ihn sich zu halten? – Was mich betrifft, so soll es mich wenig kümmern, welchen Platz die kritischen Bescheidwisser dem Humor in der Rangordnung der seelischen und geistigen Werte heute zuweisen mögen, – zeit meines Lebens ist mir das Epische selbst mit dem Humoristischen fast auf ein Haar zusammengefallen, und auf nichts in der Welt bin ich stolzer als auf die Notizen über den Humor, mit denen Arthur Schnitzler die Lektüre des ›Zauberbergs‹ begleitet hat und unter denen man das lapidare und schlagende Wort findet: »Der Humorist lustwandelt innerhalb der Unendlichkeit.«   *Pariser Rechenschaft, 1926*

Ich bemühe mich, »bei meinem zerstreuten Leben dennoch meinen Geist, meine Gefühle auf einen Punkt zu einer stillen Wirkung zu versammeln«. Goethe, natürlich. Ich finde ihn nun mal allerliebst.   *Brief an Herrn und Frau Arthur Nikisch, 8. 6. 1927*

Was ›Buddenbrooks‹ betrifft, so läßt sich auf das Schicksal dieses Buches menschlich-zwanglos anwenden, was Goethe in ›Dichtung und Wahrheit‹ vom ›Werther‹ sagt: »Der Genius hatte ihn angetrieben, in vermögender Jugendzeit das Nächstvergangene festzuhalten, zu schildern und kühn genug zur günstigen Stunde öffentlich aufzustellen.« Hier ist jedes Wort

Erläuterung des »Erfolges«, besonders das von der »günstigen Stunde«.   *Erfolg beim Publikum, 1928*

Das Verhältnis des deutschen Romanciers zum Theater ist besonders; es ist nichts weniger als ein Unverhältnis. Es ist immer bestimmt und klassisch geheiligt durch die Herzensangelegentlichkeit, mit der der repräsentative Roman der Deutschen, Goethe's prosaisches Lebenswerk, davon handelt. Daß ›Wilhelm Meister‹, im Kern, ein Theaterroman ist, will hier alles besagen. Dem Theater ist – erlauben Sie mir, mich so auszudrücken – die ungeheuere Ehre widerfahren, einbezogen zu werden in das psychologische System von Goethe's autobiographisch-selbstbildnerisch-pädagogischem und ins Soziale mündendem Humanitätserlebnis; es steht an der Spitze dieses Erlebnisses, aus der Theaterpassion entwickelt sich dieser ganze Kosmos von Liebe, Bildung, Erziehung.   *Rede über das Theater, 1929*

Frage ich mich nach der erblichen Herkunft meiner Anlagen, so muß ich an Goethe's berühmtes Verschen denken und feststellen, daß auch ich »des Lebens ernstes Führen« vom Vater, die »Frohnatur« aber, das ist die künstlerisch-sinnliche Richtung und – im weitesten Sinne des Wortes – die »Lust zu fabulieren«, von der Mutter habe.   *Lebensabriß, 1930*

Man ist mit dem Antrag an mich herangetreten, ich solle für das Jahr 32 ein Goethe-Buch schreiben, und man hat die Aufforderung gestützt durch ein sehr hohes geldliches Angebot, das auf der Voraussetzung einer höchst populären Verbreitung des Produktes beruht. Gedacht ist an einen Band von 300–350 Seiten, mit Bildern vielleicht, der zu einem sehr volkstümlichen Preise, 3 Mark etwa, vertrieben werden soll. Der Vorgang war derselbe, wie bei der Volksausgabe von ›Buddenbrooks‹: Drömer, der Inhaber des Verlages Knaur, machte den Vorschlag, und

Fischer nahm ihn dann auf und trat in die Bedingungen ein. Der Unterschied ist nur, daß diesmal Drömer nicht allein und nicht als Erster auf den Gedanken gekommen ist, sondern daß ich selbst es war, der ihn schon vor Monaten im Gespräch mit Fischer und seinem Schwiegersohn halb spielerisch aufwarf. Die Beiden begrüßten ihn damals lebhaft und redeten mir zu, Ernst damit zu machen, doch schlug ich mir damals die Phantasie um des Romans willen aus dem Sinn, der ohnedies wieder une mer à boire ist, ein eigensinniges, vielleicht unmögliches Unternehmen, aber gerade darum Forderung und Pflicht, auch längst erwartet von den Freunden meiner Arbeit und unmöglich auf ein rundes oder fast rundes Jahr im Stich zu lassen, wie mir damals schien.

Sie können sich denken, daß der ›Joseph‹ das Hauptargument gegen den Goethe-Plan auch unter den heutigen Umständen geblieben ist. Schwer und im Zweifel, ob ich das Rechte täte, würde ich mich im Fortspinnen daran unterbrechen und das Arbeits- und Gedankensteuer auf lange in andere Richtung werfen. Hinzu kommt, daß mir der Gedanke, ein für mein Leben bedeutendes und verantwortungsvolles Werk auf Bestellung und gegen ein im Voraus zu empfangendes Hoch-Honorar in Angriff zu nehmen, zuweilen unheimlich ist: Ich habe es nie getan, meine Bücher entstanden frei, aus Not und Spaß, und der Erfolg war ein unerwartet-behaglich Hinzukommendes. Auf der anderen Seite darf ich mir sagen, daß der Goethe-Plan nichts mir Fremdes und Unzukömmliches, von außen an mich Herangetragenes ist, daß ich mich auf dies Leben am Ende so gut oder besser verstehe, als Emil Ludwig, und daß meine Art, es auszusprechen, vielleicht ihr Rechtmäßiges, ihre Legitimität hätte. Ansätze dazu liegen vor in ›Goethe und Tolstoi‹, im Nachwort zu den ›Wahlverwandtschaften‹ und an anderen Stellen. Konjunkturjägerei? Ich hätte, kann sein, ohne das Jahr 32 in meinem Leben kein Goethe-*Buch*, keine Biographie geschrieben. Wenn mich dies Jahr nun bestimmte, es zu tun, fänden Sie es unkünstlerisch? Wäre der Augenblick, vom Jahre ganz abgesehen, nicht vielleicht gut und richtig gewählt, dem deutschen

Volk wieder einmal dies Bild aufzurichten? – Es scheint, ich plädiere! und dabei würde ich mich ja *ungern* vom ›Joseph‹ trennen. Aber man sagt mir, mit dem habe es keine Eile, es sei möglicherweise die Stunde garnicht für das Fertigwerden und Erscheinen einer solchen Ausgefallenheit, für einen »Goethe« werde das Publikum viel dankbarer sein.

Was meinen nun Sie? Meinen Sie vor allen Dingen, daß ich *kann*, was man mir da zumutet, daß ich der Aufgabe gewachsen bin? Geht sie nicht als *historische* Aufgabe über meine Kräfte und Möglichkeiten? Werde ich sie derart modeln und mir freundlich machen können, daß sie mich nicht verschlingt? Ich werde nicht neu, ich werde höchstens persönlich sein können – und nur dadurch so neu, wie man es immerhin verlangen kann. Ich werde meine ganze Naivität aufbieten müssen, um es nicht mit der Angst zu bekommen, und, der Bildungsvoraussetzungen für ein solches Werk in argem Grade ermangelnd, wird mir nichts übrig bleiben, als aus *Erfahrung* zu reden, – über Goethe aus Erfahrung: eine mythische Identifikations-Hochstapelei, mit der vielleicht die Brücke vom ›Joseph‹ zum ›Goethe‹ geschlagen wäre. *Brief an Ernst Bertram, 29. 12. 1930*

Ja, ich habe ihn [Goethe] geliebt von jung auf, warum soll ich es hier und heute nicht sagen, – mit einer Liebe, die die höchste Steigerung der Sympathie, die Bejahung des eigenen Selbst in seiner Verklärung, Idealität, Vollendung war. Es gab kein Vorbild der Geisteswelt, in dessen Anblick ein solches Vertrauen, eine solche rückhaltlose Hingabe, ein so tiefes Einverständnis möglich gewesen wäre wie hier. Es gab Bewunderung, Faszination, Leidenschaft; es gab Interessantestes, an das man sich zeitweise verlieren mochte, um es zu erkennen und unendliche Anregung davonzutragen. Es gab etwa Wagner, Nietzsche, Schopenhauer, Tolstoi ... Aber hier überall waren Vorbehalte, reizvolle Zweifel, skeptische Einwände, passioniertes Mißtrauen ... Nicht so bei Goethe. Er war das Vor-Bild in einem anderen und letzten Sinn, das Ur-Bild, das Über-Bild, das eigene Wesen ins

Vollkommene projiziert, die Möglichkeit einer Liebe und Hingebung überdies, in der das Persönlichste mit dem Allgemeinen verschmolz; denn diese Steigerung der dichterisch-schriftstellerischen Lebensform schließt das Allgemein-Menschliche ein, sie gewinnt eine human-umfassende Gültigkeit. Man muß kein Dichter und Schriftsteller sein, um sich in Goethe wiederzuerkennen. Man muß dazu nur mit Bewußtsein ein Mensch sein, wie etwa jener Ernst von Pfuel, ein gebildeter Soldat, ein preußischer Offizier, der sich im Jahre 1810 aufzeichnete: »Ich staune nicht vor Goethe, sondern er gefällt mir darum so unendlich wohl, weil ich ihn begreife, mich in ihm spiegele, mich in ihm beständig wiederfinde, und zwar klarer und deutlicher und gefälliger als in mir selbst.« – Das ist eines der kostbarsten und richtigsten und erlebtesten Worte, die über Goethe gesprochen worden sind. Dies vertraute und unendliche Wohlgefallen ist es, zu dem ich mich bekenne, – zu ihm und zu seiner Begründung.

Die Liebe zu Goethe hat sich immer ausgezeichnet und wird sich immer auszeichnen durch eine absolut eigentümliche Vereinigung von natürlicher Distanziertheit und ebenso natürlicher Distanzlosigkeit. Sie ist *intim*, ist es ihrem Wesen nach, denn ihr Gegenstand ist intim, groß und intim, – Goethe ist die Intimität als Größe!

Er heißt ein Klassiker, – sehr zutreffend, ich weiß wohl, warum. Aber die Assoziationen, die das Wort »Klassiker« hervorruft, die Vorstellungen von kühlem Glanz, objektiver Perfektheit, öffentlicher Mustergültigkeit, – sie passen ja gar nicht auf ihn, und schon als ich jung war, ihn zuerst aufnahm, wollte es mir nie gelingen, ihn als Klassiker zu empfinden. Auf Schiller, der großartig spekulativ von außen in die Welt der Stoffe hineingriff, herausgriff, was durch sein Genie zu sieghaft-objektiver Wirksamkeit zu erhöhen war, sind sie viel besser anwendbar. Aber Goethe? Seinem Werk, seiner Art von Größe fehlt durchaus, im Moralischen, Psychologischen, Künstlerischen, das Simpel-Monumentale, das rein Öffentlichkeitsgerechte und Vertretbare, das zur Idee des Klassischen gehört. Das Gefühl kann einen anwandeln, daß man diese Werke der Öffentlichkeit

gar nicht zeigen sollte. Den ›Tasso‹ zu sehen – ich sah ihn neulich wieder, in Weimar, in der schönen, konversationellen Aufführung des Burgtheaters – ist freilich ein großes Entzücken;
aber dieses Entzücken beruht gerade auf dem fast pikanten
Gegensatz zwischen der klassizistischen Form und der dichterischen Intimität, der stillen und dabei fast krassen Kühnheit
des Inhalts.»Immer bis zum Äußersten gehen« war Goethe's
Künstler-Devise. Auch Schiller ging bis zum Äußersten: – zum
Äußersten hoher und reiner Wirkung. Aber Goethe tat es auf
viel gewagtere Weise.

Ansprache bei der Einweihung des erweiterten Goethe-Museums
in Frankfurt am Main, 1932

Gestern Abend sprach ich im Salon mit Lion, dessen kluge,
wenn auch moralisch etwas schwächliche Anteilnahme ich
schätze, über meine Lage und kam auf ihre Falschheit mit denselben Worten zurück, die sich mir schon vor einem Jahre, von
Anfang an, dafür aufdrängten. Die innere Ablehnung des Mär-
tyrertums, die Empfindung seiner persönlichen Unzukömmlich-
keit kehrt immer wieder, erneuert sich gerade jetzt und wurde
bestätigt und verstärkt durch Lions Wiedergabe einer Äußerung G. Benns von früher: »Kennen Sie Thomas Manns Haus in
München? Es hat wirklich etwas Goethisches.«

Tagebuch 14. III. 1934

Sie sagen, Sie gehören zu den Alten; aber das tun wir alle, Sie
nicht mehr als ich, und das Erlebnis ist alt und kehrt immer wieder. Goethe sagte 1811 zu Boisserée: »Sie glauben nicht, für uns
Alte ist es zum toll werden, wenn wir so um uns herum die Welt
müssen vermodern und in die Elemente zurückkehren sehen,
daß weiß Gott, wann? – ein Neues daraus erstehe.« Mutet uns
das nicht recht vertraut an?

Brief an S. Fischer, 23. 8. 1934

Nachher verglichen die Kinder den kleinen Albert R. mit Klaus H. und erklärten, dieser sei ungleich schöner gewesen. Gedanken an jene Zeit und ihre Leidenschaft, die letzte Variation einer Liebe, die wohl nicht mehr aufflammen wird. Seltsam, der glückliche, der belohnte Fünfziger – und damit Schluß. Goethes erotisches Aushalten bis über 70 – »immer Mädchen«. Aber in meinem Fall sind wohl die Hemmungen stärker, und man ermüdet früher, selbst abgesehen von Unterschieden der Vitalität. *Tagebuch 14. ix. 1935*

Lektüre eines hübschen Artikels des Dr. Peter über den Joseph-Roman im Winterthurer ›Landboten‹. Vergleich mit ›Faust‹. Soit. Nicht zufällig habe ich diesen kürzlich mir in Augenhöhe zu bringen gesucht. Und jemand ist nun doch dahin gebracht worden, ihn im Zusammenhang mit dem Joseph zu nennen. Es kommt darauf an, sein Leben subjektiv, im Spiel, möglichst hoch zu steigern. Geschieht das mit Phantasie und Intensität, so werden andere veranlaßt, an dem Spiel teilzunehmen. *Tagebuch 8. xi. 1935 (Nachts)*

Fiedler noch im Hause. […] Krankenbesuch von ihm, wobei er mit naiver Direktheit über meine Goethe-Nachfolge und Verwandtschaft sprach, was nicht verfehlte, neue Bewegung für die Novelle zu erregen. *Tagebuch 29. ix. 1936*

Die Energieen des jungen Geschlechts haben sich auf ganz andere Gebiete geworfen, die Epoche will von Geist überhaupt nicht viel wissen, sondern hälts mit dem Leibe, dem Blute, den Trieben. Diese können und werden zwar, ungezügelt durch den Geist und von seiner Autorität vergnügt entbunden, großen Wahnsinn anrichten; aber an und für sich sind sie sehr gut, ein Künstler kann garnichts gegen sie haben, und mein Verhältnis zur Jugend ist durchaus nicht verbittert negativ. »Das Alte«, sagt Goethe, »ist vergangen, und das Neue ist noch nicht worden, doch regt sich so Manches, das in einigen Jahren wohl erfreulich werden könnte.«

Brief an Arnold Heinz Eichmann, 17. 10. 1936

Der ganze Joseph, besonders auch der 3. Band, lebt viel mehr von der Erfindung als vom Studium. [...] Meine Art, die Dinge zu behandeln, hat einen 4. Band notwendig gemacht, dem erzählerisch viel Schönes vorbehalten bleibt. Freilich, bevor ich ihn in Angriff nehme, versuche ich etwas ganz anderes: eine Erzählung, 1816 in Weimar spielend, worin ich mir die phantastische Freude mache, Goethe einmal persönlich auf die Beine zu stellen. Kühn, nicht wahr?

Brief an Anna Jacobsen, 13. 11. 1936

Denn musische Zeichen und Begriffe sind es vor allem, diese beiden »Maß« und »Wert«, Maß, das ist Ordnung und Licht, die Musik der Schöpfung und dessen, was schöpferisch ist; es ist auch das Errungene, dem Chaos Abgewonnene, das Anti-Barbarische, der Sieg der Form, der Sieg des Menschen. Nicht, daß es das Mäßige wäre, das Mittelmäßige gar. Kunst ist durchaus eine Sphäre der Kühnheit, des Wagnisses, stets geht sie zum Äußersten, nie fehlt ihr der »Zug von Verwegenheit«, ohne welchen, nach Goethe, »kein Talent denkbar« ist. Das Mittelmäßige perhorresziert sie, wie sie das Triviale, das Abgeschmackte und Niedrige, das ekle Klischee perhorresziert; denn sie ist die Qualität selbst, der Anspruch, die Ungenügsamkeit, und ihr »Maß«, das sie in sich trägt, ist auch das Maß, das *angelegt* wird, es ist das Richtende, die kritische Waage, auf der gewogen zu werden gefährlich ist, denn gar bald ist sie mehr als nur eine Prüferin von Geschmacklichkeiten, sie entscheidet über Werte, die über das Ästhetische weit hinausgehen, ihm vorangehen und ihm zum Grunde liegen, über *den Wert* selbst in des Wortes substantiellster und fundamentalster Bedeutung: »Heute«, sagt

Goethe, der Künstler, »kommt es darauf an, was einer wiegt auf *der Waage* der *Menschheit*. Alles Übrige ist eitel.«

[…]

Worauf aber besonders unser Glaube an die beispielgebende Sendung der Kunst in dieser Zeit beruht, ist die Einheit von Überlieferung und Erneuerung, die sie wesensmäßig darstellt, ihr revolutionärer Traditionismus. »Der Künstler«, sagt Goethe, »muß eine Herkunft haben, muß wissen, woher er stammt.« Ein aristokratisches Wort, ein Wort der Treue und des Stolzes auf alle Vorgeschichte persönlich-künstlerischen Seins, auf alles Ein- und Angeborene, früh Erlebte und Mitgebrachte. Aber der es prägte, hat auch gerufen: »Entzieht euch dem verstorbnen Zeug, Lebend'ges laßt uns lieben!«, und als, 1823, eine Gesellschaft in seinem Hause der »Erinnerung« ein biedermeierliches Vivat brachte, wurde der Alte unvermutet heftig. »Ich statuiere keine Erinnerung in eurem Sinne«, rief er, »das ist nur eine unbeholfene Art, sich auszudrücken. Was uns irgend Großes, Schönes, Bedeutendes begegnet, muß nicht erst von außen her wieder *er-innert*, gleichsam er-jagt werden, es muß sich vielmehr gleich vom Anfang her in unser Inneres verweben, mit ihm eins werden, ein neueres bessres Ich in uns erzeugen und so ewig bildend in uns fortleben und schaffen. Es gibt kein Vergangnes, das man zurücksehnen dürfte, es gibt nur *ein ewig Neues, das sich aus den erweiterten Elementen des Vergangenen gestaltet*, und die echte Sehnsucht muß stets produktiv sein, ein neues Bessres erschaffen.«

[…]

Wahrhaftigkeit – Kunst und Moral werden eins in ihr. Wir sind keine Ästheten und Gecken des Immoralismus. Das Kunsturteil »gut« hat niemals bloß ästhetischen Sinn; nichts ist »gut«, heute gewiß nicht, was nicht Gewicht hat »auf der Waage der Menschheit«, und das Barbarische ist uns nicht nur das ästhetisch, sondern in einem damit auch das moralisch Minderwertige und Niederträchtige. Es ist vor allem die Lüge, – in deren allergründlichster Verachtung Künstler und Moralist sich finden. »Alle Gesetze und Sittenregeln lassen sich auf eine zurückführen, die Wahrheit.« Das ist die Stimme der Kunst wiederum, das Wort Goethe's. Und da denn also alle Sittlichkeit auf Wahrheit zurückzuführen ist; da Wahrheit und Recht ganz ein und dasselbe und Recht nur die Anwendung der Wahrheit ist, so sei als der schändlichste Satz, der je der gesitteten Welt ins Gesicht gesprochen worden, dieser gebrandmarkt: »Recht ist, was dem Volke nützt.« Es gibt nichts Schändlicheres, sondern dies ist die Schändlichkeit selbst und die Quelle alles Schändlichen. Unmoral und Philisterei werden eins darin; es ist das schlechthin Schlechte, die Barbarei. Da es auf deutsch gesagt worden ist, genügt es nicht, daß ihm in fremden Sprachen widersprochen wird; auf deutsch muß es geschehen, und die Notwendigkeit dieses Widerspruchs allein würde die Gründung einer freien deutschen Zeitschrift rechtfertigen. Goethe erklärte: »Ich ziehe die schädliche Wahrheit dem nützlichen Irrtum vor. Eine schädliche Wahrheit ist nützlich, weil sie nur Augenblicke schädlich sein kann und alsdann zu anderen Wahrheiten führt, die immer nützlicher und nützlicher werden müssen; und umgekehrt ist ein nützlicher Irrtum schädlich, weil er nützlich nur einen Augenblick sein kann und in andere Irrtümer verleitet, die immer schädlicher werden.« – Das ist nicht Intellektualismus noch verblasener Idealismus, es ist Wahrheitssinn als Sinn für die wahre Wohlfahrt des Lebens. – Derselbe große Deutsche hat auch gesagt: »Der Patriotismus verdirbt die Geschichte« – was der entschiedenste, der entscheidende Widerspruch ist zu jener entarteten Bestimmung von Wahrheit und Recht. Es ist die Stimme des großen, freien und geistigen Deutschland, das geliebt war von den Völkern der Erde und dem unser Patriotismus gilt.   ›Maß und Wert‹, Vorwort zum ersten Jahrgang, 1937

Auf jenes Kapitel bilde ich mir hauptsächlich darum etwas ein, weil ich es unter den schlimmsten Ischias-Schmerzen, meist nach halb schlaflos verbrachten Nächten geschrieben habe. Um die Schillerisch-Kantische »Freiheit« (ich sah gestern im Theater mit größter Bewunderung ›Die Piccolomini‹) ist es eben doch

eine stolze menschliche Sache, wenn auch der Geheime Rat
sorglich dagegen war. Ich bin ihm in manchen Stücken aufsässig
(unbeschadet unbeschreiblicher Liebe und Solidarität) und
habe Riemers aufmuckende Unterworfenheit dazu benutzt,
mein eigen Mütchen zu kühlen.

Brief an René Schickele, 27. ii. 1937

Dankbarkeit ist jedoch keine passive, sie ist eine produktive
Eigenschaft. Goethe, als Sänger des ›West-östlichen Divan‹, legte
sich den persischen Namen Hatem bei, d. i. »der reichlich Gebende und Nehmende«. In dieser stolzen Selbstbenennung ist
die seelische Zusammengehörigkeit von rezeptiver und produktiver Kraft ausgesprochen; wir werden daran gewahr, daß Produktivität aktiv gewordene Empfänglichkeit ist, Dankbarkeit
für das Leben, für das Glück und das Leiden, das es dem schöpferischen Menschen reichlicher spendete als anderen.

Lob der Dankbarkeit, 1939

Es hat mich sehr gerührt, daß Du noch einmal so liebevoll auf
meinen Roman eingegangen bist, und es beglückt mich, daß er
Dich fesseln und Dir nahe gehen konnte. Ich weiß nicht, ob er
mein Schönstes ist, aber das Liebste ist er mir, weil am meisten
Liebe und Liebesvereinigung darin ist, trotz aller Bosheiten und
Verismen, in die diese Liebe sich kleidet.

Brief an Heinrich Mann, 3. 3. 1940

Setze die Lektüre von ›Nachsommer‹ neugierig fort. Große
Reinheit, absolut konservativ, pedantisch, den Dingen ergeben,
das Geistige naiv umschrieben, das Leidenschaftliche sehr
fromm und sauber. Goethe ins Österreichische übertragen, ganz
anders wie bei Hofmannsthal.   *Tagebuch 10. x. 1940*

Nach dem Kaffee in den Anfängen des ›Nachsommer‹, um ihn ganz aufgenommen zu haben. Kuriosestes Werk der Goethe-Nachfolge, faszinierend-lächerlich vor Reinheit.

Tagebuch 8. XII. 1940

Mit welcher Liebe und Bewunderung ich jetzt wieder den ›Faust‹ lese, und zwar besonders den II. Teil, kann ich kaum sagen. Mein Gott, wie vortrefflich! Welche Genauigkeit der Vision, welche Vollständigkeit der Natur-Umfassung! Nehmen Sie einen solchen Ueberfluss, wie, nach dem Tode Euphorions und der Rückkehr Helena's in den Orkus, die Gesänge, mit denen ihre elementarischen Dienerinnen sich in die verschiedenen Natur-Regionen auflösen! Da wird, auf soviel Meisterhaftes, wie aus dem Stegreif noch ein solches Meisterstück gesetzt wie die Beschreibung des Weinbaues, des Winzerfestes und Bacchus-Zuges. Es ist eine Lust – und hat mir die grösste Lust gemacht, doch noch einmal einen richtigen grossen ›Faust‹-Essay zu schreiben, wozu die Princetoner lecture nur ein von Rücksichten eingeengter Anlauf war.

Brief an Agnes Meyer, 12. 7. 1942

Ich kenne die Kälte und Entmutigung, die von mir ausgeht, und habe neulich, als ich Ihnen schrieb, hart von mir gesprochen, – vielleicht zu hart. Sie wissen natürlich, dass die unheimliche Atmosphäre, mit der ich Goethe im Roman bis zur Komik umgab, eine Selbstzüchtigung und Selbstverspottung war. [...] Ich habe Goethe, meine Vater-Imago, recht schlecht gemacht. Aber ich weiss, dass er gern das Schriftwort wiederholte, dass einer mit Engelszungen reden könne, und doch, wenn er »der Liebe« nicht habe, nur eine klingende Schelle sei: Ich müsste verzweifeln, wenn ich mir sagen müsste, dass ich ohne Liebe sei.

Brief an Agnes Meyer, 12. 1. 1943

Goethe hat die Eitelkeit immer unter die sozialen, in Schutz zu nehmenden Eigenschaften gerechnet und wußte, warum Ihr Buch seinerseits weiß, warum es ihn soviel heranzieht, ihn so nötig hat zur Erläuterung meines Lebensspiels, das Sie als solches mit ernster Klugheit aufzeigen und ihm ehrende Namen wie »Repräsentation«, »Nachfolge«, »Selbstverwirklichung«, etc. geben. Ich sehe mit lächelnder Genugtuung, wie sehr es mir auf die Dauer gelungen ist, die Goethe-Assoziation herauszurufen und andere, gleich mir selbst, in meinem Leben und Werk einen persönlich geprägten Beitrag zur Unsterblichkeit Goethes erblicken zu lassen. Überall, wo dies zum Ausdruck kommt, ist mir Ihr Versuch nicht nur am liebsten, sondern er ist dort, glaube ich, auch am besten. Es ist da mythische Stimmung, recht nach meinem Herzen, und man erfühlt jene geistig-majestätische goethische Lebenssegnung, in der »Vergangenheit beständig, das Künftige voraus lebendig« wird, und »der Augenblick Ewigkeit ist«.   *Brief an Fritz Kaufmann, 3. 12. 1943*

Mit glücklichen, im günstigen Augenblick getanen Jugendwürfen ist es so eine Sache. Oft gilt es dann nur noch, den Rest des Lebens, einen vielleicht langen Rest, leidlich würdig auszufüllen, während man immer, und je länger desto mehr, der Mann jenes Erstlings bleibt. Ich will bei den ›Buddenbrooks‹ nicht gerade an die ›Cavalleria rusticana‹ denken, aber an den ›Freischütz‹, der ein wirkliches Ereignis war, wenigstens ein deutsches, kann man vielleicht dabei denken. Nun, ›Oberon‹ und ›Eurianthe‹ sind ja auch noch auf Repertoire ... Und ich glaube sogar doch, daß es mir gelungen ist, mein späteres Leben mehr nach Goethe'schem Muster auszubauen.   *Brief an Erich von Kahler, 16. 1. 1944*

Sie haben mir geschrieben, und an Sie wende ich mich mit meinem Dank, – bitte Sie der Dolmetsch meiner herzlichen Erkenntlichkeit zu sein bei allen, die diese rührende Feier ausdachten und ins Werk setzten, bei den Rednern, den Vortragenden, bei allen, die kommen werden, meine 70 Jahre zu ehren.

Was soll ich sagen? – August 1826, den 28., als Mickiewicz von Weimar schied, schrieb J. W. Goethe ihm ins Album:

> »Von äußerm Drang unangefochten
> Bleibt Freunde so in Eins verflochten,
> Dem Tage gönnet heitern Blick!
> Das Beste schaffet unverdrossen,
> Wohlwollen unsrer Zeitgenossen
> Das bleibt zuletzt erprobtes Glück.«

Ich liebe das Ewigkeits-Biedermeier dieser Verse, und ich führe sie an besonders um der Zeile willen, die vom Wohlwollen handelt, dem »Wohlwollen unsrer Zeitgenossen«. Daß ich dies Glück auf meine alten Tage so reichlich, so überschwänglich fast, erfahre, hat viel zu tun mit den gemeinsamen Schicksalen, die uns, meine Freunde, während der letzten anderthalb Jahrzehnte in Eins verflochten und eine neue Kameradschaft stifteten, indem sie unser moralisches Leben aufs ernstlichste verstärkten und vertieften. Wir haben alle durch unseren Haß, den Haß auf das Schlechte, Verworfene, das schäbig Teuflische, das wir erlebten, diesen Haß, der heiß, unbedingt, unversöhnlich und fast unerwartet aus uns hervorbrach, – unsere Liebe erfahren, die wir auch so recht nicht gekannt hatten, die Liebe zum Rechten, zum Guten und Menschenwürdigen. Wenn ich Veranstaltungen zeitgenössischen Wohlwollens für mich und mein Werk, wie dieser, nicht widerstehe und sie mir nicht aus natürlicher Bescheidenheit verbitte, so eben nur darum nicht, weil ich ihnen einen völlig überpersönlichen Sinn beilege und Kundgebungen darin sehe dieser neuen sozialen Kameradschaft im Haß auf das Widermenschliche, in der Liebe zu einem Guten, das nicht nur ästhetischer Art. Viel Ehre, viel Glück, daß man in meinem privaten Festtage einen Anlaß zu solcher Kundgebung sieht! *Briefentwurf an Monty Jacobs, 12. 5. 1945*

Meine Europa-Reise, sofern sie schon für das nächste Frühjahr gedacht war, wird mir immer zweifelhafter. [...] Hinüber gelangt man schon, aber das Reisen dann, auf dem Kontinent, ist offenbar ein abenteuerliches Improvisieren, dem bestimmt meine Nerven und Eingeweide nicht gewachsen wären. Bei solcher Gelegenheit spüre ich, ehrlich gegen mich selbst, mehr Verwandtschaft mit Erasmus, als mit Goethe.

Brief an Karl Kerényi, 3. 12. 1945

Ich schicke Ihnen hier einen genaueren Prospekt des Buches, wie es mir jetzt vorschwebt: einer Auswahl, die das Wesentliche von Goethes dichterischem Werk vor Augen stellt, und die zu treffen mir Freude und Genuß bereitete, weil sie sich tatsächlich nur aus dem Vorzüglichsten, aus lauter Perlen zusammensetzt.
[...]
Beim II. Teil des ›Faust‹ habe ich mich für die Darbietung des V. Aktes entschlossen, weil er der zugänglichste ist und am Schluß an die Gretchen-Geschichte des 1. Teiles anknüpft. Ich dachte dabei an Goethes Wort: »Der ist der glücklichste Mensch, der das Ende seines Lebens mit dem Anfang in Verbindung setzen kann.«

Brief an Sidney Phillips, Dial Press, [26. 9. 1947]

In ›Neue Welt‹, Aufsatz über Goethes Ästhetik von Girnus. Ebendort H. Mayer über ›Goethes Erbschaft‹. Bei mir sei die Substanz Goethes zur geprägten Form geworden, die lebend sich entwickelte.

Tagebuch 29. X. 1949

Ich glaube, ich kannte von Kellers epischer Autobiographie nichts als eine oder die andere Jugend-Episode, nichts als Meierlein und seine »knappen Zifferchen«. Nun las ich mit wohligster Anteilnahme, mit immer wachsender Bewunderung für den reinlich ausgebreiteten Lebensreichtum des Buches, die köst-

liche Akkuratesse seiner aufs selbständigste an Goethe gebildeten Sprache, – mit Bewunderung, obgleich doch an der Ich-Fi-
gur der Erzählung, dem Grünen Heinrich eben, so wenig zu bewundern ist wie – gesetzmäßig offenbar – an den Helden anderer Erziehungs- oder Bildungsromane [...].

Die Entstehung des Doktor Faustus, 1949

Mit fünfundsiebzig Jahren sagte Goethe zu Eckermann: »Ich
habe den großen Vorteil, daß ich zu einer Zeit geboren wurde,
wo die größten Weltbegebenheiten an die Tagesordnung kamen
und sich durch mein langes Leben fortsetzten, so daß ich vom
Siebenjährigen Krieg, sodann von der Trennung Amerikas von
England, ferner von der Französischen Revolution und endlich
von der ganzen Napoleonischen Zeit bis zum Untergange des
Helden und den folgenden Ereignissen lebendiger Zeuge war.«
– Da rühmt sich ein alter Mann der historischen Erfahrung, die
ihm beschieden gewesen sei und ihm zu »ganz anderen Resul-
taten und Einsichten« verholfen habe, als denen zu gewinnen
möglich sein werde, die »jetzt« – also 1824 – geboren werden.
Nun, an dem Miterleben markanter Weltbegebenheiten und
Weltveränderungen hat es auch diesem Geschlechte nicht, noch
jedem folgenden, gefehlt, und erst um 1830 begann ja eigentlich
das neue Zeitalter, das Goethe mit tiefem Mißtrauen heraufkommen sah [...] diese Epoche, die in unseren geängstigten Tagen, im Laufe von hundertzwanzig Jahren, auf ihren schwin-
delnden und absolut abenteuerlichen Gipfel gelangt ist. Immer
bleibt es gewagt, auf die besondere historische Ergiebigkeit der
eigenen Lebensspanne sich etwas zugute zu tun, denn immer
kann es noch bunter kommen, immer kommt es noch bunter.
Wenn es allerhand ist, gleich nach dem Deutsch-Französischen
Kriege und dem Ende des zweiten französischen Kaiserreichs
zur Welt gekommen zu sein, die kontinentale Hegemonie
Deutschlands unter Bismarck und die Hochblüte des britischen
Imperiums unter Viktoria noch miterlebt zu haben, fast in
einem damit, schon mit persönlichem Bewußtsein, die intellek-

tuelle Unterminierung der bürgerlichen Lebensnormen überall in Europa; die Katastrophe von 1914 mit dem Eintritt Amerikas in die Weltpolitik und dem Fall des deutschen Kaiserreichs; die vollständige Veränderung der moralischen Atmosphäre durch die vier Blutjahre des ersten Weltkrieges; die Russische Revolution; das Heraufkommen des Faschismus in Italien und des Nationalsozialismus in Deutschland, den Hitlerschrecken, das Bündnis von Ost und West gegen ihn, den gewonnenen Krieg und den abermals verlorenen Frieden; – wenn, sage ich, dies an äußerer Dramatik recht reichlich ist für ein Menschenleben und quantitativ den Erfahrungen Goethe's wohl gleichkommt, so stehe ich doch nicht dafür, daß nicht die Wiegenkinder von heute, wenn eine amoklaufende Technik sie überhaupt noch zum Zuge kommen läßt, im Alter mit dem Erlebnis noch ganz anderer Umwälzungen und spektakulöser Weltveränderungen werden renommieren können als einer, der jetzt fünfundsiebzig wird. *Meine Zeit, 1950*

Bekam von Mühlestein seine Michelangelo-Übersetzung (neben dem Original), die mich in ihrer tragischen Aufgewühltheit und ihrem Liebesleid tief bewegten. [...]

Was mich an jenen Gedichten anspricht von gleich zu gleich ist die »Ermächtigung« des Alters zur Liebe, die ich mit dem melancholischen Bildhauer wie mit Goethe und Tolstoi teile. Mächtig aushaltende Naturen. *Tagebuch 18. und 19. VII. 1950*

Ein fruchtbarer Acker, eine große Macht und eine große Gelegenheit ist die Zeit, und wer es in ihr zu etwas bringen will, muß sie aufs treulichste zu erfüllen suchen. Goethe notierte sich: »Nichts ist höher zu schätzen ... als der Wert des Tages.« *Brief an Geneviève Bianquis, 27. 6. 1951*

Am *Mittwoch den* 29. *April Spezial-Audienz bei Pius XII*, rüh-
rendstes und stärkstes Erlebnis, das seltsam tief in mir fort-
wirkt. In den rotausgeschlagenen Vorzimmern Begegnung mit
Hutchins und Mortimer Adler, die auf meinen Allein-Empfang
warten mußten. Dieser im Stehen. Die weiße Gestalt des Papstes
vor mich tretend. Bewegte Kniebeugung und Dank für die
Gnade. Hielt lange meine Hand. Über den Anlaß meines römischen Besuches und meinen Eindruck von der Stadt, wo man
in Jahrhunderten wandelt. Über Deutschland, offenbar seine
glücklichste Zeit, und die auf die Dauer zu erwartende Wieder-
vereinigung. Die Wartburg, sein Wort darüber und die Einheit
der religiösen Welt. Kniete nicht vor einem Menschen und Politiker, sondern vor einem weißen geistlich milden Idol, das 2
abendländische Jahrtausende vergegenwärtigt. Zur Verabschie-
dung Überreichung der kleinen Gedenk-Medaille. »Ich weiß
nicht, ob ich Ihnen vielleicht zur Erinnerung …« Darreichung
der Hand. »Ist das der Ring des Fischers? Darf ich ihn küssen?«
Ich tat es. Beglückwünschung zu meinem Wirken und Entlas-
sung. Rückweg gewiesen von den Kämmerlingen in lila Seiden-
mänteln. Durch die Audienz im Stehen erinnert an Napoleon
mit Goethe in Erfurt.   *Tagebuch 1. v. 1953*

In einem Blatt ›Freie Innerschweiz‹ folgendes Wort: »Es ist das
erstaunlichste Leben unseres Jahrhunderts, jenem Goethes vergleichbar.« Fiel mir auch schon auf.   *Tagebuch 25. vi. 1953*

Nahm ein und fand Ruhe für die Nacht, die zum besten Teil des
Tages geworden ist. So ist es, wenn man sich überlebt. Wagner
schrieb mit annähernd 70 sein Schlußwerk, den ›Parsifal‹, und
starb nicht lange danach. Ich habe ungefähr im selben Alter
mein Werk letzter Konsequenz, den ›Faustus‹, Endwerk in jedem Sinn, geschrieben, lebte aber weiter. ›Der Erwählte‹, noch
reizvoll, und ›Die Betrogene‹ sind bereits überhängende Nach-
träge, schon unnotwendig. Was ich jetzt führe, ist ein Nachle-

ben, das vergebens nach produktiver Stütze ringt. Den ›Krull‹ als einen ›Faust‹ aufzufassen, den es zu beenden gilt, ist schwer möglich.   *Tagebuch 6. VII. 1953*

Weltgröße als Kind der Bürgerlichkeit

Und wieder einmal ist hier die verdammte Zweifelsfrage nicht zu umgehen, *wer* denn nun eigentlich der »Bürger« ist: der Ästhet oder sein Überwinder, der Politiker. Ein Künstler, meine ich, bleibt bis zum letzten Hauch ein Abenteurer des Gefühls und des Geistes, zur Abwegigkeit und zum Abgrunde geneigt, dem Gefährlich-Schädlichen offen. Seine Aufgabe selbst bedingt seelisch-geistige Freizügigkeit, sie verlangt von ihm das Zuhausesein in vielen und auch in schlimmen Welten, sie duldet keine Seßhaftigkeit in irgendwelcher Wahrheit und keine Tugendwürde. Der Künstler ist und bleibt Zigeuner, gesetzt auch, es handelte sich um einen deutschen Künstler von bürgerlicher Kultur. Da es seine Sache ist, aus mancherlei Seelen zu reden, so ist er notwendig Dialektiker. Dialektik aber, spricht Goethe, »ist die Ausbildung des *Widerspruchsgeistes*, welcher dem Menschen gegeben, damit er den Unterschied der Dinge *erkennen* lerne«. Daß Dialektik im Sinne des Glaubens und der Tugend die Sünde, das Böse ist, wissen wir wohl; eben darum ist jenes sittliche Befehlswort »Widerstehe nicht dem Bösen!« ein Künstler- und Moralistenwort, – kein politisches Wort, wie sich versteht.

[...]

Wirklich, Nietzsche hatte wenigstens damals vom *Goethe'schen Menschen* mehr als vom gotischen; denn was er der Gerechtigkeit zärtlich nachsagt: daß sie jedem Wirklichen oder Gedachten das Seine gebe und es rein zu erkennen trachte; daß sie jedes Ding in das beste Licht stelle und mit sorgsamem Auge um dasselbe herumgehe, – ist es nicht nur eine andere Ausprägung des Goethe'schen Grundsatzes, daß man bei der Betrachtung eines Dinges es vor allem für sich gelten lassen und sich vor aller Vergewaltigung hüten müsse? Das Gegenteil des gotischen Fanatikerglaubens hat noch einen anderen Namen, der nicht wie das Wort »Gerechtigkeit« der moralischen Welt entstammt, sondern der Goethe'schen, der künstlerischen. Auch Nietzsche braucht ihn zu wiederholten Malen, und besonders sein Gleichnis vom sorgsamen Herumgehen um die Dinge legt ihn nahe: denn es wird damit an Plastizität, die Dreidimensionalität der Dinge erinnert. *Bildung* lautet dieser Name, und das anti-fanatische, anti-mittelalterliche, das Renaissance- und Humanisten-Ideal, das er meint, ist mit der geistigen Heraufkunft des Bürgers eng verknüpft, – was einen neuen oder abermaligen Hinweis auf die Beziehungen von Bürgerlichkeit und *Kunst* bedeutet. Denn »Bildung« meint etwas nicht sowohl Passives als Aktives; ein Mensch der Bildung ist nicht nur ein Mensch, den sein Welterlebnis bildbar fand und der dadurch gebildet und duldsam wurde, er ist zugleich ein Mensch des plastischen Sinnes, und wenn zur geistigen Bildung die sinnliche Einbildungskraft kommt, so ist er ein Künstler. Wollte man die Kunst als »bildende Gerechtigkeit« bestimmen, so würde sich das vielleicht nicht auf jeden Fall von Kunst als zutreffend erweisen, doch auf die größten Fälle, meine ich, würde es zutreffen, und es wäre eine schöne und reine Bestimmung der Kunst, mit der man ihr hohe Ehre erwiese.

Betrachtungen eines Unpolitischen, 1918

Wir reden von einer geistigen Lebensform, meine geehrten Zuhörer, und das bedeutet, daß wir, indem wir »Bürgerlichkeit« sagen, nichts Klasseninteressenmäßiges, nichts Antisozialistisches etwa im Sinne haben. Der Geist ist etwas sehr Reines, und wer eine Lebensform im Geistigen hält, der hält sie rein; der schützt sie vor jeder Entartung und Verhärtung, die sie in der Wirklichkeit erleiden mag. Wenn wir »deutsch« sagen und »bürgerlich«, so üben wir uns nicht im Partei-Jargon und reden nicht dem internationalen kapitalistischen Bourgeois zum Munde. Hier werden die Deutschen nicht eingeteilt in Bürger und Sozialisten. Hier heißt Deutschtum selbst Bürgerlichkeit,

Bürgerlichkeit größten Stils, Weltbürgerlichkeit, Weltmitte, Weltgewissen, Weltbesonnenheit, welche sich nicht hinreißen läßt und die Idee der Humanität, der Menschlichkeit, des Menschen und seiner Bildung nach rechts und links gegen alle Extremismen kritisch behauptet. Der Deutsche, zwischen die Extreme der Welt gestellt, kann selber kein Extremist sein; das ist eine seelische Gegebenheit, an der kein Radikalismus etwas ändert. »Nicht dem Deutschen«, heißt es in Goethe's Lied, »nicht dem Deutschen ziemt es, die wilde Bewegung fortzuleiten und auch zu schwanken hierhin und dorthin.« Das ist weltbürgerlich und weltgewissenhaft gesprochen, ein Wort standhafter Humanität.   *Lübeck als geistige Lebensform, 1925*

Meine Wurzeln liegen in der autobiographischen Bildungssphäre Goethes, im Bürgerlichen, in der Romantik. Ihre Klugheit verkennt keinen Augenblick, daß der ›Tonio Kröger‹ (ein Jugendwerk), der ›Tod in Venedig‹ und der ›Zauberberg‹ erzromantische Konzeptionen sind. Wagner war mein stärkstes, bestimmendstes künstlerisches Erlebnis. Hierzu kommt allerdings ein Element, das mich dem Neuen gewissermaßen verbindet und meinen Produkten heute überhaupt geistige Seinsmöglichkeit gibt: das Ergebnis der Selbstüberwindung der Romantik in Nietzsche.   *Brief an Ernst Fischer, 25. 5. 1926*

Ich rufe die Empfindungen auf, die mich bestürmten, als ich vor Jahren zum erstenmal durch Goethe's Elternhaus am Hirschgraben zu Frankfurt ging.

Diese Treppen und Zimmer waren mir nach Stil, Stimmung, Atmosphäre urbekannt. Es war die »Herkunft«, wie sie im Buche, im Buch meines Lebens steht, und zugleich der Anfang des Ungeheueren. Ich war »zu Hause«, und dennoch ein scheuer und später Gast in der Ursprungssphäre des Genius. Heimat und Größe berührten sich. Das Patrizisch-Bürgerliche, museal geworden und Gegenstand leise auftretender Pietät, als Wiege des Heros; das Würdig-Wohlanständige, bewahrt und heiliggehalten um des Sohnes willen, der es zurückgelassen – wie weit zurückgelassen! – und ins Weltstrenge gewachsen: ich sah es an, ich atmete es ein, und der Widerstreit von Vertrautheit und Ehrfurcht in meiner Brust löste sich in das Gefühl, worin Demut und Selbstbejahung eines sind: in lächelnde Liebe.

Ich kann von Goethe nicht anders sprechen als mit Liebe, das heißt: aus einer Intimität, deren Anstößigkeit durch den lebendigsten Sinn fürs Inkommensurable gemildert wird. Von seinen Gipfeln zu künden, überlasse ich bescheidentlich historisch-kommentatorischen Geistern und Bildungsnaturen, die sich dem Höchsten rein erkenntnismäßig gewachsen fühlen – was etwas ganz anderes ist, als teilzuhaben an seiner Substanz und nur hierin, nicht im Geistigen also, sondern im Menschlichen, Natürlichen eine Art von Recht, eine Art von Möglichkeit des Mitredens zu finden. Nur aus der eignen Substanz und dem eignen Sein, aus einer gewissen familiären Erfahrung also, der kindlich-stolzen Verbundenheit des »Anch' io sono pittore«, weiß meinesgleichen von Goethe zu reden – und warum ein Wiedererkennen, ein Recht auf Zutraulichkeit verleugnen, das weit ins Überpersönliche, ins Nationale reicht! Die Welt feiert in diesem Jahre, diesen Tagen den großen Städter; mit jener Familiarität aber, von der ich sprach, aus unserer Substanz, die die seine war, können nur wir Deutsche es tun. Das Würdig-Bürgerliche als Heimat des Allmenschlichen, Weltgröße als Kind der Bürgerlichkeit – dies Schicksal von Herkunft und kühnstem Wachstum ist nirgends zu Hause wie bei uns; und alles Deutsche, das aus Bürgerlichkeit ins Geistige wuchs, ist lächelnd zu Hause im Frankfurter Elternhaus. –

Man kann die Figur dieses großen Menschen und Dichters oder, besser gesagt, dieses großen Menschen in Dichtergestalt in verschiedenen Maßen sehen, je nach dem historischen Gesichtswinkel, unter dem man sie ins Auge faßt. Er ist zum Beispiel – und dies ist die bescheidenste Perspektive – der Herr und Meister einer deutschen Bildungsepoche, der klassischen Epoche, der die Deutschen den Ehrentitel des Volkes der Dichter und Denker verdanken, der Epoche eines idealistischen Individualismus, die den deutschen Kulturbegriff recht eigentlich begründet hat und deren humaner Zauber, bei Goethe besonders, in einer eigentümlichen psychologischen Verbindung von autobiographischer Selbstausbildung und Selbsterfüllung mit dem *Erziehungs*gedanken besteht, und zwar so, daß die Erziehungsidee Brücke und Übergang bildet aus der Welt des persönlich Innermenschlichen in die Welt des Sozialen. Goethe als Repräsentanten dieser klassisch-humanen Bildungsepoche zu sehen, ist also der engste Gesichtswinkel, unter dem man seine Gestalt visieren mag. Ein anderer, viel größerer ist möglich und legt sich nahe. Es ist derjenige, den einer seiner ersten ausländischen Verehrer, Thomas Carlyle, sofort nach dem Tode des großen Deutschen auf ihn anwandte, indem er darauf hinwies, daß es auf dieser Erde Menschen gegeben hat, deren Impulse nicht vor fünfzehnhundert Jahren ihre vollkommene Entwicklung erreicht hätten, und die vielmehr noch nach zweitausend Jahren in völliger Individualität fortwirkten. Spricht man unter diesem Gesichtspunkt von dem Zeitalter Goethe's, so bemißt es sich nicht nach Jahrhunderten, sondern nach Jahrtausenden, und tatsächlich liegen in diesem Persönlichkeitswunder, das Goethe hieß und auf das schon den Mitlebenden die Bezeichnung »ein göttlicher

Mensch« zwanglos anwendbar schien, mythusbildende Kräfte, wie nur in den größten menschlichen Erscheinungen, die über die Erde gewandelt sind, und niemand kann sagen, in welches Maß seine Gestalt mit der Zeit noch hineinwachsen mag.

Zwischen diesen beiden Möglichkeiten aber, ihn zu sehen, der vergleichsweise intimsten und der großartigsten, gibt es eine dritte und mittlere; und für uns, die wir ein Zeitalter, das bürgerliche, sich enden sehen und deren Schicksal es ist, in Nöten und Krisen des Überganges den Weg in neue Welten, neue Ordnungen des Innen und Außen zu finden, ist diese dritte optische Möglichkeit die nächstliegende und natürlichste: ihn nämlich als Repräsentanten des Halbjahrtausends zu betrachten, das wir die bürgerliche Epoche nennen, und das vom fünfzehnten bis zur Wende des neunzehnten Jahrhunderts reicht. Den dicht vor der Mitte des achtzehnten Geborenen trug sein vitaler Antrieb noch ein Menschenalter ins neunzehnte Jahrhundert hinein, und obgleich die Wurzeln seiner Kultur im achtzehnten liegen, hat er geistig und seelisch vom neunzehnten vieles mitumfaßt.

[...]

Und so sehr Goethe, wiederum aus geistig-bürgerlichen Gründen, von denen wir sprechen wollen, die Revolution verabscheute, so positiv verhielt er sich im tiefsten zu ihren Vorstufen, der deutschen Reformation und zu der Epoche des erwachenden Individuums, der italienischen Renaissance also, dem fünfzehnten Jahrhundert, und seine Gestalt wirkt vollkommen heimatlich dort. Er ist ganz das große, ja ausbündige Einzelwesen, der Ruhmesmensch jener Epoche, und verwandte Züge verbinden ihn, so gut wie mit Luther, mit Lionardo, dessen innere Umfänglichkeit, dessen Doppelseelentum aus Kunst und Wissenschaft der Natur er wiederholt. Wenn es noch weiterer Belege für diese Zugehörigkeit bedarf: er hat den Benvenuto Cellini übersetzt, er hat dichterisch spielend im ›Tasso‹ den Weimarer Hof verwechselt mit dem Renaissancehof von Ferrara, und namentlich seine Versepen, ›Hermann und Dorothea‹, die ›Achilleis‹, tragen in ihrer Formung und Gruppierung den

Kunstcharakter jener Zeit, sie wirken wie antikisierende, aus der Fläche hochgetriebene Bildwerke von damals, und er selbst gesteht, daß er ›Hermann und Dorothea‹ mit Vorliebe in lateinischer Übersetzung gelesen habe, eine äußere Übertragung, durch die das Werk noch stärker aus der deutsch-bürgerlichen Sphäre in die der Renaissance hinübergespielt wird. Zugleich aber und vor allem ist dies Gedicht uns neben Schillers ›Glocke‹ in seiner poetischen Biederkeit, der Standhaftigkeit seiner Humanität die reinste und bewußteste Verherrlichung und Verklärung jener menschlichen Mitte, die wir deutsche Bürgerlichkeit nennen. –

Der Sproß des Frankfurter Bürgerhauses äußert sich im Gespräch über die Schwierigkeiten, die einem Talent wie Byron durch seine angeborene Umgebung, die hohe Geburt, den großen Reichtum erwuchsen. Ein gewisser mittlerer Zustand, sagt er, sei dem Talent bei weitem zuträglicher, »weshalb wir denn auch alle großen Künstler und Poeten in den mittleren Ständen finden«. Dies Lob des Mittelstandes als Nährboden des Talentes ist nicht vereinzelt bei ihm, die Stellen in seinen Gesprächen sind zahlreich, in denen er dem Bürgerstand eben das zuschreibt, was wir im Fall von ›Hermann und Dorothea‹ standhafte Humanität nannten, »die schöne, ruhige Bildung«, um seinen Ausdruck zu gebrauchen, »die in Krieg und Frieden diesen Stand ausdauern läßt«.

Goethe erzählt: »In Karlsbad hat einmal einer von mir gesagt: ich sei ein *gesetzter* Dichter; er wollte damit ausdrücken: ich bliebe beim Dichten doch nebenher ein bürgerlich vernünftiger Mann. Der eine hielt das für Lob, der andere für Tadel; ich kann nichts darüber sagen; denn es ist das eben mein Ich, worüber anderen das Urteil zusteht.« – Nun, wir nehmen es weder als Lob noch Tadel; wir nehmen es als die kritische Feststellung eines Beobachters, der nicht dumm gewesen sein kann. Es mag ein fast humoristisches Unternehmen sein, kaum mehr als ein Scherz, an einem Menschen solchen Wuchses Züge nachzuweisen, die man im schlechten und rechten, landläufigen Sinn bürgerlich nennen kann. Aber es ist dabei ein Aufstieg vom Kleinen und Äußerlichen ins Größere und Geistige möglich, der eben das menschlich Kennzeichnende auch dieser kleinen Züge beweist. Sehen wir seine äußere Lebenshaltung an, die Sorgfalt der Kleidung, den Sinn für das Elegante, die von seinen Freunden bezeugte Nettigkeit und Reinlichkeit all dessen, was von seiner Hand ging. Das sind die einfachsten und natürlichsten Gewohnheiten guter Herkunft, der bürgerlichen Kinderstube. Sein Benehmen zeichnete sich, wie sich ein Zeitgenosse ausdrückt, »keineswegs durch exzentrisches Wesen aus, das sich bei Männern von Genius so häufig findet, sein Wesen war höflich und einfach«. Es fehlte diesem Wesen jede Spur des Priesterlichen, Feierlichen und Gespreizten, aller sakrale Anspruch. Er kann sich selbst zum besten haben, ist, sobald die geistigen Lasten es ihm erlauben, kindlicher und väterlicher Gutmütigkeit fähig. Seine eigentliche Herzensneigung ist, den Menschen etwas zuliebe zu tun, ihnen die Welt zugute zu machen. Der Begriff des »Behagens« spielt bei den wohlwollenden Lebensratschlägen, die er den Menschen erteilt, eine besondere Rolle, und es ist echt bürgerlich in einem schon sehr geistigen Sinn empfunden, daß er in ›Dichtung und Wahrheit‹ alles Behagen am Leben auf eine *regelmäßige Wiederkehr* der äußeren Dinge zurückführt, auf den Wechsel von Tag und Nacht, der Jahreszeiten, der Blüte und Früchte und was uns sonst von Epoche zu Epoche entgegentritt. Das Müdewerden an dieser regelmäßigen Rhythmik der Natur- und Lebenserscheinungen sei die eigentliche Seelenkrankheit und Lebensgefährdung, sie sei das Hauptmotiv des Selbstmordes.

Das Gewicht, das er auf gutes Essen und Trinken legte, die Verstimmung und Kränkung, die er empfand, wenn er sich in dieser Beziehung einmal vernachlässigt sah, gehören zu diesem humoristischen Bild von Bürgerlichkeit, wie denn die Tatsache, daß Zelter ihn regelmäßig mit den besonders bevorzugten Teltower Rübchen versorgte, zweifellos der Freundschaft mit ihm zugute gekommen ist. Daß bei Exzellenz Goethe ausnehmend schmackhaft gegessen wurde, ist ausgiebig bezeugt, und unfehlbar fällt mir dabei die kleine Geschichte ein, die mir sonderbarerweise seine Person nähergebracht hat als so manche Kundgebung höherer Ordnung. Der Literator und Islandfahrer Martin Friedrich Arendt hielt sich in Weimar auf, ein Bohemegelehrter von etwas wunderlichem Äußeren und nicht sehr gepflegten Gewohnheiten. Er ist bei Goethe zu Mittag geladen, wo er den Hausherrn und seinen engeren Freundeskreis mit Reiseabenteuern und antiquarischen Forschungsergebnissen unterhält und es sich gewaltig dabei schmecken läßt. Es gibt einen Hammelbraten mit Gurkensalat, und nach Verspeisung mehrerer Portionen bringt der gute Arendt es nicht über das Herz, die mit Gurkensaft vermischte Bratenbrühe umkommen zu lassen. Er faßt seinen Teller mit beiden Händen und hebt ihn zum Munde, erschrickt aber im letzten Augenblick und blickt um Erlaubnis bittend auf den Hausherrn. Und der große Wohlerzogene legt volles Verständnis für die Begierde seines Gastes an den Tag; mit der größten Bonhomie und Treuherzigkeit fordert er ihn auf, sich nur ja nicht zu genieren, und während er ihn schlürfen sieht, läßt er nicht etwa ein Schweigen aufkommen, das auf den Genießenden doch vielleicht bedrückend wirken könnte, sondern er *spricht*, er setzt mit wärmster Überzeugung das Leckere einer solchen Mischung von Bratenbrühe und Gurkensaft auseinander und schafft durch dieses Perorieren dem Schlemmer volle Freiheit, seine Lust zu büßen. Man muß ihn sich vorstellen dabei, wie er etwa auf dem Bild von George Dawe vom Jahre 1819 aussieht, einem Bild, das ich immer als besonders lebenswahrscheinlich empfunden habe, mit diesen Augen voll kindlicher Verschlagenheit, tiefer und gütiger Erfahrenheit, diesem wissenden Wohlwollen für das Menschliche, um der heiteren Szene ganz ansichtig zu werden und sich ihren Charme ganz gegenwärtig zu machen.

Er ist als Geschäftsmann und Wirtschaftshaupt seines Hauses wachsam, mißtrauisch und zäh. Er achtet es nicht für Raub an seinem Dichtertum, auf seinen Vorteil bedacht zu sein und aus seinen Werken das Möglichste herauszuschlagen. Er bringt ›Hermann und Dorothea‹ ausdrücklich darum zuerst zur Michaelismesse in Kalenderform bei Vieweg in Berlin heraus, weil diese populäre Form der Veröffentlichung ihm ein doppelt großes Honorar gewährleistet, ein Entgelt, das nach zeitgenössischen Äußerungen für damalige Verhältnisse ungeheuer war, obgleich er selbst nichts Außerordentliches darin finden wollte. Grundsätzlich verzichtet er niemals, etwa um eine neue literarische Gründung, eine Zeitschrift zu fördern, auf die Honorierung seiner Beiträge. Schiller klagt in einem Brief an seinen Freund Körner darüber, daß Goethe »nichts wegschenke«. Es handelt sich um den ›Merkur‹, dessen Leistungsfähigkeit durch die Belastung mit Autorenhonoraren gefährdet war, was aber Goethe nicht hinderte, auf der Bezahlung seiner Beiträge zu bestehen.

Es ist in ihm ein Zug bürgerlicher Ordnungsliebe, den er, wie überhaupt »des Lebens ernstes Führen«, von seinem Vater ererbt hatte und der, wie bei diesem, im Alter in ausgesprochene Pedanterie und sammlerische Wunderlichkeit ausartete. In ›Dichtung und Wahrheit‹ erzählt er, wie es ein bis zum Puschelhaften getriebener Grundsatz des Kaiserlichen Rates gewesen sei, etwas Unternommenes unbedingt durchzuführen. Die einmal begonnene gemeinsame Lektüre eines Buches mußte beendet werden, auch wenn sie sich als noch so langweilig erwies; und so bestand er in allen Stücken hartnäckig auf dem Beenden des einmal Begonnenen, selbst wenn nicht nur das Unbequeme, sondern auch Unnütze des Unternehmens sich klar herausstellte. Er duldete nicht, daß Wolfgang zeichnerische Versuche in skizzenhafter Unfertigkeit liegen ließ, er zog eigenhändig Rahmenlinien um das Angelegte, um dadurch den jungen Menschen zur Vollständigkeit und Ausführlichkeit zu nötigen. Die Lebenswirksamkeit solcher pädagogischer Einprägung ist nicht zu unterschätzen. Der produktionsethische Befehl des Fertigmachens war gewiß ein notwendiges Korrektiv für die leicht ermüdbare und unruhig-vielbegierige Natur Goethe's. In einem überpraktischen und übersozialen Sinn ist es ja im Grunde gleichgültig, ob ein Künstler die bürgerliche Tugend der Geduld, des Fleißes, der Ausdauer besitzt, ein unternommenes Werk der Vollendung und Abrundung zuzuführen. Dem Egoismus des Traums und Selbstgenusses müssen Antriebe sozialer oder, wenn man will, bürgerlicher Sympathie und Dienstwilligkeit entgegenstehen, damit es zum verwirklichten Werke komme; und wer weiß, ob der ›Faust‹ auch nur die äußere Abgeschlossenheit gewonnen hätte, deren das innerlich unendliche Werk fähig war, wenn nicht der bürgerliche Vater diesen pädagogischen Imperativ des »Fertigmachens« der kindlichen Seele eingepflanzt hätte.

»Die Manier«, sagte Goethe zu Eckermann, »will immer fertig sein und hat keinen Genuß an der Arbeit. Das echte, wahrhaft große Talent aber findet sein höchstes Glück in der Ausführung.« – »Man sollte«, sagt er, »nicht daran denken, fertig zu werden, wie man ja nicht reist, um anzukommen, sondern um zu reisen.« – »Es gibt vortreffliche Menschen«, bemerkt er ein andermal, »die nichts aus dem Stegreif, nichts obenhin zu tun vermögen, sondern deren Natur es verlangt, ihre jedesmaligen Gegenstände mit Ruhe tief zu durchdringen. Solche Talente machen uns oft ungeduldig, indem man selten von ihnen erlangt, was man augenblicklich wünscht. Allein auf diesem Weg wird das Höchste geleistet.« Er spricht da objektiv von vortrefflichen Menschen, aber es ist ja klar, daß er weitgehend zu ihnen gehört und daß er selbst auf diesem Wege das Höchste geleistet hat. Ein Zug von Bedächtigkeit und Langsamkeit, von mütterlicher Geduld des Austragens ist untrennbar von seinem Genie. Er ist tatsächlich als Schöpfer viel eher eine langsame als stürmische und improvisatorische Natur.

[...]

Es gibt Äußerungen der Gehässigkeit und des herabsetzenden Willens über große Naturen, polemisch-boshafte und aus Übelwollen hellsichtige Äußerungen, aus denen man mehr über ihren Gegenstand lernen kann als aus dem schwungvollsten Panegyrikus. Ich denke an den Brief eines gleichgültigen Herrn von Bretschneider an den Berliner Friedrich Nicolai aus dem Jahre 1775, worin der Schreiber mit einer Antipathie, die des psychologischen Scharfblicks nicht entbehrt, über den jungen Verfasser von ›Werthers Leiden‹, über seinen unzuverlässigen Verstand und unbeständiges Gemüt sich äußert und worin er ihm als Dichter die folgenden Anlagen bewilligt: »Es liegt in Goethe«, sagt er, »ein gewisser Same von Fähigkeit, oder vielmehr, er hat ein poetisches Genie, das alsdann wirkt, wenn er, nachdem er mehrere Zeit einen Stoff herumgetragen und in sich bearbeitet und alles gesammelt hat, was zu seiner Sache dienen kann, sich an seinen Schreibtisch setzt. Zum Gelegenheitsdichter hätte er sich nicht geschickt. Denn er kann außer seiner Ordnung nichts machen. Wenn ihm etwas auffällt, so bleibt es in seinem Gemüt und Kopf hangen, alles, was ihm nur aufstößt, sucht er mit dem Klumpen Ton zu verkneten, den er in der Arbeit hat, und denkt und sinnt auf nichts anderes als dieses Objekt.« Die Stelle hat herabsetzenden, verkleinernden Akzent, aber sie spricht mit verneinendem Vorzeichen psychologisch-konstitutionelle Wahrheiten aus, die sich dann in größtem schöpferischen Stil bewährt haben. Es gäbe nur zwei Wege, ein bedeutendes Ziel zu erreichen, so hat man Goethe erklären hören: *Gewalt* und *Folge*. Der Weg dieses großen Gewaltlosen und Friedensmenschen war die Folge, die Konsequenz, die ruhige Ausdauer. Er trieb das Prinzip gelegentlich ins Groteske und deutete eine erschreckende Bereitschaft an, sich um der Pflicht willen selbst zum Stumpfsinn zu bekennen. »Und wäre es meine Aufgabe«, ruft er, »diese Streusandbüchse, die hier vor mir steht, immerfort auszuschütten und wieder zu füllen – ich würde es mit unermüdlicher Geduld und genauester Sorgfalt tun.«

[...]

Es ist dieser Zug von Sorglichkeit, womit der Zeitkultus, die Zeitheiligung, Zeitökonomie zusammenhängt, die jede Minute ausschöpft und sein Leben zu einem der vielfältig fleißigsten gemacht hat, die je geführt worden sind. Er hat die Minute verherrlicht in dem Stammbuchversen für seinen Enkel, diesem Spruch, mit dem er eine sentimental-pessimistische Sentenz des von ihm wenig geachteten Jean Paul beantwortete:

Ihrer sechzig hat die Stunde,
Über tausend hat der Tag.
Söhnchen, werde dir die Kunde,
Was man alles leisten mag.

Sein Acker die Zeit. Im Grunde kennt er kein Ausruhen. Er bekennt sich, daß er die Stunden, die man jedem anderen zur Er-
holung bewilligt, zu vielfältiger Tätigkeit auszunützen gehabt
habe. Man erwartet den Neunundsiebzigjährigen bei einer Gesellschaft in seinem Hause, an der auch Tieck teilnimmt, und
sendet endlich, ich nehme an: mit Vorbedacht, ein hübsches
junges Mädchen zu ihm in sein Arbeitszimmer, wo der Greis im
Hausrock vor einem Haufen Schriften am Schreibpult steht.
Ihre Bitte, die Versammlung mit seiner Gegenwart zu erfreuen,
erzürnt ihn. Ob man glaube, daß er zu jedem laufe, der warte,
ruft er ärgerlich. »Was würde dann aus dem da werden!« Und
zeigt auf die offenen Bogen. »Wenn ich tot bin, macht's keiner.
Sagen Sie das drüben der Gesellschaft.« Aber da die Kleine sich
traurig entfernen will, wird er weich und ruft sie zurück: »Ein
Greis, der noch arbeiten will«, sagt er sanft, »darf nicht jedem
zu Gefallen seinen Willen umstimmen. Tut er's, so wird er der
Nachwelt gar nicht gefallen.« Ein rührendes kleines Vorkommnis, und man kann bürgerlicher Ethik keine höhere Ehre erweisen, als indem man diese Fleißestreue bis zum letzten als bürgerlich anspricht. Man darf es wohl, denn die Liebe zu Mühe und
Arbeit, der asketische Glaube daran ist ja auch von einer Sozio-
logie, die die bürgerliche Geistesform religiös-protestantisch begründet, als seelisches Zubehör der Bürgerlichkeit gekennzeichnet worden. »Solche *Mühe* hat Gott dem Menschen gegeben«,
war das Bibelwort, das Goethe vielleicht am häufigsten zitiert
hat, und er pflegte dabei das ü von Mühe auf eine halb humoristische, halb desperate Weise in die Länge zu ziehen.

Dem großen Friedlichen, dem Menschentum gleichwohl
Kämpfertum bedeutete, war nach seiner Erklärung der tita-
nisch-gigantische, himmelstürmende Sinn im tiefsten fremd. Er
habe, sagt er, seiner Dichtungsart keinen Stoff verliehen, »eher

ziemte es sich mir, darzustellen jenes friedliche, plastische, allenfalls duldende Widerstreben, das die Obergewalt anerkennt, aber sich ihr gleichsetzen möchte«. Das betrachtsame, überschauende, gerechte Prinzip seines Wesens, das in alle Erscheinungen eindringt, aus ihnen allen zu sprechen weiß und das Leben in seiner Gesamtheit gutheißt, schließt das Tragische aus, vor dem er Furcht und Scheu bekennt und von dem er sagt, daß es ihn zerstören müßte. Ein Zug von Nüchternheit und Vernünftigkeit ist darin, den hohe Schwarmgeister und Seraphiker der Poesie gleich Novalis als antipoetisch empfinden konnten. Es ist ein verwirrendes Paradoxon, daß Novalis den ›Wilhelm Meister‹, nicht ohne gute Belege beizubringen, als einen »Candide, gerichtet gegen die Poesie«, bezeichnen mochte, und die Kritik, die dieser hektische Mystiker an dem größten Roman der Deutschen geübt hat, ist ein glänzendes Beispiel jener polemischen Dokumente, von denen wir sprachen und aus deren Negativität mehr zu lernen ist als aus irgendwelchen Begeisterungen. Undichterisch im höchsten Grade hat Novalis den ›Meister‹ zu nennen gewagt, so poetisch auch die Darstellung sei, eine Satire auf Poesie, Religion und so weiter, aus Stroh und Hobelspänen sei ein wohlschmeckendes Gericht, ein Götterbild zusammengesetzt. Hinten sei alles Farce. »Die ökonomische Natur ist die wahre übrigbleibende … Das Romantische geht darin zugrunde, auch die Naturpoesie, das Wunderbare. Es handelt bloß von gewöhnlichen menschlichen Dingen, die Natur und der Mystizismus sind ganz vergessen. Es ist eine poetisierte, bürgerliche und häusliche Geschichte … Das erste Buch im Meister zeigt, wie angenehm sich auch gemeine, alltägliche Begebenheiten hören lassen, wenn sie gefällig moduliert vorgetragen werden, wenn sie, in eine gebildete, geläufige Sprache einfach gekleidet, mäßigen Schritts vorübergehen. Ein ähnliches Vergnügen gewährt ein Nachmittag unterwegs, im Schoß einer Familie zugebracht, die, ohne ausgezeichnete Menschen in sich zu schließen, ohne eine ausgesucht reizende Umgebung zu haben, doch durch die Nettigkeit und Ordnung ihres Hauswesens, durch die zusammenstimmende Tätigkeit ihrer mäßigen Talente und Einsichten und die zweckmäßige Benutzung und Ausfüllung ihrer Sphäre und Zeit ein gern zurückgerufenes Angedenken hinterläßt.« – Denken wir nicht an den Mann in Karlsbad und sein Wort vom »gesetzten« Dichter? »Goethe ist ganz *praktischer* Dichter«, sagte Novalis ein andermal. »Er ist in seinen Werken, was der Engländer in seinen Waren ist: höchst einfach, nett, bequem und dauerhaft. Er hat in der deutschen Literatur das getan, was Wedgwood in der englischen Kunstwelt getan hat, er hat, wie die Engländer, einen natürlichen ökonomischen und einen durch Verstand erworbenen edlen Geschmack … seine Neigung ist, eher etwas Unbedeutendes ganz fertig zu machen, ihm die höchste Politur und Bequemlichkeit zu geben, als eine Welt anzufangen und etwas zu tun, wovon man voraus wissen kann, daß man es nicht vollkommen ausführen wird.«

Die Bosheit dieser Kennzeichnungen darf uns nicht hindern, das bedingt Genaue und Zutreffende darin anzuerkennen. Das Wort »bürgerlich« fehlt nicht darin, und daß Novalis der Magie dieser Bürgerlichkeit zugänglich war wie einer, beweist er an anderer Stelle, wo er erklärt, so sonderbar es manchem scheinen möchte, sei doch nichts wahrer, als daß es nur die Behandlung, das Äußere, die Melodie des Stils sei, welche zur Lektüre uns hinziehe und uns an dieses oder jenes Buch fessele. »›Wilhelm Meisters Lehrjahre‹«, sagt er, »sind ein mächtiger Beweis dieser Magie des Vortrags, dieser eindringenden Schmeichelei einer klugen, gefälligen, einfachen und doch mannigfaltigen Sprache. Wer diese Anmut des Sprechens besitzt, kann uns das Unbedeutendste erzählen, und wir werden uns angezogen und unterhalten finden; diese geistige Einheit ist die wahre Seele eines Buches, wodurch uns dasselbe persönlich und wirksam vorkommt.«

Man kann den vernünftigen Zauber, den kindlich-göttlichen Liebreiz der Goethischen Schreibweise nicht kühler, aber auch nicht genauer kennzeichnen, als es mit diesen Worten des Novalis geschieht. Denn es ist ja wahr, daß jede Verstiegenheit, jeder poetische Überschwang diesem Stile fremd ist, der dennoch immer zum Äußersten geht, sich auf einer mittleren Linie mit diskreter Kühnheit, meisterlicher Gewagtheit und unfehlbarer künstlerischer Sicherheit dahinbewegt: gewandt, präzis, bis in die etwas amtliche Diktatprosa des Alters hinein von einem rhythmischen Zauber, der die klarste Mischung von Eros und Logos bildet und uns wohlig und unwiderstehlich führt und trägt. Das Wort ist nicht etwa gehoben, getragen, feierlich, priesterlich oder pathetisch – aus Goethe's Schule kommend, in seinem Geschmack lebend, kann man eine solche Sprache gar nicht lesen und innerlich hören, sie widersteht und langweilt hoffnungslos –, sondern alles ist in mittlerer Stimmlage und Stärke gesprochen, prosaisch *gesagt*, selbst in der Lyrik, aber von einer sonderbar prosaischen, heiteren Kühnheit: Das Wort wird neugeschaffen, unabgenutzt, einmalig, als würde es zum ersten Male aus dem Schoß der Sprache emporgehoben, neu erfunden, mit seinem Sinn neu verbunden, und zwar so, daß dieser Sinn dadurch eigentümlich zu transzendieren beginnt und etwas heiter Geisterhaftes entsteht, etwas, was zugleich »goldig«, wie man in Westdeutschland sagt, und sublim ist, gesittetverwegen in dem besonderen Sinn von Goethe's eigenem Ausspruch, daß in jedem Künstler »ein Keim von Verwegenheit« liege, ohne den kein Talent denkbar sei. Es ist im ›Faust‹ nicht weniger so als im ›Divan‹ und in der Prosa; und wenn die Kühnheit des Künstlers ist, so darf man das Mittlere, Gemäßigte darin als bürgerlich ansprechen.

[...]

Wenn man den Verfasser des ›Götz‹, des ›Faust‹, der ›Sprüche in Reimen‹ und ›Hermann und Dorothea's‹ einen kerndeutschen Unpatrioten nennen kann, so ist der Dichter des ›Tell‹ und der ›Jungfrau‹ dagegen ein internationaler Patriot. Er stellt die bürgerliche Idee im politischen, demokratischen Sinne dar, während Goethe sie im geistigen, im kulturellen Sinn repräsentiert. Wir wissen es ja, es war diese seine geistig-kulturelle Bürgerlichkeit, die ihn die Französische Revolution als etwas so grauenhaft Feindliches hat empfinden lassen, das nach seinen Worten an ihm gezehrt hat wie eine Krankheit und ihn um ein Haar sein Talent gekostet hätte; und es ist schwer zu sagen, wie weit der innermenschliche, kulturelle, antipolitische Charakter dem deutschen Bürgertum durch Goethe aufgeprägt worden ist und wieweit Goethe für seine Person schon ebendamit ein Ausdruck deutscher Bürgerlichkeit war. Man muß da wohl eine gegenseitig sich bestätigende Wechselwirkung sehen, denn es steht dem Gefühle fest, daß Goethe trotz allem Weltbürgertum, oder vielmehr gerade mit diesem, ein geistiger Bürger, ein deutscher Bürger war.

[…]

Man kann nicht unpolitisch, man kann nur antipolitisch sein, und das heißt konservativ, während der Geist der Politik humanitär-revolutionär ist in sich selbst. Nichts anderes meinte Richard Wagner, als er erklärte: »Der Deutsche ist konservativ.« Nur kann, wie es bei Wagner und seinen geistigen Zöglingen geschah, das Deutsche und Konservative sich zum Nationalismus politisieren, gegen welchen Goethe, der deutsche Weltbürger, selbst als das Nationale so viel historische Berechtigung besaß wie 1813, sich freilich kalt bis zur Verachtung verhielt. Sein Grauen vor der Revolution war das Grauen vor der Politisierung, das heißt der Demokratisierung Europas, die den Nationalismus als geistiges Zubehör mit sich brachte; und es ist merkwürdig genug zu sehen und zeugt für die Unveränderlichkeit des deutsch-bürgerlichen Charakters, daß dieses selbe Kulturentsetzen vor der heraufkommenden Politisierung sich in unseren Tagen, in den Jahren von 1916 bis 1919 etwa, mit aller Heftigkeit wiederholen konnte und mit einer Unmittelbarkeit, die sich des Typischen darin kaum bewußt war, noch einmal durchgekämpft werden mußte.

[…]

Gewiß ist, daß aller Haß, den Goethe zu tragen gehabt hat, alle Vorwürfe und Klagen, die seinen Egoismus, seinen Hochmut, seine Unmoralität und »ungeheuer hindernde Kraft« betreffen, auf diese Kälte gegen den ideellen, den politischen Enthusiasmus, handle es sich nun um seine nationalistisch-kriegerische oder revolutionär-menschliche Schattierung, zurückzuführen sind, darauf also, daß er eigensinnig gegen die Hauptrichtung seines Jahrhunderts, die demokratische und die nationale Idee, lebte. Man vergaß bei diesem Ärger und dieser Klage, daß Goethe's Gleichgültigkeit gegen das politische Menschengeschlecht nichts weniger als Mangel an Liebe bedeutete: weder an Liebe zu den Menschen – denn er hat gesagt, daß der bloße Anblick eines Menschenantlitzes ihn von Melancholie heilen könne, und von ihm stammt das hochhumane Wort: »Das eigentliche Studium der Menschheit ist der Mensch« – noch, was dasselbe ist, an Liebe zur *Zukunft*. Denn Mensch, Liebe, Zukunft, das ist all-eins, es ist ein und derselbe Gefühlskomplex von Sympathie und Lebensfreundlichkeit, die trotz aller Unpolitik Goethe's tiefstes Wesen ausmachten und seinen Begriff des »Lebenswürdigen« prägten. Ich erinnere mich des eigentümlichen Eindrucks von Paradoxie und gebietender Kühnheit, den ich empfing, da ich als junger Mensch, der von Schopenhauer die große Erlaubnis zum Pessimismus erhalten hatte, im ›Epilog zur Glocke‹ zum erstenmal mit Verständnis auf dies Wort »lebenswürdig«: »Den Lebenswürd'gen soll der Tod erbeuten«, stieß, diese Verbindung, die es meines Wissens bis dahin nicht gegeben hatte und die eine persönliche Wortschöpfung Goethe's darstellt. Das Leben als höchstes Kriterium genommen und, seiner würdig zu sein, als der höchste Adel angesprochen, der, wenn es mit rechten Dingen zuginge, vor der Vernichtung schützen sollte: das verwirrte meinen jugendlichen Begriff von Vornehmheit, der recht eigentlich auf eine sublime Untauglichkeit und Unberufenheit zum irdischen Leben hinauslief; und wirklich ist die eigentümliche Wortbildung ja erfüllt von einem trotzigen Lebenspositivismus, von einer überpessimistischen Lebensbejahung, die in meinen Augen eine höchste und allgemeinste Form der Bürgerlichkeit ausmacht: *Lebensbürgerlichkeit*, das ist das breitbeinige Fußen im Leben, der Lebensaristokratismus des von der Natur Bevorteilten und Bevorzugten, der, dem Brutalen nicht ganz fern, geringschätzig auf »sehnsuchtsvolle Hungerleider nach dem Unerreichlichen« blickt. Ich sagte, daß diese Art von Aristokratismus dem Brutalen nicht fern ist, denn es liegt ja wirklich etwas von Brutalität in dem Pochen auf das Vitale [...]

[...]

Was hier interessiert, ist der bürgerlich-überbürgerliche Charakter dieses Zuges ins Große und Weltweite, ein Charakter, der seinen schlagenden Ausdruck findet in gewissen Namen, die Goethe dieser expansiven Neigung gibt. Er spricht nämlich von einem »Freihandel der Begriffe und Gefühle«, was einer charakteristischen Übertragung liberal-ökonomischer Grundsätze auf das geistige Leben gleichkommt. Aber nicht nur im Räumlichen gilt diese Freiheit und Expansion, sondern auch im Zeitlichen: in »weiten Epochenkreisen«, sagt Goethe, habe er für sein Wirken Genüge gesucht. Er ist Bürger nicht nur eines Jahrhunderts; wir haben seine verwandtschaftlich-heimatlichen Beziehungen zu früheren Jahrhunderten aufzuzeigen versucht. Hier gilt es seine Gegenwärtigkeit und Zukünftigkeit zu behaupten, die Richtung seines Wesens auf uns und über uns hinaus anzudeuten; und symbolisch für diese Richtung sind mir die Begegnungen des großen Lebensfreundes mit Arthur Schopenhauer. Er, der noch Mozart als Knabe gesehen, geht als Greis, in eine Abendgesellschaft eintretend, ohne nach rechts oder links zu blicken, gerade auf den anwesenden jungen Philosophen zu, dessen Doktorarbeit ›Über die vierfache Wurzel des Satzes vom zureichenden Grunde‹ er eben gelesen, und beglückwünscht ihn zu dieser außerordentlichen Leistung. Er hält die Hand dessen, der ›Die Welt als Wille und Vorstellung‹ vorbereitet, das Standardwerk des europäischen Pessimismus der zweiten Hälfte des hochbürgerlichen, des neunzehnten Jahrhunderts, das auf Wagner einerseits und auf Nietzsche anderseits so entscheidend eingewirkt hat. Die überlieferte Szene bedeutet eine wundervolle geistesgeschichtliche Konjunktur. Goethe, Schopenhauer, Wagner, Nietzsche, – da ist er, der Fixsternhimmel unserer Jugend, Deutschland und Europa auf einmal, unsere Herkunft, auf die wir stolz sind, denn alle Herkunft, alles Herkunftsbewußtsein im Geist ist aristokratisch: »Der Künstler muß eine Herkunft haben, muß wissen, woher er stammt«, hat Goethe gesagt. Es ist die große Heimatwelt, deren Zöglinge wir sind, die bürgerliche Geisteswelt, die eben als Geisteswelt zugleich eine überbürgerliche ist und durch Nietzsche, den Goetheschüler, in neue, nachbürgerliche, noch namenlose Zukunftswelten hinüberführt. Das Bürgerliche besitzt eine gewisse geistige Transzendenz, in der es sich selbst aufhebt und verwandelt. Goethe's Spruch: »Wo käm' die schönste Bildung her, und wenn sie nicht vom Bürger wär' ...« bewährt einen größeren Sinn, als das heute so altfränkisch wirkende Wort »Bildung« fassen zu können scheint. Ich habe gefragt, und ich frage wieder: Wo sind die großen Befreiungstaten des umwälzenden Geistes denn hergekommen, »und wenn sie nicht vom Bürger gewesen wären«? Der Wille und die Berufung zur höchsten Entbürgerlichung, zum höchst gefährlichen Abenteuer des versuchenden Gedankens, das ist der Freibrief, den der Geist selbst dem bürgerlichen Menschen ausgestellt hat. Noch jener Sohn und Enkel protestantischer Pfarrhäuser, in dem die Romantik des neunzehnten Jahrhunderts sich selbst überwand und mit dessen Opfertode am Kreuz des Gedankens unsäglich Neues sich anbahnte, noch dieser Friedrich Nietzsche –, wo lagen denn seine Wurzeln als im Erdreich bürgerlicher Humanität? Und eine solche Selbstüberwindung des Bürgerlichen kraft des Geistes finden wir in Goethe's Altersroman, den ›Wanderjahren‹.

[...]

Die großen Söhne des Bürgertums, die aus ihm hinaus ins Geistige und Überbürgerliche wuchsen, sind Zeugen dafür, daß im Bürgerlichen grenzenlose Möglichkeiten liegen, Möglichkeiten unbeschränkter Selbstbefreiung und Selbstüberwindung. Die Zeit ruft das Bürgertum auf, sich dieser seiner eingeborenen Möglichkeiten zu erinnern und sich geistig und sittlich zu ihnen zu entschließen. Das Recht auf die Macht ist abhängig von dem historischen Auftrag, als dessen Träger man sich fühlt und fühlen darf. Verleugnet man ihn oder ist man ihm nicht gewachsen, so wird man verschwinden und abtreten, abdanken müssen zugunsten eines Menschentyps, der frei ist von den Voraussetzungen, Bindungen und überständigen Gemütsfesseln, die, wie man zuweilen fürchten muß, das europäische Bürgertum untauglich machen, Staat und Wirtschaft in eine neue Welt hinüberzuführen. Kein Zweifel, der Kredit, den die Geschichte der bürgerlichen Republik heute noch gewährt, dieser nachgerade kurzfristige Kredit, beruht auf dem noch aufrechterhaltenen Glauben, daß die Demokratie, was ihre zur Macht drängenden Feinde zu können vorgeben, *auch kann*, nämlich eben diese Führung ins Neue und Zukünftige zu übernehmen. Nicht indem es sich nur festlich mit ihnen brüstet, erweist das Bürgertum sich seiner großen Söhne wert. Der größte von ihnen, Goethe, ruft ihm zu:

> Entzieht euch dem verstorbnen Zeug,
> Lebend'ges laßt uns lieben!

Alles in allem, es ist um ihn [Schopenhauer] die Luft einer gewissen, nur zu vertrauten, nur zu heimatlich anmutenden deutschen Geistesbürgerlichkeit, – deutsch eben, weil sie geistig ist und weil ihre Innerlichkeit, ihr konservativer Radikalismus, ihre absolute Fremdheit gegen jeden demokratischen Pragmatismus, ihre »reine Genialität«, ihre verwegene Unfreiheit, ihre tiefe Politiklosigkeit eine spezifisch deutsche Möglichkeit und Gesetzmäßigkeit ist. In diese Welt gehörte Arthur Schopenhauer, – ein Bürger mit dem Stich und Stigma des Genies, das seine Figur ins Groteske hebt, aber ein Bürger unweigerlich bis ins Geistigste und Persönlichste. Man braucht nur sein Leben anzusehen: seine hanseatisch-kaufmännische Herkunft, die Seßhaftigkeit des stets mit altmodischer Eleganz gekleideten älteren Herrn in Frankfurt am Main, die kantisch-pedantische Unwandelbarkeit und Pünktlichkeit seines Tagelaufes: seine behutsame Gesundheitspflege auf Grund guter physiologischer Kenntnisse – »Nicht dem Vergnügen, sondern der Schmerzlosigkeit geht der Vernünftige nach –«; seine Genauigkeit als Kapitalist (er schrieb jeden Pfennig auf und hat sein kleines Vermögen durch kluge Wirtschaft im Laufe seines Lebens verdoppelt); die Ruhe, Zähigkeit, Sparsamkeit, Gleichmäßigkeit seiner Arbeitsmethode (– er produzierte für den Druck ausschließlich während der ersten beiden Morgenstunden und schrieb an Goethe, daß *Treue* und *Redlichkeit* die von ihm aus dem Praktischen ins Theoretische und Intellektuelle übertragenen Eigenschaften seien, die das Wesen seiner Leistungen und Erfolge ausmachten): das alles zeugt ebenso stark für die Bürgerlichkeit seines menschlichen Teils, wie es Ausdruck bürgerlicher Geistigkeit war, daß er das romantische Mittelalter, Pfaffentrug und Ritterwesen so entschieden verabscheute und durchaus auf klassischer Humanität bestehen zu sollen meinte.

Schopenhauer, 1938

Tätigkeit ist und bleibt das beste Mittel, sich über diese Zeiten hinwegzubringen, und ich bin immer dankbar, dass es auch mir nicht daran fehlt: sogar muss ich, wenigstens in Gedanken, meistens nach mehreren Seiten zugleich tätig sein – wie Sie wohl auch. Es ist ein gutes Wort Goethe's: »Mit den Jahren steigern sich die Prüfungen.« Merkwürdig, wie christlich er sich oft ausdrückt. »Prüfung« ist ein specifisch christlicher Terminus. Das Wort aber ist sehr wahr: Die Aufgaben werden schwieriger, komplizierter, anspruchsvoller, je älter man wird; und merkwürdig ist die Einrichtung, dass man zu der Zeit, wo man rein sportlich schon garnicht mehr auf der Höhe ist, das Schwerste zu leisten hat. Das ist aber nicht etwa eine verkehrte Einrichtung. Das Alter ist der Jugend ganz einfach überlegen, man sage was man wolle – überlegen durch alles schon Getane; denn durch Vollbringen wird man nicht schwächer, sondern stärker. *Brief an Agnes Meyer, 18. 8. 1942*

Aller Dinge Ursprung

Zum Roman Der syphilitische Künstler nähert sich von Sehnsucht getrieben einem reinen, süßen jungen Mädchen, betreibt die Verlobung mit der Ahnungslosen und erschießt sich dicht vor der Hochzeit.   *Notizbuch 7, wohl auf 1904 zu datieren.*
Dreizeilenplan zum ›Doktor Faustus‹

Novelle oder zu ›Maja‹ Figur des syphilitischen Künstlers: als Dr. Faust und dem Teufel Verschriebener. Das Gift wirkt als Rausch, Stimulans, Inspiration; er darf in entzückter Begeisterung geniale, wunderbare Werke schaffen, der Teufel führt ihm die Hand. Schließlich aber *holt ihn der Teufel*: Paralyse. Die Sache mit dem reinen jungen Mädchen, mit dem er es bis zur Hochzeit treibt, geht vorher.
Notizbuch 7, wohl auf Ende 1904 zu datieren:
Neunzeilenplan zum ›Doktor Faustus‹

Las abends mit Bewunderung im Nietzsche. Seine Deutschheit sehr tief und geistreich herausgearbeitet. Parallele zu Göthe, der ebenfalls deutsch sei dort, wo er am höchsten und wo er am lässigsten. Faust – Zarathustra; Sprüche in Reimen – Scherz, List u. Rache. Was dazwischen liegt, französisch. Heinrich soll sich *nicht* auf die großen Deutschen berufen.
Tagebuch 15. IX. 1918

Beschäftige mich auch noch mit Goethes Plan zur Achilleis, dessen Absichten mich entzücken. Ich empfinde vollkommen den Reiz, den der Stoff auf Goethe ausgeübt hat. Die Nichtausführung ist ähnlich zu bedauern, wie beim Ahasver-Plan, der in ›Dichtung u. Wahrheit‹ so verlockend gegeben ist. Das psychologische oder pathologische Motiv: Achill, der weiß, daß er sterben soll, sich in die Trojanerin verliebt und darüber sein Fatum »rein vergißt«, ist faszinierend und mutet übrigens irgendwie kleistisch an, – was aber wohl nur heißen will: modern. Wie daheim fühle ich mich der Goethe'schen Sphäre immer wieder, wie beglückt und stimuliert sie mich: Gelange ich zum ›Hochstapler‹, werde ich ganz darin leben und weben dürfen.

Tagebuch 26. ii. 1919

Goethe's Christlichkeit wird manifest in seinem bewunderungsvollen Schülerverhältnis zu Spinoza, den er »theissimus« nennt und von dem er gesagt hat, daß niemand über die Gottheit so ähnlich dem Heiland gesprochen habe wie er. Ist freilich die dualistische Trennung von Gott und Natur Grundbedingung der Christlichkeit, so war Spinoza Heide, und Goethe war es mit ihm. Allein mit Gott und Natur ist die Welt nicht ausgedacht, das Menschliche, das Humane gehört mit hinein, und Spinoza's Humanitätsbegriff ist christlich, insofern er das menschliche Phänomen als das *Bewußt*werden der Gott-Natur im Menschen, als ein Durchbrechen dumpfen Seins und Webens, als ein Sichlösen also von der Natur und damit als *Geist* bestimmt. Auch ist jene berühmte »Beilegung der Leidenschaften durch ihre Analyse« unbedingt nichts Heidnisches, und das Spinoza-Motiv der »Entsagung«, das zum Generalmotiv von Goethe's Leben und Werk wurde, wie für Schiller die Idee der Freiheit und für Wagner die der Erlösung, ist es ebensowenig.

Im Gegenteil ist es eben dies Pathos der Entsagung, das die gotteskindlich-heidnisch-naturadelige Wohligkeit von Goethe's Leben so christlich überschattet, seinem geistigen Antlitz einen so ausdrucksvoll gotischen Leidenszug verleiht, daß nur der populärste Aberglaube an die aristokratische Glückhaftigkeit dieses Lebens ihn übersehen kann. Wieviel Resignation muß über dem Lebensende des scheinbar Vollendeten und Beglückten gelegen haben! Sein Lebenswerk, obgleich fast übermenschlich, war doch durchaus Fragment geblieben – es ist wenig gesagt, daß »nicht alle Blütenträume reiften«. Das Werk Wagners etwa, oder Ibsens, ist ungleich vollendeter, ausgeführter, geschlossener. Man kann sagen, daß sein Geist weit gewaltiger gewesen war als seine Natur, als seine formende Kraft und die ihm organisch verstattete Zeit, und man versteht seine ungestüme Unsterblichkeits- und Erneuerungs*forderung*, die zu den großartig-dämonischen Äußerungen seines Wesens gehört: Die Natur sei verpflichtet, rief er, ihn neu zu beleiben, wenn dieser Leib seinen Geist nicht mehr tragen könne.

[...]

Boisserée erzählt, wie Goethe ihm seinen Jammer über das Pestalozzi'sche Wesen geklagt. Es möge vortrefflich gewesen sein nach seinem ersten Zweck und Bestimmung, wo Pestalozzi nur die geringe Volksklasse im Sinn gehabt, die armen Menschen, die in einzelnen Hütten in der Schweiz wohnen und die Kinder nicht in die Schulen schicken können. Aber das Verderblichste der Welt werde es, sobald es aus den ersten Elementen hinausgehe, auf Sprache, Kunst und alles Wissen und Können angewandt werde, welches notwendig *ein Überliefertes voraussetze* ... Und nun gar der Dünkel, den dieses verfluchte Erziehungswesen errege; da sollte man nur einmal die Dreistigkeit der kleinen Buben hier in der Schule sehen, die vor keinem Fremden erschrecken, sondern ihn in Schrecken setzen! Da falle aller Respekt, alles weg, was die Menschen untereinander zu Menschen mache. »Was wäre denn aus mir«, rief Goethe, »geworden, wenn ich nicht immer genötigt gewesen wäre, Respekt vor anderen zu haben. Und diese Menschen mit ihrer Verrücktheit und Wut, alles auf das einzelne Individuum zu reduzieren und lauter Götter der Selbständigkeit zu sein! Diese wollen ein Volk bilden und den wilden Scharen widerstehen, wenn diese einmal sich der elementarischen Handhabe des Verstandes bemächtigt haben, welches nun gerade durch Pestalozzi unendlich erleichtert ist.«

Überlieferung, Ehrfurcht, welche »die Menschen untereinander zu Menschen macht«, Unterordnung des Ichs unter eine edle, schätzenswerte Gemeinschaft – spüren wir nicht die Nähe der Pädagogischen Provinz? Erinnern wir uns einen Augenblick an diesen herrlichen und weisen, zugleich strengen und heiteren Traum von Erziehung und Jugendbildung, in dem von der Humanität des achtzehnten Jahrhunderts, vom Geiste der ›Zauberflöte‹, vom Geist des Sarastro, von diesem »An Freundes Hand zum Guten wandeln« noch viel zu spüren ist, der aber zugleich an Neuem, Kühnem, menschlich Zukünftigem so viel umschließt, daß er gewiß nicht weniger revolutionär als Tolstois erzieherische Ideen zu nennen ist. *Goethe und Tolstoi, 1921*

Goethe's Leben und Gestalt ist durchaus geeignet, zum Mythos zu werden, und als mythische Figur wird er vielleicht einmal jenen göttlichen Bekriegern und Besiegern des Chaosdrohens zum Verwechseln gleichen, von denen früheste menschliche Überlieferung uns in Keilschrift erzählt. Ihm waren die Tiefenmächte, die Mächte des Chaos und der mütterlichen Nacht, die bildnerischen Quellen des Lebens vertraut, und er hütete sich, sie zu negieren. Er erkannte sie als heilig, ohne je gewillt zu sein, sie als göttlich anzuerkennen. Göttlich vielleicht waren ihm die Mächte des Tages, der Helligkeit und der Vernunft, göttlich die Ordnung, lucidus ordo, und seine Konzeption des Menschlichen, seine Humanitätsidee bestand in jener Ausgewogenheit der Mächte des Tages und derjenigen der Nacht, jenem klassischen Gleichgewichtszustand von Natur und Geist, von Eros und Logos, den er »Bildung« nannte.

Die geistigen Tendenzen des heutigen Deutschlands, 1926

Goethe spricht einmal, wundervoll zutreffend, wie immer, davon, wie schwer es für einen Künstler sei, anderen von dem, was er vorhabe, irgendeinen Begriff zu geben, da er ganz allein die Reize kenne und zu empfinden vermöge, die sein Stoff für ihn besitze. Das ist sehr wahr, und die Schwierigkeit wird erhöht durch den Umstand, daß ja ein geistiges Werk immer gleichsam auf verschiedenen Ebenen spielt, und es sich also um einen musikalischen Komplex von Reizen und Absichten handelt, um ein Schwanken der Beleuchtung und der Perspektive, das die Mitteilung fast lahmlegt, da man nicht weiß, unter welchem Gesichtswinkel zuerst und am besten über die Sache zu reden ist. *Ein Wort zuvor: Mein ›Joseph und seine Brüder‹, 1928*

Goethe, dieser große und totale Mensch, war kein Aufklärer und Vernünftling – er fühlte sich dem Dämonischen unterworfen und hat es verehrt. Warum aber vergöttert eine Welt ihn als wahren Liebling des Lebens? Weil er, wie es im Jakobssegen heißt, gesegnet war mit Segen vom Himmel herab und mit Segen von der Tiefe, die unten liegt. Er kannte den Weg zu den Müttern, glaubte ans pflanzenhafte Wachstum im Unbewußten mehr als an den Willenskrampf des Bewußtseins, und längst ist der großsymbolische Unterschied seiner Lebenshaltung zu Schillers Geistes- und Freiheitsrigorosität begriffen und ausgesprochen. Aber den romantischen Dualismus von Geist und Seele, von Geist und Sinnlichkeit hätte er als krankhaft und hypochondrisch von sich gewiesen. Er war hinaus über diesen Gegensatz, wie von Anfang an jeder Künstler es ist. Jeder, der nur eine Geschichte erzählt, die diesen Namen verdient, weiß, daß er ein Bilddenken der Anschauung treibt, dessen Sinnlichkeit er nicht ungeistig möchte nennen hören. Kunst, das ist Leben und Geist zusammen, des Lebens Leben. Kunst ist Vergeistigung des Lebens, der Glaube, daß das Leben den Geist nötig habe. *Die Bäume im Garten, 1930*

Deutsches Meistertum! Wir wollen es lieben und preisen – aus einer Verbundenheit, die niemand unterschätzen soll. Die Welt Dürers tut sich auf bei diesem Wort mit alldem, was Goethe ihre »Männlichkeit und Ständigkeit« nannte, mit ihrem Rittertum zwischen Tod und Teufel, mit ihrer Neigung zur Passion, ihrem Leidenszug und Kryptenhauch, ihrer faustischen Melencolia, ihrer demütigen Kleinlichkeit, die Ewigkeitsblick besitzt. Hier herrscht das Graphische vor dem Koloristischen. Biederkeit, Werktreue, Echtheit, Kunst und Lebensreife vereinen sich hier zu jenem sittlich-geistigen Führertum, das zum Begriff gehört. Ins Reputierliche geht das Verwegene ein. Fleiß wird Tiefsinn, Genauigkeit – Größe. Geduld und Heldentum, Würde und Problematik, Überlieferungspflege und Zumutung des Ungeahnten, das geht zusammen, das wird eins. Ach, und was spielt noch alles an urererbter, an nationaler und tief natürlicher Unzulänglichkeit, an winkligem Ungeschick hinein in diese krausexakte, versonnene, kindlich-greisenhafte, skurril-dämonische, unendlichkeitskranke Welt deutscher Kunst, schamvoll und dennoch redlich zutage liegend: Philisterei und Pedanterie, grübelnde Mühsal, Selbstplage, rechnende Ängstlichkeit – zusammen wieder und in eins verfließend mit jener Unbedingtheit, zähen Ungenügsamkeit, Hochbedürftigkeit, die die Tapferkeit zeitigt: dies Nichts-sich-Schenken, dies Aufsuchen der letzten Schwierigkeit, dies Lieber-ein-Werk-Verderben-und-weltunbrauchbar-Machen, als nicht an jeder Stelle damit bis zum Äußersten gehen ...

Ja, dies alles ist deutsches Meistertum. Aber unzertrennlich davon, gerade in seinen großen und größten Fällen, unzertrennlich geradezu von dem Begriff ist etwas Weiteres und Letztes: das Ungenüge an sich selbst, das Bedürfnis nach Ergänzung und Erlösung durch das ganz andere, den Süden, die Helligkeit, Klarheit und Leichtigkeit, das *Geschenk* des Schönen. Goethe klagte angesichts Dürers über »trübe Form und bodenlose Phantasie« – aus mediterranem Geist, aus grundsätzlichem Widerwillen gegen die »Fratze«, den Norden. Aber der halb ungarische Nürnberger und er waren ja Brüder in einem unselbstgenügsamen, expansiven und transzendenten Deutschtum; sie beide, diese Deutschesten »fror es nach der Sonne«.

Vom Beruf des deutschen Schriftstellers in unserer Zeit.
Ansprache an den Bruder, 1931

Las noch mehrmals in Weigands Buch über den ›Zauberberg‹, das eine erstaunlich eindringliche Arbeit ist und freute mich über die Beziehungen zum ›Wilhelm Meister‹, die er aufdeckt, namentlich im Punkte der *Ironie*. (Schlegel über Goethe.) Hier ist tatsächlich Nachahmung im mythischen Sinn, Nachfolge also. Mit mehr Recht im Grunde, als Stifter, kann ich von mir sagen, daß ich »von Goethes Familie« bin.

Tagebuch 23. X. 1933

Nach dem Lunch Faust-Lektüre auf dem Balcon mit großem Vergnügen. (Maskenfest beim Kaiser.) Das durchaus kuriose, höchst individuelle Werk wirkt jetzt eigentümlich anregend auf mich. Geistiges Wohlsein. *Tagebuch 17. II. 1935*

Sendung von Dr. Kris, Wien, einer Arbeit aus ›Imago‹ zur Psychologie älterer Biographik, besonders über mythische Identifikation. Dazu ein Brief wie ich solche nun öfters bekomme und wie Goethe sie auch zu lesen bekam.

Beendete die Lektüre der äußerst anregenden Schrift von Kris ›Zur Psychologie älterer Biographik‹. Beziehungen zum Joseph (der citiert wird) und zur Faustnovelle, deren Helden ich mir heute nicht als Musiker, sondern als Bildhauer dachte. – Gedanke der »Gelebten Vita«, Vermischung von Freiheit und Bindung, Selbständigkeit und Nachahmung in der Lebensgestaltung. Heinrich spricht von meiner »Vereinigung mit Goethe«, die auf dem infantilen Spiel der Identifikation beruht.

Tagebuch 24. XII. und 27. XII. 1935

Ich liebe ein Altersgedicht Goethes, das mit den Worten beginnt:

> »Wo ist einer, der sich quälet
> Mit der Last, die wir getragen.«

Ja, wo ist einer, der sich quälet? Die Kinder der jungen Welt behaupten, es schwerer zu haben, als wir es je gehabt hätten, weil ihr Teil das Abenteuer, die Not, die vollendete Unsicherheit sei, während wir in der wirtschaftlichen Geborgenheit des bürgerlichen Zeitalters hätten heranwachsen dürfen. Aber sie überschätzen die Bedeutung der äußeren Umstände, an deren Wandlung aus satter Behäbigkeit ins schäbig Heroische wir Söhne der Vorzeit uns ja noch auf unsere alten Tage gewöhnen müssen. Das Entscheidende ist, daß sie von »Bildung« im höheren und tieferen Sinn, von der Arbeit an sich selbst, von individueller Verantwortung und Mühewaltung nichts mehr wissen und sich's dafür im Kollektiven bequem machen.

[...]

Die neuen Massen hörten läuten von der epochalen Entthronung des Geistes und der Vernunft, die sich in der oberen Sphäre vollzogen hatte, sie erfuhren davon als vom Neuesten und Modernsten und konnten nicht sehr verblüfft davon sein, da entsprechende Vorgänge unter ihnen selbst praktisch längst im Gange waren. Viele Dinge, die die strengere Humanität des neunzehnten Jahrhunderts nicht zugelassen hätte, waren wieder möglich geworden, hatten sich im Jahrmarktslärm und Budengeläut der Zeit wieder in sie eingeschlichen: allerlei Geheimwissenschaften, Halbwissenschaften und Charlatanerien, obskures Sektenwesen und alberne Hintertreppenreligionen, krasser Humbug, Köhlerglaube und Schäfersalbaderei blühten, sie hatten Massenzulauf, bestimmten den Zeitstil, – und das alles wurde von vielen Gebildeten nicht als niedriger moderner Rummel, nicht als kulturelle Verelendung empfunden, sondern als Wiedergeburt tiefer Lebenskräfte und ehrwürdiger Volksseelenhaftigkeit mystifiziert. Der Boden war bereitet auch für den absurdesten und schimpflichsten Massenaberglauben, – aber es war nicht der dumpfe, gedankenlose Aberglaube früherer Zeiten, sondern ein modern-demokratischer, der das Recht zu denken für jeden voraussetzt, ein Aberglaube mit »Weltanschauung«.   *Achtung, Europa!* 1935

Vormittags Auszüge zur Novelle, spekulativ. Auch dramatische Vorstellungen mischen sich ein. – Schöner Brief von Ernst Weiss über den Joseph: »Ein Mikrokosmos mit einer nur ihm zugehörigen Ordnung, – ein Fall, der in deutscher Sprache seit dem Faust nicht da war.« – Die Nennung des Faust ist mir merkwürdig wegen meiner eigenen Erinnerung an diese Überlieferung während der Arbeit und meiner Beschäftigung damit.

Tagebuch 26. x. 1936

Die Vaterbindung, Vaternachahmung, das Vaterspiel und seine Übertragungen auf Vaterersatzbilder höherer und geistiger Art – wie bestimmend, wie prägend und bildend wirken diese Infantilismen auf das individuelle Leben ein! Ich sage: »bildend«; denn die lustigste, freudigste Bestimmung dessen, was man Bildung nennt, ist mir allen Ernstes diese Formung und Prägung durch das Bewunderte und Geliebte, durch die kindliche Identifikation mit einem aus innerster Sympathie gewählten Vaterbilde. Der Künstler zumal, dieser eigentlich verspielte und leidenschaftlich kindische Mensch, weiß ein Lied zu singen von den geheimen und doch auch offenen Einflüssen solcher infantilen Nachahmung auf seine Biographie, seine produktive Lebensführung, welche oft nichts anderes ist als die Neubelebung der Heroenvita unter sehr anderen zeitlichen und persönlichen Bedingungen und mit sehr anderen, sagen wir: kindlichen Mitteln. So kann die imitatio Goethe's mit ihren Erinnerungen an die Werther-, die Meister-Stufe und an die Altersphase von ›Faust‹ und ›Divan‹ noch heute aus dem Unbewußten ein Schriftstellerleben führen und mythisch bestimmen; – ich sage: aus dem Unbewußten, obgleich im Künstler das Unbewußte jeden Augenblick ins lächelnd Bewußte und kindlich-tief Aufmerksame hinüberspielt.

[...]

Die analytische Einsicht ist weltverändernd, ein heiterer Argwohn ist mit ihr in die Welt gesetzt, ein entlarvender Verdacht, die Verstecktheiten und Machenschaften der Seele betreffend, welcher, einmal geweckt, nie wieder daraus verschwinden kann. Er infiltriert das Leben, untergräbt seine rohe Naivität, nimmt ihm das Pathos der Unwissenheit, betreibt seine Entpathetisierung, indem er zum Geschmack am »understatement« erzieht, wie die Engländer sagen, zum lieber untertreibenden als übertreibenden Ausdruck, zur Kultur des mittleren, unaufgeblasenen Wortes, das seine Kraft im Mäßigen sucht ... Bescheidenheit – vergessen wir nicht, daß sie von *Bescheid wissen* kommt, daß ursprünglich das Wort diesen Sinn führte und erst über ihn den zweiten von modestia, moderatio angenommen hat. Bescheidenheit aus Bescheid wissen – nehmen wir an, daß das die Grundstimmung der heiter ernüchterten Friedenswelt sein wird, die mit herbeizuführen die Wissenschaft vom Unbewußten berufen sein mag.

Die Mischung, die in ihr das Pionierhafte mit dem Ärztlichen eingeht, rechtfertigt solche Hoffnungen. Freud hat seine Traumlehre einmal »ein Stück wissenschaftlichen Neulandes« genannt, »dem Volksglauben und der Mystik abgewonnen«. In diesem »abgewonnen« liegt der kolonisatorische Geist und Sinn seines Forschertums. »Wo *Es* war, soll *Ich* werden«, sagte er epigrammatisch, und selber nennt er die psychoanalytische Arbeit ein Kulturwerk, vergleichbar der Trockenlegung der Zuidersee. So fließen uns zum Schluß die Züge des ehrwürdigen Mannes, den wir feiern, hinüber in die des greisen Faust, den es drängt, »das herrische Meer vom Ufer auszuschließen, der feuchten Breite Grenze zu verengen«.

> Eröffn' ich Räume vielen Millionen,
> Nicht sicher zwar, doch tätig-frei zu wohnen.
> — — — — — — — — — — — — — — — — —
> Solch ein Gewimmel möcht' ich sehn,
> Auf freiem Grund mit freiem Volke stehn.

Es ist das Volk einer angst- und haßbefreiten, zum Frieden gereiften Zukunft.   *Freud und die Zukunft, 1936*

Wir sind alle vom gleichen Stoff und vom gleichen Geiste auch; einer Erscheinungsform des Menschentums, noch dazu einer, die zu den Grundlagen unserer abendländischen Gesittung so viel beigetragen hat wie die jüdische, das Lebensrecht abstreiten wollen, ist Gottvergessenheit. Es ist außerdem lächerlich; denn nicht auf Lebensrecht kommt es an, sondern auf Lebenskraft – und da fehlt es den Juden nicht.

»Sie sind«, sagt Goethe, »das beharrlichste Volk der Erde, sie sind, sie waren, sie werden sein, um den Namen Jehovah durch die Zeiten zu verherrlichen.« Und was Goethe über die Deutschen sagte: sie könnten nicht zugrunde gehen, denn ihre geschichtliche Aufgabe und Sendung sei noch nicht erfüllt, genau dies gilt auch für die Juden, deren Schicksal und Stellung in der Welt ja dem deutschen Lose so verwandt sind, daß schon daraus ein gut Teil des deutschen Antisemitismus sich erklärt.

›Warum braucht das jüdische Volk nicht zu verzweifeln?‹, 1936

Gestern, auf einer Eisenbahnfahrt nach New York, habe ich
Ihren schönen Aufsatz über ›Die Geburt der Helena‹ gelesen.
Ich kann Ihnen nicht sagen, wie sehr auch diese Arbeit von
Ihnen mich wieder angeregt, bereichert und bewegt hat. Die
Welt Ihrer Studien hat eine magische Anziehungskraft für mich,
und die Beziehungen, die Sie aufdecken, diese geheimnisvolle
Einheit von Helena, Nemesis und Aphrodite, beschäftigen und
unterhalten mich auf die geistigste Weise, seitdem Sie mir einen
Blick darein gewährten. [...]

Beim Lesen Ihres Aufsatzes fielen mir die Begegnungen Goethes
mit Ihrem verstorbenen Kollegen, dem Mythologen Creuzer,
ein, worüber man in den Biedermann'schen ›Gesprächen‹ lesen
kann. Creuzer hatte mit Goethe 1815 in Heidelberg ein Gespräch über die symbolische Deutung der griechischen my-
thologischen Personen und Erzählungen, bei dem sich Goethes
tiefes Interesse für diese Dinge offenbar aufs Stärkste kundge-
geben hat. Das Mythologische bei Goethe, besonders in der
›Klassischen Walpurgisnacht‹ bedeutet für mich immer die
Brücke von ihm zu Wagner, der gerade diesen Teil des ›Faust‹
besonders liebte und in seiner letzten Zeit in Venedig den Seinen, oft unter Ausrufen der Bewunderung, daraus vorlas.

6. 12. 1938

Sie können sich denken, wieviel ich an den ›Joseph‹ denken
mußte, indem ich Sie las. Das Fest im Sinne der mythischen Ze-
remonie und der heiter-ernsten Wiederholung eines Urgesche-
hens ist ja beinahe *das* Grund-Motiv meines Romans, und sein
Held heißt einmal geradezu »Joseph em Heb«, »Joseph im Fe-
ste«. Ich hätte Heimweh bekommen nach dem Buch, wie so
manches Mal, wenn ich irgendwie Einschlägiges lese; aber es
war kein Heimweh nötig, da in Ihrem Aufsatz so manche Idee
aufklang, die auch zu meinem gegenwärtigen geistigen Betrei-

ben, dem Goethe-Roman, gehört. Am Ende ist auch er »Mythologie«? Genug, ich war aufs seltsamste angeheimelt durch Ihre Bemerkungen über den Verlust des Lebens an Leben durch Wiederholung und über das Zurückbleiben eines Schöpferischen in der Wiederholung, ferner über die entschiedene Vereinbarkeit des Lebendigen und Geistigen, des Lebens- und des Sinnvollen. Die *geistverstärkte*, wenn auch weniger lebensvolle Wiederholung des Lebens ist ein Hauptthema von ›Lotte in Weimar‹, denn um eine solche Wiederholung des Lotte-Erlebnisses handelt es sich ja bei der Hatem-Liebschaft mit Marianne Willemer. Sie heißt auch noch Jung. Die Geliebte ist immer jung; aber das leicht Verwirrende ist, daß neben der Zeitlosen die alt gewordene Lotte auch noch da ist und sich meldet. – So ungefähr.   *16. 2. 1939*

Ihren schönen Aufsatz über die ›Klassische Walpurgisnacht‹ habe ich erhalten. Er gehört zu den mir liebsten unter all Ihren mir bekannt gewordenen Arbeiten – wie sollte er nicht, da ich mir längst gewünscht hatte, diesen Gegenstand von Ihnen behandelt zu sehen. Sie lassen das mythologische Ingenium Goethe's, seine Affinität zum »Antik-Mystischen«, die seinem oft mokanten und leichten, doch aber ins Feierliche und Festliche sich erhebenden *Spiel* mit dem Mythos und dem Mysterium zum Grunde liegt, und kraft dessen er den Mythologen, Philologen, Archäologen seiner Zeit instinktmäßig so weit voraus war, erstaunlich fühlbar werden. Besonders gefreut hat es mich, daß auch Sie die Homunculus-Galatea-Hochzeit, nämlich den Mythos der Menschwerdung, gewissermaßen als eine Exposition zum Helena-Akt auffassen, als eine großartig-weitläufige naturwissenschaftlich-dichterisch-mystische Vorbereitung auf das Erscheinen der Schönheit. Ich weiß nicht, wer den Gedanken zuerst aufgebracht hat; aber ich traue ihn Goethen zu und *habe* ihn ihm zugetraut im VII. Kapitel von ›Lotte in Weimar‹, auf den Seiten des Monologs, die von der ›Klassischen Walpurgisnacht‹ handeln. Ob Sie das Buch wohl gelesen haben? – Es ist merkwürdig, wie gleich unsere Gedanken zuweilen laufen. Fast war ich erschrocken, als ich in Ihrer Studie an die Stelle kam, wo eben von der antik-mystischen Idee der Identität von Mutter und Tochter (Demeter-Persephone) die Rede ist. Denn an demselben Vormittag hatte ich in das gerade in Arbeit befindliche Kapitel des neuen Joseph-Bandes eine Anekdote eingeschlossen, in der jemand sich, ohne sie zu kennen, in die Tochter einer Frau verliebt, die er zwanzig Jahre früher als junges Mädchen geliebt hat. Ich fand die kleine Geschichte irgendwie *passend*, ohne zu wissen, warum. Als ich Sie las, merkte ich es.   25. 10. 1940

[...]

Es ist ein hochmerkwürdiges Vorkommnis, die Berührung dieser beiden [Wagner und Goethe] sonst so entgegengesetzten, so polarisch voneinander entfernten Sphären; es beruhigt und beglückt, dies Erlebnis, zwei gewaltige und kontradiktorische Ausformungen des vielumfassenden Deutschtums, die nordisch-musikalische und die mittelländisch-plastische, die wolkenschwer-moralistische und die erleuchtet-himmelsheitere, die volk- und sagenhaft urtümliche und die europäische, Deutschland als mächtigstes Gemüt und Deutschland als Geist und vollendetste Gesittung, – auf einmal befreundet zusammentreten zu sehen. Denn dies beides sind ja wir, – Goethe und Wagner, beides ist Deutschland. Es sind die höchsten Namen für zwei Seelen in unserer Brust, die sich voneinander trennen wollen und deren Widerstreit wir doch als ewig fruchtbar, als Lebensquell inneren Reichtums immer aufs neue empfinden lernen müssen; für die deutsche Doppelheit, den deutschen Zwiespalt, der immer im Seeleninneren des höheren deutschen Menschen selbst verläuft, und den wir hier durch Wagners selbstlose Altersbewunderung für Goethe's griechische Phantasmagorie mit tiefem Vergnügen einen Augenblick überbrückt sehen.

Ein Zufall ist es natürlich nicht, daß gerade der *Mythus* den Boden abgibt für die Begegnung. Der alte Mythenbildner und -deuter, der schon nach dem ›Fliegenden Holländer‹ erklärte, fortan nur noch Märchen erzählen zu wollen, ist entzückt, seinen hochurbanen Gegenspieler in diesem Urbereich, seinem eigensten Bezirke, anzutreffen und kann sich nicht genug freuen und wundern über die leichte und überlegen geistvolle Anmut, mit der dieser sich darin bewegt. Welch ein Unterschied in der Tat zwischen der Wagnerischen und der Goethe'schen Art, den Mythus zu traktieren, – selbst abgesehen von der Verschiedenheit der mythischen Sphären, also davon, daß Goethe sein geistiges Theater nicht mit Lindwürmern, Riesen und Zwergen, sondern mit Sphinxen, Greifen, Nymphen, Sirenen, Psyllen und Marsen bevölkert, das heißt: nicht mit ur-germanischen, sondern mit ur-europäischen Wesen, gewiß nicht seelendeutsch genug in Wagners Augen, um musikfähig zu sein. Aber auch sonst – welch ein Antagonismus der künstlerischen Haltung und Gesinnung! Größe, unzweifelhafte Größe da wie dort. »Gestalten groß, groß die Erinnerungen.« Aber die Großartigkeit der Goethe'schen Vision ist ohne jeden pathetischen und tragischen Akzent; er zelebriert den Mythus nicht, er scherzt mit ihm, er behandelt ihn mit liebevoll-vertraulicher Neckerei, er beherrscht ihn bis ins Kleinste und Entlegenste und macht ihn im heiteren, witzigen Wort mit einer Genauigkeit sichtbar, die mehr von Komik, ja von zärtlicher Parodie als von Erhabenheit hat. Es ist eine mythische Belustigung, dem Welt-Revue-Charakter der Faustdichtung ganz gemäß. Aber nichts kann unwagnerischer sein, als Goethe's ironische Art, den Mythus zu beschwören, und dem jüngeren, selbst noch werkgebundenen Wagner hat die ›Klassische Walpurgisnacht‹ gewiß wenig oder nichts zu sagen gehabt. Erst sein zu rein objektiver Anschauung befreiter Kunstverstand vermag sie zu bewundern.

Auch Goethe hatte ursprünglich nichts anderes vor, als Helena sogleich mit seinem Faust zusammenzubringen; aber das Autobiographische siegte vorläufig über die Legende: in Frankfurt hatte es ein früh geliebtes Gretchen gegeben, im Elsaß gab es eine häßlich verlassene Friederike, und diese beiden blutvollen Erinnerungen drängten den antiken Schatten so weit zurück, daß die süß-schmerzliche Gretchen-Geschichte den ganzen ersten Teil der Faustdichtung beherrscht. Sie drängten ihn zurück, sage ich, aber nicht ganz und auch in bezug auf der Tragödie ersten Teil nicht ganz. Faust und Gretchen sind dank Goethe's populärem Genie zu einem der berühmtesten Liebespaare geworden; sie sind der Menschheitsphantasie ein so fester Besitz wie Romeo und Julia, Hero und Leander, Petrarca und Laura, Paolo und Francesca, Abälard und Heloise und wie Goethe's eigene Werther und Lotte. Aber es ist ein Liebespaar mit auswechselbarem weiblichem Teil: Faust-Gretchen, Faust-Helena, das geht aufs sonderbarste durcheinander, – nicht allein vermöge des herrlichen Helena-Spieles im zweiten Teil, das in seiner späten, hocharistischen Art ebenso genial ist wie die unschätzbaren Gretchen-Szenen des ersten; sondern in diesem selbst gibt es träumerische Verwechslungen, und zwar schon in der in Rom gedichteten ›Hexenküche‹, wo Faust, vor Einnahme des Verjüngungstrankes, im Zauberspiegel *das Weib* in allen Prächten seiner höchsten Schönheit erblickt und, hingerissen, »an diesem hingestreckten Leibe« den Inbegriff von allen Himmeln findet. Wen sieht er? Keine bestimmte Frau offenbar, sondern ein Wunsch- und Idealbild sinnlicher Schönheit, »das Muster aller Frauen«, wie Mephisto sich ausdrückt, indem er ihm verspricht, er solle dies Muster nun bald leibhaftig vor sich sehen. Wen er aber bald sehen soll, das ist nicht Helena, sondern das liebe Gretchen, – für welche »das Muster aller Frauen« doch zweifellos eine zu hoch gegriffene Bezeichnung ist. Wenn gleichwohl Faust dergleichen in ihr erblickt, so sind dafür des Teufels Verse die einzige Erklärung:

> Du siehst, mit diesem Trank im Leibe,
> Bald Helenen in jedem Weibe.

Helenen – da klingt der antike Name zum ersten Male vorwegnehmend auf als Symbol weiblicher Schönheit und Wonne
überhaupt, die zunächst die schlicht-süße, bürgerlich-deut-
sche Gestalt Gretchens annehmen werden. Aber Goethe zeigt
sich merkwürdigerweise bei der entzückten Beschreibung, die
Faust nach der ersten Begegnung von Gretchen macht, an die
Schilderung gebunden, die das alte Faust-Buch von – Helena
gibt.

> Beim Himmel, dieses Kind ist schön!
> So etwas hab' ich nie gesehn.

ruft der Faust des Gedichtes.

> Der Lippe Rot, der Wange Licht,
> Die Tage der Welt vergess' ich's nicht!

Im Faustbuch aber heißt es von Helena: »Ire Leffzen rot wie
Kirschen, rote Bäcklin wie ein Rößlin«, und ist der Königin ein
»überaus schön gleißend Angesicht« zugeschrieben, wovon die
eigentümliche Goethe'sche Wendung »der Wange Licht« deutlich abhängig ist. »Etwas schnippisch doch zugleich« ist Gretchen in ihrer Sittsamkeit, und

> Wie sie kurz angebunden war,
> Das ist nun zum Entzücken gar!

Ich möchte wetten, daß das eine ins Lieblichere gewandelte Erinnerung an das »gar freche und bübische Gesicht« ist, das der
Helena im Buche zugeschrieben wird.

Über Goethe's ›Faust‹, 1939

Der Vergleich mit dem Joseph ist sehr richtig. Ohne die lange mythische Schule, die ich bei ihm durchgemacht, hätte ich mich nie in das *Abenteuer* der Realisierung des Goethe-Mythos zu stürzen gewagt.   *Brief an Käte Hamburger, 7. 3. 1940*

Nach Tisch den Aufsatz von Kerényi beendet. Überrascht durch die antik-mystische Idee der Identität von Mutter und Tochter (Mai-Sachme). Goethe's Affinität zum Mythos, für mein Gefühl mit seinem Apolitizismus u. Konservativismus zusammenhängend.   *Tagebuch 22. x. 1940*

Gestern Abend hatten wir Gäste, etwa 20, viele deutsche Schriftsteller, auch Fritzi Massary, denen ich aus dem Joseph vorlas: das Kapitel von Pharaos Träumen und den verfehlten Deutungs-Audienzen. Man tat sehr bezaubert – vielleicht war man es. Jedenfalls habe ich heute geduldig und heiter an dem grossen Gespräch zwischen Amenhotep und Joseph weiter geschrieben. Die Produktion gewährt Genuss nicht so sehr durch sich selbst, als durch das Sinnen und Denken, das sie begleitet. Der junge Pharao ist die Schicksalsverkörperung des Verfrühten und unzulänglich, unreif Vorwegnehmenden, dessen, der auf dem rechten Weg, aber nicht der Rechte ist. Ich dachte auch, gestern beim Lesen und heute beim Schreiben, dass der Joseph in erster Linie Sprachwerk und zugleich Menschheitsgedicht ist, beides in humanistischer Verbindung. Er steht in der Faust-Tradition. Dabei spreche ich nicht von seinem Wert, sondern von seinem Wesen. Die Beurteilung seines Wertes in den nächsten Jahrzehnten wird, wie alles Übrige, vom Ausgange des Welt-Bürgerkrieges abhängen, in dem wir stehen.
                                        Brief an Agnes Meyer, 26. 6. 1941

Gestern Abend las ich im ›Faust‹ die Verse des Mephistopheles über den Hexentrank:

»Nicht Kunst und Wissenschaft allein,
Geduld will bei dem Werke sein.
Ein stiller Geist ist Jahre lang geschäftig,
Die Zeit nur macht die feine Gärung kräftig.
Und alles, was dazu gehört,
Es sind gar wunderbare Sachen!«

So ist es. Fühlen Sie sich nicht auch für Ihr eigen Werk getroffen? – Ich kann nicht genug Faust lesen oder was Ähnliches sonst getan worden ist. Denn schliesslich ist es ja eine Art von Weltgedicht, was ich unter den Händen habe, wenn auch nur ein humoristisches und wunderliches. Ich habe mich nie für gross gehalten; aber ich liebe es, mit der Grösse zu spielen und auf einem gewissen vertraulichen Fusse mit ihr zu leben.

Brief an Agnes Meyer, 11. 1. 1942

Oft bin ich gefragt worden, was mich eigentlich auf diesen ab-
seitigen, fernliegenden Stoff gebracht und mich bestimmt habe,
aus der biblischen Legende vom ägyptischen Joseph ein weit
ausladendes, viele Arbeitsjahre beanspruchendes Romanwerk
zu machen. Bei der Beantwortung ist am Äußerlich-Anekdoti-
schen, also daran, was mir eines Abends vor nun schon anderthalb Jahrzehnten in München den zufälligen Anstoß gab, die
Geschichte in meiner alten Erb-Bibel wieder nachzulesen, wenig
·gelegen. Genug, daß ich entzückt war und daß sogleich ein pro-
duktives Vortasten und Versuchen in mir begann, wie diese reizende Geschichte mit modernen Mitteln – mit *allen* modernen
Mitteln, den geistigen und technischen – zu erneuern und erzählerisch frisch hervorzubringen sein möchte. Dabei verbanden
sich diese inneren Experimente fast sofort mit dem Gedanken
einer Tradition: dem Gedanken an Goethe nämlich, der in seinen Memoiren ›Dichtung und Wahrheit‹ berichtet, wie er, ein
Knabe noch, den Joseph-Stoff, einem Freund diktierend, zu einem breiten Erzählwerk ausgesponnen habe, das aber bald der
Vernichtung anheimgefallen sei, weil es ihm nach dem eigenen
Urteil des Verfassers noch allzu sehr an »Gehalt« gefehlt habe.
Zur Erklärung des jugendlich verfrühten Unternehmens bemerkt der sechzigjährige Goethe: »Höchst liebenswürdig ist
diese natürliche Geschichte: nur erscheint sie zu kurz, und man
fühlt sich versucht, sie in allen Einzelheiten auszuführen.«

Merkwürdig! Dieser Satz aus ›Dichtung und Wahrheit‹ war
mir alsbald gegenwärtig, mitten in meinen Träumereien: ich
hatte ihn im Gedächtnis, brauchte ihn nicht nachzulesen, – und
wirklich scheint er ja wie zum Motto geschaffen für das, was ich
dann unternahm, er bietet die einfachste und einleuchtendste
Erklärung für dies Unternehmen. Die Versuchung, der der junge
Goethe naiv gefolgt war, den legendären Kurzbericht der Genesis »in allen Einzelheiten« auszuführen, wiederholte sich bei
mir auf einer Altersstufe, die es der fabulierenden Ausführung

wohl erlaubte, auch einen menschlichen und geistigen Gehalt zu gewinnen. Was aber ist das: Ausführung des Kurzgefaßten ins einzelne? Es ist Genauigkeit, Realisierung, das Nahe-Heran-rücken von etwas sehr Fernem und Vagem, so daß man es mit Augen zu sehen und mit Händen zu greifen glaubt und endlich, nachdem man so lange ungefähre Vorstellungen davon gehegt, das Endgültig-Richtige darüber zu erfahren meint.

[...]

Es gibt ein Kennzeichen für den eingeborenen Charakter eines Werkes, die Kategorie, zu der es hinstrebt, die Meinung, die es im stillen von sich selber hat: das ist die Lektüre, die der Autor während der Arbeit daran bevorzugt und die er als hilf-reich empfindet, – wobei ich nicht an sachliche Hilfsquellen und Materialstudien denke, sondern an Werke der Weltliteratur, die seinem eigenen Vorhaben groß-verwandt erscheinen, Vorbilder, deren Anschauung ihn in Stimmung hält und denen er nach-strebt. Was nicht dazu dienen kann, nicht paßt, nicht zur Sache gehört, wird hygienischerweise ausgeschlossen, – es ist im Au-genblick nicht zuträglich und darum verboten. Eine solche Stär-kungslektüre während der Joseph-Jahre bildeten zwei Bücher: Lawrence Sterne's ›Tristram Shandy‹ und Goethe's ›Faust‹. Eine befremdende Zusammenstellung, aber jedes der beiden hetero-genen Werke hatte seine besondere Funktion als Stimulans, und es war mir dabei ein Vergnügen, zu wissen, daß Goethe Sterne sehr hoch geschätzt und ihn einen der »schönsten Geister« ge-nannt hat, die je gewirkt haben. Natürlich war es die humori-stische Seite des ›Joseph‹, der diese Lektüre zugute kam. Sterne's Reichtum an humoristischen Wendungen und Erfindungen, sein Besitz einer echten komischen Technik war es, was mich zu ihm zog; denn zur Erfrischung meines Werkes hatte ich derglei-chen nötig. – Und dann: Goethe's ›Faust‹, dieses aus zarter lyri-scher Keimzelle entwickelte Lebenswerk und Sprach-Monu-ment, diese ungeheure Mischung aus Zauberoper und Mensch-heitstragödie, aus Puppenspiel und Weltgedicht. Immer wieder kehrte ich zu diesem unerschöpflichen Sprachborn zurück – be-sonders zum zweiten Teil, zu den Helena-Szenen, der klassischen Walpurgisnacht; und diese Fixiertheit, diese unersättliche Bewunderung deuteten auf die geheime Unbescheidenheit meines eigenen Betreibens, sie verrieten, in welche Richtung der Ehrgeiz der Joseph-Erzählung ging, – ihr eigener, denn der Autor war, wie gewöhnlich, ursprünglich ganz unschuldig an solchem Ehrgeiz gewesen.

›Faust‹ ist ein Menschheitssymbol, und zu etwas dergleichen wollte mir unter den Händen die Josephsgeschichte werden. Ich erzählte von Anfängen, wo alles zum ersten Male da war. Das war ja der Neuigkeitsreiz, das in einem nicht gewöhnlichen Sinn Amüsante an dieser Art zu fabulieren, daß alles zum ersten Mal da war, daß lauter Gründungen geschahen, die Gründung der Liebe, des Neides, des Hasses, des Mordes und vieles anderen. Aber diese beherrschende Erstmaligkeit ist zugleich Wiederholung, Spiegelung, Abbild; das Erzeugnis der Sphärendrehung, die das Obere, Sternenhafte ins Untere bringt, das Irdische wieder ins Göttliche trägt, so daß Götter zu Menschen, Menschen auch wieder zu Göttern werden, das Irdische sich im Sternenhaften vorgebildet findet und der individuelle Charakter seine Würde darin sucht, daß er sich aus einem zeitlosen, mythischen Schema ableitet, welches er gegenwärtigmacht.

Abends mit Heiterkeit u. Vergnügen in dem einst von Hofmannsthal geschenkten Buch ›Wert und Ehre deutscher Sprache‹: Schottel, Leibniz, Herder, Goethe. Von ihrem Deutsch zu meinem zurückkehrend (in das eben Geschriebene blickend) fand ich viel deutsche Tradition.   *Tagebuch 4. III. 1945*

Ich weiß selbst nicht, warum ich heute und hier diese frühen Erinnerungen beschwöre. Ist es, weil ich »Deutschland« zuerst, visuell und seelisch, in Gestalt dieses wunderlich-ehrwürdigen Stadtbildes erlebe und weil mir daran liegt, eine geheime Verbindung des deutschen Gemütes mit dem Dämonischen zu suggerieren, die allerdings eine Sache meiner inneren Erfahrung, aber nicht leicht zu vertreten ist? Unser größtes Gedicht, Goethe's ›Faust‹, hat zum Helden den Menschen an der Grenzscheide von Mittelalter und Humanismus, den Gottesmenschen, der sich aus vermessenem Erkenntnistriebe der Magie, dem Teufel ergibt. Wo der Hochmut des Intellekts sich mit seelischer Altertümlichkeit und Gebundenheit gattet, da ist der Teufel. Und der Teufel, Luthers Teufel, Faustens Teufel, will mir als eine sehr deutsche Figur erscheinen, das Bündnis mit ihm, die Teufelsverschreibung, um unter Drangabe des Seelenheils für eine Frist alle Schätze und Macht der Welt zu gewinnen, als etwas dem deutschen Wesen eigentümlich Naheliegendes. Ein einsamer Denker und Forscher, ein Theolog und Philosoph in seiner Klause, der aus Verlangen nach Weltgenuß und Weltherrschaft seine Seele dem Teufel verschreibt, – ist es nicht ganz der rechte Augenblick, Deutschland in diesem Bilde zu sehen, heute, wo Deutschland buchstäblich der Teufel holt?

Es ist ein großer Fehler der Sage und des Gedichts, daß sie Faust nicht mit der *Musik* in Verbindung bringen. Er müßte musikalisch, müßte Musiker sein. Die Musik ist dämonisches Gebiet, – Sören Kierkegaard, ein großer Christ, hat das am überzeugendsten ausgeführt in seinem schmerzlich-enthusiastischen Aufsatz über Mozarts ›Don Juan‹. Sie ist christliche Kunst mit negativem Vorzeichen. Sie ist berechnetste Ordnung und chaosträchtige Wider-Vernunft zugleich, an beschwörenden, inkantativen Gesten reich, Zahlenzauber, die der Wirklichkeit fernste und zugleich die passionierteste der Künste, abstrakt und mystisch. Soll Faust der Repräsentant der deutschen Seele sein, so müßte er musikalisch sein; denn abstrakt und mystisch, das heißt musikalisch, ist das Verhältnis des Deutschen zur Welt, – das Verhältnis eines dämonisch angehauchten Professors, ungeschickt und dabei von dem hochmütigen Bewußtsein bestimmt, der Welt an »Tiefe« überlegen zu sein.

Deutschland und die Deutschen, 1945

Sternbergers Aufsatz habe ich gelesen. Er hat mich gefreut. So, und noch feierlicher, wird jetzt manchmal über mich geschrieben. Komisch, immer bekam man Kröten zu schlucken, und ganz unvermittelt ist man zu einer Art von Merlin, altem Goethe und die Zeiten überschauenden Wundergreis geworden.

Der geflickte Wundergreis druckst und skribbelt wieder ganz fleißig an dem Faustus-Roman, der eine gar »unförmige Riesenschlange« wird. So nannte Brahms die Symphonien von Bruckner. Wir Genies verstehen alle garnichts von einander.

Brief an Konrad Kellen, 27. 8. 1946

Ich tue wohl besser daran, Sie darauf aufmerksam zu machen, daß die »Worte Goethes über die Deutschen«, die Sie in Ihrer Ausgabe vom 15. Oktober anführten, nicht Goethe's Worte sind, sondern aus meinem Roman ›Lotte in Weimar‹ stammen.

Von diesem 1939 erschienenen Buch wurden schon während des Krieges einige Exemplare von Schweden her und über die Schweizer Grenze nach Deutschland hineingeschmuggelt, und Gegner des Hitler-Systems machten sich das Vergnügen, anzügliche Stellen daraus zu einer kleinen, primitiv vervielfältigten Flugschrift zusammenzustellen und diese nach Kräften im Land zu verbreiten. Sie waren so frei gewesen, auf den Umschlag zu setzen: ›Aus Goethe's Gesprächen mit Riemer‹.

Ein Durchschlag dieser Schrift kam schließlich dem englischen Prosecutor in Nürnberg, Sir Hartley Shawcross, vor Augen, und in seiner Schlußrede citierte er daraus einige stark prophetische Sätze, die »years ago« Goethe über das deutsche Volk und sein Schicksal gesagt habe.

Die englische Presse, sehr loyal und sehr gebildet, monierte den Irrtum. Das sei nicht Goethe, was Sir Hartley da vorgebracht habe, sondern ich sei es nur, der Goethe in seinem Roman so bei sich selber sprechen lasse. Die Sache war etwas peinlich, und der britische Botschafter in Washington, Lord Inverchapel, bat mich im Auftrage des Foreign Secretary um Auskunft. Ich habe ihm geanwortet, die englische Presse habe zwar recht, aber ich stände dafür ein, daß Goethe alles, was er in meinem Roman denke und sage, sehr wohl in Wirklichkeit habe denken und sagen können, und in einem höheren Sinn habe der Prosecutor also doch richtig citiert. – Ob Seiner Lordschaft und Mr. Bevin das zum Trost gereicht hat, kann ich nicht sagen.

Mir ist es ein Trost, daß nun auch Ihre Zeitung dieser fortwirkenden Mystifikation zum Opfer gefallen ist. Mein Götterspiel hat einige Verwirrung hervorgerufen. Es kann mir recht sein, wenn man, Goethe citierend, meinen Goethe citiert. Und doch muß ich aus Ehrerbietung für Wahrheit und Wissenschaft zu verhindern suchen, daß es ganz und gar zur Gewohnheit wird.

Brief an die Redaktion des ›German American‹
(New York), 20. 10. 1946

Man sieht, wie rein, hoch, innig die Wirkung dieses »inkommensurablen« Werkes ist und findet wieder, daß überhaupt nichts interessant ist, außer dem Inkommensurablen. Das Wort wurde ja wohl auf Goethes Faust, von ihm selbst, zuerst angewandt, und er bleibt das Musterbeispiel, an das man denkt, wenn etwas von der extraordinären Gattung wieder erscheint. Ich habe mich gerade wieder, gelegentlich der Zusammenstellung einer Goethe-Auswahl, mit Faust II beschäftigt. Können Sie verstehen, daß man so oft eine langweilige allegorische Geheimniskrämerei darin gesehen hat? Ich war wieder einmal vollkommen transporté und *ermutigt* davon, – soviel natürlich gegen das sonderbare Gewächs mit seinem zweifelhaften Helden, seinem katholischen Opernschluß und in seiner Mischung aus Revue und Weltgedicht zu sagen ist. Aber wie *vorzüglich* ist es doch an jeder Stelle, wie geistreich und humorvoll in der Behandlung des Mythos, auf den Pharsalischen Feldern und am Peneios, und des Mysteriums der Helena! Wie *getroffen* überall durch das scherzende, weise, lyrische Wort! Es ist auch durchaus übersehbar und durchdringbar, und es könnte einen wohl die Lust ankommen, einmal einen ganz frischen, zutraulichen Faust-Kommentar zu schreiben, der den Leuten die allzu fromme Scheu vor dem hohen, heiteren, keinesweg unzugänglichen Werk, exceptionell wie es ist, kühn und menschlich fehlbar, – nehmen sollte. *Brief an Hermann Hesse, 25. 11. 1947*

»Der große Mann ist ein öffentliches Unglück«, sagen die Chinesen. Besonders der *deutsche* große Mann ist das. War Luther kein öffentliches Unglück? *War Goethe keines?* Sehen Sie sich ihn genau an, wieviel von Nietzsche's Immoralismus schon in seinem naturfrommen Anti-Moralismus steckt! Damals konnte alles noch so schön, heiter und klassisch sein. Dann wurde es grotesk, trunken, kreuzleidvoll und verbrecherisch. *Brief an Maximilian Brantl, 26. 12. 1947*

Goethe ist die sublimste, humanisierteste, gebändigtste Erscheinung großen Deutschtums und großen Menschentums überhaupt, – das wundervolle Vorkommnis des olympisch gebildeten Titanen.

Kein Zweifel, daß alles, was wir an Vorstellungen von Harmonie, glücklicher Ausgewogenheit und Klassizität mit seinem Namen verbinden, nichts leichthin Gegebenes war, sondern eine gewaltige Leistung, das Werk von Charakterkräften, durch welche dämonisch-gefährliche und möglicherweise zerstörerische Anlagen überwunden, genützt, verklärt, versittlicht wurden, zum Guten und Lebensdienlichen gewendet und gezwungen. Und doch bleibt immer viel Dunkles, Übermenschlich-Unmenschliches, das den bloßen Humanitarier kalt und schreckhaft anweht, in solcher mächtigen Existenz, schon dank der polaren Spannung, in der sie schwebt, dem problematischen Reichtum an Gegensätzen und Widersprüchen, der die Quelle ihres Schöpfertums ist; dank der ungeheuren Dialektik seiner Natur, in der das Göttliche und das Teuflische, Fausts unendliches Bestreben und der höhnische Nihilismus des Mephistopheles dichterisch auseinandertreten und einander die Wahrheit streitig machen. Ja, wer wollte leugnen, daß der Teufel so gut wie immer verzweifelt *recht* hat mit dem, was er sagt, und wer fühlte nicht, daß seine vernichtenden Worte mindestens ebenso sehr aus der Seele des Dichters kommen wie die des Faust oder Gottes, des Herren?

Ganz gewiß sind des Teufels Wahrheiten auch wahr in dem Dichter, und wenn er durch Faustens Mund dem Widrigen erwidert:

>»So höre denn, wenn du es niemals hörtest:
>Die Menschheit hat ein fein Gehör,
>Ein reines Wort erreget schöne Taten;
>Der Mensch fühlt sein Bedürfnis nur zu sehr
>Und läßt sich gern im Ernste raten –«

so erhebt sich die Frage: Was hat Goethe uns bedürftigen Menschen geraten? Welche hilfreiche Lehre ist abzuziehen für uns aus seinem unfaßlich reichen Werk?

Die Zeitgenossen hat oft genug sein zum Scheiden und Werten unwilliger Objektivismus – der Objektivismus der Kunst und der Natur – verschüchtert: ein Element umfassenden Zweifels, das ihn, wenn wir seiner Umgebung glauben dürfen, gern Sätze sprechen ließ, die gleich den Widerspruch auch schon enthielten [...] Nichts und Alles sind da eins, wie Mephistopheles und Faust eins sind in der Seele ihres Schöpfers, der sie ihren Pakt schließen läßt auf dem Grund einer totalen, das Höllische ins Allmenschliche umdeutenden Lebenshingegebenheit.

»Mein Busen, der von Wissensdrang geheilt ist,
Soll keinen Schmerzen künftig sich verschließen,
Und was der ganzen Menschheit zugeteilt ist,
Will ich mit meinem innern Selbst genießen,
Mit meinem Geist das Höchst und Tiefste greifen,
Ihr Wohl und Weh auf meinem Busen häufen
Und so mein eigen Selbst zu ihrem Selbst erweitern.«

Ist das ein Teufelspakt? Bekenntnis zum Nichts? Es ist höchste Lebensbereitschaft, der höchste, opferwillige und freilich auch zum Hinnehmen von Opfern willige Anspruch auf Menschheitsrepräsentanz, höchster Humanismus. Ohne jene oft als Unverbindlichkeit getadelte Ubiquität, die ihn Hans Sachsisch sein ließ, französisch, italienisch, Rokoko, Mittelalter, Renaissance, persisch, griechisch-antik und alles in vollkommener Echtheit, hätte er nie eine Vereinigung des Urbanen und des Dämonischen vollendet, wie sie in so gewinnender Größe kein zweites Mal vorgekommen ist in der Geschichte der Gesittung. Das Deutsch-Volkhafte und das Mediterran-Europäische in natürlichster Verbindung, – und im Wesen ist sie dieselbe wie die des Geniehaften und des Vernunftvollen in ihm, des Geheimnisses und der Klarheit, des Tiefenlautes und des geschliffenen Wortes, des Dichters und des Schriftstellers, der Lyrik und der Psychologie.

Dies Allsein versteht sich zu keiner Lehre. Mit tausend Zungen redend, hat es dennoch die erhabene Schweigsamkeit des Symbols, der Kunst, des Bildes, in das man vieles hinein-, aus dem man vieles herauslesen kann, und das doch nicht verwirrt, sondern, wie es selbst ein großes Schauen ist, durch reine Anschauung befriedigt.

Die beiden Bücher, die mich in jüngster Zeit am meisten beschäftigt haben, sind: 1. Die Manesse-Ausgabe von Goethes wunder- und geheimnisreichem ›Westöstlichem Divan‹ mit der außerordentlich schönen Einleitung Max Rychners nebst Goethes prachtvollen ›Noten und Abhandlungen zu besserem Verständnis‹ und einer Fülle kundiger Erläuterungen des Herausgebers. Ein Buch unausschöpfbarer Schönheit, worin das Persönliche und das Universelle eine mystische Hochzeit eingehen.

[...]   *›Vorschläge zu einem Buchgeschenk‹, 1952*

Vergeistigung des Politischen

Betrachtungen eines Unpolitischen
(1918)

Aber des Wortes wollen wir uns immerhin erinnern, das Goethe
über Uhland zu Eckermann sprach: »Geben Sie acht, der Politiker in Uhland wird den Poeten aufzehren. In täglichen Reibun-
gen und Aufregungen leben ist keine Sache für die zartere Natur
eines Dichters. Mit seinem Gesange wird es aus sein.«
[...]
»Niemand«, sagt Goethe, »sieht erbärmlich aus, der in sich
einiges Recht fühlt, fordern zu dürfen.« Er sagt auch: »Gerechtigkeit – Eigenschaft und *Phantom* der Deutschen.« Ein gebil-
detes Volk, wer wollte es leugnen, und ein gerechtes Volk. Aber
ein *Herrscher*volk? Ich zweifle. Ich *ver*zweifle alle paar Tage
daran.
[...]

> Was euch die heilige Preßfreiheit
> Für Frommen, Vorteil und Früchte beut?
> Davon habt ihr gewisse Erscheinung:
> Tiefe Verachtung öffentlicher Meinung.

Dergleichen hatten Goethe, Schopenhauer, Nietzsche den deutschen Zögling gelehrt. Und er hätte es über sich gewinnen sollen, in diesem Kriege für die demokratische öffentliche Welt-
meinung, die alle Merkmale der Oberflächlichkeit, Unwissenheit, Sentimentalität und Gemeinheit trug, gegen Deutschland
Partei zu nehmen? ... Dennoch wiederhole ich: Jeder, der hier-
nach zu leben fortfahren wollte, wie er bisher gelebt, würde sich
selbst überleben. Was ist denn dieses lange Selbstgespräch und

Schreibwerk anderes als ein Rückblick auf das, was ich war, was ich eine Weile mit Recht und Ehren war, und was ich, ohne mich *alt* zu fühlen, offenbar nicht länger werde sein können?

[...]

Ein Großer ging, die Hände auf dem Rücken, in seinem Zimmerchen umher und sprach zu dem lauschenden Famulus, während vielleicht immerhin seine Stimme bebte: »Ich weiß recht gut, daß, so sauer ich es mir auch mein lebelang habe werden lassen, all mein Wirken in den Augen gewisser Leute für nichts geachtet wird, eben weil ich verschmäht habe, mich in politische Parteiungen zu mengen. Um diesen Leuten recht zu sein, hätte ich müssen Mitglied eines Jakobiner-Klubs werden.« Darf ich mich dieser Worte *erinnern*, mich ihrer nur erinnern und nichts weiter, in dem Augenblick, wo man mir sagt, ich hätte ein Schmarotzerleben geführt?

[...]

Wenn Goethe Kultur als »die Vergeistigung des Politischen und Militärischen« bestimmte, so rechnete er dabei ins Große, hielt sich an eine allgemeinere Norm und blickte über deutsche Verhältnisse und Wirklichkeiten souverän hinweg. Dennoch berechtigt die höhere Gültigkeit seiner Bestimmung des Kulturbegriffs zu der Vermutung oder Hoffnung, daß der deutsche Unglaube an die Möglichkeit einer Synthese von Macht und Geist ein vorurteilsvoller Unglaube ist. Vielleicht steht nirgends geschrieben, daß es immer so sein müsse, wie es meistens war; daß Deutschland die Macht nicht wollen dürfe, wenn es den Geist wolle.

[...]

»Partei! Partei! Wer sollte sie nicht nehmen!« sang Herwegh, – wenn man so etwas Gesang nennen kann. Partei genommen hat, wenigstens einmal, auch der apolitische Goethe: als er nämlich zu Eckermann sagte, jeder vernünftige Mensch sei ein gemäßigter Liberaler. Was in seinem Munde ungefähr soviel heißt wie »ein gemäßigter Konservativer«. Denn wie man ihn kennt, meint er mit »Liberalismus« nicht Aufklärung, Gleichheitsindividualismus, Republik und »Fortschritt«, nicht irgendeine abstrakte Ethik der Menschenrechte und -pflichten und jenes Ideal der »freien Konkurrenz«, dem man die Weltherrschaft des ökonomischen Interesses verdankt. Nein, Goethe glaubte nicht an Freiheit »und« Gleichheit.

[...]

»Freiheit ist das trügerischste aller Trugbilder«, schrieb Ruskin 1849 in dem Buche ›The Seven Lamps of Architecture‹. »Es gibt kein solches Ding im Weltall und kann es niemals geben. Die Sterne haben sie nicht. Die Erde hat sie nicht. Und wir Menschen haben ihr Blendwerk und ihren Schein nur zu unserer schwersten Strafe.« Das Wort könnte von Goethe oder Schopenhauer oder selbst Adalbert Stifter stammen; und stammt doch von einem im Ursprungsland politischer Freiheit Beheimateten. Man sollte die Politik vielleicht nicht allzu national traktieren wollen. Sie ist der Stoff nicht dazu, sie ist es nicht wert ...

[...]

Das Ereignis Goethe's war eine neue Bestätigung der Legitimität des Einzelwesens, das große künstlerische Erlebnis Deutschlands, nach dem metaphysisch-religiösen, das Luther gebracht hatte: ein Erlebnis der Bildung und der Sinnlichkeit, menschlich durchaus, fremd aller Abstraktion, feind aller Ideologie, der patriotischen zuerst und aller politischen überhaupt.

[...]

Unterdessen könnten diejenigen, die ich so reden höre, sich in der Tat auf den Großherrn jener literarischen Bildungsepoche berufen, auf Goethe, welcher, in dem Gespräch mit dem Historiker Luden, zwar zunächst erklärte, daß er in Kunst und Wissenschaft, vor denen die Schranken der Nationalität verschwänden, die Schwingen gefunden habe, durch die er sich über die politische Misere Deutschlands hinwegzuheben vermöchte; dann aber hinzufügte, der Trost, den sie gewährten, sei doch nur ein leidiger Trost und ersetze das stolze Bewußtsein nicht, einem großen, starken, geachteten und gefürchteten (er sagte brutalerweise »gefürchteten«) Volke anzugehören; und, nachdem er seinem Glauben an die machtpolitische Zukunft Deutschlands Ausdruck verliehen, mit den Worten endigte:

»Uns Einzelnen bleibt inzwischen nur übrig, einem jeden nach seinen Talenten, seiner Neigung und seiner Stellung, die Bildung des Volkes zu mehren, zu stärken und durch dasselbe zu verbreiten nach allen Seiten und wie es nach unten, so auch, und vorzugsweise, nach oben, damit es nicht zurückbleibe hinter den andern Völkern, sondern wenigstens hierin voraufstehe, damit der Geist nicht verkümmere, sondern frisch und heiter bleibe, damit er nicht verzage, nicht kleinmütig werde, sondern fähig bleibe zu jeder großen Tat, wenn der Tag des Ruhmes anbricht.«

[...]

Deutsche Bildung! Deutsche Sinnesart! Goethe zeigte sich entzückt, als er bei Guizot den Satz gelesen hatte: »Die Germanen brachten uns die Idee der persönlichen Freiheit, welche diesem Volke vor allem eigen war.« »Ist das nicht sehr artig«, rief er, »und hat er nicht vollkommen recht, und ist nicht diese Idee noch bis auf den heutigen Tag unter uns wirksam? Die Reformation kam aus dieser Quelle ... Auch das Buntscheckige unserer Literatur ...« O ja, auch dies.

[...]

Etwas anderes ist freilich die Dankbarkeit für das Erlebnis großer Umwälzungen und Weltbegebenheiten – und etwas anderes der Glaube an ein erreichbares endliches Glücksziel aller politischen Geschichte. Dieser vielmehr ist Sache des politischen Philanthropen, welcher zwar die Geschichte haßt und über »große Zeiten« höhnt, an einen vollkommenen und »durchaus heiteren« Zustand der Menschheit am Ende aller Umwälzungen aber hochherzig glaubt und jeden »ruchlos« nennt, der diesen politischen Glauben nicht teilt. Was uns betrifft, so finden wir, daß Wort für Wort auf das Heute paßt, was Goethe jenen Sätzen über den Vorteil großen geschichtlichen Erlebens hinzufügte: »Was uns die nächsten Jahre bringen werden, ist durchaus nicht vorherzusagen; doch ich fürchte, wir kommen so bald nicht zur Ruhe. Es ist der Welt nicht gegeben, sich zu bescheiden; den Großen nicht, daß kein Mißbrauch der Gewalt stattfinde, und der Masse nicht, daß sie in Erwartung allmählicher Verbesserungen mit einem mäßigen Zustande sich begnüge. Könnte man die Menschheit vollkommen machen, so wäre auch ein vollkommener Zustand denkbar; so aber wird es ewig herüber und hinüber schwanken, der eine Teil wird leiden, während der andere sich wohl befindet, Egoismus und Neid werden als böse Dämonen immer ihr Spiel treiben, und der Kampf der Parteien wird kein Ende haben.«

[...]

Vor neunzig Jahren wunderte Eckermann sich im Gespräch, wie doch die großen kriegerischen Ereignisse der jüngsten Zeit eigentlich viel Geist hätten aufregen müssen. Goethe antwortete: »*Mehr Wollen* haben sie aufgeregt als Geist, und mehr *politischen Geist* als künstlerischen, *und alle Naivetät und Sinnlichkeit ist dagegen gänzlich verlorengegangen.*« So Goethe.

[...]

Ich habe die Republik nicht von 1918, von 1914 habe ich sie datiert. Damals in der Stunde der Ehre und des todbereiten Aufbruchs habe sie in der Brust der Jugend sich hergestellt. Damit ist etwas zur *Definition* der Republik geschehen, die ich meine, – wie ich denn ja überhaupt die Republik nicht habe hochleben lassen, bevor ich sie definiert hatte. Und wie! Ungefähr als das Gegenteil von dem was heute *ist*. Aber eben darum: der Versuch, diesem kummervollen Staat, der keine Bürger hat, etwas wie Idee, Seele, Lebensgeist einzuflößen, schien mir kein schlechtes Unternehmen, erschien mir als etwas wie eine gute Tat! Und Sie, in Ihrem Briefe, sind mir ein paar Mal so nahe, daß ich Ihren Schmerz wahrhaftig nicht ganz verstehe. Sie sehen meinen Weg, denn Sie sprechen von einer Identifizierung der Begriffe Humanität und Demokratie. Sie nennen die meine Demokratie »das Ideal aller reifen und zukunftsgläubigen schöpferischen Menschen«. Und dennoch Abfall, Selbstverrat, Charakterbruch, Verleugnung eigener Taten! Ich verleugne nichts. Dieser Aufsatz ist die grade Fortsetzung der wesentlichen Linie der ›Betrachtungen‹, glauben Sie mir! Ich warf mich im Namen deutscher Humanität der Revolution entgegen, als sie im Anzuge war. Ich werfe mich heute aus demselben Triebe der reaktionären Welle entgegen, die wie nach den napoleonischen Kriegen über Europa hingeht (denn ich denke nicht an Deutschland allein) und die mir nicht erfreulicher scheint dort, wo sie faszistisch-expressionistisch brandet. Ich fühle, daß die große Gefahr und Fascination einer des Relativismus müden und nach dem Absoluten begierigen Menschheit der Obskurantismus in irgend einer Form ist (Erfolge der römischen Kirche), und ich halte mich an die großen Meister Deutschlands, Goethe und Nietzsche, die es verstanden, anti-liberal zu sein, ohne irgend einem Obskurantismus das geringste Zugeständnis zu machen und der menschlichen Vernunft und Würde etwas zu vergeben. Sie sehen, ich habe mich von Nietzsche nicht abgewandt, wenn ich auch freilich seinen klugen Affen, Herrn Spengler, billig gebe. Meine zweimalige Oppositionsstellung in der Zeit aber, so finde ich, sollte eher auf eine gewisse Instinkt-

unbeirrbarkeit und Unabhängigkeit des Gewissens schließen
lassen, als auf Nachgiebigkeit gegen »Einflüsse« und »Verbindungen«. *Brief an Ida Boy-Ed, 5. 12. 1922*

Die ›Betrachtungen‹ waren also eine Kampfschrift, aber doch
zugleich schon ein leidenschaftliches Stück Arbeit der Selbsterforschung und der Revision meiner Grundlagen. Konnte meine
Welt konservativ-skeptischer Geistigkeit, deren Grundlagen
ich, eben als skeptischer, zweifelnder Intellektueller durch alles,
was ich schrieb, mit untergrub – konnte diese Welt die Katastrophe jenes Krieges überdauern? Meine Einsicht sagte mir: nein.
Aber ich gehöre ganz gewiß zu denen nicht, die sagen: »Was
fällt, das soll man noch stoßen!« Nein, ich gestehe, ich hielt es
für nobler, meiner cause die Treue zu halten, auch wenn es eine
lost cause sein sollte ... Wohlgemerkt, für Goethe's Deutschland kämpfte ich, nicht für den Kaiser, nicht für Ludendorff in
jenem Werk der Selbsterforschung. *On Myself, 1940*

Von Deutscher Republik
(1922)

Ich bin kein Pazifist, weder von der geifernden noch von der öligen Observanz. Der Pazifismus als Weltanschauung, als seelisches Vegetariertum und bürgerlich-rationale Glücksphilanthropie ist nicht meine Sache. Aber er war auch eines Goethe Sache nicht, oder wäre es nicht gewesen, und dennoch war er ein Mann des Friedens. Ich bin kein Goethe; aber ein wenig, irgendwie, von weither, bin ich, mit Adalbert Stifter zu reden, »von seiner Familie«, und auch mein Teil ist der Friede, denn er ist das Reich der Kultur, der Kunst und des Gedankens, während im Kriege die Roheit triumphiert ...

[...]

Ich will es wagen, in diesem Zusammenhange, der ein politischer Zusammenhang bleibt, mit aller gebotenen Behutsamkeit und Ehrerbietung von dem besonderen Gefühlsbezirk zu reden, der bei meinen letzten Worten sichtbar geworden ist: ich meine jene Zone der Erotik, in der das allgültig geglaubte Gesetz der Geschlechtspolarität sich als ausgeschaltet, als hinfällig erweist und in der wir Gleiches mit Gleichem, reifere Männlichkeit mit aufschauender Jugend, in der sie einen Traum ihrer selbst vergöttern mag, oder junge Männlichkeit mit ihrem Ebenbilde zu leidenschaftlicher Gemeinschaft verbunden sehen. Die Gesellschaft, die dies Wesen lange, ohne Wissen davon, aus ihrem Bewußtsein es verweisend oder es prüde perhorreszierend, in sich trug, beginnt allmählich den Bann von Verruf und Verleugnung, der auf der Erscheinung lag, zu lösen, sie mit größerer Ruhe ins Auge zu fassen und ihre Vieldeutigkeit menschlich zu erörtern. Sie kann Entnervung, Entartung, Krankheit bedeuten, und man mag zweifeln, ob in diesem Falle Disziplinierung oder humanitäre Schonung die rechte Art sein wird, ihr zu begegnen. Aber es ist unmöglich, grundsätzlich der Sphäre des Verfalles einen Gefühlskomplex zuzuweisen, der Heiligstes und kulturell Fruchtbarstes in sich schließen kann. Wer über die Natur und ihre Gesetze denkt wie Novalis, nämlich dafürhält, daß sie etwas zu

Überwindendes seien, wird den Vorwurf der Un- und Widernatur von vornherein als trivial empfinden; und übrigens hat
schon Goethe dies geläufige Argument mit der Bemerkung ver-
worfen, das Phänomen sei durchaus in – nicht außer der Natur
und Menschheit, denn es sei zu allen Zeiten und bei allen Völkern hervorgetreten und erkläre sich ästhetisch durch die Tatsache, daß, objektiv, das Männliche der reinere und schönere
Ausdruck der Idee des Menschen sei.

[…] Goethe's ›Wilhelm Meister‹, ist eine wunderbare Vorwegnahme deutschen Fortschreitens von der Innerlichkeit zum Objektiven, zum Politischen, zum Republikanertum, ein Werk von weit vollständigerer Menschlichkeit, als der deutsche Bürger meint, wenn er es nur als Monument persönlicher Kultur und pietistischer Autobiographie versteht.

[…]

Obskurantismus ist die Gefahr aller Zeiten, deren Begierde das Absolute ist. Und die Gefahr, die ein wichtiger Teil unserer Jugend läuft und die zugleich eine Gefahr für die Befestigung der Republik in Deutschland ist, besteht darin, daß diese Jugend durch Ideen ursprünglich echt revolutionärer Art dem politischen Obskurantismus, das heißt: der Reaktion in die Arme getrieben wird.

Dennoch halten wir diese Gefahr nicht für ernsthaft bedrohlich. Der lebenswidrige Mißbrauch, die reaktionäre Ausbeutung antiliberaler Ideen kann nicht siegreich sein; das Geist- und Gottverlassene, ohne Sukkurs aus der Sphäre des echten Gedankens, wird welken und fallen. Zuletzt sind wir das Land, in dem Geister wie Goethe, Hölderlin und Nietzsche gelebt haben. Das waren keine Liberalen, diese großen Deutschen, doch waren sie darum nicht eben Dunkelmänner, und ihr »Absolutes«, es war: der *Mensch*. Was sie sahen und sangen, war das Dritte Reich einer religiösen Humanität, eine neue, jenseits von Optimismus und Pessimismus stehende Idee des Menschen, die mehr als Idee, die Pathos und Liebe ist: eine wahrhaft *erzieherische* Liebe, welche ihren Trägern die Gefolgschaft einer ganzen Weltjugend sichert.

Nein, diese Idee ist nichts Obsoletes, nichts Bürgerlich-Gestriges, wie manche meinen, indem sie ihr irgendeinen radikalistischen oder reaktionären Faschismus als zeitgemäß entgegenstellen. Die republikanische Jugend Deutschlands begreift, daß Humanität die Idee der Zukunft ist, diejenige, zu der Europa sich durchringen, mit der es sich beseelen und der es leben muß – wenn es nicht sterben will.

Geist und Wesen der Deutschen Republik.
Dem Gedächtnis Walther Rathenaus, 1923

Die nationale Idee stand damals, als Wagner sie als traulich-wirksames Element in sein Werk eingehen ließ, das heißt bevor sie verwirklicht war, in ihrer heroischen, geschichtlich legitimen Epoche, sie hatte ihre gute, lebensvolle und echte Zeit, war Poesie und Geist, ein Zukunftswert. Demagogie ist es, wenn heute die Bassisten die Verse vom »Deutschen Schwert« oder gar jenes Kern- und Schlußwort der ›Meistersinger‹: »Zerging' in Dunst das Heil'ge Röm'sche Reich, uns bliebe gleich die heil'ge deutsche Kunst« tendenziös ins Parterre donnern, um eine patriotische Nebenwirkung damit zu erzielen. Gerade diese Verse, die ersten, die feststanden und sich schon am Schlusse der frühesten Skizze, der Marienbader vom Jahre 1845, finden, beweisen die vollendete Geistigkeit und Politikfremdheit des Wagnerischen Nationalismus: sie bekunden eine schlechthin anarchische Gleichgültigkeit gegen das Staatliche, falls eben nur das geistig Deutsche, die »Deutsche Kunst« bewahrt bleibt. Daß er dabei nicht eigentlich an die deutsche Kunst, sondern an sein Musiktheater dachte, das nicht durchaus deutsch ist und nicht nur Weber, Marschner und Lortzing, sondern auch Spontini und die große Oper in sich aufgenommen hat, ist eine Sache für sich. Im Grunde mochte er denken, wie der größte Unpatriot, Goethe, nach Börne's Vorwurf dachte: »Was wollen die Deutschen? Sie haben ja mich.«

Leiden und Größe Richard Wagners, 1933

Das Ausgehen des Geschichtsrausches von 1933 in einem schlimmeren Katzenjammer, als der war, in den der von 1914 ausging. Das Deutschtum wollte die Republik nicht, weil ihr ideologischer Gehalt, die Einordnung in die Civilisation, ihm zu dünn war. Das Deutsche, das Protestantische, das Ewig-Volkhafte wurde eingesetzt zu neuer erhebender Geschichtsschöpfung, aber eingesetzt als etwas Heruntergekommenes, Verhunztes, mit Mitteln der Lüge, der Brutalität und roher, hysterischer Besoffenheit, und die Geschichtsschöpfung ist im Begriffe sich als der miserabelste Fehlschlag zu erweisen, in den je das Unternehmen eines Hauptvolkes ausging. Welch ein Bankerott! Wie sollen die Deutschen leben, wenn sie wirklich nur noch werden als das Volk zweiten Ranges leben können, für das sie sich nach dem Kriege ganz zu Unrecht hielten und das sie bei glücklicheren Anlagen keineswegs hätten zu sein brauchen! Tatsächlich hat vielleicht die Geschichte ihnen die Rolle der Juden zugedacht, die übrigens auch Goethe ihnen für angemessen hielt: zerstreut zu werden in einer zukünftigen Welt und eine geistesstolze Selbstironie zu ihrem Lebensgefühl zu machen ...

Tagebuch 29. VII. 1934

»Die Grausamkeiten der Revolution«, sagte Goethe 30 Jahre nach 1789, »waren mir zu nahe; sie riefen meine Entrüstung an jedem Tag und zu jeder Stunde hervor, da ich die wohltätigen Folgen der Revolution noch nicht übersehen konnte.« – Werden wir Zeitgenossen der russischen Revolution uns nicht einmal ähnlich zu entschuldigen haben?

Brief an den sowjetischen Schriftsteller-Verband, 5. 4. 1937

Hitler ist zuweilen mit Napoleon verglichen worden – eine geschmacklose Zusammenstellung in meinen Augen; denn der Korse war ein Halbgott im Vergleich mit dem blutigen Duckmäuser, den ihr Deutsche eine Weile für einen großen Mann gehalten habt; und die Universalherrschaft, mit der der Sohn der Revolution damals die Welt bedrohte, war eine Harmlosigkeit, ja, sie wäre eine tyrannische Wohltat gewesen, verglichen mit dem schmutzigen Schrecken, den Hitler errichten würde. Aber hört die Verse, mit denen Goethe nach Napoleons Sturz in ›Des Epimenides Erwachen‹ das Hitler-Abenteuer im voraus verdammte:

Verflucht sei, wer nach falschem Rat
Mit überfrechem Mut
Das, was der Korse-Franke tat,
Nun als ein Deutscher tut!

Er fühle spät, er fühle früh,
Es sei ein dauernd Recht;
Ihm geh' es, trotz Gewalt und Müh,
Ihm und den Seinen schlecht!

Deutsche Hörer, September 1941

Aber etwas ist, das wirklich um euretwillen, aus sozialem und nicht aus privatem Gewissen geschah, und täglich wächst meine Überzeugung, daß die Zeit kommen wird und schon näher kommt, wo ihr es mir danken und es mir höher anrechnen werdet, als meine Geschichtenbücher: das ist, daß ich euch warnte, als es noch nicht zu spät war, vor den verworfenen Mächten, in deren Joch ihr heute hilflos geschirrt seid und die euch durch tausend Untaten in ein unvorstellbares Verderben führen. Ich kannte sie, ich wußte, daß nichts als Katastrophen und Elend für Deutschland und für Europa aus ihrem unsäglich niederträchtigen Wesen erwachsen konnten, während die Mehrzahl von euch, in heute gewiß schon für euch selbst unfaßbarer Verblendung, sie für die Bringer von Ordnung, Schönheit und nationaler Würde hielt. Muß man nicht an Goethe's Spruch denken von der »frommen Deutschen Nation, die sich erst recht erhaben fühlt, wenn all ihr Würdiges ist verspielt«? *Deutsche Hörer, November 1941*

Mir ist wohl, unter ihm [Roosevelt] zu leben. Klug wie die Schlangen und ohne Falsch wie die Tauben; fein und stark; hochentwickelt und einfach wie das Genie; erleuchtet vom intuitiven Wissen um die Notwendigkeiten der Zeit, den Willen des Weltgeistes – eingerechnet das Wissen, daß der der Glücklichste ist, der diesem Willen am mutig-gehorsamsten, zähesten und geschmeidigsten dient, – genau der Mann »jenes Glaubens«, von dem Goethe sagt, daß er »sich stets erhöhter bald kühn hervordrängt, *bald geduldig schmiegt*, damit das Gute wirke, wachse, fromme ...« –, so sehe ich ihn ...

Roosevelt, 1944

Visiere von Weitem die neue Goethe-Arbeit. Erasmus' Charak-
terbild irritiert mich oft durch Verwandtschaft. Aber sein Verhältnis zur Reformation ist auch durchaus Goethisch. Sehr ähnlich ausweichend hätte der sich benommen und hätte vom Luther'schen Aufruhr nichts wissen wollen. So auch ich. Es war ja
National-Bolschewismus. Und der Strudelkopf Hutten, syphili-
tisch dazu, widrig.   *Tagebuch 30. VIII. 1947*

Ist der Versuch wirklich so widerwärtig, [...] bei den ›Drei Gewaltigen‹, Luther, Goethe, Bismarck, gewisse national-psycho-
logische Familienverhältnisse nachzuweisen? Nicht »auf eine
Stufe« habe ich Bismarck mit Goethe gestellt, denn diesen, nicht
jenen, nannte ich ja »Das deutsche Wunder«. Ich nannte ihn so,
weil er das Monumental-Deutsche in der gewinnendsten, lie-
benswertesten, musisch gesegnetsten Form darstellt, die glücklichste Verbindung bildet zwischen Deutschland und der Welt.
Was Sie »politisch fragwürdige Züge« nennen, habe ich an ihm
hervorgehoben, weil ich es fade finde, Goethe als demokratischen Musterknaben und Repräsentanten des »guten Deutschland« herauszustellen. Um bloß gut zu sein, dazu war er zu groß,
und im großen Deutschtum ist immer auch vom »bösen Deutschland« etwas.

Briefkonzept an G. W. Zimmermann, etwa 7. 12. 1949

[...] Nicht nur eine Weltkonkurrenz habe ich also zu bestehen, indem ich es wage, noch einmal über Goethe zu sprechen, sondern auch meine eigene.

Offen gestanden bin ich nicht sehr stolz auf diese Beiträge, auf die kritische und sogar dichterische Versenkung in dies Leben und Werk, diese in ihrer Differenziertheit und Monumentalität freilich so unendlich fesselnde Persönlichkeit – eine Versenkung, die wahrhaftig zu dem Ruf eines gewissen Spezialistentums, ja einer imitatorischen Jüngerschaft geführt hat. Ich bin nicht stolz darauf, weil es die Versenkung ist eines Deutschen in das Deutsche. Weit mehr imponiert mir, was seit Carlyle's und Emersons Tagen bis zu Gide und Valéry und der englischen Goethe-Forschung, von Nicht-Deutschen also, zur Erkenntnis der großen deutschen Erscheinung beigesteuert worden ist.

[...]

Die Nachfolge Goethe's, das Bekenntnis zu ihm, bedeutet also denn doch wohl nicht deutsches Provinzlertum – und überhaupt darf ich sagen, daß, wenn ich viel über Deutsches und wenig über Fremdes geschrieben habe, ich doch im Deutschen immer die Welt, immer Europa gesucht habe und unbefriedigt war, wenn ich es nicht fand. Es ist nichts weniger als ein Zufall, daß die deutschen Gestalten, die ich mir zu Lehrern und Führern ersah, diese Schopenhauer, Nietzsche, Wagner und in späteren Jahren an erster Stelle Goethe, alle ein stark über-deutsches, europäisches Gepräge tragen. Es war das Europäische auf deutsch, was ich in ihnen fand, ein europäisches Deutschland, welches immer das Ziel meiner Wünsche und Bedürfnisse bildete, – sehr im Gegensatz zu dem »deutschen Europa«, dieser Schreckensaspiration des deutschen Nationalsozialismus, die mir von je ein Grauen war, und die mich aus Deutschland vertrieb. Es muß ja kaum gesagt werden, daß in diesen beiden Konzeptionen die Unterscheidung begründet liegt, die die Welt zwischen einem »guten« und einem »bösen« Deutschland macht:

das europäische Deutschland, das ist zugleich das im weitesten Sinn des Wortes »demokratische« Deutschland, dasjenige, mit dem sich leben läßt, das der Welt nicht Furcht, sondern Sympathie erregt, weil es teilhat an der demokratischen Menschheitsreligion, von der das moralische Leben des Abendlandes letztlich bestimmt ist und die gemeint ist, wenn wir das Wort »Zivilisation« sprechen.

Das Unglück wollte, daß dieser europäische Demokratismus es in Deutschland nie zu viel politischer Macht brachte, daß Macht sich niemals mit ihm verbinden wollte, sondern, anders als bei anderen Völkern, diese Idee historisch fast gleichbedeutend mit deutscher Ohnmacht wurde. »Tatenarm und gedankenreich« nannte Hölderlin das alte, fromme, geistige und machtlose Deutschland, und das klingt liebevoll, klingt nach Einwilligung und Bejahung. Aber es ist an der deutschen Diskrepanz zwischen Geist und Macht, Gedanke und Tat, dem Widerspruch zwischen kulturellem Rang und politischer Misere auch gelitten worden: Goethe, eine weniger ätherische Natur als Hölderlin, hat erklärtermaßen darunter gelitten und gelegentlich den weltfremden Theoretizismus des deutschen Charakters verwünscht. »Während die Deutschen«, sagte er 1829 zu Eckermann, »sich mit Auflösung philosophischer Probleme quälen, lachen uns die Engländer mit ihrem großen praktischen Verstande aus und gewinnen die Welt.«

Nun will ich ganz offen sein und erklären, daß ich dies Wort nicht liebe. Erstens hat England das arme, geistige und unpraktische Deutschland von dazumal durchaus nicht ausgelacht. Es hat im Gegenteil viel Hochachtung und Bewunderung dafür gehabt, was dem alten Goethe die vielen Engländer hätten zeigen können, die nach Weimar pilgerten. Zweitens war es nicht wohlgetan, England nur auf den praktischen Weltverstand festzulegen und es mit der Ostindischen Kompanie gleichzusetzen, denn es hat ja der Welt den größten Dramatiker, eine lange Reihe bedeutender Denker und Schriftsteller und eine sublime Lyrik gegeben, und aus jener Gegenüberstellung spricht sogar eine leise nationale Überheblichkeit, des Sinnes beinahe, als sei

Deutschland das auserwählte Volk des Geistes. Drittens aber, und das ist das Bedenklichste, liegt in dem Wort eine gewisse Aneiferung für die Deutschen, es England gleichzutun und sich auch auf die Gewinnung der Welt zu verlegen, – der Ansporn zu einem konkurrierenden Neide also, der dann in der deutschen Geschichte eine sehr unglückliche Rolle gespielt hat.

Das sind Einwände gegen ein Wort, das pädagogisch gemeint war und auch wirklich des pädagogischen Wertes nicht entbehrte; denn Goethe's Lob des »praktischen Verstandes« kommt einer Ermahnung gleich an Geist und Denken, nicht in den Wolken zu schweben, sondern sich mit dem Leben zu vereinigen und sich ihm verantwortlich zu fühlen; es zielt ab auf einen *demokratischen Pragmatismus*, an dem es in Deutschland tatsächlich immer, und auch dann, wenn das »Leben« als oberster Wert dionysisch gefeiert wurde, allzusehr gefehlt hat und dessen Partei der größte deutsche Dichter, nicht nur in jenem Gelegenheitswort, gegen den Hochmut des Geistes nahm.

[...]

Ich war entzückt, als ich in dem ausgezeichneten Buch von Barker Fairley, ›A Study on Goethe‹, diese Worte las, die ich übersetze: »Er versah sich nicht des Heraufkommens einer Anschauungsweise in dem Jahrhundert nach ihm, die es vorgezogen hätte, wenn er um jeden Preis in die Brüche gegangen wäre, wie ein rechter Dichter, anstatt aus den Dingen einen Erfolg zu machen, und hätte er sie vorhergesehen, so war glücklicherweise etwas in ihm, das sie zurückgewiesen haben würde. Denn wenn der Trieb zum Überleben für die Menschheit wertvoller ist als der Trieb zum Untergang, dann bedeuten Goethe's Leben und Werk, wie wir sie jetzt haben, mehr, als sie hätten bedeuten können, wäre er zerknickt unter dem Druck seiner selbst oder hätte er unterlassen, zu tun, was er getan hat.«

Dieses »to make a success of things«, dieser der Menschlichkeit nützliche Wille, zu überleben, – hat er nicht etwas Demokratisches im Vergleich mit – und im Gegensatz zu – dem aristokratisch-poetischen Willen zum Untergang? Im ›Epilog zu Schillers Glocke‹ gebraucht Goethe einmal das Wort »lebenswürdig«. »Den Lebenswürdigen«, klagt er, »soll der Tod erbeuten!« Als junger Mensch, der von Schopenhauer die große Erlaubnis zum Pessimismus erhalten hatte, war ich sehr betroffen von diesem Ausdruck, der, soviel ich weiß, eine persönliche Wortschöpfung Goethe's ist. Er verwirrte meinen jugendlichen Begriff von Geistigkeit, Künstlertum, Poesie, der recht eigentlich auf eine vornehme Untauglichkeit und Unberufenheit zum irdischen Leben hinauslief. Die Zeit war fern, da ich Goethe's Willen und Fähigkeit, aus den Dingen, das heißt aus schwierigsten Voraussetzungen, »einen Erfolg zu machen«, als das größte und liebenswürdigste Vorbild betrachten sollte. Aber ich drücke heute nur aus, was ich damals empfand, wenn ich sein gutwilliges Verhältnis zum Leben und seine Ablehnung des poetischen Unterganges als einen demokratischen Zug anspreche, den man nicht eben deutsch nennen kann und der seine innere Distanz zum Deutschtum mitbestimmt haben mag.

[...]

Seine Skepsis gegen liberale Regierungsformen ist tief. Man werde finden, sagt er, daß »man von oben herab mit zu großer Güte, Milde und moralischer Delikatesse auf die Länge nicht durchkomme, indem man eine gemischte und mitunter verruchte Welt zu behandeln und in Respekt zu halten habe«, – was bereits bis ins Wort hinein an Schopenhauer, seinen politischen Schüler, erinnert. In Fragen der Kriminaljustiz ist er entschieden gegen Weichheit und Schlaffheit, erzürnt sich gegen die humanitäre Neigung der Zeit, Verbrechen mit ärztlichen Zeugnissen und Gutachten an der verwirkten Strafe vorbeizuhelfen und läßt sich wohlgefällig von einem energischen jungen Physikus berichten, der die Frage, ob eine gewisse Kindsmörderin zurechnungsfähig sei oder nicht, entschlossen dahin beantwortet habe, sie sei es allerdings. – »Sie ist die erste nicht!« – Mit der Judenemanzipation, die doch von seinem großen Kaiser überall gefördert wurde, ist er wenig einverstanden. Schließlich, sagt er, werde man in Weimar gar noch eine jüdische Oberhofmeisterin haben.

Er ist Aristokrat im Verhältnis zur Masse, die er nur respektabel findet, wenn sie zuschlägt; urteilen gelinge ihr miserabel. So steht es in einem seiner gereimten Sprüche. Menge und Kultur, das reimte sich ihm nicht, denn Kultur war ihm auserlesene Gesellschaft, die sich über das Höchste diskret verständigt mit einem Lächeln ... Er ist darum auch weit entfernt zu glauben, daß seine Werke populär werden können. »Wer daran denkt und dafür strebt«, sagt er, »ist in einem Irrtum. Sie sind nicht für die Masse geschrieben, sondern nur für einzelne Menschen, die Ähnliches wollen und suchen.« Das Merkwürdige ist nur, daß er zugleich erklärt, aller Tadel, den seine Bücher, zum Beispiel sein ›Werther‹, erfahren, habe ihm nichts geschadet, weil solche subjektiven Urteile einzelner, wenn auch bedeutender Männer, sich durch die Masse wieder ins Gleiche gestellt hätten. *Wer aber nicht eine Million Leser erwarte, der sollte überhaupt keine Zeile schreiben!*

Wie dem nun sei: um seine persönliche Kultur und darum, »die Pyramide seines Daseins so hoch wie möglich hinaufzuspitzen«, war es ihm, wenigstens die längste Zeit seines Lebens, zu tun, – nicht um die Verbesserung der Welt. Und an den Ruhm persönlicher Hochentwicklung knüpft er schließlich auch die Unsterblichkeit, während er die gemeine Menge der ewigen Vernichtung überläßt. »Wer keinen Namen sich erwarb, noch Edles will, gehört den Elementen an – so fahret hin!« Ein aristokratischeres Wort gibt es nicht. Es bezeugt den Glauben an Gnadenwahl, und wenn diese eine christliche Konzeption ist, so kehrt jedenfalls damit das Christentum seine aristokratische Seite hervor.

Und doch ist das Christentum die Demokratie als Religion, – wie man sagen kann, daß die Demokratie der politische Ausdruck des Christentums ist. Den revolutionären Sinn des Christentums erfaßt Goethe mit dem Wort: »Die christliche Religion ist eine intentionierte politische Revolution, die, verfehlt, nachher moralisch geworden ist.« Das ist objektiv bemerkt; über sein persönliches Verhältnis zum Christentum sagt es nichts aus. Man muß aber insistieren: Wie stand er dazu? Wie stand er zum Glauben, zur Frömmigkeit überhaupt? Ich möchte da einen Spruch anführen, der mir unendlich zum Herzen spricht, unendliche Sympathie erregt. Er sagt:

> Ich habe nichts gegen die Frömmigkeit,
> Sie ist zugleich Bequemlichkeit;
> Wer ohne Frömmigkeit will leben,
> Muß großer Mühe sich ergeben:
> Auf seine eigne Hand zu wandern,
> Sich selbst genügen und den andern
> Und freilich auch dabei vertraun,
> Gott werde wohl auf ihn niederschaun.

Er vertraut auf das obere Wohlwollen, auch wenn, oder gerade wenn er's sich nicht im bergenden Hafen eines Glaubens bequem macht, sondern in schutzloser Freiheit, auf eigene Hand, sein Bestes tut.

[...]

Und doch ist sein Protestantismus nicht ganz zuverlässig: er läßt zuweilen der Bewunderung Raum – nicht sowohl für die ästhetischen Vorteile, als vielmehr für die demokratisch-gemeinschaftsbildenden Kräfte katholischen Lebens. Sie sind stärker, beglückender, findet er dann auf einmal, als die des protestantischen. »Man müßte gleich katholisch werden«, ruft er, »um teil an der Existenz der Menschen zu haben. Sich unter sie mischen, gleichgestellt, ein Leben auf dem Markt, im Volk. Was wir in den kleinen souveränen Staaten für elende, einsame Menschen sind!« Und er preist Venedig als Monument nicht eines Befehlenden, sondern eines Volkes.

»Ein Leben im Volk« – auch das ist Goethe, ist es von früh an. Kinder, Volk, Natur, das war die Liebe, die *erwiderte* Liebe des Werther-Jünglings, und man braucht nicht an die warmen Volksszenen im ›Egmont‹ und ›Faust‹ zu denken, man muß nur denken an sein persönliches Wohlsein bei volkstümlichen Anlässen, wie etwa beim Rochus-Fest zu Bingen, um zu erfahren, was es ihm bedeutet, mit dem Volk zu sein, umschlossen von ihm bei Vogelschießen und Brunnenweihe; wie sehr er das Volk-

hafte als trauliches Naturelement, nährendes Tal des Unbewußten und der Verjüngung empfindet. »Im Bewußtsein«, sagt er,
»kann der Mensch nicht lange verharren; er muß sich zuweilen
wieder ins Unbewußte flüchten, denn darin lebt seine Wurzel.«
– Könnte Schiller den Satz gesprochen haben – der stolze
Kranke, der Aristokrat des Geistes, der große, rührende Narr
der Freiheit? »Er hatte«, äußert Goethe lächelnd zu Eckermann, »das merkwürdige Glück, als besonderer Freund des
Volkes zu gelten, war aber, unter uns, weit mehr ein Aristokrat
als ich.«

Das ist wahr, ohne so ganz die Wahrheit zu sein. Denn die
konservative Liebe zum Volkselement, wie Goethe sie kannte
und hegte, ist etwas anderes als die ideelle und revolutionäre
Liebe zur Menschheit, die Schillers pathetische Sache war und
die seine Art von Volkstümlichkeit bestimmte, indem sie ihn
zum Sänger eines politisch emanzipierten, die ökonomische
Freiheit erobernden Bürgertums machte. Goethe hatte davon
nur das Wissen, nicht die Begeisterung: ein neutrales Bescheidwissen, das ihn 1792, nach der Entscheidung von Valmy, dem
Siege der Revolution über die alten Mächte Europas, zu seiner
militärischen Umgebung sagen läßt: »Von hier und heute beginnt eine neue Epoche der Weltgeschichte, und ihr könnt sagen, ihr seid dabei gewesen.« »Der König flieht, der Bürger triumphiert« – er wußte es und willigte mehr darein, als daß er es
begrüßte. Ein nützliches Aevum kommt jetzt herauf, das es mit
Geld und Verkehr, Geist, Handel und Wohlstand zu tun hat und
gegen das er nichts einwenden will, vor allem nicht, weil die
Tendenz zur Weiträumigkeit ihn verwandt und sympathisch anspricht, seinem expansiven Bedürfnis entgegenkommt.

[...]

Goethe hatte eine eigentümliche Art, das *Wissen* um den Willen der Zeit gleichzusetzen mit dem *Gehorsam* gegen ihn, mit
der Verpflichtung, ihm zu dienen, ihn zu fördern und »die Epoche zu beschleunigen«. So ist sein Bescheidwissen über die Welt-
stunde, über das, was die Glocke geschlagen hat, zugleich Pro-
gressivität, und er hat sehr recht, sich den Titel eines »Freundes

des Bestehenden« nebst allem, was es jederzeit an Überlebtem und Schlechtem enthält, energisch zu verbitten. »Die Zeit«, sagte er, »ist in ewigem Fortschreiten begriffen, und die menschlichen Dinge haben alle fünfzig Jahre eine andere Gestalt, so daß eine Einrichtung, die im Jahre 1800 eine Vollkommenheit war, schon im Jahre 1850 vielleicht ein Gebrechen ist.« – Die Aufmerksamkeit auf Veränderungen im Bilde der Wahrheit und des Rechten und der intelligente Gehorsam, der ihnen Rechnung trägt – das ist eigentlich seine politische Religion.

Und wiederum, nimmt man gewisse intime Bekenntnisse hinzu, wie die Briefstelle an Frau von Stein zur Zeit der Winterreise in den Harz: »Wie sehr ich wieder auf diesem dunklen Zug Liebe zu der Klasse von Menschen gekriegt habe, die man die niedern nennt, die aber gewiß vor Gott die höchste ist«; nimmt man hinzu, welche Empfindlichkeit er schon zur Zeit der ›Mitschuldigen‹ für »die seltsamen Irrgänge« bekundete, »mit denen die bürgerliche Gesellschaft unterminiert ist«; nimmt man ferner hinzu, daß er in ›Hermann und Dorothea‹ von der begeisternden Freiheit und von der höheren – »der höheren«! – Gleichheit spricht, und daß er sich noch kurz vor dem Ende seines Lebens mit den Theorien des französischen Sozialisten Saint Simon objektiv vertraut machte, – so gelangt man zu sonderbaren Fragestellungen. Ich bin nicht absolut sicher – es ist nur ein Argwohn, aber ich will ihn aussprechen –, ob nicht heute Goethe's Blick eher auf Rußland gerichtet wäre, als auf Amerika. Ich führe sogleich seine Mißbilligung des Despotismus dagegen ins Feld. Aber vor dem Phänomen Napoléon versagte bekanntlich dieser Widerwille, und wer weiß, wovor er heute versagen würde! Die Frage ist ja, wie das mitwirkende Sich verlieren in der geregelt tätigen Masse, das zuletzt, wenn nicht sein Ideal, so doch seine Vision war, sich anders abspielen soll, als unter der Kontrolle des Staates und unter einem gewissen Despotismus. Sein heller Geist hat sich bestimmt keine Illusionen darüber gemacht, daß es unter den neuen sozialen Verhältnissen um die »staatsfreie Sphäre«, auf welcher der Liberalismus besteht, mehr und mehr geschehen sein werde, und ich würde mich nicht wundern, wenn schon die Frage ihn beschäftigt hätte, ob die Freiheit der Forschung und Kunst nicht bei einem Staat, der selbst nicht mehr das Instrument des Privatinteresses wäre, besser aufgehoben wäre, als in der Abhängigkeit von eben diesem.

Goethe und die Demokratie, 1949, im Manuskript gestrichene Passage

Die bürgerliche Revolution muß sich ins Ökonomische fortentwickeln, die liberale Demokratie zur sozialen werden. Jeder weiß das im Grunde, und wenn Goethe gegen das Ende seines Lebens erklärte, jeder vernünftige Mensch sei doch ein gemäßigter Liberaler, so heißt das Wort heute: Jeder vernünftige Mensch ist ein gemäßigter Sozialist. *Meine Zeit, 1950*

Was die Politik betrifft, so war auch er [Goethe], wie sehr er auch den Künstler vor ihr warnte, ganz außerstande, das Unlösliche zu lösen und die Verbindung aufzuheben, die zwischen Kunst und Politik, Geist und Politik unweigerlich besteht. Hier wirkt einfach die Totalität des Menschlichen, die sich auf keine Weise verleugnen läßt. Goethe's Streitbarkeit gegen die Romantik, gegen Vaterländerei, katholisierende Launen, Kult des Mittelalters, poetische Tartüfferie und raffinierten Obskurantismus aller Art, – was war sie anderes als Politik, – ästhetisch-literarisch verkleidet wohl, aber im Grunde doch Politik pur sang, – schon weil der Gegenstand seiner Abneigung, der Romantizismus, selbst Politik war, nämlich Gegenrevolution? Man suche sich herauszuwinden, indem man von Kulturpolitik, Geistespolitik spricht, in vorgeblichem Gegensatz zur »eigentlichen«, zur Politik im »engeren« Sinn. Man wird dadurch nur die Unteilbarkeit des Problems der Humanität bestätigen, das nie und nirgends einen »engeren Sinn« hat, sondern alle Sphären in sich schließt. Das Ästhetische, das Moralische, das Politisch-Gesellschaftliche sind eines in ihm.

Der Künstler und die Gesellschaft, 1952

Europa war Herz und Hirn der Welt, und mein stiller Glaube ist, daß es auch in der neuen, vor unseren Augen sich hervorbildenden Emanzipationswelt nie aufhören wird, das zu sein. Goethe sagte: »Mir ist nicht bange, daß Deutschland nicht eins werde.« Lassen Sie uns sagen: Uns ist nicht bange, daß Europa nicht eins werde im Geist des Wissens, der Gerechtigkeit und des Friedens.

›Comprendre‹, 1953

Sittliche Kultur

Ein Literat also ist ein Wesen, das immer genau weiß: »Man muß jetzt – –« und immer auch gleich *kann*. Das Weitere ist bloß Kommentar. Der Literat nämlich *ist* nicht, er urteilt nur, – ein lustiges, neidenswertes Los, wie ich oft empfand. Denn wie leicht hat es der bloß Urteilende, immer in den richtigen Kahn zu springen, den Anschluß nie zu versäumen, immer mit der neuesten Jugend Arm in Arm befunden zu werden. Man kann aber »rückständig« sein und doch eben *mehr* sein, oder um ein Wörtchen hinzuzufügen und den Ton darauf zu legen, mehr *wert* sein, als manch ein urteilend an der tête Marschierender, – einfach, weil man überhaupt etwas ist und also schwerer, langsamer, weniger behend-mitläufig, voranläufig ist als so ein windiges Nichts von literarischer Orientiertheit ... Große Menschen, Menschen, die viel *waren*, die durch Bindungen, solide Gewichte ihres Seins gehindert wurden, in ein neues Meinen der Zeit hemmungslos und frisch-fromm-fröhlich sich zu stürzen, haben es *schwer* gehabt, sich mit solchem Neuen auseinanderzusetzen und zum Frieden damit zu gelangen: Ich führe noch einmal Goethe an und die Verstörung und Lähmung, die er durch den Einbruch der Revolution und der Politik erfuhr. Ein anderes Beispiel ist Pascal, dessen Größe und Faszinationskraft geradezu auf seiner problematischen Stellung zwischen den Zeiten, zwischen Mittelalter und Modernität, Christentum und Aufklärung beruht, denen beiden er mit Teilen seines Wesens angehörte, ein Kritiker und ein Religiöser. Solche Not schafft Geist, schafft Tiefe, Freiheit und Ironie, schafft Persönlichkeit. Persönlichkeit, das einzig Interessante auf Erden, ist immer ein Produkt der Mischung und des Konfliktes: Zeiten, Gegensätze, Widersprüche prallen aufeinander, werden Geist, Leben, Gestalt. Persönlichkeit ist Sein, nicht Meinen, und versucht sie sich

einmal im Meinen, so wird ihr bemerklich, daß sie aus Gegensätzen besteht und schlecht geeignet ist, das nichts als Neue, das
geistig streng Zeitgemäße zu propagieren.

Betrachtungen eines Unpolitischen, 1918

Ich habe viel in Ihren Gedichten gelesen und zur Sympathie, ja
zur Bewunderung viel Gelegenheit gefunden. Ein Zufall ist es
gewiß nicht, daß Sie auch künstlerisch am glücklichsten dort
sind, wo Ihr Gefühl den höchsten Grad von Freiheit und Unbe-
fangenheit erreicht, wie in den ›Schwimmern‹, die von der Humanität der jungen Generation viel in sich haben, und ›Wollust
der Worte‹, einem unzweifelhaft schönen Gedicht. Ich sage das,
obgleich ich den ›Tod in Venedig‹ geschrieben, dem Sie in Ihrem
Brief so freundliche Worte der Verteidigung widmen, – gegen
Einwände und Vorwürfe, die Ihnen selbst nur zu geläufig sein
mögen. [...] Es wäre mir höchst unerwünscht, wenn Ihnen –
und anderen – der Eindruck bliebe, daß ich eine Gefühlsart, die
ich ehre, weil sie fast notwendig – mit viel mehr Notwendigkeit
jedenfalls, als die »normale« – *Geist* hat, hätte verneinen oder
sie, soweit sie mir zugänglich ist – und ich darf sagen, sie ist es
mir kaum bedingter Weise – hätte verleugnen wollen.

Den *artistischen* Grund, warum es diesen Anschein gewinnen
konnte, haben Sie klug und klar erkannt. Er liegt in dem Unterschied zwischen dem dionysischen Geist unverantwortlich-indi-
vidualistisch sich ausströmender Lyrik und dem apollinischen
objektiv gebundener, sittlich-gesellschaftlich verantwortlicher
Epik. Ein Gleichgewicht von Sinnlichkeit und Sittlichkeit wurde
angestrebt, wie ich es in den ›Wahlverwandtschaften‹ ideal vollendet fand, die ich während der Arbeit am T. i. V., wenn ich
recht erinnere, fünf mal gelesen habe. Daß aber die Novelle im
Kerne hymnisch geartet, ja eines hymnischen Ursprungs ist,
kann Ihnen nicht entgangen sein. Der schmerzhafte Prozeß der
Objektivierung, der sich aus den Notwendigkeiten meiner Natur zu vollziehen hatte, ist geschildert in der Einleitung zu dem
sonst verfehlten ›Gesang vom Kindchen‹.

»Weißt du noch? Höherer Rausch, ein außerordentlich
                                          Fühlen
Kam auch wohl über dich einmal und warf dich danieder,
Daß du lagst, die Stirn in den Händen. Hymnisch erhob
                                          sich
Da deine Seele, es drängte der ringende Geist zum Gesange
Unter Tränen sich hin. Doch leider blieb alles beim Alten.
Denn ein versachlichend Mühen begann da, ein kältend
                                          Bemeistern, –
Siehe, es ward dir das *trunkene Lied* zur *sittlichen Fabel*.«

Aber der künstlerische Anlaß zum Mißverständnis ist eben nur
einer unter anderen, die rein geistigen sind sogar wichtiger: z. B.
die *naturalistische*, euch Jungen so fremde Einstellung meiner
Generation, die mich zwang, den »Fall« *auch* pathologisch zu
sehen und dies Motiv (Klimakterium) mit dem symbolischen
(Tadzio als Hermes Psychopompos) changieren zu lassen. Etwas noch Geistigeres, weil Persönlicheres kam hinzu: die durchaus nicht »griechische«, sondern protestantisch-puritanische
(»bürgerliche«) Grundverfassung der erlebenden Helden nicht
nur, sondern auch meinerselbst; mit anderen Worten: unser
gründlich mißtrauisches, gründlich pessimistisches Verhältnis
zur Leidenschaft selbst und überhaupt. Hans Blüher, dessen
Schriften mich sehr fesseln – die Idee seiner »Rolle der Erotik
etc« ist entschieden groß und tief germanisch –, hat den Eros
einmal bestimmt als die »Bejahung eines Menschen, abgesehen
von seinem Wert«. Bei dieser Definition, die alle Ironie des Eros
umschließt, muß man vom Standpunkt des Moralisten – einem
freilich wieder nur ironice einzunehmenden Standpunkt –
äußern: »Das ist ja eine nette Bejahung, die ›vom Werte absieht‹. Ich danke!« – Aber ernster gesprochen: Leidenschaft als
Verwirrung und Entwürdigung war eigentlich der Gegenstand
meiner Fabel, – was ich ursprünglich erzählen wollte, war überhaupt nichts Homo-Erotisches, es war die – grotesk gesehene –
Geschichte des Greises Goethe zu jenem kleinen Mädchen in
Marienbad, das er mit Zustimmung der streberisch-kuppleri-

schen Mama und gegen das Entsetzen seiner eigenen Familie partout heiraten wollte, was aber die Kleine durchaus nicht wollte ... diese Geschichte mit allen ihren schauerlich-komischen, hoch-blamablen, zu ehrfürchtigem Gelächter stimmenden Situationen, diese peinliche, rührende und große Geschichte, die ich eines Tages vielleicht doch noch schreibe.

Brief an Carl Maria Weber, 4. 7. 1920

[...] Der Autor hatte sich über die räumlichen Ansprüche des Gegenstandes getäuscht, ihn anfänglich zu klein gesehen; ein Werk wollte hier, wie das gehen mag, sich selber viel größer, als sein Erzeuger es gemeint hatte. »Ein solches Werk«, sagte Goethe später darüber, dankbar dafür, daß ein einsichtiger Freund das Buch als ein für sich bestehendes, mit eignem Leben begabtes Ganzes empfand, »ein solches Werk wächst einem unter den Händen und legt einem die Notwendigkeit auf, alle Kräfte aufzubieten, um seiner Meister zu bleiben und es zu vollenden.« Und was denn also 1809, nach zweijähriger Arbeit, nachdem der Sechzigjährige »was er vermochte, daran gewendet«, bei Cotta in Tübingen ans Licht kam, war ein Kapitalwerk des Dichters, ein wohlausgewachsener Roman in zwei Teilen und Bänden, – der größte nicht, aber der höchste der Deutschen.

Er ist unser höchster, darum haben wir ihn gewählt: ein Gebild, so mondän wie deutsch, ein Wunderding an Geglücktheit und Reinheit der Komposition, an Reichtum der Beziehungen, Verknüpftheit, Geschlossenheit. Denn Rochlitz hatte recht, als er an Goethe schrieb: »So sehr die Ausbeugungen, betrachtet man sie einzeln für sich, diesem zu widersprechen scheinen, so sehr bestätigen sie es, siehet man sie im Ganzen und aus dem Ganzen an.« Es ist ein Werk von so zarter und unerbittlicher Kenntnis des Menschenherzens, so ausgeglichen in Güte und Strenge, Klarheit und Geheimnis, Klugheit und Ergriffenheit, Form und Gefühl, daß wir es nur mit Staunen das unsere nennen. Aber da es denn wirklich unser ist, wollen wir es uns und den Fremden wieder aufstellen, als leuchtendes Zeichen der Möglichkeit deutscher Vollendung.

[...]

Halten wir uns auf der künstlerischen Ebene vorderhand! Stellen wir fest, daß die ›Wahlverwandtschaften‹ Goethe's *ideellstes* Werk sind, – wie er selbst es in einem Gespräch mit Ekkermann bezeugt, in dem er sagt, es sei im ganzen nicht seine

Art gewesen, als Poet nach der Verkörperung von etwas Abstraktem zu streben. Das einzige Produkt von größerem Umfang, wo er sich bewußt sei, nach Darstellung einer durchgreifenden Idee gearbeitet zu haben, möchten etwa seine ›Wahlverwandtschaften‹ sein. – Die Erinnerung an Schillers unsterbliche Abhandlung über das Naive und Sentimentalische ist deutlich – an diesen klassischen Essay der Deutschen, der eigentlich alle übrigen überflüssig macht, da er sie in sich enthält, in dessen Antithesenwelt aber Wirklichkeit und Leben niemals rein aufgegangen sind. Die Kunstwelt war allezeit voll von Mischungen beider Elemente, und Schillers kritische Sonderung irrt selbst theoretisch in dem einen Punkt, daß er nur das Geistige als strebend – nämlich nach Natur, nach Verleiblichung –, die Natur aber, das Naive, als in sich ruhend schildert. Streben ist nicht nur beim Geist, es ist auch dort, wohin er strebt. Auch die Natur ist sentimentalisch, ihr Ziel ist Vergeistigung. Eine hohe Begegnung von Natur und Geist auf ihrem sehnsuchtsvollen Weg zueinander: das ist der Mensch; und wir dürfen ein Werk, worin sie sich rein durchdringen, als ein höchstes, ein menschlichstes ansprechen.

Wirklich sind die ›Wahlverwandtschaften‹ geistige Konstruktion in einem Grade, wie man ihn bei Goethe, dem Sohn der Natur, nicht leicht zum zweitenmal findet. Die Bewußtheit und Kunstklugheit des Werkes wurde denn auch den Zeitgenossen sofort bemerklich, – im Sinn der Bewunderung teils und teils des Tadels. Eine gewisse Magerkeit der Gestalt und Symmetrie der Anordnung fiel auf, die Kürze der Erzählung gegen die langen und häufigen Reflexionen ebenfalls, und Solger schrieb damals an Goethe selbst, daß »man nach gemeiner Ansicht die Geschichte fast nur das *Gerippe* eines Romanes nennen könnte«. Er bewundert als »äußerst kunstreich«, wie die Personen nur in Gruppen einander entgegengestellt und die Teile jeder Gruppe einander nicht wenig verwandt und doch so weit, so sicher, so konsequent geschieden seien, »ja auch in dieser Verschiedenheit so geistreich *unter sich* gruppiert erscheinen«. Er räumte ein, daß »einigemal die Personen etwas mehr um des

Dichters und besonders um der herbeizuführenden Situation willen, als aus sich selbst und ihrem inneren Wesen zu tun schienen«, aber er betont auch mit Genugtuung, daß sie, die Charaktere, »keine wesenlosen Ideen« seien, sondern »wahre Personen« und Individuen, ohne daß, wie er hinzufügt, viel auf das gezählt wäre, was man im gemeinen Leben Eigenheiten nennt. »Diese scheinen vielmehr, wie kleine späte Drucker auf das Gemälde, nur aufgetragen, den Schein der Wirklichkeit täuschender – so täuschend zu machen, als die würdige Kunst mag.« – Würdiger Solger! Nicht wachsplastische Panoptikum-Illusion, vor welcher der Pöbel das Maul aufsperrt: Leben im Licht des Gedankens, die ideelle Transparenz der Charaktere, die aber keineswegs wesenlose Ideen, sondern Menschen sind, – das empfand er als »würdige Kunst«, und er gibt in der Tat damit die Bestimmung des Dichterischen. Die Figuren der ›Wahlverwandtschaften‹ sind voll warmen individuellen Lebens. Riemer erzählt, wie man in Karlsbad förmlich unter diesen eingebildeten Personen der Phantasie verkehrt habe, als wären es wirkliche, und wie sie auch zu Vergleichungen mit wirklichen nötigten. Eine Charlotte war gleich unter den Badegästen gefunden, ein Hauptmann ebenfalls, ein Lord, ein Mittler desgleichen. Daß vollends der Architekt, die Figur, die vielleicht am meisten Beifall erhielt, ein ausgemachtes Porträt sei, war rasch herum: man kannte das Urbild, man wies mit Fingern auf den lang gewachsenen jungen Kunstler aus Kassel, Engelhardt mit Namen, dei Goethen für diese Gestalt seine Züge hatte leihen müssen, und Abbilder gesellschaftlicher Wirklichkeit wollte man auch sonst in den Gestalten des sensationellen Romanes erkennen: in der Charlotte die Herzogin Luise, im Hauptmann einen Freiherrn von Müffling, in Luciane das Fräulein von Reitzenstein und so fort. *Zugleich* aber sind diese Menschen Symbole, ebenmäßig angeordnete und durcheinander bewegte Schachfiguren einer hohen Gedankenpartie, Repräsentanten einer Naturmystik, die ihnen die Namen Otto und Ottilie, korrespondierende Kopfschmerzen zuspielt, sie anderer Leute Kinder zur Welt bringen läßt ... Wir sagen »zugleich«, nicht nebenher, außerdem. Denn es handelt sich um ein Ineinander von Plastik und Idee, von Vergeistigung und Verleiblichung, eine wechselseitige Durchdringung des naiven und sentimentalischen Wesens, wie sie sich, sollten wir denken, so glücklich in aller Kunstgeschichte nicht wieder ereignet hat.

Das Verhältnis ist auf der moralischen Ebene kein anderes, – dort, wo das Plastische und das Kritische, das Dichterische und das Schriftstellerische die Namen des Sinnlichen und Sittlichen führen oder die historischen Namen des Heidentums und Christentums.

[...]

Er war Spinoza-Schüler, und wenn freilich die dualistische Trennung von Gott und Natur Grundbedingung der Christlichkeit ist, so war Spinoza Heide, und Goethe war es mit ihm. Allein mit Gott und Natur ist die Welt nicht ausgesagt, das Menschliche, das Humane gehört mit hinein, und Spinoza's Humanitätsbegriff ist christlich, insofern er das menschliche Phänomen als das *Bewußt*werden der Gottnatur im Menschen, als ein Durchbrechen dumpfen Seins und Webens, als ein Sich-Lösen also von der Natur und damit als *Geist* bestimmt. Auch ist jene berühmte »Beilegung der Leidenschaften durch ihre Analyse« unbedingt nichts Heidnisches, und das spinozistische Motiv der »Entsagung«, das mit der Zeit zum Generalmotiv von Goethe's Leben und Werk wurde, wie für Schiller die Idee der Freiheit und für Wagner die der Erlösung, ist es ebensowenig.

Über die Ausstrahlungen dieses zentralen Motivs, das schon im Untertitel der ›Wanderjahre‹ erklingt, von denen die ›Wahlverwandtschaften‹ ein Ableger sind, wäre vieles zu sagen, wozu hier kein Raum ist. Wir wollen nur aussprechen: Was Maß, was Form ist an Goethe, seine Gestalt, sein Standbild, wie es heute der Nation vor Augen steht, ist Werk der Entsagung. Wir reden nicht allgemein, nicht von dem Opfersinn, der Sinn aller Kunst ist, nicht von dem Kampfe mit dem Chaos, dem Verzicht auf Freiheit, der schöpferischen Bescheidung, die das innere Wesen des *Werkes* ausmacht. Goethe's Entsagungspathos – oder, da es sich um Dauerndes, die Existenz Durchwaltendes handelt – sein Entsagungsethos ist persönlicher Art, ist Schicksal, ist Instinktbefehl seiner besonderen nationalen Sendung, die eine wesentlich *sittigende* Sendung war. Oder sollte dies Schicksal und diese Sendung, diese Bindung, Bedingung und Beschränkung, diese erzieherische Entsagungspflicht dennoch etwas weniger Goethisch-Persönliches sein, als es uns eben schien? Wäre sie die Schicksalsvorschrift, der eingeborene und bei schwerer geistiger Strafe unverbrüchliche Imperativ jedes geistigen Deutschtums, welches irgendwie und in welchem Grade immer zu bildender Verantwortlichkeit zu erwachsen bestimmt ist? – Wir sprachen von einem Gefühl der Bundesgenossenschaft, das Goethe offenbar augenblicksweise im Angesichte des Christentums berührt habe. Worin bestand diese Bundesgenossenschaft und worauf bezog sie sich? Goethe neigt sich vor der »sittlichen Kultur« des Christentums, das heißt: vor seiner Humanität, seiner sittigend-antibarbarischen Tendenz. Es war die seine, und jene gelegentlichen Huldigungen entstammen ohne Zweifel der Einsicht in die Verwandtschaft der Sendung des Christentums innerhalb der völkisch-germanischen Welt mit seiner eigenen. Hier, das ist: darin, daß er seine Aufgabe, seine nationale Berufung als wesentlich zivilisatorisch begriff, liegt der tiefste und deutscheste Sinn seiner »Entsagung«. Wer zweifelt, daß in Goethe Möglichkeiten einer Größe lagen, – wilder, üppiger, gefährlicher, »natürlicher« als die, welche sein Selbstbändigungsinstinkt zu entfalten ihm gestattete, und in der das hochpädagogische Bildwerk seiner Gestalt uns heute vor Augen steht? In seiner ›Iphigenie‹ gewinnt die Idee der Humanität, als Gegensatz der Barbarei, das Gepräge der Zivilisation – nicht in dem polemischen und schon politischen Sinn, in dem man heute das Wort zu gebrauchen pflegt, sondern in dem der »sittlichen Kultur«. Es war ein Franzose, Maurice Barrès, der die ›Iphigenie‹ ein »zivilisierendes Werk« genannt hat, das »die Rechte der Gesellschaft gegen den Hochmut des Geistes vertrete«. Die Äußerung trifft fast genauer noch auf jenes andere Werk der Selbstzucht und -züchtigung, ja, der Kasteiung, den ob seiner Atmosphäre von Bildung, Hof und Zimperlichkeit gern verschmähten ›Tasso‹ zu. Es sind Werke der Entsagung, Werke deutsch-erzieherischen Verzichtes auf die Avantagen des Barbarismus, die der durchaus voluptuöse Richard Wagner mit so ungeheurer Wirkung sich gönnte – und mit der gesetzmäßigen Straffolge, daß sein ethnisch-schwelgerisches Werk täglich einer roheren Popularität verfällt.

Neben die ›Iphigenie‹, den ›Tasso‹ stellen wir die ›Wahlverwandtschaften‹. Sie sind nach Sprache, Geist, Haltung, Gesinnung ein deutsches Werk höchster Gesittung; und es ist wunderbar, wie gesellschaftliche und religiöse Gegen-Natur – die nicht Wider-Natur, sondern eben nur »sittliche Kultur« ist – sich hier finden, vereinigen, und wie Gesittung zur Sittlichkeit wird. ›Die Wahlverwandtschaften‹ sind Goethe's *allerchristlichstes* Werk, und auf sie hat er sich berufen, wenn ihm daran lag, sich gegen den Vorwurf des Heidentums zu verteidigen. »Ich heidnisch?« rief er eines Tages. »Nun, ich habe doch Gretchen hinrichten und Ottilien verhungern lassen, ist denn das den Leuten nicht christlich genug? Was wollen sie noch Christlicheres?« Aber aus diesen Worten spricht auch ein tiefer Schmerz um die holden Naturkinder, seine Schwestern und Geschöpfe, und um das Opfer, das er mit ihrer Vernichtung dem Sittengesetz gebracht. Die Sterne waren aufgegangen während einer Fahrt mit Sulpiz Boisserée von Karlsruhe nach Heidelberg, sechs Jahre nach Beendigung des Romans. »Er sprach von seinem Verhältnis zu Ottilie, wie er sie lieb gehabt, und wie sie ihn unglücklich gemacht. Er wurde zuletzt fast rätselhaft ahndungsvoll in seinen Reden.« – Großes, gütiges Herz, das der Natur, seinem Elemente, in allem Gehorsam gegen das Vergeistigungsgebot nicht untreu wird; das dem Sittlichen tragisch-männlich seinen Tribut zollt, aber am Weibe hängt und unter den Sternen Ahnungsvolles über das rätselhafte Schicksal der Menschheit murmelt, die er lieb hat und die ihn unglücklich macht!

»Der sehr einfache Text dieses weitläufigen Büchleins«, schrieb er, »sind die Worte Christi: *Wer ein Weib ansieht, ihr zu begehren* etc. Ich weiß nicht, ob irgend jemand sie in dieser Paraphrase wieder erkannt hat.« – Das ist ja Tolstoi! Aber, ach Gott, es ist nicht Tolstoi, denn nicht um die Asketik des Absurden, nicht um den erschütternd hilflosen Vergeistigungsdrang *wilder* Naturkindschaft, nicht um Widernatur, wir wiederholen es, handelt es sich hier, sondern um sittliche Kultur, um die tiefste, ahnungsvoll verwandte Sympathie mit dem Naturhaften bei allem Gehorsam gegen den höheren Befehl, um sittliche Überwindung in einer Tragik, die voller Liebe ist und in eine Verklärung ausgeht, welche die Menschheit das unauflöslich Tragische eben ihres Loses als heilig empfinden lehrt.

Denn Ottilie ist eine Heilige, – wenn sie als solche auch nicht erkannt wurde, als ihr Roman erschien. Sollte man es glauben? Das Buch chokierte. »Jede Art Wartburg in Deutschland«, wie Nietzsche sagen würde, schrie Zeter über seine Sündhaftigkeit, – als ob Christentum es überall mit etwas anderm zu tun hätte als mit der Sünde, und als ob Heiligkeit aus etwas anderm erwachsen könnte als eben aus ihr. Ottilie ist eine Heilige. Wieland fühlte es, wenn er es auch weder goutierte noch verstand. Auch er war »chokiert«, von seiner Seite, und zwar über des Buches »moralische Tendenz«. Auch dieses Gegenteil kam vor. Er nannte die ›Wahlverwandtschaften‹ »ein wirklich schauerliches Werk« und sprach damit den Radikalismus ihrer Christlichkeit aus, der zuletzt nicht weniger unbedingt ist als der der ›Kreutzersonate‹, den Kryptenduft, der uns am Schlusse umschauert, die »schaurige Ruhe«, zu der, wie Knebel sagt, »die Geschichte gegen das Ende steigt«, und vor der Wieland zu den humoristischen Menschlichkeiten des Buches flüchtete: zu solchen freilich entzückenden Dingen, wie daß Eduard nach dem ersten Zusammensein mit Ottilie äußert: »Sie ist ein angenehmes, unterhaltendes Mädchen«; worauf Charlotte antwortet: »Unterhaltend? Sie hat ja den Mund noch nicht aufgetan.« – Für dieses Wort, sagte Wieland, würde er, wenn er der Herzog wäre, Goethen ein Rittergut schenken. Wir pflichten ihm vollkommen bei, – ohne zu meinen, daß der vorurteilsfreie alte Herr von der Heiligengeschichte sehr viel verstanden habe.

Der erste Keim dazu senkte sich früh in Goethe's Seele. Er war Student, als er, von Straßburg aus, jene Wanderung nach dem Sankt Odilienberge im Niederelsaß unternahm, von der er in ›Dichtung und Wahrheit‹ erzählt. »Hier, wo das Grundgemäuer eines römischen Kastells noch übrig, sollte sich in Ruinen und Steinritzen eine schöne Grafentochter aus frommer Neigung aufgehalten haben. Unfern der Kapelle, wo sich die Wanderer erbauen, zeigt man ihren Brunnen und erzählt gar manches Anmutige. Das Bild, das ich mir von ihr machte, und ihr Name, prägte sich tief bei mir ein. Beide trug ich lange mit mir herum, bis ich endlich eine meiner zwar spätern, aber darum nicht minder geliebten Töcher damit ausstattete, die von frommen und reinen Herzen so günstig aufgenommen wurde.« – »Von frommen und reinen Herzen.« Spricht er von dem Buch, das doch auch etwas wie einen Skandal erregte, nicht ganz wie von einer Heiligenlegende? – Das Naturwissenschaftliche kam später hinzu: die Idee, den Begriff der »Wahlverwandtschaft«, der chemischen Affinitäten ins Menschlich-Soziale zu übertragen, die eigentümlichste, mystisch-innigst empfundene Erotisierung stofflich-naturhafter Anziehungskräfte, die so wenig verstanden wurde, daß die Philister einander fragten, wie Goethe doch zwei Bände über diese chemische Sache habe schreiben mögen, da er ja nichts als das Bekannte, in einem Kapitel der Chemie Vorkommende, »abhandle«. Abhandle, – es ist nicht stupider zu sagen. Aber auch heute noch ist kaum die Kühnheit ganz nachzufühlen, die in der Konzeption lag, die Naturgebundenheit des Menschen, seine leidenschaftliche Notwendigkeit in ein Symbol jener Wissenschaft zu kleiden, in der das Exakte mit dem Mystischen sich von jeher, wie in keiner anderen, vermischte, – und ihm die *Freiheit* des Menschen entgegenzusetzen: jene unberechenbaren Kräfte der Menschenseele, die das Ungeheuerste, das Natürliche zu überwinden vermögen, die über seinen »Gesetzen« sind und vielleicht einer höheren Ordnung angehören.

Ottilie ist das süßeste Kind der Natur, das je von eines Künstlers Hand gebildet wurde. Sie hat, in ihrer Sanftheit, ihrer lächelnden Stummheit und nachtwandlerischen Lieblichkeit, von einem Elementarwesen der Romantik, einer Undine, nicht wenig, ihre sympathetische Naturverbundenheit ist recht aus dem Herzen ihres Dichters erfunden, dessen Liebe sie atmosphärisch umgibt: das Pendel schlägt aus in ihrer Hand über den Metallen, ihr linksseitiger Kopfschmerz stellt sich ein in der Nähe eines Kohlenlagers, von dem niemand weiß. Die ganze Unschuld und Schuldhaftigkeit der Natur ist ausgedrückt in der sensitiven Unbewußtheit dieser holden Gestalt. Sie liebt nach dem Naturgesetz gegen das Sittengebot, sie wird, wie ihre Schwester Gretchen, der Sünde bloß, doch – alles, was sie dazu trieb, Gott! war so gut, ach, war so lieb! – Goethe liebte, als er sie schuf, man sieht es wohl. Der Schatten der heiligen Odilie gewann süßes Blut durch ein gegenwärtiges Menschenbild, als er eben begonnen hatte, seine Erzählung zu schreiben. Er stand in einer seiner späten Passionen damals: die achtzehn Jahre der kleinen Herzlieb, Pflegetochter des Buchhändlers Frommann in Jena, hatten es dem Achtundfünfzigjährigen angetan; und die Entsagung, die der »dezidierte Heide« in diesem wie in sämtlichen höheren Fällen seines Liebeslebens übte, legte er in die Brust seines Geschöpfes: aus dieser Entsagung ist die grundeigentümliche, süße und namenlos unheimliche Friedensstimmung gegen Ende des Romans gewoben, als Eduard, Charlotte und Ottilie scheinbar wie ehedem wieder beieinander leben; sie ist es sicher, die dem Dichter den schaurlich-sublimen Schluß, das Kartieren Ottiliens eingegeben hat (so klüglich vorbereitet durch die frühe Mitteilung ihrer befremdlichen Mäßigkeit im Essen und Trinken schon während ihrer Pensionszeit), die volkstümliche Wundertätigkeit ihres Leichnams, das seraphische Ende. Der Knabentraum des Studenten von der heiligen Odilie vermischt sich mit der entsagenden Leidenschaft des Ergrauten für ein junges Leben zum tragischen Gedicht, das beides feiert: die Macht der Natur und die einer menschlichen Übernatur, die sich durch den Tod ihre Freiheit salviert.

›Die Wahlverwandtschaften‹ sind höchste Dichtung in ihrer Einheit von Gestalt und Gedanke. Sie *sind* im Künstlerischen wahrhaftig, was sie im Ideellen darstellen: Naturvergeistigung, »sittliche Kultur«. Von jeher war große Kunst die Künderin des dritten Reiches; Kunst ist das Vorbild der Menschheit; und der Dichter, im Bunde gleichermaßen mit beiden Mächten, Natur und Geist, ist wohl der Menschheit Meister zu nennen.

Was mich betrifft, in meinem Stande, so gehöre ich zu jener fontanischen Klasse von Künstlern, die nie aufhören, zu sich selber zu sagen: »Du kommst in so fragwürdiger Gestalt …« Mein Werk, dies fragmentarische, unzulängliche, schlackenvolle Werk – glauben Sie mir – und besonders meine Kollegen bitte ich, mir das zu glauben –, ich denke aufrichtig bescheiden darüber. Goethe hat einmal gesagt, daß er die Größe mühsam habe lernen müssen. So habe ich, wiederum in meinem Stande, mühsam den Glauben lernen müssen, daß ich den Menschen und gar der Nation etwas sein könne. Ich habe ihn sehr spät erlernt. Ich habe es gesagt und sage es heute wieder: Immer war ich ein Träumer und Zweifler, der, auf die Rettung und Rechtfertigung des eigenen Lebens notgedrungen bedacht, sich nie eingebildet hat, er »könne was lehren, die Menschen zu bessern und zu bekehren«. Wenn trotzdem mein Treiben und Schreiben in der äußeren Menschenwelt bildende, führende, helfende Wirkungen gezeitigt hat, so ist das ein Akzidens, das mich in demselben Grade überrascht, wie es mich beglückt.

Tischrede bei der Feier des fünfzigsten Geburtstags, 1925

Auf Kleists unmittelbare Vorlage zurückzukommen, so weiß ich, daß Molière's Amphitryon-Dramatisierung auf den hofgesellschaftlichen Witz hinausläuft: »Un partage avec Jupiter n'a rien qui déshonore«; und Kleist hat mit jener kindlichen Folgsamkeit, mit der Dichter gegebene Elemente der Wirklichkeit oder einer naiven Vorlage in ihr Werk übernehmen und die man auch bei Shakespeare kennt, diese Wendung dem Sinne nach sich angeeignet. »Zeus«, läßt er in der letzten Szene seinen Donnerer sagen, »Zeus hat in deinem Hause sich gefallen« – und Alkmenens Erdengatte hat das nicht nur nicht als entehrend, sondern als höchst schmeichelhaft anzusehen, eine Lösung, die Goethe »klatrig« fand, während er weit entfernt war, sie bei seinem französischen Liebling zu beanstanden. Gerechtigkeit war nicht seine starke Seite. Nur die Lumpe, scheint es, sind gerecht. Und doch hätte Seine Majestät die Verse gnädigst ins Auge fas-

sen mögen, mit denen Kleists Jupiter seine göttlich unver-
schämte Erklärung ergänzt, die Franzen- und Schranzenfrivo-
lität in ein verwandelndes, echt erhabenes und metaphysisch
versöhnliches Licht rückt und ihr einen dem Geist seiner Dichtung würdigen Sinn verleiht, die fast verzwickt denkerischen
Verse nämlich:

> Was du, in mir, dir selbst getan, wird dir
> Bei mir, dem, was ich ewig bin, nicht schaden.

Dies ist Kleists Art, das Frivole zu vergöttlichen oder zu dämonisieren. Der Tonfall Merkurs als Sosias im Gespräch mit der
armen Charis, der verwirrend-mondäne Skeptizismus, mit dem
der Gott dem zänkisch-ehrsamen Weibe den bürgerlichen Tu-
gendsinn erschüttert, ihr das Laster bequem und liebenswürdig
macht, hätte Goethe mephistophelisch anheimeln können.
[...]
Sie [Alkmene] hat Amphitryon, den geliebten Gatten,
umarmt; er war es, und sie war es, und war er's nicht, so war
auch sie es nicht, denn ihr Gefühl für ihn ist mit dem der eigenen
Identität verbunden, und mit der Sicherheit des einen wird die
des anderen erschüttert.

> O Charis! – Eh' will ich irren in mir selbst!
> Eh' will ich dieses innerste Gefühl,
> Das ich am Mutterbusen eingesogen,
> Und das mir sagt, daß ich Alkmene bin,
> Für einen Parther oder Perser halten.

Es ist jener kleistischen Konflikte einer, die Goethe abstießen.
Es ist die »Verwirrung des Gefühls«, auf die, wie er sagte, dieser
Autor ausgehe, und die er als krankhaft mißbilligte. Soll ich sagen, daß ich nie die grausame Kälte Seiner geliebten Majestät
gegen Kleist und gegen seine Neigung zu pathologischer Stoffwahl habe verstehen, gutheißen, sie auch nur als folgerecht
habe empfinden können? Krank, grillenhaft, extrem – was sol-

len mir solche Vorwürfe im Munde eines Psychologen gleich ihm, dessen Lust an schriftstellerischer Erfassung seelischer Intimitäten und Neuigkeiten die lebhafteste war, der seinen Achill über der Liebe zu Polyxena das Schicksal seines frühen Todes »nach der Tollheit seiner Natur rein vergessen« lassen wollte und an Schiller schrieb, daß »man ohne pathologisches Interesse wohl schwerlich sich den Beifall der Zeit erwerben werde«? Wo Psychologie ist, da ist auch das Pathologische schon; die Grenze ist nahe und fließend. Tasso ist wohl gesund? Werthern extrem zu nennen, wäre wohl fehlerhaft? Eine Gestalt wie Mignon ist zweifellos ganz ungeeignet, Verwirrung des Gefühls hervorzurufen? Hatte der würdig und streng Gewordene alles vergessen? Deckte er alles »zu weit« Gehende, alles gewagt Menschliche seiner eigenen dichterischen Vergangenheit mit pädagogisch-humanistischer Verleugnung zu? Man hätte offener zu ihm reden sollen. Aber mit einem »großen Manne« offen zu reden, ist wohl nicht deutsche Art.

Kleists ›Amphitryon‹, 1927

Die Kunst ist *kalte* Sphäre, man sage, was man wolle; sie ist eine Welt der Vergeistigung und hohen Übertragung, eine Welt des Stils, der Handschrift, der persönlichsten Formgebung, objektive Welt, Verstandeswelt (»Denn sie kommt aus dem Verstande«, sagt Goethe) – bedeutend, vornehm, keusch und heiter, ihre Erschütterungen sind von strenger Mitteilbarkeit, man ist bei Hofe, man nimmt sich wohl zusammen. [...]

Über den Film, 1928

Das Menschenrecht hängt mit den sogenannten »bürgerlichen Ideen«, mit der Idee selbst, mit dem, was der unterscheidende Mensch das Gute nennt, mit den sittlichen Forderungen der Freiheit, der Wahrheit, der Gerechtigkeit untrennbar zusammen, und kein anti-intellektualistischer Rückschlag, keine Anthropologie des Unbewußten, keine »konservative Revolution«

kann ihm – im Geiste – je den leisesten Abbruch tun, gesetzt auch, daß sie sich als »national« empföhle. Ein Volk, dem einmal die kühn-emanzipatorische und willensherrliche Adelsgestalt Schillers vor Augen stand, ein Volk, dem das dialektische Erlebnis des befreundeten Widerspiels seiner Größe zu dem Natur-Adel Goethe's zuteil wurde, kann nicht einem einseitigen Kult des Dynamisch-Biologischen verfallen, und nie kann ihm Humanität zur toten Historie werden.

Es weiß auch, daß es den Problemen seines Lebens, seines Staates, seiner Wirtschaft nicht gerecht werden kann ohne den Mut zur Vernunft und zum Willen, ohne den Künstlerglauben an einen formenden, dem Leben nicht nur folgenden und sich ihm »anpassenden«, sondern es meisternden Menschengeist, mit einem Wort: ohne Idealismus. Das deutsche Volk hat nie von Literaten regiert sein wollen, – aber die widrigste Erscheinungsform alles Intellektualismus, den Literaten der Anti-Idee, hat es Miene gemacht, sich zum Führer zu küren. Oder was wären die Wortführer des »Nationalsozialismus« anderes als schlechte Literaten?

Die Wiedergeburt der Anständigkeit, 1931

Ich vergesse nie den Eindruck, den es mir machte, als ich zum erstenmal die Antwort las, die er einem jungen Menschen erteilte, der ihm begeistert erklärt hatte, für die Kunst wolle er leben und sich mühen und leiden. Goethe versetzte kühl: »Von Leiden kann ja bei der Kunst nicht die Rede sein.« Er hat für Schwärmer, für poetische Enthusiasten jederzeit kalte Duschen bereit. Eines Tages wirft er zur Bestürzung des Gesprächspartners hin, ein Gedicht sei eigentlich gar nichts. »Jedes Gedicht ist gewissermaßen ein Kuß, den man der Welt gibt. Aber aus bloßen Küssen werden keine Kinder.« Worauf er abbricht und das Gespräch nicht fortführen will.

Goethe als Repräsentant des bürgerlichen Zeitalters, 1932

Das Sprachlich-Sentenziöse bei G. Vieles ist nur klassisch-end-
gültige Formulierung, wundervoll treffend, genau u. erquick-
lich von schon Gedachtem und Gesagtem. (»Man muß nur versuchen es wieder zu denken.«) Wie etwa Boccaz bekannten
Novellen die endgültige, vollendete Form gibt. Erfüllung einer
humanen Aufgabe hierdurch. Rührend, wie der Mensch für
das, was der ihm mitgegebene Geist ihm zu erkennen erlaubt,
sprachlich durch den »Dichter« sorgt, um es durch die Form in
ewige Sicherheit zu bringen.

Vieles aber auch kühn und neu, gemacht, wie überhaupt der
Neuigkeitsreiz eine große Rolle spielt (»Zug von Verwegenheit«)

Moralisch geschlechtliche Kühnheit in dem Jugendwerk
Stella. Peinlich u. unmöglich, gewiß. (»Man muß sich die drei
beim Frühstück vorstellen.«) Aber es ist das Menschlich Kühne
u. Befreiende an sich, was zu bejahen ist, u. wenn man es bei
ihm bejaht, sollte mans dem Dichter überhaupt u. immer vorgeben, auch wenn sachliche Unsittlichkeit u. die Lächerlichkeit
des Unsittlichen dabei unterläuft. Es ist im Grunde doch recht,
grundsätzlich sympathisch u. notwendig. Ein großes Dichter-
Jubiläum muß dem Dichterischen u. seiner Duldung überhaupt
zugute kommen.   *Notizbuch 14, auf Anfang 1932 zu datieren*

Nietzsche erklärt, er fasse die Tristanpartitur nur mit Hand-
schuhen an. »Wer wagt das Wort«, ruft er, »das *eigentliche*
Wort für die ardeurs der Tristan-Musik?« Ich bin der etwas tan-
tenhaften Komik dieser Fragestellung heute viel zugänglicher
als mit fünfundzwanzig Jahren. Denn was ist da zu wagen?
Sinnlichkeit, ungeheure, spiritualisierte, ins Mystische getrie-
bene und mit äußerstem Naturalismus gemalte, durch keine
Erfüllung zu stillende Sinnlichkeit, das ist das »Wort« – und
man fragt sich, woher auf einmal bei Nietzsche, dem »freien,
sehr freien Geiste«, die Gehässigkeit gegen das Geschlechtliche
kommt, das in seiner Frage auf so psychologisch-denunziatori-
sche Weise angedeutet wird. Fällt er nicht aus seiner Rolle eines

Beschützers des Lebens gegen die Moral? Kommt nicht der Erz-moralist, der Pastorensohn zum Vorschein? Er wendet auf den ›Tristan‹ die Mystikerformel »Wollust der Hölle« an. Gut, und man braucht die Tristanmystik nur mit derjenigen von Goethe's ›Seliger Sehnsucht‹ und ihrer »höheren Begattung« zu verglei-chen, um innezuwerden, wie wenig wir überhaupt uns bei Wag-ner in Goethischer Sphäre befinden. Aber wieviel *leidender* die Seelenlage des Abendlandes im Laufe des neunzehnten Jahrhun-derts gegen die Epoche Goethe's geworden, dafür ist Nietzsche selbst am Ende kein schlechteres Beispiel als Wagner.

Leiden und Größe Richard Wagners, 1933

Der junge Schickele gab gestern durchs Telephon eine Meldung der Frankf. Zeitung über die »Umgestaltung« der Akademie wieder. Alle irgendwie europäisch angehauchten Mitglieder sind ausgetreten, selbst Pannwitz, auch Mombert. R. Huch frei-lich und – Hauptmann sind geblieben, auch dieser, der Mann der Republik, der Freund Eberts und Rathenaus, den Juden er-hoben u. groß gemacht haben. Er hat am »Tage der Arbeit« auf seinem Haus das Hakenkreuz hissen lassen. Er mag sich goe-thisch vorkommen in seiner Loyalität gegen das Gemeine. Es gefällt ihm, zu konversieren mit Gescheiten, mit Tyrannen. (Er war auch bei Mussolini.) Ich hasse diese Attrappe, die ich ver-herrlichen half, u. die großartig ein Märtyrertum von sich weist, zu dem auch ich mich nicht geboren weiß, zu dem aber meine geistige Würde mich unweigerlich beruft. –

Tagebuch 9. v. 1933

Aber ist es nicht so, daß der kosmologischen Weltbetrachtung im Vergleich mit ihrem Gegensatz, der psychologischen, etwas Pueriles anhaftet? Wobei ich mich der blanken und kugelrunden Kinderaugen Albert Einsteins erinnere. Ich kann mir nicht hel-fen: die humane Erkenntnis, die Vertiefung ins Menschenleben, hat reiferen, erwachseneren Charakter als die Milchstraßenspekulation – in tiefstem Respekte möchte ich's wahrhaben. »Dem einzelnen«, heißt es bei Goethe, »bleibe die Freiheit, sich mit dem zu beschäftigen, was ihn anzieht, was ihm Freude macht, was ihn nützlich deucht; aber das eigentliche Studium der Menschheit ist der Mensch.«   *Meerfahrt mit ›Don Quijote‹, 1934*

Nein, Sie haben Recht, zum Satiriker und Rationalisten fühle ich mich wenig geboren, obgleich diese trockene Sphäre oft etwas Erquickendes und Erholendes für mich hat. Aber das gebe ich zu, daß ich mich mit zunehmenden Jahren mehr und mehr als Apolliniker fühle und das Dionysische in wachsendem Maß als unappetitlich empfinde. Nehmen Sie nur R. Wagner als Geist und Menschen. Wirr, hilflos und ratlos, sehnsüchtig nach allen Seiten hin, nach dem Leben und nach dem Tode, im Grunde schrecklich. Zu sehr *Objekt* des Lebens für meinen Geschmack. Es preßt ihn und quetscht Werke hervor wie riesige Blasen. Aber haben Sie je ein Wort von ihm gelesen, das ihn als geistigen Herrn und Meister des Lebens zeigte? An Goethe darf man nicht denken. Aber gerade an ihn denke ich gern, weil er die Vernunft hat als Menschenmajestät und doch auch gedichtet hat »Sagt es niemand, nur den Weisen –«
Brief an Karl Vossler, 4. 5. 1935

Für Goethe, wie für jeden Humanisten, tritt das höchste und dringlichste Interesse der Menschheit, das Interesse am Menschen, selbstverständlich und legitim mit dem an der Sprache, die »gute Tat« mit dem »guten Gedicht« zusammen; das Humane vereinigt sich ihm auf die natürlichste Weise mit dem Literarisch-Philologischen. Das ist in der Ordnung und wird in der Ordnung bleiben. Ewig ist die Welt der Dinge, die man überhaupt nicht ausdrückt, es sei denn, man drücke sie gut aus.
[...]
Die scharfe Trennung zwischen sprachlich-humanistischem Bildungswesen und den »Realien« hat eigentlich niemals volle

grundsätzliche Berechtigung besessen. Die italienische Wiederbelebung der Antike bringt beides gleichzeitig hervor: den Humanismus und den Beginn der modernen Naturwissenschaften, der »nuove scienze«. Geisteswissenschaft und Naturwissenschaft war oft in großen, produktiven Typen vereinigt. Aristoteles war ein so guter Naturwissenschaftler, wie später Schopenhauer einer war; in Leibniz war das mathematische Element so stark wie in Spinoza; in Leonardo's Geist fand sich die Kunst mit dem wissenschaftlich-technischen Ingenium zusammen, und Goethe's Humanismus achtete es nicht für Raub, die Urpflanze zu erdenken und zur Aufklärung über die Metamorphose des tierischen Körpers eine so wichtige Einsicht beizutragen, wie die in die Entstehung der Schädelknochen aus den Wirbelknochen. *Humaniora und Humanismus, 1936*

Es ist nichts Neues, was ich Ihnen da sage; andere, größere haben es gesagt, und ich selbst habe es ausgesprochen, sobald es mir notwendig schien. Der goethisch erzogene, der kulturell gerichtete Deutsche, für den nach dem Wort seines Meisters »nur Kultur oder Barbarei Fragen von Bedeutung sind«, kann nicht Antisemit sein, er muß es sich versagen, an dieser niedrigen Volksbelustigung im Geringsten teilzunehmen, denn er fühlt wohl, daß es sich um die Grundlagen seiner Welt, die christlich-antiken Fundamente der abendländischen Gesittung handelt nebst allem, was an europäischer Idee und Liebe damit zusammenhängt und davon abhängig ist: den Ideen der Freiheit, der Wahrheit, des Rechts und der Menschlichkeit. In heiteren Zeiten büßen diese Ideen an Pathos ein, und der Geist, im Grunde ihrer Unsterblichkeit sicher, mag sie ironisieren. In so strenger Zeit aber wie dieser, in Kriegszeiten, wie man wohl sagen muß, gewinnen sie ihren ganzen fordernden und entscheidenden Lebensernst zurück. Man muß sich zu ihnen bekennen oder sie verleugnen, und wer sie verleugnet, der ist meiner Überzeugung nach ein verlorener Geist und eine verlorene Seele.

Zum Problem des Antisemitismus, 1937

Klassischer Humanist ist Schopenhauer vor allem als Ästhetiker in seiner Theorie des Schönen: seine Lehrmeinung, die das Genie als reinste Objektivität bestimmt, ist durchaus apollinisch-goethisch: auf Goethe beruft er sich, auf seiner Seite glaubt er zu stehen, fühlt sich als »Klassiker« und ist es sehr weitgehend nach seinem Denken und Urteilen, nämlich in jenem deutsch-bürgerlich humanen Sinn, von dem ich sprach, und der ihn feudale Ehren-Narreteien sowohl wie frömmlerisch-obskurantistische Neigungen, den Neu-Katholizismus seiner Zeit verachten läßt.

[...]

Was nun aber davor warnt, Schopenhauers humanistische Gesinnung, seine klassisch-apollinischen Willensmeinungen wörtlich und eigentlich zu nehmen, was vielmehr in seinem Fall, wie in so manchem andern, dazu anhält, zwischen Meinung und Wesen zu unterscheiden und den Menschen nicht mit seinen Urteilen zu verwechseln, das ist sein Extremismus, eine grotesk-dualistische Kontrasthaftigkeit seiner Natur, die man als *romantisch* im pittoresken Sinn des Wortes ansprechen muß, und die ihn von Goethe's Sphäre weiter entfernt, als sein Bewußtsein es sich je träumen ließ.

[...]

Bipolarisch, kontrast- und konflikthaft, qualvoll-heftig erlebt er die Welt als Trieb und Geist, Leidenschaft und Erkenntnis, »Wille« und »Vorstellung«. Wie, wenn er ihre Einheit in seinem Künstlertum, seinem Genie gefunden, wenn er verstanden hätte, daß Genie durchaus nicht stillgelegte Sinnlichkeit und ausgehängter Wille, – Kunst nicht spirituelle Objektivität bedeutet, sondern daß sie die produktive und lebenerhöhende Vereinigung und Wechseldurchdringung der beiden Sphären ist, – bezaubernder, als jede für sich, Geschlecht oder Geist, je sein kann? Daß Künstlertum, Schöpfertum, nichts anderes ist und auch in ihm nichts anderes war als vergeistigte Sinnlichkeit und vom Geschlecht her genialisierter Geist? Goethe sah und erlebte das alles ganz anders als der Pessimist Schopenhauer: glücklicher, gesunder, heiterer, »klassischer«, unpathologischer – das

Wort »pathologisch« in einem geistigen, nicht klinischen Sinn verstanden – ich will also sagen: unromantischer. Für ihn waren Geschlecht und Geist, »Idee und Liebe«, die stärksten Lebensreize, und er dichtete: »Denn das Leben ist die Liebe und des Lebens Leben – Geist.« Bei Schopenhauer dagegen schlägt die geniale Verstärkung beider Sphären ins Asketische um. Ihm ist das Geschlecht eine teuflische Störung der reinen Kontemplation und die Erkenntnis jene Verneinung des Geschlechts, welche spricht: »Wenn dich dein Auge ärgert, so reiße es aus.« Erkenntnis als »Friede der Seele«, Kunst als Quietiv, als erlösender, zur Willenlosigkeit erlöster Zustand »reiner« Anschauung und der Künstler als Vorstufe des über den Willen zum Leben überhaupt hinausgekommenen *Heiligen*, – das ist Schopenhauer, und noch einmal: soweit diese Auffassung des Geistes und der Kunst apollinisch-objektivistisch ist, berührt sie sich mit der Goethe's und zeigt klassischen Charakter. Ihr Extremismus und Asketismus aber ist ausgesprochen romantisch in einem Sinne des Wortes, der Goethe's Geschmack, wie wir am besten aus seinem Verhalten zu Heinrich von Kleist wissen, gar sehr entgegen war; und mit entsprechenden Gefühlen mag er ›Die Welt als Wille und Vorstellung‹ gelesen haben: zustimmend manchem Ergebnis, aber wesentlich ablehnend und »hypochondrisch« berührt, – und so hat er es kopfschüttelnd beiseite gelegt; tatsächlich weiß man, daß er nach einem Anlauf neugieriger Anteilnahme das Buch nicht zu Ende gelesen hat.

Die Fremdheit eines großen Mannes gegen den andern, die notwendige Selbstsucht ist, darf uns nicht beirren. Auch Goethe vereinigte in sich, auf seine gesegnetere Art, das Klassische mit dem Romantischen, – das ist sogar eine der Formeln, auf die man seine Größe bringen mag. Es ist bei Schopenhauer nicht anders: auch seiner Größe ist die Vereinigung der beiden Geistesrichtungen eher zugute zu rechnen, als daß sie ihr Abtrag täte, – sofern nämlich Größe vereinigend, zusammenfassend ist, die Epoche resümierend. *Schopenhauer, 1938*

Die Goethe'sche Ironie etwa ist fast dasselbe wie Objektivität, Distanz, apollinische Meisterschaft und Freiheit. Ja mehr noch, G. hat einmal gesagt: »Ironie ist das Körnchen Salz, das das Aufgetischte überhaupt erst geniessbar macht.« Ein höchst amüsanter Ausspruch. Aber man kann freilich auch von Goethe sagen, daß he lacks a centre …

Brief an Agnes Meyer, 11. 11. 1939

Daß alles Hohe und Höchste, ja daß auch die Wahrheit und das letzthin Aufrichtige Sache sehr weniger sei und daß man es dem Durchschnitt schonend vorenthalten müsse, war seine weniger aristokratische als menschenfreundliche Überzeugung. Könnte die Kunst, sagte er ungefähr, immer ganz wahr und aufrichtig sein, so hätte der Künstler gute Tage; er könnte dann rücksichtslos aus sich herausgehen und aller Verwegenheit freien Lauf lassen, die dem Talent eingeboren. So aber muß er sich immer bewußt sein, daß sein Wort in die Hände einer sehr gemischten Menschheit kommt, und sich hüten, »die Mehrzahl guter Menschen« – dies war seine [Goethes] charakteristische Wendung – durch das ihr Ungemäße zu verwirren.

Man ginge sehr fehl, in solchen Äußerungen den Ausdruck des Kompromißlertums und eines Mangels an Radikalismus zu erblicken. Das Kompromißlerische ist ein Produkt der Schlauheit, nicht der Güte. Hier aber handelt es sich um einen Radikalismus, tief genug, um die Güte zu kennen. Eine Menschlichkeit äußert sich, in der das Dämonische und das Urbane, das Unbedingte und das Artige, Genie und Schicklichkeit eine ganz einmalige und großartig-liebenswürdige Mischung eingegangen waren. Niemand fand weniger Lust daran als Goethe, die Menschen oder, was noch gefährlicher ist, die eigene Nation vor den Kopf zu stoßen; auch schweigend, fand er, mache ein höherer Mensch sich Feinde genug, denn sollten diejenigen dich nicht hassen,

> Denen das Wesen, das du bist,
> Im Grunde ein ewiger Vorwurf ist?

[...] Clavigo, Weislingen im ›Götz‹ und Faust sind die drei Figuren, durch die Goethe für seinen Liebesverrat dichterisch Buße tat, indem er ihn doch auch wieder dramatisch-dialektisch verteidigte. Man denke nur an die meisterhaften und in ihrer Art unwidersprechlichen Reden, mit denen Carlos den Clavigo von der Notwendigkeit überzeugt, Marien Beaumarchais zu verlassen. Clavigo und Carlos sind ein und dieselbe Person in dichterischer Rollenverteilung, ebenso wie Tasso und Antonio, Faust und Mephistopheles dialektische Auseinanderlegungen der Dichterpersönlichkeit sind; und immer handelt es sich um die harte, die selbstdisziplinäre Zucht, in welche das Gefühl sich vom reifen Verstande, das Genie sich vom kühlen Weltsinne nehmen läßt. Andererseits ist dieser weltlich nüchterne und harte Weltsinn der Freund, der liebend ehrgeizige Beschützer des Genies gegen sich selbst, sein kluger Mentor, der verhüten will, daß es sich nicht um bloßer Treue willen durch eine herabsetzende Heirat verplempere; und im Falle des ›Faust‹ leuchtet ein, daß jener Zug der Fabel, daß dem Magier durch seinen Pakt mit dem Teufel – mit dem Genie – die Ehe verboten ist, das erste war, was Friederikens ungetreuen Liebsten an den Stoff fesselte: hier setzte sein arbeitender, zugleich nach Selbstbestrafung und Selbstverherrlichung trachtender Geist ein und machte aus dem äußerlichen Motiv der Überlieferung den Titanismus des »Flüchtlings und Unbehausten«, des »Unmenschen ohne Zweck und Ruh«, des Gottverhaßten, dessen dem Abgrund entgegenwütende Dämonie nur zerstören kann:

> Sie, ihren Frieden mußt' ich untergraben!
> Du, Hölle, mußtest dieses Opfer haben!

Ecce poeta! Es war eine ziemlich gewaltsame Stilisierung, die Goethe seinem Wesen da zuteil werden ließ, um einer schlimmen Sache einen großen Anstrich zu geben, – denn er war nie ein Gottverhaßter noch ein Zerstörer, und als Strafgericht über seinen Charakter als Liebhaber ist Clavigo zweifellos eine aufrichtigere Figur als Faust. Aber im Falle des Dichters stehen Selbsttäuschung und Wahrheit in einem weit weniger opponierten Verhältnis zueinander als sonst. Was ein Dichter sich zu geben, was er aus sich zu machen weiß, das ist sein, das ist er selbst, und in dem homerischen »Viel lügen ja die Dichter« hat das Wort »lügen« einen ganz anderen, gewaltigeren Sinn als im gemeinen Leben. –

[...] In einem Gedicht aus seiner Bräutigamszeit hören wir Goethe einmal sich einen »guten Jungen« nennen. »Warum«, fragt er,

> Warum ziehst du mich unwiderstehlich,
> Ach, in jene Pracht?
> War ich *guter Junge* nicht so selig
> In der öden Nacht?

»Ich guter Junge«, – es ist eine rührende Selbstanrede, die für Goethe, so hoch er im Geiste stieg, so ehrwürdig er am Ende sich selber werden mußte, immer viel Gültigkeit behalten hat. Wir kennen seine Milde, seine Duldsamkeit, sein Alles-Verstehen, seinen lebenslangen Wunsch, den Menschen »etwas zugute zu thun«, sie »leben zu lehren«, sein Geständnis, daß er nach jeder Flucht in die Einsamkeit nur ein Menschenantlitz zu sehen brauchte, um es »wieder lieb zu haben«. Auch der Mensch faustischen Strebens und Bemühtseins ist ein solcher guter Junge. Wie er es gut mit sich selber meint und fühlt, daß er erlöst werden kann, so meint er es auch gut mit der Menschheit, will ihr wohl, will, daß ihr geholfen sei, positiv, liebreich, vernünftig, will nicht, daß man sie verwirre, sondern daß man sie befriedige. In einem Paralipomenon sagt Faust zu Mephistopheles:

> So höre denn, wenn du es niemals hörtest:
> Die Menschheit hat ein fein Gehör,
> Ein reines Wort erreget schöne Thaten.
> Der Mensch fühlt sein Bedürfnis nur zu sehr
> Und läßt sich gern im Ernste rathen –

Und ein andermal:

> Von allem ist dir nichts gewährt.
> Was weißt du, was der Mensch begehrt?
> Dein widrig Wesen, bitter, scharf,
> Was weiß es, was der Mensch bedarf?

Nichts kann goethe'scher, nichts faustischer sein. Die Auffassung vom Menschen, das Verhalten zu ihm, die daraus sprechen, sind ein Teil der ewigen Güte, und ganz ähnlich spricht im Vorspiel diese selbst, der Herr, dessen Charakteristik des Menschen eine Selbstcharakteristik des jungen Goethe ist, worin Selbstliebe sich zur Menschenliebe erweitert:

> Wenn er mir jetzt auch nur verworren dient,
> So werd' ich ihn bald in die Klarheit führen.
> Weiß doch der Gärtner, wenn das Bäumchen grünt,
> Daß Blüt' und Frucht die künft'gen Jahre zieren.

Und dann jenes Urwort der Güte: »Es irrt der Mensch, so lang' er strebt.« Und dann das Gotteswort, das in seiner überlegen vertrauenden Sanftmut wahrhaft zu einem geflügelten Menschheitswort geworden ist:

> Und steh beschämt, wenn du bekennen mußt:
> Ein guter Mensch, in seinem dunklen Drange,
> Ist sich des rechten Weges wohl bewußt. –

Ein guter Mensch, ein guter Junge. Wie nötig wäre unserer Zeit, die dem Bösen und Zynischen hilfloser verfallen scheint als viele frühere, – wie nötig wäre ihr die *gütige Größe*, welche wüßte, wessen der Mensch bedarf und, statt ihm boshafte Sophismen zu bieten, seiner Bedürftigkeit gern im Ernste riete! So ohnmächtig ein »reines Wort«, ein wohlwollendes, das zum Besseren rät, heute erscheint, so brutal und unberührt das Weltgeschehen darüber hinweggeht – wir wollen an dem anti-teuflischen Vertrauen festhalten, daß die Menschheit im Grunde ein feines Gehör hat, und daß Worte, die, aus eigenem Bemühen geboren, ihr zugute kommen möchten, in ihrem Herzen nicht untergehen werden.

Wir haben von deutscher Tiefe vorläufig genug. Diese Tiefe, die der deutsche Geist dem westlichen Pragmatismus, Rationalismus, Eudämonismus als sein Eigen entgegenstellte, ist im Lauf einer tragisch-elenden Entwicklung so verschmutzt, verdorben und jedes Zusammenhangs mit dem Gedanken der Humanität beraubt worden, daß Deutschland heute dank dieser Tiefe als Feind der Menschheit dasteht – es traut seinen eigenen Augen nicht. Goethe hat einmal gesagt, es müßte den Deutschen für fünfzig Jahre verboten werden, das Wort »Gemüt« auszusprechen. Für fünfzig Jahre, meine ich, sollte es den Deutschen verboten sein, von Tiefe zu reden.

Brief an Siegfried Mack, 19. 9. 1941

Ein Wort über den Helden und Briefschreiber selbst, die Figur des jungen Werther. Er ist der junge Goethe selbst, minus der schöpferischen Gabe, die diesem die Natur verliehen. Um ein todverfallenes, für das Leben zu gutes oder zu schwaches Menschenwesen zu schildern, braucht ein Dichter nur sich selbst zu geben – unter Weglassung der schöpferischen Gabe, die ihm selber Stütze und Stab ist, ihn selbst auf dem Pfade des Lebens weiterlockt und ihn – um das Wort zu wiederholen, das wir auf Goethe anwandten – zu einem Lebensvollender macht. Goethe tötete sich nicht, weil er den ›Werther‹ zu schreiben hatte – und einiges mehr. Werther hat keinerlei Sendung auf Erden außer seinem Leiden am Leben, dem traurigen Scharfblick für seine Unvollkommenheiten, dem hamletischen Erkenntnisekel, der ihn würgt; und so muß er zugrunde gehen. Sein »Roman«, diese unmögliche und unerlaubte Liebe zu dem Mädchen, das einem anderen gehört, ist nur die Verkleidung, die sein Todessehnen annimmt, die mehr oder weniger zufällige Form seines Unterganges. Lotte, so sehr die Leidenschaft des außerordentlichen und in all seiner Schwäche höchst liebenswürdigen Menschen ihr schmeichelt, eine so große Versuchung sie in Wahrheit für ihre Vernunft, ihre Tugend bedeutet, hat ein sehr feines und richtiges Gefühl für diese Sachlage. »Fühlen Sie nicht«, fragt sie ihn, »daß Sie sich betrügen, sich mit Willen zugrunde richten? Warum denn mich, Werther! just mich, das Eigentum eines anderen? just das? Ich fürchte, ich fürchte, es ist nur die Unmöglichkeit, mich zu besitzen, die Ihnen diesen Wunsch so reizend macht.« – Der bittere Hohn, womit er auf diese Bemerkung reagiert, verrät, wie sehr er sich im Grunde dadurch getroffen fühlt. Und diese Empfindlichkeit ist sehr lebensecht. Denn der pessimistische Psycholog, schwelgend in finster-verzweifelten Einblicken in das törichte Menschenherz, verträgt es meistens sehr schlecht, wenn die Psychologie sich einmal gegen ihn selbst wendet.

Damit soll nicht gesagt werden, daß Werther sich selber schonte. Er ist ein schmerzensreicher Meister unbarmherziger Introspektion, Selbstbeobachtung, Selbstzergliederung, – das überfeinerte Endprodukt christlich-pietistischer Seelenkultur und Gemütsvertiefung. Einem Geist wie Lessing mißfiel die Figur; er war geneigt, eine Wiederlegung der ganzen modern-christlichen Kultur darin zu sehen, weil sie solche Individuen hervorbrachte. Denn, fragte er, hat je ein römischer oder griechischer Jüngling sich so und darum – nämlich aus unglücklicher Liebe – das Leben genommen? Das läßt sich hören. Aber man kann wohl nicht zugeben, daß die christliche Kultur ad absurdum geführt ist durch die Verzärtelung und subtile Entartung, die sie in der Überspitzung zeitigt, und der ungeheure Fortschritt, den das Christentum für die Entwicklung des menschlichen Gewissens bedeutet, ist nicht zu hoch bezahlt durch ein Leiden und Sterben, wie Goethe es in seinem Jugendwerk aus intimster Kenntnis, mit feinster Konsequenz gezeichnet.

[...]

Die Erörterung des Selbstmordgedankens, der den Dichter selbst zur Wertherzeit fast wie eine fixe Idee beschäftigte, nimmt einen breiten Raum ein. Werther verteidigt die Tat theoretisch von Anfang an, lange bevor der Entschluß, sie auszuführen, sich in ihm festsetzt. Er wehrt sich dagegen, daß sie als eine Tat der Schwäche hingestellt werde, denn er will wahrhaben, daß darin gerade Menschenstolz und freier Wille über die Entnervung, die das Leiden zufügt, triumphieren. »Raubt das Übel«, fragt er, »das uns die Kräfte verzehrt, uns nicht auch zugleich den Mut, uns davon zu befreien?« Der Ehrgeiz, diesem Dilemma nicht zu unterliegen, sich selber zu beweisen, daß seine Leiden nicht fähig waren, ihm den Mut zur Befreiung zu rauben, wird als eine der stärksten Triebfedern zur Selbstvernichtung aufgezeigt, und man sieht hier deutlich, wie die zweckmäßig-künstlerische Objektivierung von Gedanken, die dem jungen Dichter selbst hätten tödlich werden können, ihre freie Verwendung als psychologisches Hilfs- und Verständigungsmittel, ihm dienen muß, für seine Person darüber hinwegzukommen.   *Goethe's ›Werther‹, 1941*

»Ich schreibe seit ein paar Tagen«, meldet Kafka einmal, »möchte es sich halten! Mein Leben hat eine Rechtfertigung. Ich kann wieder ein Zwiegespräch mit mir führen und starre nicht in so vollständige Leere. Nur auf diesem Wege gibt es für mich eine Besserung.« – Nicht viel fehlte, und er hätte »Rettung« gesagt statt »Besserung«; der religiöse Sinn seiner Beruhigung durch die Arbeit wäre dadurch noch deutlicher geworden. Kunst, als Erfüllung gottgegebener Anlagen, als treulich getane Arbeit ist Sinngebung, nicht nur im geistigen, sondern auch im moralischen Sinn: wie sie die Wirklichkeit zur Wahrheit erhöht, so verleiht sie auch subjektiv, auch menschlich Leben, Sinn und Rechtfertigung, sie ist menschlich aufbauendes Werk wie ein anderes, sie ist ein Mittel, »im Rechten« zu leben oder doch dem Rechten näherzukommen, sie fügt sich ins Menschenleben ein. Von Goethe, den Franz Kafka, dieser späte, zweifelvolle und fast verzweifelt komplizierte Vertreter deutschen Schrifttums, rein und zweifellos verehrt hat, stammt der große Ausspruch: »Man weicht der Welt nicht sicherer aus als durch die Kunst, *und man verknüpft sich nicht sicherer mit ihr als durch die Kunst.*« Ein wundervoller Satz. Einsamkeit und Sozialität gelangen darin zu einer Versöhnung, die Kafka bewundert haben mag, ohne sie ganz anerkennen zu wollen und zu können, weil seine Produktivität auf Zerrissenheit beruhte und auf dem Gefühl der Gottesferne, der Ungeborgenheit. Sein Glück und seine Dankbarkeit, wenn er schreiben konnte, mochten ihm beweisen, daß die Kunst uns nicht nur mit der »Welt«, daß sie uns auch mit dem Moralischen, dem Göttlichen und Rechten »verknüpfte« – und zwar durch den Doppelsinn, die symbolische Tiefe der Idee des »Guten«.

Dem Dichter zu Ehren, 1941

Ich habe in letzter Zeit dem Prinzip des »Trotzdem« etwas zu reichlich gehuldigt und muss zuweilen an Goethes Wort denken: »Unbedingte Tätigkeit macht zuletzt bankerott.« Aber wie fängt man es an, untätig zu sein?

Brief an Agnes Meyer, 16. 2. 1941

Man muß sich darüber klar sein, daß ein Werk wie der ›Ring des Nibelungen‹ im Grunde gegen die ganze bürgerliche Kultur und Bildung gerichtet ist, wie sie seit der Renaissance herrschend gewesen war, daß dies Werk sich in seiner Mischung aus Urtümlichkeit und Zukünftigkeit an eine nichtexistente Welt klassenloser Volkheit wendet.

Die Widerstände, auf die es stieß, die Empörung, die es erregte, richteten sich viel weniger gegen das Revolutionäre seiner *Form* und dagegen, daß es mit den Regeln einer Kunstgattung, der Oper, brach, aus der es offenkundig heraustrat. Es trat auch noch aus ganz anderem heraus. Der deutsche Goethe-Mensch, der seinen ›Faust‹ auswendig wußte, erhob zornig-verächtlichen Protest dagegen, einen respektablen Protest, der aus der noch bestehenden Verbundenheit mit der Bildungswelt des deutschen Klassizismus und Humanismus kam, von welcher dieses Werk sich lossagte. Der deutsche Bildungsbürger lachte über das Wagalaweia und all die Stabreimerei wie über eine barbarische Schrulle. Der ungeheure, man kann sagen, planetarische Erfolg, den dann doch die bürgerliche Welt, die internationale Bourgeoisie dieser Kunst, dank gewisser sinnlicher, nervöser und intellektueller Reize, die sie ihr bot, bereitete, ist ein Paradox, über dem man nicht vergessen darf, daß sie einem ganz anderen Publikum zugedacht ist als dem kapitalistisch-bürgerlichen, nämlich eben dem romantischen »Volk«, das das Ideal auch des Nationalsozialismus ist. *Schicksal und Aufgabe, 1944*

»Sie unterschätzen meine musikalische Erziehung«, sagte er [Adrian Leverkühn]. »Ich hatte in zarter Jugend einen Lehrer« (und er blickte mit seinem schönen, feinen und tiefen Lächeln zu mir herüber), »einen mit allem Klangwerk der Welt vollgepfropften und davon überquellenden Enthusiasten, der zu verliebt war in jeden, aber auch jeden organisierten Lärm, als daß man irgendwelche Hochnäsigkeit, irgendein Sich-für-zu-gut-Halten in musikalischen Dingen von ihm hätte lernen können. Ein Mann, der sehr wohl Bescheid wußte im Hohen und Strengen. Aber für ihn war Musik – Musik, wenn es eben nur welche war, und gegen das Wort von Goethe: ›Die Kunst beschäftigt sich mit dem Schweren und Guten‹ fand er einzuwenden, daß das Leichte auch schwer ist, wenn es gut ist, was es ebensowohl sein kann wie das Schwere. Davon ist etwas bei mir hängengeblieben, ich habe es von ihm. Allerdings hab ich ihn immer dahin verstanden, daß man sehr sattelfest sein muß im Schweren und Guten, um es so mit dem Leichten aufzunehmen.« *Doktor Faustus, 1947*

Das deutsche Verhalten zu mir hat, in Haß und Verlangen, einen sonderbar hysterischen Charakter angenommen. Ich verspreche mir von meinem Besuch Beruhigung im Sinn der Ernüchterung. Aber an Herzlichkeit wird es ganz unwillkürlich meinen Worten nicht fehlen, und das große, gebändigte Deutschtum Goethes ist ein Thema, das viele Möglichkeiten der Verständigung und Versöhnung bietet. *Brief an Hans Carossa, 22. 6. 1949*

Was das Schöne zufügt an Schmerz, was es in unbegreiflicher Einheit damit an Glückseligkeit spendet, diese Gedichte [Michelangelos] sagen es aus. Es sind auch darin die inspiriertesten Gedanken geformt über die Kunst, die immer im Bunde mit der Verliebtheit, verschränkt mit ihr sein Leben beherrscht: die »wahre Dauererbin« der vergänglichen Zeit, die Verewigerin, die Rächerin des Geschicks, daß das Geschöpf der Natur ein Raub der Zeit ist. Er, der mit dem Stein gerungen, weiß wohl, daß Arbeit Zeit und Tod besiegt. Wie bei Goethe ist hier die Kunst, auch sie, Natur, und ihr Sohn, der Künstler, erwirkt dem Vergehenden solches Bestehen, daß noch nach tausend Jahren sein Werk Zeugnis geben wird, »wie schön ihr wart, und ich wie häßlich wild, – Doch auch, daß ich kein Narr war, Liebe euch zu weihn!«   *Die Erotik Michelangelos, 1950*

Der ›Wendepunkt‹ von Klaus, dessen Grab in Cannes, wie Breitkopf schrieb, in gutem Stande gehalten wird. Las viel in dem Buch, bewegt von den späteren Teilen, dann doch recht gequält von Vielem. Eine kranke Literaten-Existenz, angezogen von allem Faulen, was schon recht wäre, wenn es dabei auch einen Sinn für das Gesunde, Lebensgesegnete, Heilvolle gäbe. Wo ist ein Interesse an Goethe, Tolstoi, kurz an der Kraft und irgendwelcher Erquickung durch sie?   *Tagebuch 27. v. 1952*

Weil die Poesie ein Gemeingut der Menschheit ist

Es ist nicht viel, was ich Ihnen über den ›Gesang vom Kindchen‹ zu sagen habe. Ich kam zu dem kleinen Unternehmen auf dem Wege über die Prosa-Idylle ›Herr und Hund‹, in deren Sprache vom Geist des Hexameters, ja von seinem Silbenfall stellenweise schon etwas eingedrungen war. Mein metrischer Ehrgeiz ging im Falle der Versidylle nicht viel weiter. Es kam mir mehr darauf an, den Hexameter zu markieren und seinen Geist, der der Geist des Gegenstandes war, spüren zu lassen, als darauf, schulgerechte Verse zu schreiben, von denen übrigens eine nicht geringe Anzahl, willkommen geheißen, wenn sie ganz leicht und von ungefähr sich einstellten, in dem Gedicht zu finden ist. Die in Kritiken viel erwähnte Holprigkeit der Verse ist, meinem besseren Wissen zufolge, nur scheinbar. Liest man die Rhythmen *nicht* als Hexameter, sondern frei, so lesen sie sich gut, wie sprachlich feinfühlige Leute mir bestätigt haben. Sonst aber denke ich in diesem Zusammenhange gern daran, wie Goethe, der den alten Voß gebeten hatte, ihm die schlechten Hexameter in ›Hermann und Dorothea‹ anzustreichen, von diesem die Antwort erhielt, es tue ihm leid, aber er müsse sie alle anstreichen.

›Hermann und Dorothea‹, das herzlichste, biederste, edelste, naivste und sittlichste unter Goethes Gedichten, wie Friedrich Schlegel es nannte, indem er zu weiterer Kennzeichnung die heute wohl unmögliche Lobeserhebung »vaterländisch« hinzufügte, – war das hohe Muster, das mir bei der Improvisation meines Gedichtes vorschwebte; mit ihm hat es den Hintergrund von großem, umstürzendem Geschehen, von Krieg und Völkersturm gemeinsam, und auch in der – um nochmals mit Schlegel zu reden – »liberalen« Betrachtungsart dieser Ereignisse möchte es ihn nachahmen. Erste künstlerische Gehversuche nach der langen Abstraktion der ›Betrachtungen eines Unpolitischen‹

sind die beiden Idyllen, die vom Kinde, wie die von Tier und Landschaft; Erzeugnisse eines tiefen Bedürfnisses nach Abkehr, Frieden, Heiterkeit, Liebe und herzlicher Menschlichkeit, welche mit der damals literarisch im Schwange befindlichen »Menschlichkeit« und »Liebe« nichts zu tun haben wollte, – des Bedürfnisses nach dem Bleibenden, Unberührbaren, Ungeschichtlichen, Heiligen, und sofern es mir um die Versenkung in dieses Element zu tun war, meinte ich es mit der Idylle und dem Geist des Hexameters wahrhaftig ernst. Trotzdem wird man kaum das Gefühl gehabt haben, daß der *Glaube* an die heutige Möglichkeit des Idylls in diesen Idyllen auf festen Füßen stände, und wenn Schlegel sogar schon von ›Hermann und Dorothea‹ meinte, daß auch dort, wo das Gedicht am homerischsten und naivsten scheine, sich ein »Bewußtsein«, eine »Selbstbeschränkung« wahrnehmen lasse, die höchst unhomerisch sei, – so gewinnt in meinem sehr späten Fall diese Bewußtheit geradezu den Charakter der Persiflage, wie es etwa in dem hexametrischen Halbvers »Wasserstoffsuperoxyd« oder in solchen Wendungen wie der vom »verordneten Jüngling« besonders deutlich wird. Kurz, der Mangel an eigentlicher Naivität äußert sich als Hang zum Parodischen, – und so wäre aus diesem kleinen dichterischen Vorkommnis denn wenigstens das Gesetz oder die Bestimmung abzuziehen, daß Liebe zu einem Kunstgeist, an dessen Möglichkeit man nicht mehr glaubt, die Parodie zeitigt.

Brief an die Rupprechtspresse, 25. 3. 1921

Sie [Lessings Sprache] steigt nicht zu den Müttern, zum Quell und Jungborn der Mundart, sie ist nicht wortschöpferisch, sie ist nur gebildet, treffend und klug. Alles, was sie von sich verlangt, ist Klarheit, Nettigkeit, Deutlichkeit, »d'être clair et précis«, wie Lessing es kennzeichnenderweise auf französisch sagt. Merkwürdig nur, daß sie darum nicht unlebendig ist. Sie ist das Gegenteil. Sie erstrebt und erreicht einen ungemeinen Grad von Lebendigkeit, denn sie hat die Gabe der Mundgerechtheit und eines Sprechakzents, der sie diskursiv und dramatisch macht.

Schreibt der Typ eines Tages Verse, so werden es rechte Unverse sein, wie die des ›Nathan‹: gesprochene und nicht gesungene Verse, die zwar einen Tonfall haben und einen äußerst reizvollen, aber kein Melos, keinen Schmelz, so prosaische Verse in der Tat, daß Friedrich Schlegel von ihrem »zynisierenden Ausdruck« sprechen konnte, aber Verse dabei von einer so goldenen Gescheitheit und Güte, daß jedem, der sich nicht vorgesetzt hat, das alles undichterisch zu finden, das Herz dabei aufgeht. Sonderbar, welche Wirkungen soviel trockene Verständigkeit doch immerhin zeitigen konnte. Goethe war »ordentlich prosterniert«. Er wurde, heißt es, nicht müde, den ›Nathan‹ als höchstes Meisterstück menschlicher Kunst zu preisen.

Rede über Lessing, 1929

Seit dreißig Jahren, seit der Jahrhundertwende etwa, haben die Deutschen, mit Goethe zu reden, »ganz tüchtig kultiviert«. Wenn ich sage, daß während dieser Zeit die Literatur bei uns an Macht gewonnen hat, so meine ich, daß die Achtung gewachsen ist vor der Welt der Dinge, die man überhaupt nicht ausdrückt, es sei denn, man drückte sie gut aus. Es ist die Welt der Dichtung, und sie ist ewig-menschlich. Die Achtung vor ihr, die Vertrautheit mit ihr, dies und nichts anderes heißt Kultur.

> Denn wer der Dichtkunst Stimme nicht vernimmt,
> Ist ein Barbar – er sei auch, wer er sei.

Das gilt immer, das galt immer, auch zu Zeiten, als der gelehrte Fachmann sich aus literarischer Kulturlosigkeit einen Ehrentitel machen durfte. Das ist vorüber. Die Literatur hat an Boden gewonnen bei uns in diesem Menschenalter, sie hat ins Leben hinein gewirkt, die öffentliche und gesellschaftliche Sprache beeinflußt, geprägt und geformt; sie gilt als unerläßliches Ingrediens jener europäischen Bildung, die einen Mann auf der Höhe seiner Zeit vom Pfahlbürger unterscheidet.

Der Tag des Buches, 1929

[...]

Der durchaus unintelligente Dichter ist der Traum einer gewissen romantischen Naturvergötzung, er existiert nicht, der Begriff des Dichters selbst, der Natur und Geist in sich vereinigt, widerspricht seinem Dasein; und nie könnte verstandloses Schöpfertum sich in ein Lebensalter hinüberretten, wo die Natur nicht mehr oder nicht in dem Grade mehr wie in vermögender Jugendzeit der Hervorbringung zu Hilfe kommt und, um mit Goethe zu reden, Vorsatz und Charakter für sie eintreten müssen. Etwas ganz anderes ist es mit der Naivität, der Unmittelbarkeit, dieser unentbehrlichen Bedingung allen Schöpfertums. Aber man braucht nicht zu sagen, und Goethe ist ein wundervolles Beispiel dafür, daß reinste Naivität und mächtigster Verstand Hand in Hand gehen können.

[...]

Goethe hat gelebt im Fleische, er war ein Mensch, ein Bürger, und er war ein Schriftsteller. Er war es von Schicksals wegen, ein unvermeidlicher und unverleugbarer Schriftsteller, und nicht nur abgefunden hat er sich mit diesem Los, sondern es geliebt und bejaht und bei allen genauen Erfahrungen, die er von den Mißlichkeiten dieses Standes gemacht hat, sich mit Lust und Freude zu ihm bekannt.

Ein wunderlicher, ein schwerer Stand, wer wollte es leugnen! Ein Los, das seinem Träger wohl gelegentlich den Namen des Fluches und der Krankheit zu verdienen schien. »Schriftstellen ist eine unheilbare Krankheit«, schrieb der schon alte Goethe im Jahre 1820, »deswegen man wohl tut, sich auch darein zu ergeben.« Und er hat sich selbst und anderen zu bedenken gegeben, daß der Mensch eigentlich nur berufen ist, in der Gegenwart zu wirken: »Schreiben«, erklärt er antiliterarisch, »ist ein Mißbrauch der Sprache, stille für sich lesen ein trauriges Surrogat der Rede. Der Mensch wirkt alles, was er vermag, auf den Menschen durch seine Persönlichkeit.« Aber wiederholt diese

Wahrheit sich denn nicht in der Sphäre des Geistigen? Goethe wußte und hat es ausgesprochen, daß es nur die Persönlichkeit und der Charakter des Autors seien, durch die ein Werk eigentlich wirke und die in die Kultur eingehen. »Man muß etwas sein, um etwas zu machen.« Das ist seine lapidare Formel für das organische Geheimnis des Werkes; und so ist dieses denn doch wohl kein trauriges Surrogat, sondern Persönlichkeitswirkung auf höherer Ebene. Und was das Lesen betrifft, so führt er Schillers rapides Wachstum von Tag zu Tag ausdrücklich auch auf seine strebende Rezeptivität, sein leidenschaftliches Lesen zurück, und man hat ein dickes Buch zusammengestellt, das die Druckwerke anführt, die er selbst aus der Weimarer Bibliothek entliehen und studiert hat. Seine Produktivität hängt in hohem Grade mit seiner Fähigkeit zu bewundern, seinem Genie des Bewunderns zusammen, wie es sich etwa im Gespräch mit Eckermann gelegentlich des großen Italieners Manzoni äußert. Diese Bewunderung ist eine Hauptstütze seines Schöpfertums. Sie ist es, die etwa bei der Berührung mit den Elegien des Properz die Lust in ihm entfacht, Ähnliches hervorzubringen. Er gesteht, daß er nicht habe lesen können, ohne diesen Antrieb zu fühlen, und er gibt allen Künstlern zu bedenken, daß der ständige Verkehr mit dem Vortrefflichen und Meisterlichen unumgänglich sei, um den Künstler auf seiner Höhe zu erhalten und ihn vor dem »Zurückschwanken« zu bewahren. Hierin drückt sich das Gefühl einer Gefährdung aus, die auch er, der Größte, gekannt hat. Es zeigt die Bescheidenheit, das ständige Streben, Lernen, Sichaneignen, ja Nachahmen, das die Furcht des Selbstverlustes nicht kennt, sondern mit einem sorglosen Vertrauen einhergeht auf die Assimilationskräfte, die gemeint sind in den Versen:

> Nur wer von Allah begünstiget ist,
> Der nährt sich, erzieht sich, lebendig und reich.

Goethe übt humoristische Kritik am literarischen Leben, indem er äußert: »Das ganze Schriftsteller- und Rezensentenwesen ist doch immer nur dem fabelhaften Geisterstreite gleich, wo die gebeinlosen Heroen sich zur Lust in der Mitte voneinander hauen und alle, sogleich wiederhergestellt, sich mit Vater Odin wieder zu Tische setzen.« Aber ebendiese literarische Welt, deren groteske Seite er so wenig verkannte, preist er ein andermal mit desto freudigeren Worten: »Sie hat das Eigene«, sagte er, »daß in ihr nichts zerstört wird, ohne daß etwas Neues daraus entsteht, und zwar etwas Neues derselben Art. Es bleibt in ihr dadurch ein ewiges Leben, sie ist immer Greis, Mann, Jüngling und Kind zugleich, und da, wo nicht alles, doch das meiste bei der Zerstörung auch noch erhalten wird, so kommt ihr kein anderer Zustand gleich. Das macht auch, daß alle, die rein darinne leben, eine Art von Seligkeit und Selbstgenügsamkeit genießen, von der man auswärts keinen Begriff hat.«

Es gibt wenig Autoren, die neben ihrem Werk, in den Atempausen der Produktion, ihren Beruf, das Glück gerade dieses Berufes, mit innigeren Akzenten gefeiert haben als Goethe. »Wie köstlich ist's, wenn ein herrlicher Menschengeist ausdrücken kann, was sich in ihm bespiegelt!« Das ist so ein Ruf des Dreiunddreißigjährigen; und noch erfüllter lautet das Bekenntnis, das er schon mit vierundzwanzig aufs Briefpapier wirft und das als Bestimmung des Schöpfertums zugleich eine frühe Kundgebung schriftstellerischen Furors und Ingeniums ist. »Was doch alles Schreibens Anfang und Ende ist, die Reproduktion der Welt um mich durch die innere Welt, die alles packt, verbindet, neu schafft, knetet, und in eigener Form, Manier, wieder hinstellt, das bleibt ewig Geheimnis, Gott sei Dank, das ich auch nicht offenbaren will den Gaffern und Schwätzern.« –

Die Reproduktion der Welt durch eine innere Welt, die sie in eigener Manier wieder hinstellt, ist aber, wieviel Reiz und Bezauberung von dieser Manier ausgehen möge, der Welt niemals durchaus gefällig. Es ist in ihr eine Oppositions-Stellung wirksam, die von der Existenz des Schriftstellers untrennbar ist, die Stellung des geistigen Menschen gegen ein obstinates, dummschlechtes Menschenwesen, die allezeit das Schicksal des Dichter-Schriftstellers ausgemacht, seine Lebensstimmung weitgehend bestimmt hat.

[...]

Goethe's erzieherischer und moralisierender Hang bekundet sich im besonderen in seiner Neigung zum Sentenziösen, zum moralischen und psychologischen Aperçu, das in seiner Prosa so vielfach und, in antikischer Stilisierung, auch in den klassizistischen Dramen hervortritt. Die Sentenz, die moralische und gesellschaftliche Bemerkung, bildet einen jener schriftstellerischen Einschläge ins Dichterische, die die lehrhafte Unterscheidung zwischen Dichtertum und Schriftstellertum unmöglich machen. Denn einer humanen Aufgabe wird dabei Genüge getan, einem menschlichen Auftrage, der an den Dichter in seiner Eigenschaft als Schriftsteller ergeht. Es handelt sich bei der Sentenz kaum je um eigentlich Neues und Verblüffendes. »Neue Erfahrungen«, sagt Goethe, »können und werden geschehen, allein es kann nichts Neues ausgedacht werden, was auf den sittlichen Menschen Bezug hat. Es ist alles schon gedacht, gesagt worden, was wir höchstens unter anderen Formen und Ausdrücken wiedergeben können.« Die Aufgabe besteht also in der endgültigen Formung menschlicher Erkenntnisse. Die Menschheit sorgt durch den Dichter sprachlich für ihre Erfahrungen, bringt sie in ewige Sicherheit. Nirgends vielleicht so deutlich wie im dichterischen Aperçu, in der Sentenz wird die Schönheit als ein humanes Phänomen erkennbar und verehrungswürdig. »Wir haben«, schreibt Goethe, »das unabweichliche, täglich zu erneuernde, grundernstliche Bestreben, das Wort mit dem Empfundenen, Geschauten, Gedachten, Erfahrenen, Imaginierten, Vernünftigen möglichst unmittelbar zusammentreffend zu erfassen.« Es gibt vielleicht kein Wort, worin die schriftstellerische Leidenschaft, der lebensbeherrschende Trieb zu schöner Genauigkeit sich so ausdrucksvoll kundgibt; und auch die Unterscheidung zwischen kritischer und plastischer Genauigkeit legt sich hier nahe. Die letztere war Goethe's Sache und ist die des dichterischen Schriftstellers immer. Auch die Abstraktion ist bei ihm im Grunde plastisch. Es gibt eine Genauigkeit von kritischer Spitzigkeit und Schärfe; so ist die seine nicht. Sie ist vielmehr das präzise Sein der Dinge, ist plastisch. – Der Auftrag der Schönheit gilt der abstrakten Erkenntnis nicht; das eigentlich Abgezogene, rein Denkerische ist nicht mit Form verbunden und trachtet nicht darnach. Der Künstler, Dichter und Schriftsteller ist auf eine sinnliche Art der Idee der Menschenwürde verbunden, eben als Träger des Bedürfnisses, der Erfahrung die reizvoll reinste und würdigste Form zu verleihen. Seine Existenz beruht auf einer besonderen und von Gefährdung nicht freien Vereinigung von Sinnlichkeit und Würde. Priesterliche Züge finden sich bei ihm, die das menschliche Amt ihm aufprägt und die oft in Widerstreit stehen mögen zu jener Libertinage, die der Sinnlichkeit zugehört. Über das Durchschnittliche hinaus sind bei ihm zwei Beziehungen verstärkt: diejenige zum Geschlecht und diejenige zum Geist, und mit innerer Notwendigkeit machen diese beiden Beziehungen ihn auf irgendeine heimliche oder offene Weise zum Revolutionär, zu einer bewegenden, aufstörenden, ja untergrabenden, in die Zukunft treibenden Kraft. [...] Die moralisch geschlechtliche Kühnheit, das Revolutionäre auf sinnlichem Gebiet hat nicht aufgehört, sich durch sein ganzes Werk hin bis ins späteste und höchste zu äußern; aber es äußert sich natürlich am stärksten in der Jugend, am deutlichsten vielleicht in der ›Stella‹. Man hat den Ausgang dieses Stückes, das »Wir sind dein« der beiden Frauen, gerichtet an den liebenden Mann, oft genug als absurd und grotesk für die wirkliche Vorstellung bezeichnet. Das Peinliche und Unmögliche der Situation zu dritt, wenn man sie realisiert, leuchtet ein. Und doch bleibt das menschlich Kühne und Befreiende an und für sich zu bejahen. Wenn man aber hier bejaht, weil es sich um Goethe handelt, sollte man das Verwegene dem Dichter grundsätzlich und immer vorgeben. Auch wenn es den Schein gefährlicher und subversiver Unmoral erweckt, so bleibt es im Grunde doch recht und notwendig.

[...]

»Mit einer Eigenheit der Leser«, schreibt er in ›Dichtung und Wahrheit‹, »die uns besonders bei denen, welche ihr Urteil drucken lassen, ganz komisch auffällt, ward ich gleichfalls früh bekannt. Sie leben nämlich in dem Wahn, man werde, indem man etwas leistet, ihr Schuldner und bleibe jederzeit noch weit zurück hinter dem, was sie eigentlich wollten und wünschten, ob sie gleich kurz vorher, ehe sie unsere Arbeit gesehn, noch gar keinen Begriff hatten, daß so etwas vorhanden oder nur möglich sein könnte.« Nie sind lustig-zutreffendere Worte gefunden worden für das Verhältnis des Künstlers, der sich der Neuheit und Ursprünglichkeit seiner Hervorbringung bewußt ist, zur nachhinkenden Kritik; und wer hätte denn auch mehr Recht auf diesen Spott gehabt als er, von dem jedes neue Werk auf die Empfänglichen als köstliche Sensation, als eine wundervolle Überraschung wirkte, als etwas Ungeahntes, von dem bis zu seinem plötzlichen lebensvollen Vorhandensein sich niemand etwas hatte träumen lassen.

[...]

In sich beruhend und im Bewußtsein der Notwendigkeit seines Seins und Tuns sagt der Vierundvierzigjährige in einem Brief: »Wir können nichts machen, als was wir machen, und der Beifall ist eine Gabe des Himmels.« Das ist der Fatalismus desjenigen, der sich darlebt und es darauf ankommen lassen muß, was die Welt mit seinem Leben wird anzufangen wissen. Im Grunde ist es Bescheidenheit, die sein Verhältnis zu seinem Werk, ich meine dem einzelnen Werk, der einzelnen Station und produktiven Episode seines Lebens, bestimmt. »Denn wer liefert auch lauter Meisterwerke?« fragt er, und Improvisationen wie den ›Clavigo‹ gibt er gewissermaßen preis mit dem Wort: »Muß ja doch nicht immer alles über alle Begriffe sein!« Er macht die Kritik darauf aufmerksam, und gerade er hat das höchste Recht und die höchste Veranlassung, darauf zu bestehen, daß es auf das einzelne Werk nicht ankommt und daß man nicht gut tut, den Künstler auf ein einzelnes, das gerade neueste, festzulegen, als sei er nun eben dies und nichts anderes. »Es ist ja«, sagt er noch als älterer Mann, »bei einem fortschreitenden Tun und Handeln nicht die Frage, was einzeln lobens- und tadelnswert, bedeutend oder unbedeutend sei, sondern was im ganzen für eine Richtung genommen worden und was daraus zuletzt für das Individuum selbst, für seine nächsten Zeitgenossen irgend für ein Resultat sich ergeben und was daher für die Zukunft zu hoffen sei.« Er ist also willig, das einzelne beanstanden zu lassen, besonders, da er es jederzeit nach der Vollendung als etwas Abgetanes, als eine überschrittene Stufe empfunden und betrachtet hat.

> ›Die Feinde, sie bedrohen dich,
> Das mehrt von Tag zu Tage sich;
> Wie dir doch gar nicht graut!‹
> Das seh' ich alles unbewegt:
> Sie zerren an der Schlangenhaut,
> Die jüngst ich abgelegt.
> Und ist die nächste reif genung,
> Ab streif' ich die sogleich
> Und wandle neubelebt und jung
> Im frischen Götterreich.

Und doch ist er weich, ist er Künstler genug, des Beifalls zu bedürfen, das Lob begierig aufzusaugen. Schon den Fünfundzwanzigjährigen fanden kritische Beobachter »nicht männlich gegen Beifall und gegen Leiden«; und solche, die ihm später nahestanden, hielten sich, wie Caroline von Wolzogen, wohl auf über seine Empfänglichkeit für Lob und daß diese Schwachheit mit dem Alter, wo sie sich abstreifen sollte, nur noch zunehme. […] Eine Dame des Kreises weiß zu berichten, daß er über die ›Wahlverwandtschaften‹ zur Zeit ihrer Beendigung recht kleinlaut gedacht habe, daß er sich aber von den Lobsprüchen, die das Werk hervorrief, rasch zu der Überzeugung oder, sagen wir, der Erkenntnis habe bestimmen lassen, daß er ein epochales Meisterwerk vorgelegt habe. »Die Welt tut ihr Möglichstes, uns gegen Lob und Tadel gleichgültig zu machen; aber es gelingt ihr denn doch nicht, und wir kehren, wenn wir günstige und zugleich im ganzen mit unseren Überzeugungen zusammentreffende Urteile vernehmen, immer gar zu gern aus unserer Resignation zum Genuß zurück.« Sein Vertrauen zu dem Instinkt des Publikums ist im ganzen größer als das zur bestallten Kritik, deren guter oder böser Wille gegen die Person eine übergroße Rolle spiele und aus der fast immer die Fratze des Parteigeistes hervorblicke. »Was würde aus einem Autor werden«, ruft er, »wenn er nicht an die einzelnen hier und da verstreuten Menschen von Sinn glaubte!« Und er fügt ein andermal hinzu, es bleibe immer gewiß, daß dieses so geehrte und verachtete Publikum sich über das Einzelne fast immer betrüge, über das Ganze fast nie. Wie nur je sonst bewährt sich ein beglückend treffendes und blutvolles Wort in Hinsicht auf Kritik und Publikum. Es sind Kern- und Trostworte, die er jedem Künstler auch hierüber zu sagen weiß, in Prosa und im Vers. Das Bewußtsein des Künstlers, ein Sein zu bieten, das bei aller möglichen Tadelhaftigkeit schwerer wiegt als das urteilende Nichts, ist niemals stärker und schlagender ausgesprochen worden als in den Versen:

> Ihr schmähet meine Dichtung;
> Was habt *ihr* denn getan?
> Wahrhaftig, die Vernichtung,
> Verneinend fängt sie an;
> Doch ihren scharfen Besen
> Strengt sie vergebens an:
> Ihr seid gar nicht gewesen!
> Wo träfe sie euch an.

Und die letzte gelassen stolze Resignation dessen, der nun einmal in der Leute Mund ist, des Besprochenen, Beurteilten, Beschrienen, Beschimpften, faßt er in die Worte zusammen:

> Sollen dich die Dohlen nicht umschrei'n,
> Mußt nicht Knopf auf dem Kirchturm sein.

[...]

An keinem Dichter der Welt vielleicht ist das persönliche Geheimnis der Konzeption, der geheime Reiz, der zu einer Produktion treibt, glücklicher zu studieren als bei Goethe. Es gibt ein schönes, unheimliches Wort des französischen Malers Degas:

»Ein Bild muß mit demselben Gefühl gemacht werden, mit dem ein Verbrecher seine Tat ausführt.« Dies ist das köstlich-schlimme Geheimnis, von dem ich hier spreche. »Es war ganz gegen meine Natur«, bekennt Goethe, »über das, was ich von poetischen Plänen vorhatte, mit irgend jemand zu reden. Ich trug alles still mit mir herum, und niemand erfuhr in der Regel etwas, als bis es vollendet war.« Von der wunderbaren Geschichte, die schließlich einfach den Titel ›Novelle‹ erhielt und die er dreißig Jahre mit sich herumgetragen hat, erzählt er, daß Schiller und Humboldt ihm davon abgeraten hätten, weil sie überhaupt nicht begriffen, was er damit anzufangen gedächte. »Nur der Dichter«, fügt er hinzu, »allein weiß, welche Reize er seinem Gegenstande zu geben fähig ist. Man soll daher nie jemanden fragen, wenn man etwas schreiben will.«

Was macht das Publikum kopfscheu? Ist es das Gerücht, der ›Mann ohne Eigenschaften‹ sei kein ordentlicher Roman, wie man's gewohnt sei, mit einer rechten Intrige und fortlaufender Handlung, daß man gespannt sein könne, wie Hans und ob er die Grete kriegt? Aber kann man denn »ordentliche« Romane überhaupt noch lesen, – ich meine Romane, die bloß »Romane« sind? Das kann man ja gar nicht mehr! Der Begriff des Interessanten ist längst im Zustande der Revolution. Nichts öder, nachgerade, als das »Interessante«. Dies funkelnde Buch, das zwischen Essay und epischem Lustspiel sich in gewagter und reizender Schwebe hält, ist gottlob kein Roman mehr – und ist es darum nicht mehr, weil, wie Goethe sagt, »alles Vollkommene in seiner Art über seine Art hinausgehen und etwas anderes Unvergleichbares werden muß«.

Robert Musil ›Der Mann ohne Eigenschaften‹, 1932

Diese Goethe-Feier hatte ja – und es dauert ja noch an – einen Umfang, eine allgemeine Teilnahme, sie hat, ich möchte sagen, ökumenische Internationalität. Wohin man hörte und das Radio drehte, war huldigend und feiernd von Goethe die Rede. Das zeigt, daß das Deutschtum doch einmal, in einem historischen Augenblick, durch die Persönlichkeit Goethe's in ihrer Mischung von Größe und Urbanität wirklich die ganze Welt zur Liebe, zur Bejahung, zur Bewunderung hingerissen hat. Dieses Jahr 1932 ist tatsächlich ein Ehrenjahr des deutschen Menschen und der deutschen Kultur. Und sowenig wie faktisch-praktisch das deutsche Volk Nutzen davon haben mag, so kann die Erhebung des deutschen Selbstbewußtseins, die damit verbunden ist, einem leidenden Volk, wie das deutsche ist, nur zu statten kommen. Ich möchte sagen: Der Deutsche ist nur zu geneigt, sich für verachtet zu halten und dadurch sich das Blut zu vergiften. Nun, es ist zur Verachtung sehr wenig Grund, und auch Goethe, der weiß Gott an seinen Deutschen vieles auszusetzen hatte, wie jeder große Deutsche das getan hat, hat doch an unsere Unverwüstlichkeit und an unsere Zukunft niemals zu glauben aufgehört. Jeder von Ihnen, meine lieben Rotarier, der Gelegenheit hat, mit dem Ausland in Berührung zu kommen, wird die Erfahrung gemacht haben, daß die Welt diesen Glauben teilt. Wir sind nichts weniger als verachtet. Wir sind allenfalls gefürchtet. Aber in Goethe, diesem Liebling der Menschheit, sind wir auch geliebt.   *Meine Goethereise, 1932*

An die japanische Jugend
Eine Goethe-Studie
(1932)

So der Westen wie der Osten
Geben Reines dir zu kosten
Divan

Am 31. Januar 1827 war Johann Peter Eckermann bei Goethe zu Tisch, und der achtundsiebzigjährige Dichter, das geistige Haupt Europas, erzählte dem begierig lauschenden und innerlich notierenden Famulus von der wie immer vielfachen und ausgebreiteten Lektüre, die er in den letztvergangenen Tagen gepflogen: besonders von einem chinesischen Roman, der ihn noch immer beschäftige und ihm in hohem Grade merkwürdig scheine. Der Eindruck, sagte er, sei weniger fremdartig gewesen, als man glauben sollte. Die Menschen dächten, handelten und empfänden fast ebenso wie wir Europäer, und sehr bald fühle man sich als ihresgleichen, nur daß bei ihnen alles klarer, reinlicher und sittlicher zugehe als bei uns. Und er sprach von der verständigen Bürgerlichkeit dieser Poesie, die durch das Fehlen großer Leidenschaft und dichterischen Schwunges viel Ähnlichkeit mit einer gewissen europäischen Idyllik, mit seinem eigenen Versepos ›Hermann und Dorothea‹ und mit den englischen Romanen des Richardson aufweise. Geschmack und Moralität, stellte er fest, seien in dieser östlichen Erzählung durchaus auf das Nette und Zierliche gerichtet, es herrsche darin ein hoher Sinn für Sittlichkeit und Mäßigung, und darin freilich unterscheide sie sich gar sehr von der moralischen Lockerheit, Gewagtheit und Problematik Europas ...

Gleichviel. »Ich sehe immer mehr«, sagt Goethe, »daß die Poesie ein Gemeingut der Menschheit ist.« Es komme darauf an, und gerade für uns Deutsche, aus dem engen Kreise unserer eigenen Umgebung hinauszublicken, um nicht individuell und national einem pedantischen Dünkel zu verfallen.

[...]

Den dicht vor der Mitte des achtzehnten Jahrhunderts Geborenen trug sein vitaler Antrieb noch ein Menschenalter ins neunzehnte hinein, und es wäre schwer zu sagen, welcher dieser beiden, doch ziemlich scharf gegeneinander abgesetzten Epochen er vorzugsweise angehörte. Er, der im Alter mit erschütternder Gelassenheit von sich aussagte, daß er »in Jahrtausenden lebe«, stiftete selbst eine Epoche, das Zeitalter Goethe's, das sich nicht nach Jahrhunderten bemißt und selbst so wenig abzusehen ist wie das Maß, in das seine immer noch weit vorandeutende Gestalt hineinzuwachsen bestimmt ist. Wer weiß, ob sie als mythusbildendes Persönlichkeitswunder nicht eines Tages der des Jesus von Nazareth gleich geachtet werden wird? An Liebe und Zukunftsfülle war sie ihr nicht unähnlich, und schon bei Lebzeiten ist Goethe ein göttlicher Mensch genannt worden.

[...]

Keine Scheu vor dem Namen des »Klassikers« und der Vorstellung langweiliger Würde, die sich der Jugend damit verbinden mag! Sie sucht das Moderne, das Frische, Leidenschaftliche und Lebensunmittelbare, – nun, sie findet es bei Goethe, ich kann es ihr versichern, und zwar auch in denjenigen seiner Werke, die ein klassizistisches Gewand tragen oder, wie man damals zu sagen pflegte, »antiker Form sich nähern«. Wenn ich ihn einen »autobiographischen« Dichter nannte, so ist das ein sehr sachlicher Ausdruck für etwas sehr Leidenschaftliches: Er hat nie einen Gegenstand behandelt, der ihn nichts anging, der ihm nicht »auf den Nägeln brannte«; er war fern davon, aus objektiv-spekulativen Gründen seinen Stoff zu »wählen«; der Stoff wählte ihn; er dichtete sein Leben; er mußte am eignen Leibe und der eignen Seele erfahren haben, was er schrieb; sein Lieblingssatz war, daß die Dichtung *Darstellung empirisch-pathologischer Zustände sei*; und diese Herkunft seiner Produktion aus leidenschaftlicher Erfahrung verlieh ihr eine unbeschreibliche psychologische Intimität, Neuheit und Einmaligkeit, die man heute so stark spürt wie damals. Hinzu kam ein ebenso unbeschreiblicher persönlicher Charme, der sich unbewußt mit allem verband, was er tat und machte, so daß denn also jedes neue Werk, mit dem er hervortrat, auf die Empfänglichen als köstliche Sensation, als eine wundervolle Überraschung wirkte, als etwas Ungeahntes, von dem bis zu seinem plötzlichen lebensvollen Vorhandensein sich niemand etwas hatte träumen lassen.

[...]

Was aber soll ich von seinen Gedichten sagen, – unter denen ich euch jungen Japanern nicht sowohl die Weisheitslyrik des späten ›West-östlichen Divan‹ als den melodischen Gefühlssturm der Jugendlieder zudenke: diese von Lebens- und Liebesdankbarkeit schwellenden und klingenden Gesänge, in denen das Menschenherz, das Herz der Natur in vollen, weichen, beschwingten Schlägen klopft. Mich ängstigt ihre Unübersetzbarkeit, – der Schmelz und Farbenstaub ihrer Schwingen wird abgestreift sein, wenn man sie euch in eurer Sprache bietet. Aber man hört ja, daß die deutsche Sprache in Japan gleich hinter der englischen steht, und so viel Deutsch solltet ihr lernen, um die jeder Jugend verwandte Musik dieser Lieder zu vernehmen, die alle die Verse zum Refrain haben könnten, die aus einem von ihnen innig hervorklingen:

> Wie ist Natur so hold und gut,
> Die mich am Busen hält!

– und die er auch euch, ihr Fernen, mit den Worten zugeeignet hat:

> Da sind sie nun! Da habt ihr sie!
> Die Lieder, ohne Kunst und Müh'
> Am Rand des Bachs entsprungen.
> Verliebt und jung und voll Gefühl
> Trieb ich der Jugend altes Spiel
> Und hab' sie so gesungen.

Sie hätten mir keine größere Freude machen können als mit dieser Handschrift. Noch bevor ich Sie wiedersehe, was hoffentlich
bald geschieht, muß ich Ihnen für dies liebliche Geschenk, das
so groß ist im Kleinen, meinen herzlichen Dank sagen. Im
Grunde teile ich den aufrechten Optimismus dieser Verse, den
Glauben an die Bestimmung des Schlechten und Bösen zum
»Dienst«, worin seine Komik und seine Erlösung liegt.

Brief an Stefan Zweig, 27. 5. 1935

Ich merkte früh, daß die Davoser Geschichte es in sich hatte und
über sich selbst ganz anders dachte als ich. Selbst äußerlich traf
das zu, denn der englisch-humoristisch ausladende Stil, in dem
ich mich dabei von der Strenge des ›Tod in Venedig‹ erholte, ver-
langte Raum und die zugehörige Zeit. Dann kam der Krieg, dessen Ausbruch mir zwar sofort den Schluß des Romanes an die
Hand gab und dessen innere Erfahrungen das Buch unbere-
chenbar bereicherten, der mich aber in seiner Ausführung auf
Jahre unterbrach.

Ich schrieb in jenen Jahren die ›Betrachtungen eines Unpolitischen‹, ein mühseliges Werk der Selbsterforschung und des
Durchlebens der europäischen Gegensätze und Streitfragen, ein
Buch, das zur ungeheueren, Jahre verschlingenden Vorbereitung auf das Kunstwerk wurde, das eben zum Kunstwerk, zum
Spiel, wenn auch zu einem sehr ernsten Spiel, nur werden
konnte durch die materielle Entlastung, die es durch die voran-
gegangene analytisch-polemische Arbeit erfuhr. »Diese sehr
ernsten Scherze«, so spricht Goethe einmal von seinem ›Faust‹,
und es ist die Definition aller Kunst, auch des ›Zauberbergs‹.
Aber ich hätte nicht scherzen und spielen können, ohne vorher
seine Problematik in blutiger Menschlichkeit durchlebt zu haben, über die ich mich dann als freier Künstler erhob. Das
Motto der ›Betrachtungen‹ lautet: »Que diable allait-il faire
dans cette galère?« Die Antwort lautet: den ›Zauberberg‹.

[…]

Nun gelangte vor kurzem ein englisches Manuskript an mich,

das einen jungen Gelehrten der Harvard University zum Verfasser hat. Es heißt: ›The Quester Hero. Myth as Universal Symbol in the Works of Th. M.‹, und die Lektüre hat mir Erinnerung und Bewußtsein meiner selbst nicht wenig aufgefrischt. Der Verfasser stellt den ›Magic Mountain‹ und seinen schlichten Helden in eine große Tradition hinein, – nicht nur in eine deutsche, sondern in eine Welttradition; er subsumiert ihn einem Typus von Dichtung, den er ›The Quester Legend‹ nennt und der weit im Schrifttum der Völker zurückreicht. Seine berühmteste deutsche Erscheinungsform ist Goethe's ›Faust‹. Aber hinter Faust, dem ewigen Sucher, steht die Gruppe von Dichtungen, die den allgemeinen Namen von Sangraal oder Holy Grail romances tragen. Ihr Held, ob er nun Gawain, Galahad oder Perceval heißt, ist eben der Quester, der Suchende und Fragende, der Himmel und Hölle durchstreift, es mit Himmel und Hölle aufnimmt und einen Pakt macht mit dem Geheimnis, mit der Krankheit, dem Bösen, dem Tode, mit der anderen Welt, dem Okkulten, der Welt, die im ›Zauberberg‹ als »fragwürdig« gekennzeichnet ist – auf der Suche nach dem »Gral«, will sagen nach dem Höchsten, nach Wissen, Erkenntnis, Einweihung, nach dem Stein der Weisen, dem aurum potabile, dem Trunk des Lebens.

Ein solcher Quester-Held, erklärt der Verfasser – und erklärt er es nicht mit Recht? – ist auch Hans Castorp. Der Gral-Quester insbesondere, Perceval, wird im Beginn seiner Wanderungen gern als »Fool«, »Great Fool«, »Guileless Fool« bezeichnet. Das entspricht der »Einfachheit«, Simplizität und Schlichtheit, die dem Helden meines Romanes beständig zugeschrieben wird – so als ob ein dunkles Überlieferungsgefühl mich gezwungen hätte, auf dieser Eigenschaft zu bestehen. Ist nicht auch Goethe's Wilhelm Meister ein guileless fool, zwar in hohem Maße identisch mit dem Autor, dabei aber stets das Objekt seiner Ironie? Man sieht hier Goethe's großen Roman, der zu der hohen Aszendenz des ›Zauberberg‹ gehört, ebenfalls in der Traditionsreihe der Quester Legends. Und was ist denn wirklich der deutsche Bildungsroman, zu dessen Typ der ›Wilhelm Mei-

ster‹ sowohl wie der ›Zauberberg‹ gehören, anders als die Sublimierung und Vergeistigung des Abenteurerromans?

Einführung in den ›Zauberberg‹, 1935

Es gibt Eigenschaften, denen man es auf den unteren Stufen
ihrer Erscheinung nicht anmerkt, daß sie durch Steigerung zum
Genie, zur Größe werden können. Eine ins Geniale gesteigerte
Treuherzigkeit kann vielleicht als die beste Bestimmung von
Goethe's besonderer Größe gelten. Kein Wunder, daß er früh
ihre Sprache überzeugender und wohllautender zu sprechen
wußte als seine Gesellen. In der ursprünglichen Fassung des
›Faust‹ heißt es:

> Doch werdet ihr nie Herz zu Herzen schaffen,
> Wenn es euch nicht von Herzen geht ...
> Was Vortrag! Das ist gut im Puppenspiel.
> Mein Herr Magister, hab er Krafft!
> Sey er kein schellenlauter Thor!
> Und Freundschaft, Liebe, Brüderschafft,
> Trägt die sich nicht von selber vor?
> Und wenn's Euch Ernst ist, was zu sagen,
> Ist's nöthig, Worten nachzujagen?

Das war einem ganzen jungen Dichtergeschlecht aus dem Herzen gesprochen. »Schon früher und wiederholt auf die *Natur*
gewiesen«, berichtet Goethe, »wollten wir daher nichts gelten
lassen als Wahrheit und Aufrichtigkeit des Gefühls und den
raschen, derben Ausdruck desselben.«
[...]
In ihm, dem als zweiteiligem Ganzen bestimmt war, zum
größten und vielfältigsten Sprachwerk deutscher Zunge zu werden, hat der Tonfall, der in den gleichzeitigen Fragmenten Versuch und primitive Übung geblieben ist, eine wundervolle Erfüllung, Läuterung und vom Höheren zum Höchsten steigende
Entfaltung erfahren. Der Vers, oft knittelmäßig nur auf den

Reim gestellt, oft in ebenmäßigeren Rhythmen gehend, jambisch, wechselnd lang, drei- bis sechsfüßig, mit beliebiger Reimstellung, dieser Faust-Vers, zwanglos und schlagend, elegant und treuherzig, witzig und gefühlvoll, unbeschreiblich glücklich, klar, flüssig, mundgerecht und ohrenfällig, so daß man bei seinem Klange an Goethe's eigenes Wort denken muß: »Letzte Wirkung der Kunst ist Gefühl der Anmut«, er hat mit seinen leicht und innig alles Menschliche anrührenden und aussprechenden Sentenzen, melodischen Lyrismen und endgültigen Prägungen nicht wenig zu der ungeheueren Popularität beigetragen, die das Stück in deutschen Landen gewann.

Über Goethe's ›Faust‹, 1939

Goethe selbst hat einmal gesagt, bei einem Kunstwerk komme alles auf die Konzeption an. Und in der Konzeption dieser Geschichte war von Anfang an etwas Ansprechendes, das vorgehalten und sich auch gegen die Langweiligkeiten der Ausführung durchgesetzt zu haben scheint.

Brief an Brigitte Bermann Fischer, 14. 1. 1940

Das Genie kann nicht normal sein

Ein Künstler, meine ich, bleibt bis zum letzten Hauch ein Abenteurer des Gefühls und des Geistes, zur Abwegigkeit und zum Abgrunde geneigt, dem Gefährlich-Schädlichen offen. Seine Aufgabe selbst bedingt seelisch-geistige Freizügigkeit, sie verlangt von ihm das Zuhausesein in vielen und auch in schlimmen Welten, sie duldet keine Seßhaftigkeit in irgendwelcher Wahrheit und keine Tugendwürde. Der Künstler ist und bleibt Zigeuner, gesetzt auch, es handelte sich um einen deutschen Künstler von bürgerlicher Kultur. Da es seine Sache ist, aus mancherlei Seelen zu reden, so ist er notwendig Dialektiker. Dialektik aber, spricht Goethe, »ist die Ausbildung des *Widerspruchsgeistes*, welcher dem Menschen gegeben, damit er den Unterschied der Dinge *erkennen* lerne«.

Betrachtungen eines Unpolitischen, 1918

Auch das naturgesegnetste Genie ist niemals im Sinne des Philisters natürlich, das heißt gesund, normal und nach der Regel. Da bleibt im Physischen immer viel Zartes und Irritables, zu Krise und Krankheit Geneigtes, im Psychischen immer viel den Durchschnitt Befremdendes, ihn unheimlich Berührendes, dem Psychopathischen Nahes, wenn man auch dem Philister verbieten muß, es so anzusprechen … Nein! Aber von jener *sinnlichen Begabtheit* ist hier die Rede, die zu dem besonderen Adel des antäischen Genies gehört und die Goethe's Faust in den Worten feiert, mit denen er den *Erdgeist* anredet:

> Erhabner Geist, du gabst mir, gabst mir alles,
> Warum ich bat. Du hast mir nicht umsonst
> Dein Angesicht im Feuer zugewendet.

Gabst mir die herrliche Natur zum Königreich,
Kraft, sie zu fühlen, zu genießen. Nicht
Kalt staunenden Besuch erlaubst du nur,
Vergönnest mir, in ihre tiefe Brust,
Wie in den Busen eines Freunds, zu schauen...

[...]

Von Goethe's Wetterempfindlichkeit war schon die Rede. Sie ist jener fast übertriebenen sinnlichen Begabtheit zuzurechnen und geht ins Okkult-Natursichtige über, wenn er nachts in seinem Schlafzimmer zu Weimar das Erdbeben von Messina wittert. Auch der nervöse Apparat der Tiere vermag ja dergleichen Ereignisse vor- und mitzufühlen. Das Tierische transzendiert. Alle Transzendenz ist tierisch. Naturvertraute sinnliche Irritabilität überschreitet die Grenzen des eigentlich Sinnlichen und mündet ins Übersinnliche, Naturmystische ein.

Goethe und Tolstoi, 1922

Hier stoßen wir auf ein Interesse, eine psychologische Fixiertheit dieses Autors [Edmond Jaloux], die auch den uns vorliegenden Band beherrscht und die kennzeichnend ist für vielleicht jedes analytisch gerichtete Dichtertum. Denn dieses bekundet sich am deutlichsten und echtesten darin, daß das Subjekt zum psychologischen Objekt, daß das Dichter-, das Künstlertum selbst zum Problem der Dichtung wird; mit anderm Wort, es bekundet sich mit Vorliebe als Gewissens- und Bekenntnisdichtung, eine Tendenz, die im Falle Jaloux' durch protestantische Sympathien – denn er verbringt einen Teil des Jahres in der französischen Schweiz, in der Nähe Genfs – begünstigt werden mag oder mit ihnen zusammenstimmt. Goethe, der Psycholog, mußte eines Tages ein Künstler-, genau: ein Dichterdrama schreiben, und man weiß, mit welcher Skepsis, Ironie und Schonungslosigkeit er die seelische Form des Poetentums, die eigene seelische Lebensform dargestellt, um nicht zu sagen: bloßgestellt hat.

Vorwort zu Edmond Jaloux' Roman ›Die Tiefen des Meeres‹, 1928

Es mag wundernehmen, daß dies Vorzugskind der schaffenden Macht die Glücklichpreisungen seines Lebens, die neidischen und die begeisterten, strikt abgelehnt und verneint hat. Beruhigt euch, sagt er, ich war nicht glücklich, ich war es, wenn man alle guten Stunden meines Lebens zusammenzählt, keine vier Wochen lang. – »Es war das ewige Wälzen eines Steines, der immer von neuem gehoben werden wollte.« Und dann kommt der ergreifende, wirklich alles erklärende Satz: »Der Ansprüche an meine Tätigkeit, sowohl von außen als innen, waren zu viele.« Nicht glücklich also, und zwar vermöge der Größe der Aufgaben, die sein Genie ihm stellte, und deren Vollendung die zudringende Welt beständig zu hintertreiben suchte. Und wie steht es mit dem Verhältnis dieses Vitalitätsstolzen zur Gesundheit und zur Krankheit? Das Genie, wir wissen es wohl, kann nicht im banausischen, im schlicht bürgerlichen Sinn normal sein, auch das naturgesegnetste niemals im Sinn des Philisters natürlich, gesund, nach der Regel. Da gibt es im Physischen immer viel Zartes, Irritables, zu Krise und Krankheit Geneigtes, im Psychischen viel den Durchschnitt Befremdendes, unheimlich Berührendes, dem Psychopathischen Nahes. Er weiß es wohl und spricht es lehrend gegen Eckermann aus: »Das Außerordentliche«, sagt er, »was solche Menschen leisten« – und zu ergänzen ist: solche Menschen wie ich –, »setzt eine sehr zarte Organisation voraus, damit sie seltener Empfindungen fähig sein und die Stimmen der Himmlischen vernehmen mögen. Nun ist eine solche Organisation im Konflikt mit der Welt und ihren Elementen leicht gestört und verletzt, und wer nicht mit größter Sensibilität eine außerordentliche Zähigkeit verbindet, ist leicht einer fortgesetzten Kränklichkeit unterworfen.« Mit dieser Verbindung von Sensibilität und Zähigkeit ist in der Tat die besondere Vitalität des Genies ein für allemal bestimmt. »Dem Leiden war er, war dem Tod vertraut«, sagt er von seinem Freund Schiller; aber er selbst, der mit dem Leben auf so viel freundschaftlicherem Fuße stand, war er es nicht auch? Der Blutsturz des Jünglings spricht für eine tuberkulöse Anlage, und hundert Merkmale größter Reizbarkeit, Ermüdbarkeit, tiefer Verstimm-

barkeit, auch mehrere Anfälle schwerer Erkrankung bis ins
hohe Alter hinein deuten auf eine Labilität und beständige Gefährdung seiner Natur und lassen erkennen, welch zäher geistiger Lebenswille, man möchte sagen welch vitales Ethos dazu gehörte, diese Natur gleichsam bei der Lebenspflicht zu halten
und sie ein ganzes, kanonisches Menschenleben durchführen zu
lassen, sie auf zweiundachtzig Jahre zu bringen. Es war kein
Kinderspiel, weder körperlich noch seelisch.

›Wohl kamst du durch; so ging es allenfalls.‹ –
Mach's einer nach und breche nicht den Hals!

»Wer mit zwanzig den Werther schrieb«, ruft er ein andermal
aus, »wie soll der leben mit siebzig!«, und die Lebensbürgerlichkeit wird stark in Frage gestellt, wenn er in dem späten Gedicht an den Helden seines Jugendromans den vielbeweinten
Schatten apostrophiert:

Zum Bleiben ich, zum Scheiden du erkoren,
Gingst du voran *und hast nicht viel verloren.*

Er fürchtete dieses kleine Buch voll von zerrüttender Empfindsamkeit, das einmal die Welt vor Sterbenswonnne toll gemacht
hatte, und gesteht im Alter, daß er es seit seinem Erscheinen nur
ein einziges Mal wieder gelesen und sich gehütet habe, es abermals zu tun. »Es sind lauter Brandraketen«, sagt er, »es wird
mir unheimlich dabei, und ich fürchte, den pathologischen Zustand wieder zu empfinden, aus dem es hervorging.« Der Ge-
reifte besteht theoretisch darauf, daß die Kunst das Gesunde
und Lebensbejahende bieten solle, und schilt auf das, was er die
zeitgenössische »Lazarettpoesie« nennt, einen Mißbrauch der
Kunst, dem er die tyrtäische entgegenstellt, die Poesie, die nicht
bloß Schlachtenlieder singt, sondern auch den Menschen mit
Mut ausrüstet, die Kämpfe des Lebens zu bestehen. Aber hat er
selbst immer danach gehandelt? Im ›Werther‹ nicht; und für
einen Dichter der Harmonie und der tyrtäischen Ermutigung

zum Leben ist es eine sonderbare Stoffwahl, wenn er sein Persönlichstes in die Geschichte eines historischen Kollegen verkleidet, die ins Irrenhaus und ins Kloster führte. Lebensbürgerlichkeit würde im Moralischen Tugendstrenge, ein unbedingtes Bejahen des Sittlichen verlangen, denn Vernunft und Sittlichkeit sind die Stützen des Lebens. Er aber verteidigt, sehr unbürgerlich, die Leidenschaft, das, was die Leute »Überspannung und krankhaftes Wesen« nennen, und besteht darauf, daß auch Überspannung und Krankheit Zustände der Natur sind und daß »die sogenannte Gesundheit« nur im Gleichgewicht entgegengesetzter Kräfte bestehen kann. Und er widerspricht seinem Famulus, als dieser meint, aus den Schriften Byrons sei für reine Menschenbildung kein entscheidender Gewinn zu ziehen. Seine Moral sei zu problematisch dazu. »Warum nicht gar«, antwortet Goethe, »Byrons Kühnheit, Keckheit und Grandiosität, ist das nicht alles bildend? Wir müssen uns hüten, das Bildende stets im entschieden Reinen und Sittlichen suchen zu wollen. Alles Große bildet, sobald wir es gewahr werden!« Das nenne ich überbürgerlich gesprochen, und das überbürgerlichste Wort vielleicht, das je aus seinem Munde kam, lautet so: »Franzosen sind Pedanten, das heißt, sie können aus der Form nicht heraus.« Man höre dies wohl! In diesem eigentümlichen Verächtlichmachen der Form durch das Wort »pedantisch« liegt die Bejahung des Chaotischen, liegt die Sympathie mit dem Tode, die gerade die Franzosen dem deutschen Wesen oft zum Vorwurf gemacht haben.

Goethe als Repräsentant des bürgerlichen Zeitalters, 1932

Lustspielhaft setzt ›Lotte in Weimar‹ ein: mit der Ankunft einer distinguierten alten Dame, die den Gasthof der kleinen Residenzstadt, in dem sie absteigt, in begreiflichen Aufruhr versetzt – sie ist keine Geringere als Madame Charlotte Kestner, geborene Buff, dieselbe Lotte Buff, der Goethe in ›Werthers Leiden‹ ein Denkmal gesetzt hat. Das Modell ist nach so vielen Jahren immer noch nicht ganz mit dem Erlebnis fertig, und es erhofft sich aus einem Wiedersehen mit dem würdig und berühmt gewordenen Jugendfreund sozusagen ein happy end, eine Aussprache, die den befreienden Schlußpunkt unter die alte quälende Frage setzt: warum jene »Liebe zu einer Braut« – denn Lotte war ja damals schon verlobt mit dem Mann, dessen Namen sie jetzt trägt, als Witwe und Mutter vieler Kinder – und was war es eigentlich, das den jungen Stürmer und Dränger zu ihr und dann jäh in die Flucht trieb; wie er ja immer vor den Frauen, die er liebte, auf der Flucht war bis ins hohe Alter?

Ob Lotte auf ihre Fragen befriedigende Antwort erhält, mag der Leser entscheiden. Lustspielhaft beginnt es, als ein Spiel um Goethe, der erst spät selbst in Erscheinung tritt, der würdig gewordene Künstler – Sie sehen: wieder geht es mir um dieses Thema – der würdig gewordene Geist, der sich, sein Eigenstes unter steif-listigen Masken vor der neugierigen Welt versteckt. Er ist der Genius, dem man dient, und der nicht dankt, nur schenkt, dadurch eben, daß er vorhanden ist, ein großer Mensch und zugleich doch kein Mensch mehr; darum die Menschen ihn denn oft auch kalt und herzlos, ja geradezu mephistophelisch-nihilistisch finden. Ihre Liebe zu ihm ist von Haß nicht frei, sie fühlen sich durch ihn so sehr beglückt wie bedrückt. Er ist der Vater, gegen den man sich verehrungsvoll empört. Doch Opfer ist auch er, der Genius, und der, der es bringt. Er ist die Flamme, aber die brennende Kerze doch auch, die ihren Leib opfert, damit das Licht leuchte … *On Myself, 1940*

Reich und faszinierend sind die Verdienste des Romantizismus um die Welt des Schönen, auch als Wissenschaft, als ästhetische Lehre. Was Poesie ist, weiß der Positivismus, weiß die intellektualistische Aufklärung überhaupt nicht; erst die Romantik lehrte es eine Welt, die im tugendhaften Akademismus vor Langeweile umkam. Die Romantik poetisierte die Ethik, indem sie das Recht der Individualität und der spontanen Leidenschaft verkündete. Märchen- und Liederschätze hob sie aus den Tiefen völkischer Vergangenheit und war überhaupt die geistvolle

Schutzherrin der Folkloristik, die in ihrem farbigen Lichte als eine Abart des Exotismus erscheint. Das Vorrecht vor der Vernunft, das sie dem Emotionellen, auch in seinen entlegenen Formen als mystischer Ekstase und dionysischem Rausch einräumte, bringt sie in eine besondere und psychologisch ungeheuer fruchtbare Beziehung zur Krankheit, – wie denn noch der Spätromantiker Nietzsche, ein selbst durch Krankheit ins Tödlich-Geniale emporgetriebener Geist, nicht genug den Wert der Krankheit für die Erkenntnis feiern konnte. In diesem Sinn ist selbst noch die Psychoanalyse, die einen tiefen Vorstoß des Wissens vom Menschen von der Seite der Krankheit her bedeutete, ein Ausläufer der Romantik.

Goethe hat die lakonische Definition gegeben, das Klassische sei das Gesunde und das Romantische das Kranke. Eine schmerzliche Aufstellung für den, der die Romantik liebt bis in ihre Sünden und Laster hinein. Aber es ist nicht zu leugnen, daß sie noch in ihren holdesten, ätherischsten, zugleich volkstümlichen und sublimen Erscheinungen den Krankheitskeim in sich trägt, wie die Rose den Wurm, daß sie ihrem innersten Wesen nach Verführung ist, und zwar Verführung zum Tode. Dies ist ihr verwirrendes Paradox, daß sie, die die irrationalen Lebenskräfte revolutionär gegen die abstrakte Vernunft, den flachen Humanitarismus vertritt, eben durch ihre Hingabe an das Irrationale und die Vergangenheit, eine tiefe Affinität zum Tode besitzt. Sie hat in Deutschland, ihrem eigentlichen Heimatland, diese irisierende Doppeldeutigkeit, als Verherrlichung des Vitalen gegen das bloß Moralische und zugleich als Todesverwandtschaft, am stärksten und unheimlichsten bewährt. Sie hat als deutscher Geist, als romantische Gegenrevolution dem europäischen Denken tiefe und belebende Impulse gegeben, aber ihrerseits hat ihr Lebens- und Todesstolz es verschmäht, von Europa, vom Geist der europäischen Menschheitsreligion, des europäischen Demokratismus, irgendwelche korrigierenden Belehrungen anzunehmen. *Deutschland und die Deutschen, 1945*

Merkwürdig genug: mein Schriftsteller-Leben hat ausführliche Studien über Tolstoi sowohl wie über Goethe mit sich gebracht, – mehrere über jeden von ihnen. Über zwei andere Bildungserlebnisse, denen ich nicht weniger schuldig bin, die mindestens ebenso tief meine Jugend erschütterten, und die zu erneuern und zu vertiefen meine höheren Jahre nicht müde geworden sind, habe ich nie zusammenhängend geschrieben: über Nietzsche nicht und nicht über Dostojewski. Ich bin den Nietzsche-Aufsatz schuldig geblieben, den Freunde oft von mir gefordert haben, und der auf meinem Wege zu liegen schien. Und nur momentweise, rasch wieder verschwindend, steigt in meinen Schriften das »tiefe, verbrecherische Heiligenantlitz Dostojewski's« (dies war einmal mein Ausdruck) empor. Woher dies Ausweichen, dies Vermeiden und Schweigen – im Gegensatz zu der gewiß unzulänglichen, aber freudigen Beredsamkeit, die die Größe jener beiden anderen Meister und Sterne mir erweckte? Ich weiß es wohl. Vertrauliche Huldigungen, enthusiastisch und mit zärtlicher Ironie durchsetzt, wurden mir leicht vor den Bildern der Göttlichen und Gesegneten, der Kinder der Natur in ihrer hohen Einfalt und prangenden Gesundheit: dem autobiographischen Aristokratismus des Bildners einer majestätischen persönlichen Kultur, Goethe's, und der epischen Bärenkraft, der ungeheuren Naturfrische des »großen Schriftstellers des Russenlandes«, Tolstois, mit seinen gewaltig ungeschickten und nie gelungenen Versuchen zur moralistischen Vergeistigung seiner heidnischen Leiblichkeit. Meine Scheu, eine tiefe, mystische, zum Schweigen anhaltende Scheu, beginnt vor der religiösen Größe der Verfluchten, vor dem Genie als Krankheit und der Krankheit als Genie, vor dem Typus des Heimgesuchten und Besessenen, in welchem der Heilige und der Verbrecher *eines* werden ...   *Dostojewski – mit Maßen, 1946*

Des Ganzen [Hermann Hesses ›Glasperlenspiel‹] nun ansichtig, war ich fast erschrocken über seine Verwandtschaft mit dem, was mich so dringlich beschäftigte. Dieselbe Idee der fingierten

236

Biographie – mit den Einschlägen von Parodie, die diese Form mit sich bringt. Dieselbe Verbindung mit der Musik. Kultur- und Epochenkritik ebenfalls, wenn auch mehr träumerische Kultur-Utopie und -Philosophie als kritischer Leidensausbruch und Feststellung unserer Tragödie. Von Ähnlichkeit blieb genug, – bestürzend viel, und der Tagebuch-Vermerk: »Erinnert zu werden, daß man nicht allein auf der Welt, immer unangenehm« – gibt diese Seite meiner Empfindungen unverblümt wieder. Es ist eine andere Fassung der Frage in Goethe's ›Divan‹: »Lebt man denn, wenn andre leben?« und klingt übrigens an gewisse Äußerungen Saul Fitelbergs an über die Unwilligkeit der Künstler, von einander zu wissen, Äußerungen, bei denen ich aber nicht an mich dachte. Redliche Geringschätzung für die Mittelmäßigkeit, die von Meisterschaft nicht *weiß* und also ein leichtes, dummes Leben führt, gestehe ich ein und finde, daß viel zu viele Leute schreiben.

[...]

Dabei zählt Sainte-Beuve ihn [Molière] zu den fünf oder sechs Genies der Welt, die, zwischen primitiven und zivilisierten, homerischen und alexandrinischen Epochen mitteninne wirkend, noch naiv und schon klug, in ihrer Fülle, Fruchtbarkeit, Leichtigkeit auch die Größten noch überragen, und zu denen er offenbar Goethe zum Beispiel *nicht* rechnet. Auch dieser selbst hat das wohl nicht getan, er hätte sonst Shakespeare nicht sein Leben lang so hoch über sich gesehen. Aber es finden sich Kennzeichnungen Goethe's bei dem französischen Kenner, die das deutsche Ohr sonderbar scharf, wenn auch nicht untreffend, berühren. Er spricht von Molière's Gefaßtheit, Selbstbeherrschung, Kühle und Luzidität in der Glut; aber diese gewohnheitsmäßige Kälte mitten im rührendsten Stück habe nichts mit der berechneten, eisigen Unparteilichkeit zu tun, wie man sie bei Goethe, diesem *Talleyrand der Kunst*, sehe. »Solche kritischen Raffinements im Schoße der Poesie waren damals noch nicht aufgekommen.« – Der Kritiker ist gegen die »kritischen Raffinements«. Im Grunde ist wohl einfach der Historiker gegen die Modernität. Was aber den »Talleyrand« in Goethe betrifft, so hat auch Byron ihn einen »alten Fuchs« genannt, und zwar anläßlich der ›Wahlverwandtschaften‹. – –

[...]

›Musical Quarterly‹ zeigte sich erkenntlich für den jüngst gelieferten Beitrag mit einem kuriosen Buchgeschenk, das Faksimile-Reproduktionen darbot in Amerika befindlicher Briefe Beethovens. Ich sah sie lange an, diese hingewühlten und -gekratzten Züge, diese verzweifelte Orthographie, diese ganze halbwilde Unartikuliertheit – und konnte »keine Liebe« dafür finden in meinem Herzen. Goethe's Ablehnung des »ungebändigten Menschen« war wieder einmal mitzufühlen, und wieder einmal legten Grübeleien über das Verhältnis von Musik und Geist, Musik und Gesittung, Musik und Humanität sich nahe. Hat das musikalische Genie überhaupt nichts mit Humanität und »verbesserter Gesellschaft« zu tun? Arbeitet sie ihr vielleicht geradezu entgegen?

Die Entstehung des Doktor Faustus, 1949

Das zwischen Demut und Haß schwankende Mißverhältnis zu Goethe, die nagende Wut auf seinen Ruhm, der krampfige Drang, ihm den Kranz zu entreißen, der sogar persönliche Konflikt mit dem Vollender, der ihn übersieht, der nichts von ihm wissen will, hat sehr dazu beigetragen, das Leben Kleists zu vergiften. Ganz unsinnig aber ist sein wilder Traum, ihn vom Throne zu stoßen, denn doch nicht. In Oßmannstedt hat der sonst Scheue, Verschlossene dem alten Wieland, der ihm die Zunge zu lösen weiß, den Plan des ›Guiskard‹ erzählt, ihm aus dem Gedächtnis daraus rezitiert. Der alte Kenner ist fasziniert. Er ruft aus, hier sei eine Kraft, bestimmt, in der dramatischen Literatur Deutschlands die große Lücke auszufüllen, die selbst Goethe und Schiller gelassen hätten. Er schickt dem Abgereisten einen Brief nach: »Nichts ist dem Genius der heiligen Muse, der Sie begeistert, unmöglich. Sie müssen Ihren Guiskard vollenden, und wenn der ganze Kaukasus und Atlas auf Sie drückte ...« – Was Wunder, daß die Wogen von Kleists Selbstbewußtsein hoch gehen – für den Augenblick? Denn dann – verrückte Tat! – verbrennt er das Manuskript – übrigens nicht, ohne ein bißchen Material unverbrannt zu lassen, wonach er eines Tages das Fragment wenigstens wiederherstellen wird.

»Wer nicht verzweifeln kann, der muß nicht leben«, hat Goethe gesagt. Kleists stürmische Natur war zur Verzweiflung nur zu geneigt. Aber selbst in ihr bleibt sein heißer Blick auf den Kranz des Olympiers gerichtet. Denn insgeheim weiß er, daß etwas in ihm ist, das ihn, so dunkel, unterirdisch, vorolympisch, titanisch-barbarisch es ist, über das dichterische Gelingen des Götterlieblings und seines idealisch-rhetorischen Freundes hinausreißen könnte, hinausreißen auf elementar dramatische Art, die nichts mit Bildung, Humanität, schöner Linie, schöner Mitte, Idealität, Winckelmann'schem Griechentum, auch nichts mit moralisierender Ideendichtung zu tun hat, sondern dionysisch ist, gottbesessen, rauschhaft-exzessiv bis in jede Wendung der von Ausdruck überlasteten Sprache hinein, von schamloser Rücksichtslosigkeit.

Goethe und Schiller sind vom Sturm und Drang ihrer Jugendwerke eingelenkt ins Edel-Humane, Klassizistische, Hoch-Gesittete, die reine Schönheit. Die deutsche Klassik, Epoche unserer höchsten Bildung, erblüht. Nichts Beglückend-Vornehmeres als Goethe's ›Iphigenie‹. Kein kunstvolleres Form-Experiment zu denken als Schillers Nachahmung der Antike in der ›Braut von Messina‹. Aber sagen wir die Wahrheit: Es ist Kleist allein, von dessen allem schönen Maß sich verweigerndem Werk – und ich denke insbesondere an dasjenige, woran er scheiterte, das Guiskard-Fragment – die Macht ausgeht, die dramatische Ur-Erschütterung, der mythische Schauer, der heilige Schrecken der antiken Tragödie.

Die abweisende Antipathie Goethe's gegen dies wilde Phänomen, ein Genie, zu elementar, um sich je an ein Gesetzlich-Überliefertes in Bildung und Kunst zu binden, – wie begreife ich, wie *teile* ich sie! Daß er »auf Verwirrung des Gefühls« aus war, dieser Dichter, ist wahr. Er ist es noch in einem so überaus liebenswerten Stück wie seiner herrlichen Bearbeitung von Molière's

›Amphitryon‹, worin zugleich, Goethen sehr ärgerlich, sein
Hang zur Mystik sich kundgibt, indem er »le partage avec Jupiter« als christliche Überschattung durch den Heiligen Geist in-
terpretiert. Daß er quälend hypochondrisch, unverträglich mit
dem Leben, krankhaft radikal war, immer zu pathologischer
Stoffwahl, zum Somnambulen, Traumverzückten und überdies
zu lastender Rechtsproblematik geneigt, wie selbst noch zuletzt,
auf seiner Höhe und vor seinem Ende, im ›Prinzen von Homburg‹ – das alles ist wahr. Die mänadische Mord-Erotik und
Menschenfresserei seiner ›Penthesilea‹, die er Goethen »auf den
Knien seines Herzens« darbrachte, und die dieser kalt ablehnte,
ist entsetzlich. Entsetzlicher der berserkerhafte, gegen »Rom«,
das ist: gegen Frankreich und Napoleon rasende Nationalismus
seiner ›Hermannsschlacht‹, deren blauäugiger Held – und das
ist nun wieder sehr realistische, vorm deutschen Charakter eher
warnende als ihn idealisierende Psychologie – falscher und tük-
kischer ist als ein Punier. Und die überschwengliche Naivität
und schon parodistische Volkstümlichkeit des ›Käthchen von
Heilbronn‹, eines alle Romantik ausromantisierenden Ritter-
stückes, worin es nichts als Schlafwandel, Doppelgängertum
und Cherubsgeleite durch Feuer und Wasser gibt, ist auch nicht
jedermanns – war jedenfalls nicht Goethe's Sache. Der, statt
›Käthchen‹ aufzuführen, wie den niederländisch getönten Dorf-
schwank vom ›Zerbrochenen Krug‹, den er durch die Einteilung
in drei Akte zugrunde richtete, worauf Kleist ihn zum Duell fordern wollte – eine groteske Ungehörigkeit –, verbrannte das
Stück im Ofen wegen »verfluchter Unnatur« und des Gemi-
sches von Sinn und Unsinn, den es seiner Meinung nach dar-
stellte, und schrieb in einer Rezension: »Mir erregte dieser
Dichter, bei dem reinsten Vorsatz einer aufrichtigen Teilnahme,
immer Schauder und Abscheu, wie ein von der Natur schön in-
tentionierter Körper, der von unheilbarer Krankheit ergriffen
wäre.«

Das Bild prägt sich ein, es kommt aus wahrem Gefühl, und
manches Wort aus Kleists eigenem Munde, wie etwa: »Du
mußt mein Herz als einen Kranken betrachten«, scheint für

seine Wahrheit zu sprechen. Und doch – ganz zu schweigen davon, daß der Dichter des ›Werther‹ und des ›Tasso‹ gegen das Krankhafte, Abnormale nicht gar so fremd hätte tun sollen –, so wirkt dieses bei Kleist eher als Steigerung der Lebensgewalt, als dichterische Entrückung in höhere Welten, denn als eigentliche Morbidität, und mag noch soviel Krankhaftes einschlägig sein in sein Genie, noch so oft wiederkehrende Krankheit in sein von höchster Verantwortung überanstrengtes körperliches Leben, – der Mann war kein Kranker.

Heinrich von Kleist und seine Erzählungen, 1954

Mich interessierte besonders, daß M[ozart] gar keinen Sinn für Natur hatte oder für Architektur oder Sehenswürdigkeiten überhaupt, sondern Anregung immer nur aus der Musik selbst schöpfte und sozusagen Musik aus Musik machte, eine Art von künstlerischer Inzucht und filtrierter Produktion, sehr merkwürdig. Ein Aristokrat war er auch und hatte, anders als Haydn, wenig für Volkstümlichkeit übrig, ähnlich wie Goethe.

Brief an die Familie Michael Mann, 9. 8. 1955

Ein Bund wechselseitiger Bewunderung:
Goethe und Schiller

Und dies war seine Eifersucht: daß niemand größer werde als
er, der nicht auch tiefer als er um dieses Hohe gelitten.

Niemand! ... Er blieb stehen, die Hand über den Augen, den
Oberkörper halb seitwärts gewandt, ausweichend, fliehend.
Aber er fühlte schon den Stachel dieses unvermeidlichen Gedankens in seinem Herzen, des Gedankens an ihn, den anderen, den
Hellen, Tastseligen, Sinnlichen, Göttlich-Unbewußten, an *den*
dort, in Weimar, den er mit einer sehnsüchtigen Feindschaft
liebte ... Und wieder, wie stets, in tiefer Unruhe, mit Hast und
Eifer, fühlte er die Arbeit in sich beginnen, die diesem Gedanken
folgte: das eigene Wesen und Künstlertum gegen das des anderen zu behaupten und abzugrenzen ... War er denn größer?
Worin? Warum? War es ein blutendes Trotzdem, wenn er
siegte? Würde je sein Erliegen ein tragisches Schauspiel sein?
Ein Gott, vielleicht, – ein Held war er nicht. Aber es war leichter, ein Gott zu sein als ein Held! – Leichter ... Der andere hatte
es leichter! Mit weiser und glücklicher Hand Erkennen und
Schaffen zu scheiden, das mochte heiter und quallos und quell-
end fruchtbar machen. Aber war Schaffen göttlich, so war Erkenntnis Heldentum, und beides war der, ein Gott und ein
Held, welcher erkennend schuf!   *Schwere Stunde, 1905*

Die Natur war es, die sie, [Goethe und Tolstoi] ihre begünstig-
ten Kinder, liebte und hielt, und sie ihrerseits, gewissermaßen,
strebten von ihr, aus der Dumpfheit und Gebundenheit des Naturhaften fort – mit unterschiedlichem Erfolge, muß man sagen,
sowohl, wenn man jeden für sich betrachtet, als auch, wenn
man beide miteinander vergleicht. »So bin ich«, bekennt Goethe, »bei meinen tausend Gedanken wieder zum Kinde herab-

gesetzt, unbekannt mit dem Augenblick, dunkel über mich selbst.« Und an Schiller, den Sänger höchster Freiheit, schreibt er: »Wie groß der Vorteil Ihrer Teilnehmung für mich sein wird, werden Sie bald sehen, wenn Sie bei näherer Bekanntschaft eine Art Dunkelheit und Zaudern bei mir entdecken, über die ich nicht Herr werden kann.«

[...]

Sehr ähnlich, ja genau wie Goethe's »tiefes, ruhiges Anschauen«, seine exakt sinnliche Phantasie, die Seinswirklichkeit seiner Gestalten sich zu der idealen Vision Schillers und dem rhetorischen Aktivismus seiner Geschöpfe verhält, so verhält sich die mächtige Sinnlichkeit von Tolstois Epik zu Dostojewski's krankhaft verzückter Traum- und Seelenwelt – wenn auch freilich die zeitlichen und volklichen Unterschiede den Gegensatz vertiefen und also bei Tolstoi, dem adelig-bäuerlichen Sohn einer jungen Rasse, dem naturalistischen Romancier, das sinnliche Element sich weit stärker, unmittelbarer, schwerer, fleischlicher, sinnennäher aufdrängt als bei dem hochbürgerlichen deutschen Humanisten und Klassiker.

Es ist ganz klar, daß das, was Goethe so lange von Schiller fernhielt, in erster Reihe dessen Freiheitspathos war; sein Begriff der Menschenwürde, der durchaus geistesdiktatorischer, das heißt revolutionärer Art war, der alle Humanität, alle Vornehmheit, allen Menschenadel emanzipatorisch verstand und einem Wesen wie Goethe naturbeleidigend scheinen und zuwider sein mußte. Es ist zum Beispiel a priori gewiß, daß Goethe an der berühmten Abhandlung ›Über Anmut und Würde‹ den schwersten und ärgerlichsten Anstoß genommen hat. Darin stehen Dinge wie die folgenden: »Bewegungen, welche keine andere Quelle als die Sinnlichkeit haben, gehören bei aller Willkürlichkeit doch nur der Natur, die für sich allein sich nie bis zur Anmut erhebet. Könnte sich die Begierde mit Anmut, der Instinkt mit Grazie äußern, so würden Anmut und Grazie nicht mehr fähig und würdig sein, der Menschheit zu einem Ausdruck zu dienen.« Das darf man idealistische Geistesgehässigkeit gegen die Natur nennen, und gehässig mußte es Goethen erscheinen. Denn es ist kühn behauptet, daß Anmut nicht aus Sinnlichkeit stammen und Natur zur Anmut sich nicht erheben könne. Anmut und Grazie sind also kein der Menschheit würdiger Ausdruck; denn daß die Begierde mit Anmut, der Instinkt mit Grazie sich äußern kann, ist eine »anmutige« Erfahrungstatsache. Und wenn Schiller fortfährt: »Anmut ist eine Schönheit, die nicht von der Natur gegeben, sondern von dem Subjekte selbst hervorgebracht wird … Sie ist die Schönheit der Gestalt unter dem Einfluß der *Freiheit*; die Schönheit derjenigen Erscheinungen, die die Person bestimmt. Die architektonische Schönheit macht dem Urheber der Natur, Anmut und Grazie machen ihrem Besitzer Ehre. *Jene ist ein Talent, diese ein persönliches Verdienst*«: so ist diese sittliche Unterscheidung von »Talent« und »persönlichem Verdienst« für das Goethische Lebensgefühl und seinen Aristokratismus ein vollendeter Affront. »Wie sich *Verdienst* und *Glück* verketten«, sagt Goethe, »das fällt den Toren niemals ein.« Wobei unter »Glück« das zu verstehen ist, was Schiller als »Natur« und »Talent« vom freien, vom menschlichen »Verdienste« absondert.

Goethe und Tolstoi, 1921

Das geist-leibliche Wesen des Theaters ist es, worin es sich mit den angelegentlichsten Tendenzen der Zeit begegnet, und es gibt ein großartiges Dictum Goethe's, das eine gestrige Geistigkeit erschrecken mußte, in dem aber das Theater und diese Zeit sich finden und verstehen: das Dictum, daß alle höchste Kunst ganz äußerlich sei und daß die Kunst, indem sie sich ins Innere zurückziehe, im Begriffe sei zu sinken. Ist nicht dies große Wort eines Nicht-Theatralikers recht eigentlich aus dem Herzen des Theaters gesprochen und zieht es nicht die Idee des Hohen auf wahrhaft festliche Weise mit der des Schaugerecht-Volksunmittelbaren zusammen?

[…]

Man spricht wohl, meine geehrten Zuhörer, von dem aristokratischen Individualismus unserer deutschen Klassik, welche das Kulturproblem auf rein personalem, innermenschlichem Wege zu lösen gesucht habe. Das Theater aber war es, das seinem größten Sohn, Schiller, das Wort auf die Lippen legte, das jedem dramatischen Fest, und auch dem unseren hier, als Motto und Leitspruch dienen könnte: »Der Mensch bedarf des Menschen sehr zu seinem großen Ziele.«

Rede über das Theater, 1929

Man erinnert sich der Traurigkeit des guten Eckermann, als Goethe ihm erklärte, seine Sachen könnten nicht populär werden. Er sagt es trotz dem ersten Teil des ›Faust‹, dessen Volkstümlichkeit eine höchste, geforderte, ideale ist, nicht eine so praktische wie die Popularität mehr als eines Stückes von Schiller. Das Paradoxon besteht, daß die mächtige und kernige, die lutherische Deutschheit Goethe's bei weitem nicht für die Popularität geschaffen war wie das künstlerische Halbfranzosentum seines Freundes. Goethe behauptete zwar, daß Schiller weit mehr Aristokrat gewesen sei als er; das mag zutreffen, aber Goethe's Aristokratentum, das künstlerischer Art war und in der Intimität und Innerlichkeit seiner Absichten und Aufgaben beruhte, war schicksalsmäßig ausschlaggebender. Er kannte eine Ironie gegen die populäre Wirkung, die dem großen Demagogen Schiller durchaus fremd war. Er weiß, wie man das Publikum nasführt. »Den rohen Teil«, sagt er, »hat man durch Abwechslung und Übertreiben, den gebildeten durch eine Art Honnetetät zum besten.« Von dieser Honnetetät ist etwas in dem hohen Lied deutscher Mitte und Bürgerlichkeit, in ›Hermann und Dorothea‹, womit er es noch einmal traf und jenes vaterländische Behagen erzeugte, über das er selbst sich merkwürdigerweise ein wenig lustig macht. Er komme sich vor, schreibt er in einem ausgelassenen Brief an Schiller, wie ein glücklicher Taschenspieler, der die Karten gut gemischt hätte: »So wie jeder, der das Publikum zum besten haben mag, indem er mit dem Strome schwimmt, auf Glück rechnen kann.« Und er erwägt in seinem Übermut, aus dem ironischen Vergnügen an der Übereinstimmung mit dem Publikum, ob man nicht auf diesem Wege ein Stück schreiben könne, das auf allen Bühnen gespielt werden müßte und das jedermann für vortrefflich erklärte, ohne daß es der Autor selbst dafür zu halten brauchte, – eine Phantasie, mit der er bei dem hochspekulativen Schiller gewiß auf viel Verständnis gestoßen ist.

Goethe's Laufbahn als Schriftsteller, 1933

Versuch über Schiller
(1955)

[...]

Ist die ›Jungfrau‹ romantische Oper, so ist sie es doch auf klassische Art; sie bietet das Phänomen einer klassisch gehaltenen Romantik, einer romantisierenden Klassik, – etwas völlig Einmaliges und an die Persönlichkeit Gebundenes, das Goethe sehr gefiel; denn er stimmte dem ungeheueren Erfolg des Stückes zu durch sein Urteil, es sei Schillers schönstes.

[...]

Unbegreiflich, daß, wenn von Schillers Lyrik die Rede ist, fast nie des unsäglich ergreifenden Gedichts in Distichen gedacht wird, worin er wahrhaft ein Lyriker, und das mit Abstand sein tiefstgefühltes, in seiner erhabenen Resignation sein allerschönstes ist: ›Das Glück‹, diese Seligpreisung dessen, den die gnädigen Götter vor der Geburt schon liebten und den als Kind Venus im Arme gewiegt.

Welchem Phöbus die Augen, die Lippen Hermes gelöset,
Und das Siegel der Macht Zeus auf die Stirne gedrückt!
Ein erhabenes Los, ein göttliches, ist ihm gefallen,
Schon vor des Kampfes Beginn sind ihm die Schläfe
bekränzt.
Ihm ist, eh' er es lebte, das volle Leben gerechnet,
Eh' er die Mühe bestand, hat er die Charis erlangt.

Und dann er selbst:

Groß zwar nenn' ich den Mann, der, sein eigner Bildner und
Schöpfer,
Durch der Tugend Gewalt selber die Parze bezwingt;
Aber nicht erzwingt er das Glück, und was ihm die Charis
Neidisch geweigert, erringt nimmer der strebende Mut.
Vor Unwürdigem kann dich der Wille, der ernste, bewahren,
Alles Höchste, es kommt frei von den Göttern herab ...

Zürne dem Glücklichen nicht, daß den leichten Sieg ihm die
                                                                    Götter
Schenken, daß aus der Schlacht Venus den Liebling
                                                    entrückt ...
Zürne der Schönheit nicht, daß sie schön ist, daß sie
                                                verdienstlos,
Wie der Lilie Kelch, prangt durch der Venus Geschenk.
Laß sie die Glückliche *sein*, du *schaust* sie, *du* bist der
                                                        Beglückte!
Wie sie ohne Verdienst glänzt, so entzücket sie dich ...

Soll ich weiterzitieren? Es ist so verlockend! Nur dies noch:

Auf dem geschäftigen Markt, da führe Themis die Waage,
Und es messe der Lohn streng an der Mühe sich ab ...
Alles Menschliche muß erst werden und wachsen und reifen,
Und von Gestalt zu Gestalt führt es die bildende Zeit;
Aber das Glückliche siehest du nicht, das Schöne nicht
                                                        werden,
Fertig von Ewigkeit her steht es vollendet vor dir.
Jede irdische Venus ersteht, wie die erste des Himmels,
Eine dunkle Geburt, aus dem unendlichen Meer;
Wie die erste Minerva, so tritt, mit der Ägis gerüstet,
Aus des Donnerers Haupt jeder Gedanke des Lichts.

Schöneres, Edleres, Heiligeres findet sich nicht im ganzen Be-
reich des Gefühls und der Sprache. Ich gebe Anthologien eroti-
scher Lyrik daran für dies Liebesgedicht des Geistes, des Willens, der »Mühe«, der Tugend ans verdienstlos Göttliche, des
Schauenden an das Seiende. Es ist, eigentlicher als der ›Epilog
zur Glocke‹, der freilich, das seelische Bild ergänzend, Bewunderung gegen Bewunderung setzt, *das* poetische Monument dieser bis zum Symbolischen großgearteten und problematischen
Freundschaft; die Sublimierung und letzte Vergeistigung aller
Bitterkeit und leidenden Ranküne, welche großmütige Tugend
erfüllen mögen angesichts rätselhafter und gleichsam ohne

Wimpernschlag blickender Naturdämonie, – Bitterkeiten, die hier gründlich ausgekostet wurden. »Öfters um Goethe zu sein, würde mich unglücklich machen«, heißt es noch 1789 in einem Brief. »Er hat auch gegen seine nächsten Freunde kein Moment der Ergießung, er ist an nichts zu fassen; ich glaube in der Tat, er ist ein Egoist in ungewöhnlichem Grade ... Mir ist er dadurch verhaßt, ob ich gleich seinen Geist von ganzem Herzen liebe und groß von ihm denke. Eine ganz sonderbare Mischung von Haß und Liebe ist es, die er in mir erweckt hat, eine Empfindung, die derjenigen nicht ganz unähnlich ist, die Brutus und Cassius gegen Cäsar gehabt haben müssen; ich könnte seinen Geist umbringen und ihn wieder von Herzen lieben. An seinem Urteil liegt mir überaus viel ... Ich will ihn auch mit Lauschern umgeben, denn ich selbst werde ihn nie über mich befragen.« Dies dramatisch-intrigante »ihn mit Lauschern umgeben« ist ganz Schiller – und das andere auch. Dies zum Beispiel vom selben Jahr: »Goethe ist mir einmal im Wege, und erinnert mich so oft, daß das Schicksal mich hart behandelt hat. Wie leicht ward sein Genie von seinem Schicksal getragen, und wie muß ich bis auf diese Minute noch kämpfen!« Oder ein Jahr später: »Interessant ist's, wie Goethe alles in seine eigene Art und Manier kleidet und überraschend zurückgibt, was er las; aber ich möchte doch nicht über Dinge, die mich sehr nahe interessieren, mit ihm streiten. *Es fehlt ihm ganz an der herzlichen Art, sich zu irgend etwas zu bekennen.* Ihm ist die ganze Philosophie subjektivisch, und da hört denn Überzeugung und Streit zugleich auf.«

Diese Art von Kummer über den »mangelnden Lidschlag«, wie ich es nenne, ist nie ganz gestillt worden, auch zu Zeiten nicht, wo er zu Goethe selbst von dem »schönen Verhältnis« spricht, »das zwischen uns ist«, und fast mit denselben Worten, in die auch jener es aphoristisch gekleidet hat, ihm erklärt: »Dem Vortrefflichen gegenüber gibt es keine Freiheit als die Liebe.« Zu Zeiten, wo er über den Freund an Dritte schreibt: »Die hohen Vorzüge seines Geistes sind es nicht, die mich an ihn binden. Wenn er nicht als Mensch den größten Werth von allen hätte, die ich persönlich je habe kennen lernen, so würde ich sein Genie nur in der Ferne bewundern. Ich darf wohl sagen, daß ich in den sechs Jahren, die ich mit ihm zusammen lebte, auch nicht einen Augenblick an seinem Charakter irre geworden bin. Er hat eine hohe Wahrheit und Biederkeit in seiner Natur, und den höchsten Ernst für das Rechte und Gute; darum haben sich Schwätzer und Heuchler und Sophisten in seiner Nähe immer übel befunden ...« Er, der Reine, darf sich wohl befinden, trotz aller wiederkehrenden Beunruhigung durch naturelbische Indifferenz, in der Nähe dieser hohen Biederkeit, dieses Ernstes fürs Gute. Und welche Genugtuung denn auch, daß der Geist der Natur, der Held dem Gotte *helfen*, ihn fördern und spornen, sein dumpfes Zögern antreiben und aufhellen, ihm ein Teil freundschaftlicher Überlegenheit erweisen kann! Es kommen Augenblicke, etwa bei den Beratungen über die Unbegrenzbarkeit des ›Faust‹, wo das Geistige, die Philosophie, das Ideelle über das Göttlich-Naive triumphiert oder doch zu triumphieren vermeinen darf, wo es mit einer gewissen sublimen Schadenfreude das ganz Andere auf die eigene Sphäre notwendig angewiesen sieht: »Die Anforderungen des Faust sind zugleich philosophisch und poetisch, und Sie mögen sich wenden wie Sie wollen, so wird Ihnen die Natur des Gegenstandes eine philosophische Behandlung auflegen, und die Einbildungskraft wird sich zum Dienst einer Vernunftidee bequemen müssen.« – Nun, es ist aus dieser Bequemung nicht gar viel geworden; in seinem lockeren Weltgedicht ist ihm der Freund aus dem Dienst einer Vernunftidee einigermaßen entwischt. »Idee?« fragt er als Greis. »Nicht daß ich wüßte. Da kommen sie und fragen, welche Idee ich in meinem Faust zu verkörpern gesucht? Als ob ich das selber wüßte und aussprechen könnte! Vom Himmel durch die Welt zur Hölle, das wäre zur Not etwas; aber das ist keine Idee, sondern Gang der Handlung ... Es hätte auch in der Tat ein schönes Ding werden müssen, wenn ich ein so reiches, buntes und höchst mannigfaltiges Leben, wie ich es im Faust zur Anschauung gebracht, auf die magere Schnur einer einzigen durchgehenden Idee hätte reihen wollen!«

Gleichviel. Ein Wort wie dieses, gerichtet an Schiller: »Sie haben mir eine zweite Jugend geschenkt, mich wieder zum Dichter gemacht«, wiegt es wohl auf, daß der Ältere dem Jüngeren die einmal bei diesem hervorbrechende briefliche Anrede »Geliebter Freund!« denn doch niemals erwidert hat. Und ist nicht auch Schiller nach langer Verlorenheit im Abstrakten »wieder zum Dichter gemacht worden«, indem er fruchtbarste Belebung schöpfte aus der Anschauung von Goethe's spezifischem Genie, der Kunst als Naturkraft, des intuitiven Menschen? Es ist ein wahrhaft großer Austausch, die Bewunderung wechselseitig, und was Goethe betrifft, so wächst sie beständig nach dem Tode des anderen. Es ist, als ob er zu dessen Lebzeiten nicht ganz gewußt hätte, was er an ihm besaß. Er hat ihn, mit Zwischengefühlen kopfschüttelnder Abneigung, geliebt, es ist kein Zweifel, auch als er lebte; hat seine Zartheit beschützt, in Gesellschaft das Gespräch gewendet, wenn er merkte, daß es jenem nicht behaglich war, ihm die Gelegenheit zugespielt, das Wort zu führen und damit zu glänzen. Aber während sich damals in seiner Dichtung nichts findet, was an tiefem Gefühl dem Sange vom ›Glück‹ entspräche, – spät, im zweiten Teil des ›Faust‹, in der Chiron-Szene, wo vom »hehren Argonautenkreise« die Rede ist, findet es sich auf einmal, verhüllt, aber schwerlich zu verkennen.

> So wirst du mir denn doch gestehn:
> Du hast die Größten deiner Zeit gesehn,
> –
> Doch unter den heroischen Gestalten
> Wen hast du für den Tüchtigsten gehalten?

Der Kentaur nennt sie alle, von denen »jeder brav war nach seiner eigenen Weise«, und Faust fragt:

> Von *Herkules* willst nichts erwähnen?

Die Antwort:

O weh! Errege nicht mein Sehnen!
Ich hatte Phöbus nie gesehn,
Noch Ares, Hermes, wie sie heißen;
Da sah ich mir vor Augen stehn,
Was alle Menschen göttlich preisen.
So war er ein geborner König ...

Wer ist dieser Herkules, um den sich vergebens die Lieder mü-
hen, um den »sie vergebens den Stein quälen«? Man glaubt es
zu wissen, man weiß es. Und daß Goethe den verewigten
Freund im Bilde des Herkules, des zu den Göttern erhobenen
Mannes der zwölf Taten sah, läßt vermuten, daß er von dem
Traume wußte, den Schiller lange gehegt hatte: dem Traum
einer olympischen Idylle, welche die himmlische Hochzeit des
Sohnes des Zeus und der Alkmene mit Hebe, der trankspenden-
den Göttin der Jugend, hätte behandeln sollen und die dem
Dichter »als Höchstes« vorschwebte.
[...]
Ein Bund wechselseitiger Bewunderung von Geist und Natur
ist diese großartige Freundschaft, aber es ist nicht zu sagen, wie
schwierig ihre Voraussetzungen waren, und nicht zu verkennen
ist die tiefe Ironie, die darüber waltete – eine Ironie, versteht
sich, von beiden Seiten her. Denn was ist es andres als Ironie im
sublimsten Sinn, wenn Schiller in einem Briefe Goethe vor Kant,
seinem eigenen Lehrer und Abgott, *warnt*? Goethe könne nur
Spinozist sein, sagt er ihm; seine *schöne naive Natur* würde sofort zerstört werden durch das Bekenntnis zu einer Freiheitsphi-
losophie. Dem Geiste, das sieht man hier, liegt nichts ferner, als
die Natur zu sich bekehren zu wollen. Er warnt sie vor sich.
Dem sittlichen Sentimentaliker erscheint die Naivität als *schön*
und als höchst bewahrenswert. Aber wer fühlte nicht aus der
liebenden Obhut, in die er sie nimmt, eine gewisse zärtliche Verachtung heraus? Schiller kann »das schöne Verhältnis, das zwischen uns ist«, nicht genug erheben und »findet augenschein-

lich«, daß, wenn er im ›Wallenstein‹ über sich selbst hinausgegangen, dies »die Frucht unseres Umgangs ist«. »Denn nur der vielmalige kontinuierliche Verkehr mit einer so objektiv mir entgegenstehenden Natur, mein lebhaftes Hinstreben darnach und die Bemühung, sie anzuschauen und zu denken, konnte mich fähig machen, meine subjektiven Grenzen so weit auseinander zu rücken.« Aber die kritisch leidende Ungeduld mit dem Partner dieses fruchtbaren Umgangs dauert an bis zum Ende, sie geht tatsächlich bis zum Wunsche, ihn abzubrechen, und noch zwei Jahr vor seinem Tode schreibt er an Humboldt: »Goethe ist jetzt ordentlich zu einem Mönch geworden und lebt in einer bloßen Beschaulichkeit, die zwar keine abgezogene ist, aber doch nicht nach außen produktiv wirkt. Allein kann ich nichts machen, oft treibt es mich, mich in der Welt nach einem andern Wohnort umzusehen; wenn es nur irgendwo leidlich wäre, ich ginge fort.« –

Und Goethe? Es wird immer ein Geheimnis bleiben, wie er in tiefster Seele über Schiller als Dichter dachte. »Was Schiller unter Dichten verstand«, schreibt Herman Grimm, »war für Goethe gar kein Dichten. Schillers poetisches Schaffen war Goethe etwas Fremdes. Schiller *suchte* sich seine Stoffe. Dann modellierte er so lange daran herum, bis sie ihm bequem lagen.« Merkwürdige Anekdoten gibt es denn auch, deren Authentizität meinetwegen etwas in der Schwebe bleiben mag, die aber a priori etwas Überzeugendes haben. So ist von einer Frau, der Gräfin Wagensperg, einer Verehrerin, deren Intelligenz und Beobachtungsgabe sonst wenig Zweifel duldet, und die übrigens die Ehrfurcht bezeugt, mit der Goethe in das Gebiet der hohen Ideen eintrat, worin Schiller seine Heimat hatte, folgende Äußerung überliefert: »Mir schien freilich nicht, daß er eben den Dichter in dem Freunde bewunderte, und am wenigsten den dramatischen. Ich merkte selbst, als ich einst fallen ließ, ob dessen Wallenstein denn etwas Wirkliches, Lebendiges, seine Darstellung ein Werk des dramatischen Genius sei?, daß über Goethes Gesicht ein Erröten der Überraschung ging, ein Ausdruck, der gutmütig fragte, warum man ihm seine geheimsten Überzeugungen entlocken wolle? Und so bin ich überzeugt, daß er nicht einmal seinen Freund nur habe ahnen lassen, wie er über den Dichter Schiller denke. Überhaupt ist der zarten Schonung, der Gutmütigkeit in Goethe weit mehr, als die Menschen glauben, und ich meine, daß in seinem Charakter viel weniger Härte sei als in Schillers.« – Nicht nur vermöge dieser letzten Worte trägt die Geschichte den Stempel der Wahrheit – ungeachtet der gebietenden Autorität, mit der Goethe, ganz Jupiter tonans, gegen schon zeitgenössische Zweifel an Schillers, des »Denkers und Redners«, poetischem Genie sich erhob. Er spottete zornig: »Freilich verlautet jetzt von dem guten Schiller, daß er kein Dichter sei, doch haben wir darüber so unsere eigene Meinung.« Und er donnert: »Ich nehme mir die Freiheit, Schiller für einen Dichter, und für einen großen zu halten!« Es ist etwas von Zusammennehmen des Willens, von treuer Entschlossenheit zur Abwehr jeder kritischen Skepsis, auch der eigenen, in diesem »Ich nehme mir die Freiheit«.

Eine gewisse Lebensderbheit, die früher hervortreten konnte, verschwindet nach des Freundes Tod völlig aus Goethe's Worten und Gefühl. Man hatte sich eines Tages bei Schiller zu einer Vor-Verständigung über die Aufführung der eben vollendeten ›Maria Stuart‹, besonders über die mythisch erfundene Szene der Begegnung Maria's und Elisabeths im Park von Fotheringhay, versammelt. Beim Weggehen, auf der Straße, sagt Goethe ganz laut: »Neugierig bin ich doch, was die Leute sagen werden, wenn die beiden Huren zusammenkommen und sich gegenseitig ihre Aventüren an den Kopf werfen!« – So »humoristisch« hätte Schiller sich über eine Intuition des Freundes nie geäußert, noch hätte Goethe je noch dergleichen verlauten lassen nach Schillers Hingang, des klügsten, reinsten, ebenbürtigsten Menschen, der ihm je begegnet. Für den Überlebenden verklärt das Verhältnis, einst die Quelle mancher Ungeduld, sich mehr und mehr zu vollkommener Pietät, zu jenem »O weh, errege nicht mein Sehnen!«, und einem »Ich kann, ich kann den Menschen nicht vergessen!« Nicht daß das Gegensätzliche, das ursprünglich Feindselige vergessen war, noch ein Beschwerliches, zuweilen

254

Lästiges, und daß »in Schillers Gegenwart die Kunst manchmal zu einer gar zu ernsthaften Angelegenheit wurde«. Aber zur stehenden Redewendung für alles Fremde, ganz andere an dem Verewigten wird nun das »Es war nicht Schillers Sache«. Es war nicht seine Sache, sorgsam zu motivieren, nicht seine Sache, mit einer gewissen Bewußtlosigkeit und gleichsam instinktmäßig zu verfahren, sondern über alles mußte er reflektieren, der wunderliche, große Mensch, und gar nicht seine Sache eine stille Entwicklung aus dem Innern, sondern er griff in einen großen Gegenstand kühn hinein und betrachtete und wendete ihn so und so und sah ihn so und so an und handhabte ihn so und so. Er sah seinen Gegenstand gleichsam nur von außen an, das war seine Sache und Art. Sein Talent war mehr desultorisch, wenn man uns recht verstehen will. Deshalb war er auch nie entschieden, das war nicht seine Sache, und konnte nie fertig werden, auch mit unseren Angelegenheiten nicht, und kritisierte in den ›Wilhelm Meister‹ beständig hinein, wollte ihn bald so, bald anders haben, und wir hatten unsere liebe Not, uns und das Unsere dagegen zu behaupten. Ein großer, großer, grundwunderlicher, unvergeßlicher Mensch. Wir werden nimmer seinesgleichen sehen.

Als ob es nicht vielmehr Schillers »Sache« gewesen wäre, sich zu behaupten und zu wehren, sich beständig zu vergleichen und abzugrenzen, um sich durch Unterscheidung gleichzustellen, – was alles ja eben das etwas Lästige gewesen war. Sein Wissen, daß die bildende Kraft in dem Freunde soviel zwangloser wirkte als in ihm, war durch keinen Stolz zu verwirren, seine Bewunderung und Selbstunterordnung oft grenzenlos. »Goethes episches Gedicht ›Hermann und Dorothea‹ ist der Gipfel seiner und unserer ganzen neueren Kunst. Während wir andern mühselig sammeln und prüfen müssen, um etwas Leidliches langsam hervorzubringen, darf er nur leis an dem Baume schütteln, um sich die schönsten Früchte, reif und schwer, zufallen zu lassen.« – Oder zum Beispiel: »Mit Goethe messe ich mich nicht, wenn er seine ganze Kraft anwenden will. Er hat weit mehr Genie als ich und dabei weit mehr Reichtum an Kenntnissen, eine sicherere Sinnlichkeit, und zu allem diesem einen durch Kunstkenntnis aller Art geläuterten und verfeinerten Kunstsinn; was mir in einem Grade, der ganz und gar bis zur Unwissenheit geht, mangelt. Hätte ich nicht einige andere Talente, und hätte ich nicht soviel Feinheit gehabt, diese Talente und Fertigkeiten in das Gebiet des Dramas herüberzuziehen, so würde ich in diesem Fache gar nicht neben ihm sichtbar geworden sein.« Und er fährt fort: »Aber ich habe mir eigentlich ein eigenes Drama nach meinem Talente gebildet, welche mir *eine gewisse Excellence* darin gibt, eben weil es mein eigen ist.« Ein wundervoller Satz! Denn ist nicht die »Kunst« ein übergeordnet-genereller Begriff, etwas eigentlich Abstraktes, das sich in seinen individuellen Verwirklichungen und Ausprägungen jedesmal neu und besonders konkretisiert? Jeder ihrer Erscheinungsfälle ist ein höchst spezieller und persönlich bedingter Sonderfall, welchen der großen und allgemeinen Idee der Kunst zu subsumieren demjenigen, der ihn darstellt, zuweilen recht schwerfällt. Jede Kunstübung bedeutet eine neue und ihrerseits schon sehr kunstvolle Anpassung individueller Voraussetzungen und Talente an die »Kunst«, – ja, es gibt die Kunst eigentlich gar nicht, es gibt nur den Künstler und sein persönliches Arrangement mit ihr, worin er dann, eben weil es sein eigen ist, notwendig »eine gewisse Excellence« bewährt.

Die Briefstelle ist von 1789. Sieben Jahre später, zur Zeit des ›Wallenstein‹, schreibt er an Wilhelm von Humboldt: »Daß ich auf dem Wege, den ich nun einschlage, in Goethens Gebiet gerate und mich mit ihm werde messen müssen, ist freilich wahr, auch ist es ausgemacht, daß ich hierin neben ihm verlieren werde. Weil mir aber auch etwas übrig bleibt, was Mein ist und Er nie erreichen kann, so wird sein Vorzug mir und meinem Produkt keinen Schaden tun, und ich hoffe, daß die Rechnung sich ziemlich heben soll. Man wird uns, wie ich in meinen mutvollsten Augenblicken mir verspreche, verschieden spezifizieren, aber unsere Arten einander nicht unterordnen, sondern unter einem höheren idealistischen Gattungsbegriffe einander koordinieren.« – Das ist das Endresultat eines langen messenden Sich-nicht-messen-Wollens; und stimmt es nicht völlig überein mit Goethe's: »Da streiten sich die Deutschen, wer größer sei, Schiller oder ich. Froh sollten sie sein, daß sie zwei solche Kerle haben, über die sie streiten können.« Dem Überlebenden aber wurde der Tote, was er diesem denn doch niemals gewesen war: er wurde ihm heilig. Aus seinen letzten Lebensjahren stammt die Antwort, die er der Schwiegertochter Ottilie erteilte auf ihre Aussage, Schiller langweile sie oft. Da wandte er sein Gesicht hinweg und erwiderte: »Ihr seid alle viel zu armselig *und irdisch* für ihn.«

Siglenverzeichnis

Biedermann, Gespräche	Goethes Gespräche. Gesamtausgabe. Neu hg. von Flodoard Frhr. von Biedermann. Zweite, durchges. und stark verm. Auflage. Band I–V. Leipzig: F.W. Biedermann, 1909–1911
Br. I–III	Thomas Mann, *Briefe,* hg. und eingel. von Erika Mann, Band I: 1889–1936, Band II: 1937–1947, Band III: 1948–1955 und Nachlese, Frankfurt am Main 1961–1965
ED	Erstdruck
Essays I–VI	Thomas Mann, *Essays,* hg. von Hermann Kurzke und Stephan Stachorski, 6 Bände, Band I: Frühlingssturm, Essays 1893–1918, Band II: Für das neue Deutschland, Essays 1919–1925, Band III: Ein Appell an die Vernunft, Essays 1926–1933, Band IV: Achtung, Europa!, Essays 1933–1938, Band V: Deutschland und die Deutschen, Essays 1938–1945, Band VI: Meine Zeit, Essays 1945–1955, Frankfurt am Main 1993–1997
GW I–XIII	Thomas Mann, *Gesammelte Werke in dreizehn Bänden*, Frankfurt am Main 1974, Nachdruck 1990
Nh I-II	Thomas Mann, *Notizbücher,* hg. von Hans Wysling und Yvonne Schmidlin, 2 Bände, Frankfurt am Main 1991–1992
NR	Die neue Rundschau, Berlin, 1904–1944; wiedergegründet als Die Neue Rundschau 1945 in Stockholm; weitergeführt ab 1950 in Frankfurt am Main; ab 1963 bis heute weitergeführt als Neue Rundschau
Tb I–X	Thomas Mann, *Tagebücher,* hg. von Peter de Mendelssohn (bis 1943) und Inge Jens (ab 1944), 10 Bände, Band I: 1918–1921, Band II: 1933–1934, Band III: 1935–1936, Band IV:

1937–1939, Band V: 1940–1943, Band VI:
1944–1946, Band VII: 1946–1948, Band VIII:
1949–1950, Band IX: 1951–1952, Band X:
1953–1955, Frankfurt am Main 1977–1995

TM/Autoren   Thomas Mann, *Briefwechsel mit Autoren,* hg.
von Hans Wysling, Frankfurt am Main 1988

TM/AM   *Thomas Mann – Agnes E. Meyer, Briefwechsel
1937–1955,* hg. von Hans R. Vaget, Frankfurt
am Main 1992

TM/GBF   Thomas Mann, *Briefwechsel mit seinem Verleger
Gottfried Bermann Fischer 1932–1955,* hg. von
Peter de Mendelssohn, Frankfurt am Main 1973

TM/HM   *Thomas Mann – Heinrich Mann. Briefwechsel
1900–1949,* hg. von Hans Wysling, 3. erweiterte
Ausgabe, Frankfurt am Main 1995

TM/OG   Thomas Mann, *Briefe an Otto Grautoff
1894–1901 und Ida Boy-Ed 1903–1928,* hg.
von Peter de Mendelssohn, Frankfurt am Main
1975

TMS X   *Jahre des Unmuts. Thomas Manns Briefwechsel
mit René Schickele 1930–1940,* hg. von Hans
Wysling und Cornelia Bernini, Frankfurt am
Main 1992 (= *Thomas-Mann-Studien* Band X)

Anmerkungen

Motto

1] *» Vergleiche Dich! Erkenne, was Du bist!«*: Dieses Zitat aus ›Tasso‹,   7
Fünfter Aufzug, Fünfter Auftritt, ist auch als Motto für die ›Betrachtungen
eines Unpolitischen‹ verwendet worden (Nb II, 187).

Vorbemerkung

1] *E.G.Kolbenheyer*: Erwin Guido Kolbenheyer, 1878–1962, Romancier,   9
»für Reinheit und Wiedergeburt des deutschen Wesens« eintretend.

2] *Ein Kultusminister*: FAZ 6.7.1997.

3] *Herman Grimms*: Sohn und Neffe von Wilhelm und Jacob Grimm,   10
1828–1901, seit 1851 mit Gisela von Arnim, Tochter von Achim und Bettina, verheiratet, Kunsthistoriker und Essayist, befreundet mit Marianne
von Willemer, 1784–1860, die ihm ihre Autorschaft an einigen Gedichten
als Suleika in Goethes ›West-östlichem Divan‹ anvertraute (›Im Namen
Goethes. Der Briefwechsel Marianne von Willemer und Herman Grimm‹,
Frankfurt am Main 1988).

4] *Stefan Georges* ›*Goethe-Tag*‹: In ›Der Siebente Ring‹ (1905). Stefan
George, Dichter, 1868–1933.

5] *Wilhelm Dilthey*: ›Goethe und die dichterische Phantasie‹ (1888). Wilhelm Dilthey, Philosoph und Kulturhistoriker, 1833–1911.

6] *Georg Simmel*: ›Goethe‹ (1913) Georg Simmel, Philosoph und Soziologe, 1858–1918.

7] *Friedrich Gundolf*: ›Goethe‹ (1916). Friedrich Gundolf, Literaturhistoriker, 1880–1931.

8] *»Hofmannsthal ... als eine Art Goethe«*: Nb II, 178.

9] *» Was Keller über Fontane erhebt ...«*: ›Noch einmal der alte Fontane‹,
GW IX, 819.

10] *»deutsch-böhmische Abwandlung ...«*: A. a. O.

11] *Hauptmann, »der sich ...«*: In Peter von Matt, ›Zur Psychologie des Nationalschriftstellers‹, in ›Das Schicksal der Phantasie‹, München 1994, 254.

12] *»kleinen und blassen, recht ungoethischen Augen«*: ›Die Entstehung des
Doktor Faustus‹, GW XI, 278.

10   13] »*daß wir ... etwas wie Freunde gewesen waren*«: A.a.O.

11   14] *Hans Carossa*: Dichter in der abendländischen Tradition und Arzt, 1878–1956 (TM/Autoren, 125).

15] »*Die Verschmelzung mit der Vater-Imago*«: Brief an Agnes Meyer, 27.4.1942 (TM/AM, 387).

16] *Brief von 1943*: An Fritz Kaufmann, 3.2.1943 (Br. II, 295).

17] *sein Großvater, Johann Sigmund Mann der Jüngere*: Konsul, Äldermann, 1797–1863.

18] *an den Schulfreund Otto Grautoff*: Schulfreund von Thomas Mann, 1896–1937, Buchhändler, Feuilletonredakteur, Kunsthistoriker, Übersetzer.

19] *Familie Michael Mann*: Sohn Michael (Bibi), 1919–1977; Schwiegertochter Gret, geb. Moser, geb. 1916; Enkel Fridolin (Frido), geb. 1940; Enkel Anthony (Toni), geb. 1942.

12   20] *Schopenhauer*: Arthur Schopenhauer, Philosoph, 1788–1860.

21] *Wagner*: Richard Wagner, 1813–1883.

22] *Nietzsche*: Friedrich Nietzsche, Philosoph, 1844–1900.

23] »*Ja, ich habe ihn geliebt ... ins Vollkommene projiziert*«: ›Ansprache bei der Einweihung des erweiterten Goethe-Museums in Frankfurt am Main‹ (GW X, 328).

24] *Kleists*: Heinrich von Kleist, 1777–1811.

25] ›*Tod in Venedig*‹: ED in *Die Neue Rundschau*, Berlin, Jg. 23, H. 10–11, Oktober/November 1912. Erste Buchausgabe München 1912 (GW VIII, 445–525).

26] »*Für seinen Zweck genügte ... inneren Problemen hat*«: T. J. Reed, ›Thomas Mann. The Uses of Tradition‹, London 1996, 340.

27] *beschäftigte sich ... mit ›Faust‹ und ›Werther‹*: ›Über Goethe's ‹Faust›‹, GW IX, 581–621 und ›Goethe's ‹Werther›‹, GW IX, 640–655.

28] *über die ›Wahlverwandtschaften‹*: ›Zu Goethe's ‹Wahlverwandtschaften›‹, GW IX, 174–186.

29] »*höchste Dichtung in ihrer Einheit ...*«: A.a.O., 185 f.

13   30] »*eine deutsche Merkwürdigkeit ...*«: Brief an Agnes Meyer, 1.2.1939 (TM/AM, 144).

31] »*Genius von Genius gesehen ...*«: Brief Agnes Meyers an Thomas Mann, 13.12.1939 (TM/AM, 186).

14   33] »*Hier gewinnt die als selbstverständlich ... überwältigenden Ausdruck*«: Von Max Rychner ›Thomas Manns Goethe-Schriften‹ in *Die Tat*, Zürich, 19.6.1948.

34] *eine Sammlung älterer Arbeiten*: ›Altes und Neues. Kleine Prosa aus fünf Jahrzehnten‹, Frankfurt am Main: S.Fischer 1953.

35] »*eine Gabe für nähere Liebhaber*«: TM/GBF, 578.

36] »*Man liest viel zu viel ... was man bewundert ...*«: Gespräch mit   14
Eckermann, 9. März 1831.
37] *Max Rychner*: Schweizer Literaturkritiker und Essayist, 1897–1965,
erster Präsident der Thomas Mann Gesellschaft, Zürich.
38] *Hans-Otto Mayer*: Inhaber der Schrobsdorff'schen Buchhandlung,
Düsseldorf, 1903–1983.

›*Phantasie über Goethe*‹

ED in deutscher Sprache, Stockholm: Bermann-Fischer 1946 (GW IX,
713–754).
1] *einer achtzehnjährigen Mutter*: Katharina Elisabeth, geb. Textor,   17
1731–1808, genannt Aja.
2] *bis die Großmutter*: Anna Margareta Textor, geb. Lindheimer,
1711–1783.
3] *Wilhelm von Humboldt*: 1767–1835, Sprachforscher, Diplomat.   18
4] »*... Das beste Genie ... J.W. v. Goethe*«: Brief an Wilhelm v. Humboldt,
17.3.1832.
5] *Marianne von Willemer*: Geb. Jung, 1784–1860, Suleika im ›West-östlichen Divan‹.
6] *Seladon*: Eigentlich Céladon, Figur in dem 1607–1627 erschienenen Ro-   19
man ›L'Astrée‹ von d'Urfé; sprichwörtlich für schmachtender Liebhaber.
7] *siebzehnjährige Mädchenblüte*: Ulrike von Levetzow, 1804–1899.
8] »*Nur dies Herz ... Frühlingshauch und Sommerbrand*«: Strophen 2 und
3 des Gedichts ›Hatem‹ aus dem Buch Suleika im ›West-östlichen Divan‹.
Begonnen im Juli 1814, große Teile, auch Marianne von Willemers Gedichte, entstanden im Sommer 1815, Publikation 1819.
9] ›*Dichtung und Wahrheit*‹: ›Aus meinem Leben. Dichtung und Wahrheit‹.   20
Beginn der Niederschrift Januar 1811. Auslieferung des Ersten Teils, die
Bücher 1–5, Oktober 1811, des Zweiten Teils (Bücher 6–10) Oktober 1812.
Der Dritte Teil (Bücher 11–15) lag im Mai 1814 vor. Der letzte Teil (Bücher
16–20) war erst 1829 abgeschlossen und erschien postum als letzter Band
der ›Nachgelassenen Werke‹ im Herbst 1833.
10] *Iphigenie*: ›Iphigenie auf Tauris. Ein Schauspiel‹. Abschluß der Prosa-   21
Fassung März 1779. Erste Aufführung April 1779 in Weimar mit Corona
Schröter als Iphigenie und Goethe als Orest. Endgültige Fassung in Versen
im Dezember 1786 in Rom beendet. Erstdruck der Fassung in Iamben 1787
als dritter Band von ›Goethe's Schriften‹ bei Göschen in Leipzig.
11] »*Denn es erzeugt ... Der Welt hervor*«: ›Iphigenie‹, Erster Aufzug, Dritter Auftritt.

12] »*Erhalten Geschlechter sich ... und vollkommen ausspricht*«: Richtig:
»Wenn Familien sich lange erhalten, so kann man bemerken, daß die Natur
endlich ein Individuum hervorbringt ...« (»Anmerkungen zu ›Rameaus
Neffe. Ein Dialog von Diderot‹. Voltaire«)

13] *der Lindheimerin*: Siehe oben Anm. 2].

23

14] *Hans-Sachs*: Nürnberger Schuhmacher und Meistersinger, 1494–1576,
urwüchsiger Verfasser von Dramen, Spruchgedichten, Fastnachtsspielen.

15] *Luther*: Martin Luther, 1483–1546, Reformator, Bibelübersetzer, Verfasser wortgewaltiger Kirchenlieder.

16] *Sein Großvater väterlicherseits*: Friedrich Georg Goethe, 1658–1730.

17] *Des Dichters Vater*: Johann Kaspar Goethe, Dr. jur., Kaiserlicher Rat,
1710–1782.

18] *Johann Wolfgang Textor*: Goethes Großvater, Stadtschultheiß,
1693–1771.

24

19] *Cornelia*: Schwester Goethes, 1750–1777, verheiratet mit Joh. Georg
Schlosser.

20] *im verhaßten Kindbett*: Die Tochter Luise Marie Anna, 1774–1811,
Goethes einzige Nichte, heiratete 1795 den Juristen Georg Heinrich Ludwig
Nicolovius, 1767–1839.

21] *Einer seiner Enkel*: Walther (Wolfgang), 1818–1885 oder Wolfgang
(Maximilian), 1820–1883.

22] *seines unseligen Sohnes*: Julius August Walther von Goethe,
1789–1830.

23] *nach Herders Kennzeichnung*: Johann Gottfried Herder, 1744–1803,
Dichter, Übersetzer, Literaturkritiker, seit 1776 als Generalsuperintendent
in Weimar. Das Zitat bei Bielschowsky, ›Goethe. Sein Leben und seine
Werke‹, neubearbeitet von Walther Linden, München 1928.

24] »*Ich weiß nicht ... ihrer so viele*«: ›Die Leiden des jungen Werther‹,
Erstes Buch, Den 17. Mai.

25] ›*Götz von Berlichingen*‹: Erste Fassung von Ende 1771 ›Geschichte
Gottfriedens von Berlichingen mit der eisernen Hand. Dramatisiert‹ (›Ur-
götz‹), Bearbeitung 1773, Erstaufführung 12. April 1774 in Berlin.

26] ›*Werther*‹: ›Die Leiden des jungen Werther‹, begonnen 1. Februar 1774,
abgeschlossen im Sommer 1774. Erstausgabe 1774 bei Weygand in Leipzig.
Neufassung 1786.

27] *eines Faust-Gedichtes*: Der ›Urfaust‹, seit 1772 geplant, 1774 und 1775
fortgeführt und im November 1775 nach Weimar mitgenommen. Erste Er-
wähnung 1773. 1774 liest Goethe Bruchstücke im kleinen Kreis vor. Das
Manuskript wird in Weimar von dem Hoffräulein Luise von Göchhausen
kopiert. Diese Abschrift entdeckt Erich Schmidt 1887 in ihrem Nachlaß
und publiziert sie als den ›Urfaust‹. Das 1790 publizierte ›Faust‹-Fragment

enthält Änderungen aus der Zeit der italienischen Reise und nachher. In der Arbeitsperiode zwischen 1797 und 1806 entstand unter Schillers Einfluß u. a. der Teufelspakt, der Prolog im Himmel und der Anfang der Helena-Tragödie. Publikation ›Faust, I. Teil‹ 1808. Die letzte Arbeitsperiode geht von 1825 bis 1831, zuletzt werden noch Lücken im 4. Akt gefüllt. 1832 geben Eckermann und Riemer das Werk als Band 1 der ›Nachgelassenen Schriften‹ heraus.

28] *des jungen Herzogs*: Karl August von Sachsen-Weimar, 1757–1828, seit   25
1775 Herzog, seit 1815 Großherzog.

29] *Wieland*: Christoph Martin Wieland, 1733–1813, als Prinzenerzieher 1772 auf Veranlassung der Herzogin Anna Amalia nach Weimar berufen, bedeutender Dichter und Vermittler klassischer Weltliteratur. Er lebte dort und auf seinem Gut Oßmannstedt als Schriftsteller und Hofrat.

30] *»Seit dem heutigen … von der Morgensonne«*: Dieses und das folgende Wieland-Zitat entnahm Thomas Mann der Goethe-Biographie von Bielschowsky, s. oben Anm. 23].

31] *der Grafen Stolberg*: Christian, 1748–1821, und Friedrich Leopold,   27
1750–1819, Grafen zu Stolberg; in der Jugend aufsässig und dichtend.

32] *Lili Schönemann*: 1758–1817, mit Goethe 1775 verlobt, heiratete 1778 den Straßburger Bankier Bernhard Friedrich von Türckheim.

33] *Luise von Hessen-Darmstadt*: 1757–1830, seit 1775 verheiratet mit dem Herzog Karl August von Sachsen-Weimar.

34] *»Sie werden selbst … heißt denselben mißbrauchen«*: Zitat aus dem   28
Brief des Herzogs vom 10. Mai 1775 (Willy Andreas, ›Carl August von Weimar. Ein Leben mit Goethe 1757–1783‹, Stuttgart 1953, 275).

35] *einen gewissen von Fritsch*: Jacob Friedrich von Fritsch, 1731–1814, Geheimrat und Minister in Weimar.

36] *diejenige Josephs durch Pharao*: Siehe Genesis 41, 37–45 und Thomas Mann, ›Joseph, der Ernährer‹, Drittes Hauptstück (GW v, 1469–1505).

37] *»Ich habe niemals … einem wahrhaft Wahnsinnigen«*: ›Biographische Einzelheiten‹, Selbstschilderung (2), von Goethe voraussichtlich im August 1797 niedergeschrieben.

38] *»Das ist auch … werden lassen«*: ›Schriften zur Kunst 1816–1832‹. Phi-   29
lostrats Gemälde und Antik und Modern.

39] *»Zweiter im Königreich«*: Bei Bielschowsky a. a. O.

40] *Erinnerung an Joseph*: Siehe oben Anm. 36].

41] *»Ich entziehe … in die Wässerungen«*: Brief an Charlotte von Stein, 12.–14. 9. 1780.

42] *»Wieviel wohler … zuwenden könnte«*: Richtig: »Wieviel wohler wäre mir's, wenn ich von dem Streite der politischen Elemente abgesondert in deiner Nähe, meine Liebste, den Wissenschaften und Künsten wozu ich geboren bin, meinen Geist zuwenden könnte.« (Brief an Charlotte von Stein, 4.6.1787)

29 43] »*Mit Mühe habe ich ... und Triftangelegenheiten überzugehen*«: Brief an Charlotte von Stein, 10.10.1782.

44] »*Ich bin recht ... einflicken mögen*«: Brief an Charlotte von Stein, 17.9. 1782.

45] »*Wer sich ... oder ein Narr sein*«: Brief an Charlotte von Stein, 9.7. 1786.

46] »*Ob einer sich ... und fortzuleben vermöge*«: Voller Wortlaut des Zitats: »Ob einer sich in der Wissenschaft genial erweiset wie Oken und Humboldt, oder im Krieg und in der Staatsverwaltung wie Friedrich, Peter der Große und Napoleon, oder ob einer ein Lied macht wie Béranger, es ist alles gleich und kommt bloß ... vermöge. (Gespräch mit Eckermann, 11. März 1828)

30 47] *Frau von Stein*: Charlotte von Stein, geb. von Schardt, 1742–1827, Goethes Vertraute in der ersten Weimarer Zeit.

48] ›*Iphigenie*‹: Siehe oben Anm. 10].

49] ›*Tasso*‹: ›Torquato Tasso. Ein Schauspiel‹. Der ›Ur-Tasso‹ entstand 1780 und 1781, endgültige Fassung 1788 und 1789 in Rom.

50] *Mignons Sehnsuchtslieder*: Das geheimnisvolle zwölf- oder dreizehn-jährige Mädchen Mignon, das Wilhelm in den ›Lehrjahren‹ – zweites Buch, viertes Kapitel – bezaubert. Mit ihrem ›Italienlied‹: »Kennst du das Land, wo die Zitronen blühn« – beginnt das dritte Buch.

31 51] »*Ich zähle ... da ich Rom betrat*«: Brief an das Ehepaar Herder, 2.–9.12. 1786.

52] »*eine neue Jugend ... ein neues Leben*«: Im Brief an Herder (25.1. 1787): »Das Leben hier ist eine zweite Jugend.«

53] »*so meine ich ... verändert zu sein*«: Brief an den Freundeskreis in Weimar, 2.12.1786.

54] »*so bestimmt, so lebendig ...*«: Brief an den Freundeskreis in Weimar, 1.11.1786.

55] »*Naturgeschichte, Kunst ... amalgamiert sich bei mir ...*«: Brief an Wieland, Anfang September 1788.

56] »*Ich fühle ... Kräfte zusammenschließt*«: ›Italienische Reise‹ III, 2.

57] »*das bisher ... nach Luft schnappte*«: Brief an H.C.A. Eichstätt, 29.1. 1815.

32 58] »*Übrigens ... den Tod gewünscht haben*«: Brief an Charlotte von Stein, 8.6.1787.

59] »*Meine Existenz ... mit mir gespielt haben*«: Brief an Charlotte von Stein, 27.1.1787.

60] »*Wer mit Ernst ... nie so lebendig ward*«: Brief an Charlotte von Stein, 7.–11.(?)11.1786.

61] ›*Römische Elegien*‹: Entstanden zwischen Herbst 1788 und Frühling 32
1790, Erstveröffentlichung 1795 in Schillers *Horen*.

62] »*Folgte Begierde dem Blick* ...«: Elegie III, Zeile 8.

63] »*Er besitzt das Talent* ... *ohne sich selbst zu geben*«: Brief Schillers an 33
Christian Gottfried Körner, 2. 2. 1789.

64] *Madame Herder*: Caroline Herder, geb. Flachsland, 1750–1809, Ehefrau von Johann Gottfried Herder.

65] »*Er will durchaus* ... *taugt er nicht mehr*«: Bei Bielschowsky, a. a. O. 34

66] »*Oh, könnte er* ... *Wesen darin!*«: Bei Bielschowsky, a. a. O.

67] *Egeria*: Römische Quellnymphe, mit König Numa vermählt, der nach
ihren Ratschlägen weise regierte.

68] »*Meine Tugenden wachsen* ...«: Im Brief an Friedrich von Stein, 16. 11.
1789: »Crescono le mie virtú, ma la mia virtù cala.«

69] »*Priap*«: Der Fruchtbarkeitsgott Priapos, durch einen Phallus symbo-
lisiert.

70] *Prinzessin von Este*: Hauptfigur im ›Tasso‹ mit Zügen der Frau von
Stein.

71] *Christiane Vulpius*: 1765–1816, seit 1788 Goethes Hausgenossin, 1806
getraut.

72] *August*: Siehe oben Anm. 22].

73] *ein König halb, halb ein Vater*: Franz Grillparzer in einem Brief an Ka- 35
tharina Fröhlich vom 5. 10. 1826 über seinen Besuch in Weimar.

74] »*Ich besitze* ... *ist noch nicht erreicht*«: Gespräch mit J.S. Grüner, Bür- 36
germeister von Eger, 4. September 1825.

75] »*viele bedeutende Grundzüge* ... *des menschlichen Denkens*«: Brief
Schillers an Goethe, 23. 1. 1798.

76] »*eine tüchtige physische Grundlage*«: Gespräch mit Eckermann, 14. Fe- 37
bruar 1831.

77] *Marienbader Ekstase*: Die tragische Liebe zu der siebzehnjährigen 38
Ulrike von Levetzow während zweier Aufenthalte in Marienbad, Sommer
1821 und 1822.

78] »*Da ist der Sömmering* ... *älter als ich*«: Gespräch mit Friedrich Jakob
Soret, 17. März 1830, im Original französisch.

79] *der Sömmering*: Samuel Thomas von Sömmering, 1775–1830, Arzt
und Naturwissenschaftler.

80] *meinen Freund Bentham*: Jeremy Bentham, 1748–1832, Jurist und
Nationalökonom.

81] »*Wofür halten Sie* ... *Einkünften*«: Im gleichen Gespräch mit Soret,
s. oben.

82] »*Nicht jeder* ... *auf eine Niete zu fallen?*«: Im gleichen Gespräch mit 39
Soret, s. oben.

39   83] *Man muß etwas sein ...«*: Gespräch mit Eckermann, 20. Oktober 1820.

84] *»Da höre ich sagen ... Da sind wir!«*: Gespräch mit Eckermann, 24. Februar 1824.

40   85] *» Wir kämpfen ... einen Kolibri hervorbringt«*: Brief an Zelter, 29. 1. 1830.

86] *»Allgemeine Begriffe ... entsetzliches Unheil anzurichten«*: ›Maximen und Reflexionen‹ 471.

41   87] *diejenige des Erasmus*: Erasmus von Rotterdam, Hauptgestalt des deutschen Humanismus, Gelehrter, Förderer, später Gegner der Reformation, 1469–1536.

88] *»Franztum drängt ... ruhige Bildung zurück«*: Epigramm aus ›Vier Jahreszeiten‹, Herbst.

89] *den der Papst*: Leo X., 1513–1521.

90] *ein gewisser Freiherr von Gagern*: Hans Christoph Ernst Freiherr von Gagern, Staatsmann, 1766–1852.

42   91] *»unmöglich, Fürsten und Schriftsteller ...«*: Das Zitat ist in dem Konzept von Goethes Brief an Gagern, August oder September 1794, so nicht enthalten. Dort heißt es: »Nichts wünschenswerter wäre für einen Schriftsteller ... als Organ des tätigen, anführenden, rettenden Teils der Nation aufzutreten ...« Das Briefkonzept fehlt in der Weimarer Ausgabe von Goethes Werken, ist aber abgedruckt in der Hamburger Ausgabe, Briefe II.

92] *des ›Lobes der Torheit‹*: ›Encomion moriae seu laus stultitiae‹ von Erasmus, 1511.

93] *wie Börne es ausdrückte*: Ludwig Börne, 1786–1837, für geistige und soziale Freiheit engagierter Publizist. Zitat aus ›Briefe aus Paris, 1830–1831, Vierzehnter Brief‹.

43   94] *»alles Gescheite in der Minorität«*: ›Ich finde immer mehr, daß man es mit der Minorität, die stets die gescheitere ist, halten muß.‹ (Gespräch mit dem Kanzler v. Müller, 6. März 1828)

95] *»bis eins dem andern Übermacht ...«*: ›Pandora‹, Vers 297.

96] *»Denn wo kühn Kräfte sich regen ...«*: Richard Wagner, ›Die Walküre‹, II, 1.

97] *»dreinzufahren und zu züchtigen«*: Aus dem Brief an Schiller, 21. 11. 1795.

98] *»solche Leute ... zu entfernen«*: Aus dem Schlußabschnitt von Goethes Aufsatz ›Literarischer Sansculottismus‹.

44   99] *»Pathos der Distanz«*: Z.B. ›Jenseits von Gut und Böse‹, Was ist vornehm? Nr. 257.

100] *die Freiheit des Proteus*: In Homers ›Odyssee‹ ein Meergreis, der sich in Löwe, Schlange, Panther, Eber, Wasser und Baum verwandelt.

101] *Palladio*: Andrea Palladio, 1508–1580, italienischer Baumeister des   44
Barock.

102] *»Er hat sein Sach' auf nichts gestellt«*: Charlotte von Schiller in einem
Brief an Erbprinzeß Karoline, 1. 7. 1814 (›Biedermann, Gespräche II‹). Sie
zitiert hier die erste Zeile des Goethe-Gedichts ›Vanitas! vanitatum vanitas!‹.

103] *»Wenn ich ... in mir selbst genug«*: ›Maximen und Reflexionen‹ 499.   45

104] *»Ihr guten Kinder ... nicht so dumm!«*: »Ja, ja, ihr guten Kinder, wenn
Ihr nur nicht so dumm wäret!« Gespräch mit C. E. Holtei, Januar 1828 –
Februar 1828.

105] *»kein ausgeklügelt Buch«*, *»ein Mensch mit seinem Widerspruch«*:
Letzte Strophe des Gedichts XXVI ›Homo sum‹ in Conrad Ferdinand Meyers Dichtung ›Huttens letzte Tage‹.

106] *in Nietzsche's fiebrigen Diatriben gegen die Religion*: Z.B. ›Jenseits
von Gut und Böse‹ (1886), ›Zur Genealogie der Moral‹ (1887).

107] *»Alles Leiden ...«*: Gespräch mit Riemer, 28. Juni 1810.

108] *»Hätt' Allah mich bestimmt ... als Wurm erschaffen«*: ›West-östlicher
Divan‹, Buch des Unmuts, Timur spricht.

109] *»Was bringt ... Dulden!«*: ›West-östlicher Divan‹, Buch der Betrachtungen, Fünf andere.

110] *»Hammer zu sein ... Schläge auszuhalten!«*: Gespräch mit Riemer,   46
April 1806.

111] *»Der Krieg ist in Wahrheit ... zu nähren«*: Gespräch mit Riemer,
13. Dezember 1806.

112] *»Nur das Zarte darin ...«*: ›Biedermann, Gespräche II‹, nach einem
Brief von Johann Stephan Schütz, Mai/Juni 1813.

113] *»Man müßte gleich ... einsame Menschen sind!«*: Aus den Tagebucheintragungen vom 25. 9. 1786 zusammengezogen.

114] *am Schlusse des ›Faust‹*: ›Faust II‹, Fünfter Akt, Bergschluchten. Wald,   47
Fels, Einöde.

115] *»Mein Erbteil ... ist die Zeit«*: ›West-östlicher Divan‹, Buch der Sprüche.

116] *»Le temps est le seul ...«*: Gespräch mit Riemer, aus ›Biedermann, Gespräche II‹, Nachlese zum achten Abschnitt, zeitlich nicht näher bestimm-
bar. Die Sentenz Friedrichs des Großen ist Seneca nachgebildet.

117] *der Verräter Clavigo*: Titelheld des Trauerspiels ›Clavigo‹, Erstdruck   48
und Uraufführung 1774.

118] *der geradezu läppische Fernando in ›Stella‹*: Der zwischen zwei Frauen
unentschlossene Offizier in dem 1776 uraufgeführten und erstmalig gedruck-
ten ›Schauspiel für Liebende‹, dessen Schluß Goethe 1805 für die Weimarer
Aufführung des ›Trauerspiels‹ abänderte. Erstdruck dieser Fassung 1816.

48   119] »*Lazarettpoesie*«: »Ich habe ein gutes Wort gefunden, um diese Herren [die schreiben, als wären sie krank] zu ärgern. Ich will ihre Poesie die
Lazarettpoesie nennen.« Gespräch mit Eckermann, 24. September 1827.

49   120] *Friederiken*: Die Pfarrerstochter von Sesenheim Friederike Brion,
1752–1813.

121] *Lotten*: Charlotte Kestner, geb. Buff, 1753–1828, von Thomas Mann
in ›Lotte in Weimar‹ verewigt, und Charlotte von Stein (s. oben Anm. 47]).

122] *Minnas*: Minna Herzlieb, 1789–1865, Pflegetochter des Buchhändlers
und Buchdruckers Karl Friedrich Ernst Frommann in Jena, 1765–1837, in
die Goethe sich 1807 verliebte.

123] *Mariannen*: Marianne von Willemer (s. oben Anm. 5]).

124] »*Werther muß … die Ihr dazu hergebt*«: Brief an Kestner, 21. 11. 1774,
von Thomas Mann etwas umgestellt.

125] *Lotte Buff und ihren Verlobten*: Charlotte Buff (s. oben Anm. 121])
und ihr späterer Mann Johann Christian Kestner, 1741–1800, Hauptfigu-
ren in Goethes ›Die Leiden des jungen Werther‹.

126] *Kontakt mit Homer*: In der Straßburger Zeit (April 1770–August
1771) entstand die Rede ›Zum Shakespears-Tag‹ (siehe Anm. 128]), wo es
heißt: »Homer und Sophokles und Theokrit, die haben's [die griechischen
Seelen] mich fühlen gelehrt.«

127] *Macpherson-Ossian*: Der schottische Dichter James Macpherson,
1736–1796, erfand gälische Dichtungen des blinden Barden Ossian.

128] *Shakespeare*: In der Rede (s. oben Anm. 126]): »Die erste Seite, die ich
in ihm las, machte mich zeitlebens ihm eigen.«

129] *Herder zum Lenker*: Siehe oben Anm. 23].

50   130] ›*Die natürliche Tochter*‹: Trauerspiel, entstanden 1799–1803, Uraufführung in Weimar 1803, Erstdruck 1804.

131] »*Es schlug mein Herz … schwarzen Augen sah*«: Thomas Mann zitiert
hier die erste Fassung der ersten Strophe von 1771.

51   132] *als formlosen Unfug verwarf*: Die Kritik Friedrichs des Großen fußte
auf der Berliner Aufführung des ›Götz‹ von 1774.

52   133] »*Es gibt gewisse Sinfonien … keine solche Zeile schreiben kann*«: Brief
Zelters an Goethe, 27. 10. 1809.

53   134] »*diese sehr ernsten Scherze*« – »*durchaus dankbar anerkannten*« –
»*der Tag ist … zunächst überschüttet werden*« – »*seltsame Gebäu*«: Alle
Zitate stammen aus dem Brief an Wilhelm v. Humboldt, 17. 3. 1832.

135] *an diesem* »*inkommensurablen*« *Erzeugnis*: »Der Faust ist doch etwas
Inkommensurables, und alle Versuche, ihn dem Verstande näher zu bringen, sind vergeblich.« (Gespräch mit Eckermann, 3. Januar 1830)

54   136] »*Anstatt sich in sich selbst … zu wirken*«: Brief an Graf Sergej Semenowitsch, 28. 3. 1817.

137] »*Ich sehe mich … zu beschleunigen*«: Gespräch mit Eckermann, 31. Ja-   54
nuar 1827.

138] ›*Goethe und die Weltliteratur*‹: Bern 1946. Thomas Mann kannte den   55
Literaturwissenschaftler Fritz Strich, 1882–1963, von München her, wo
dieser von 1915 bis 1929 lehrte.

139] »*Wer nicht … zu Tage leben*«: ›West-östlicher Divan‹, Buch des Unmuts, Und wer franzet …

140] *von der Emerson sagte*: Ralph Waldo Emerson, 1803–1882, amerikanischer Philosoph und Dichter, vom deutschen Idealismus beeinflußt. Er
hielt Goethe für »einen vollkommenen Dolmetscher der Welt durch das
Mittel der Sprache«.

141] »*Freihandel der Begriffe und Gefühle*«: ›Biedermann, Gespräche IV‹,   56
aus einem Bericht A. E. Odyniecs vom 31. Januar 1827.

142] »*Dies alles noch … auszuhalten!*«: Gespräch mit Eckermann, 21. Fe-   57
bruar 1827.

143] »*Amerika, du hast … Und keine Basalte*«: ›Zahme Xenien‹ IX.   58

144] das »*verstorbene Zeug*«: »Entzieht euch dem verstorbnen Zeug, / Lebendiges laßt uns lieben.« (›Zahme Xenien‹ III)

145] »*Das Menschenpack … kann man abwarten*«: ›Wilhelm Meisters
Lehrjahre‹, Siebentes Buch, Drittes Kapitel.

146] »*Es gilt am Ende doch nur vorwärts*«: Brief an Zelter, 6. 11. 1830.

Vor-Bild, Ur-Bild, Über-Bild

An Otto Grautoff, Anfang Mai 1895 (TM / OG, 44).
1] »*Alles Vergängliche … zieht uns hinan*«: Die Schlußverse von ›Faust II‹.   61
2] »*Wie sich Verdienst … mangelte dem Stein!*«: ›Faust II‹, Erster Akt, Saal
des Thrones.

An Otto Grautoff, 21. 7. 1897 (TM / OG, 96).
1] *Eckermanns*: Johann Peter Eckermann, 1792–1854, Goethes Sekretär ab   62
1823, später Hofrat und Bibliothekar.

›Notizbuch 7‹, auf Mai 1904 zu datieren (Nb II, 100).
1] »*Es war ein fauler … Appetit und Schlaf*«: Das Gedicht stammt aus dem
Singspiel von 1779 ›Jerry und Bätely‹ und wird in manchen Goetheausga-
ben unter ›Vermischte Gedichte‹ geführt.
2] *den Schlaf raubt*: Die nächste Seite des Notizbuchs verzeichnet die zweite
große Aussprache mit Katia Pringsheim, Thomas Manns späterer Frau.

›Mitteilung an die Literarhistorische Gesellschaft in Bonn‹, 1906.
ED Sonderheft ›Ziele und Wege deutscher Dichtung nach Äußerungen ihrer Schöpfer‹ der *Mitteilungen der Literarhistorischen Gesellschaft Bonn*, Jg. 2, H. 7, 1909 (GW XI, 714).

62 1] ›*Bilse und ich*‹: Thomas Manns erste grundsätzliche kunsttheoretische Rechenschaft, entstanden Dezember 1905 – Januar 1906 (GW X, 9–22).

63 2] »*Das Benutzen … als mein Genie*«: Gespräch mit H. Laube, 1809.

›Notizbuch 9‹, wohl auf 1908, 1909 zu datieren (Nb II, 178).
1] *Hofmannsthal*: Hugo v. Hofmannsthal, österreichischer Dichter, 1874–1929. Von Thomas Mann über ihn ›Gedenkblatt für Hofmannsthal. In memoriam‹, 1929 (GW X, 453–458).
2] *G. Keller*: Gottfried Keller, Schweizer Dichter, 1819–1890. Sein Roman ›Der Grüne Heinrich‹ erschien in der Ersten Fassung 1854 f., in der Zweiten Fassung 1879 f.

Tagebuch vom 21. III. 1919 (Tb I, 175).
1] *Wandrey*: Conrad Wandrey, 1887–1944, Literaturhistoriker. Thomas Mann zeigte 1919 sein Fontanebuch an.
2] *Sternheim*: Carl Sternheim, erfolgreicher Dramatiker und Erzähler, 1878–1942.
3] ›*Hermann und Dorothea*‹: Das Versepos entstand zwischen September 1796 und Juni 1797 und erschien im Oktober als ›Taschenbuch für 1798‹.

›Goethe und Tolstoi‹. Fragmente zum Problem der Humanität.
Vortrag, gehalten bei der Nordischen Woche zu Lübeck am 4. September 1921.
ED *Deutsche Rundschau*, Berlin, Jg. 48, H.6, März 1922 (Erweiterte Fassung GW IX, 63, 69 f., 71 f., 95 ff., 119 f., 144–149).

64 1] *Tolstoi*: Leo Graf Tolstoi, der große russische Dichter, 1828–1910.
2] *Wieland*: Siehe Anm. 29] zu ›Phantasie über Goethe‹, S. 265.
3] *Riemer*: Friedrich Wilhelm Riemer, 1774–1845, Sprachforscher, 1803 Hauslehrer bei Goethes Sohn, dann bis 1812 Sekretär Goethes, zuletzt Bibliothekar in Weimar.
4] »*Ich habe den Teufel … jeder Lust hat*«: Gespräch mit Unbekannt, 30. Januar 1808.
5] »*Liebe zu sich selbst … romanhaften Lebens*«: Lord Goring im dritten Akt von Oscar Wildes Komödie ›An ideal husband‹.
6] *in den* ›*Wanderjahren*‹: Goethe begann den Roman ›Wilhelm Meister‹ im Februar 1777 und brach die Arbeit 1786 ab (7. Buch). 1794 Neuaufnahme, Titel ›Wilhelm Meisters Lehrjahre‹, erschienen 1794 in vier kleinen Bänden

mit je zwei Büchern. 1807 schrieb Goethe einige Novellen für die Fortsetzung, ›Wilhelm Meisters Wanderjahre oder Die Entsagenden‹, die 1820/1821 in der ersten Fassung vollendet und 1821 in achtzehn Kapiteln ohne Einteilung in Bücher publiziert wurde. 1829 zweite Fassung.

7] *die Ehrfurcht vor sich selbst*: »die Ehrfurcht vor uns selbst«, ›Wilhelm 64
Meisters Wanderjahre‹, Drittes Buch, Neuntes Kapitel.

8] *Alles geben die Götter ... die unendlichen, ganz*: Aus einem Brief vom 65
17. 7. 1777 an Auguste Gräfin Stolberg; Erstdruck Leipzig 1839.

9] *Dichtung und Wahrheit*: Siehe Anm. 9] zu ›Phantasie über Goethe‹,
S. 263.

10] *Wie sie sich ... verlör' ich mich*: ›West-östlicher Divan‹, Buch Suleika.
Das »sie« der ersten Zeile bezieht sich auf Suleika.

11] *Schillers Ruhm*: Friedrich von Schiller, 1759–1805.

12] *In seinem reiferen ... zu nichts Gutem*: Gespräch mit Eckermann,
18. Januar 1827.

13] *wenn Goethe eines Tages erklärte*: Genaues Zitat im Gespräch mit Ek- 66
kermann, 4. Januar 1824: »Dagegen hat Schiller, der, unter uns, weit mehr
ein Aristokrat war als ich, der aber weit mehr bedachte, was er sagte, als
ich, das merkwürdige Glück, als besonderer Freund des Volkes zu gelten.«

14] *Nichts genierte ihn ... gewesen wäre*: Gespräch mit Eckermann,
11. September 1828.

15] *Antäus-Natur*: In der griechischen Mythologie ringt Antäus, Sohn
Poseidons und der Gaia, mit Herakles und gewinnt aus jeder Berührung mit
der Mutter Erde neue Kraft.

16] *Man gehorcht ... gegen sie wirken will*: ›Schriften zur Natur- und
Wissenschaftslehre, Fragment über die Natur‹.

17] *Epilog zu Schillers Glocke*: Entstanden zum größten Teil in Schillers 67
Todesjahr 1805, 1810 und 1815 um einige Verse erweitert.

18] *Denn hinter ihm ... das Gemeine*: Die Schlußzeilen der vierten Strophe.

19] *Aus dem einen Auge ... Dinge*: ›Biedermann, Gespräche 11‹, E.v.
Pfuel, August 1810.

20] *Überhaupt war er heute ... an ihm wahrnimmt*: Gespräch mit Kanz- 68
ler v. Müller, 22. März 1824.

21] *der junge, sanfte Sulpiz Boisserée*: Kunstverständiger und Sammler
deutscher mittelalterlicher Kunst, 1783–1854.

22] *auf dem Blocksberge*: Wo in ›Faust I‹ die wilde Walpurgisnacht stattfindet.

23] *Du führst ... in Luft und Wasser kennen ...*: ›Faust I‹, Wald und
Höhle.

24] *der Mensch aufs nächste ...*: Brief an C.L. Knebel, 17. 11. 1784.

68   25] *Ich glaube, damit ich erkenne*«: »Credo, ut intelligam«, Anfang der
      Schrift ›Proslogion‹ (ca. 1077/78) des Theologen und Philosophen Anselm
      von Canterbury, 1033–1109.

69   26] *Idee der* »*Urpflanze*«: »Wie sie [die Pflanzen] sich nun unter einem Be-
      griff sammeln lassen, so wurde mir nach und nach klar und klarer, daß die
      Anschauung noch auf eine höhere Weise belebt werden könnte: eine Forde-
      rung, die mir damals unter der sinnlichen Form einer übersinnlichen Ur-
      pflanze vorschwebte«, ›Geschichte meines botanischen Studiums‹.

      27] *Der Zwischenkieferknochen*: »Ich habe gefunden – weder Gold noch Sil-
      ber, aber was mir unsägliche Freude macht – das os intermaxillare am Men-
      schen! Ich verglich mit Lodern Menschen- und Tierschädel, kam auf die Spur,
      und siehe, da ist es.« (Brief an Herder, 27. 3. 1784) Dazu von Goethe ›Versuch
      aus der vergleichenden Knochenlehre, daß der Zwischenknochen der obern
      Kinnlade dem Menschen mit den übrigen Thieren gemein sei‹ (Jena, 1784).

      28] »*aus Furcht, tierische Gefräßigkeit zu verraten*«: ›Dem Menschen wie
      den Tieren ist ein Zwischenknochen der obern Kinnlade zuzuschreiben II‹,
      1784–1820.

      29] *Dostojewski*: Fedor Dostojewski, russischer Romancier, 1821–1881.

70   30] »*Auf eine sonderbare Weise … gegenwärtig geblieben war*«: ›Wilhelm
      Meisters Wanderjahre‹, Drittes Buch, Drittes Kapitel.

71   31] »*den schönsten weiblichen Arm … der sich jemals um den Hals … dies
      herrliche Naturerzeugnis*«: Alle Zitate aus ›Wilhelm Meisters Wander-
      jahre‹, Drittes Buch, Drittes Kapitel.

      32] »*dem plastischen Anatomen*«: A. a. O.

      33] »*einen schönen Sturz … zu verwandeln sucht*«: A. a. O.

      34] »*Wie ich die Natur … ein freyeres Feld*«: Brief an Charlotte von Stein,
      20. 12. 1786.

      35] »*Nun ist mir … Botanik und Zoologie*«: Brief an Herder, 29. und
      30. 12. 1786.

      36] »*Wir können zuletzt … vor unserm Auge bewegt*«: ›Schriften zur
      Kunst, Propyläen, Einleitung‹.

72   37] *auch unter der Epidermis … seine stillen Kenntnisse hat*: Fast wörtlich
      zitiert im Kapitel Humaniora im ›Zauberberg‹, siehe GW III, 361.

      38] *Was aber mitgewußt … ergibt Anschaulichkeit*: Ebenfalls fast wörtlich
      a. a. O.

      39] »*das A und O …*«: ›Italienische Reise‹, III, 2.

      ›Betrachtungen eines Unpolitischen‹.
      ED Berlin: S. Fischer 1918 (GW XII, 190).

73   1] »*vertrieben wird … Paradies zu finden*«: Gespräch mit J.Ch. Lobe, Juli
      1820.

›Über den ‹Gesang vom Kindchen›‹.
ED ›Almanach der Rupprechtspresse auf die Jahre 1921–1922‹, München 1921 (GW XI, 588).

1] ›*Hermann und Dorothea*‹: Siehe Anm. 3] Tagebuch vom 21.III.1919,   73
S. 272.

2] *Friedrich Schlegel*: 1772–1829, Kritiker, Dichter, Literaturtheoretiker und -historiker.

›Bekenntnis und Erziehung‹.
Ansprache, gehalten am 11. März 1922 im Opernhaus Frankfurt am Main.
ED unter dem Titel ›Vorrede zur Zauberflöte‹ in *Süddeutsche Zeitung*, 13./14.7.1974 (GW XIII, 251 f.).

1] *J.J. Rousseau*: Französischer Schriftsteller, 1712–1778. ›Les confessions‹, seine Autobiographie, erschien 1765 bis 1770, der Roman ›Emile‹ 1762.

›Meine Arbeitsweise‹.
Antwort auf eine Umfrage. ED *Uhu*, H. 5, 1926 (GW XI, 746).

1] »*Tag vor dem Tag … ist morgendlich*«: ›Pandora‹, die Zeilen 3 und 4 bei   74
Prometheus' Auftritt.

›Über die Ehe‹.
ED ›Das Ehe-Buch‹, hrsg. von Graf Hermann Keyserling, Celle: Niels Kampmann 1925 (GW X, 198, 200).

1] »*Es ist eine … der beiden Himmelslichter*«: ›Dichtung und Wahrheit‹, Dritter Teil, Dreizehntes Buch.

2] *Sorgenkinder des Lebens*: Hans Castorp wird im ›Zauberberg‹ mehrfach ein Sorgenkind des Lebens genannt.

3] *die Flucht eines Abgekämpften*: In der Erzählung ›Der Kleiderschrank‹ (1899).

›Pariser Rechenschaft‹.
ED Berlin: S. Fischer 1926 (GW XI, 64 f.).

1] »*Humorist und also nicht …*«: ›Dichtung und Wahrheit‹, Zweiter Teil,   75
Zehntes Buch.

2] *Hamsun*: Knut Hamsun, 1859–1952, norwegischer Romancier, Nobelpreis 1920.

3] *Bernard Shaw*: 1856–1950, irischer Dramatiker, Nobelpreis 1925.

4] *Jean Paul*: Johann Paul Friedrich Richter, 1763–1825, großer Erzähler   76
des deutschen Idealismus.

5] *Gide's*: André Gide, französischer Schriftsteller, 1869–1951, Nobelpreis 1947.

6] *bei Proust*: Marcel Proust, französischer Schriftsteller, 1871–1922.

7] *Hermann Hesse*: Lyriker, Erzähler, 1877–1962, seit 1919 in der Schweiz ansässig, Nobelpreis 1946, mit Thomas Mann befreundet.

8] *Arthur Schnitzler*: Thomas Mann hat die »liebenswert-melancholischen und technisch so vollkommenen Meisterwerke« des österreichischen Dichters, 1862–1931, hoch geschätzt.

9] *»Der Humorist lustwandelt ... «*: Nicht ermittelt. Am 5. 1. 1925 schrieb Schnitzler an Thomas Mann nach der ›Zauberberg‹-Lektüre: »Sie haben den Humor des Sterbens und des Todes erfaßt und festgehalten – ich weiß nichts ähnliches in der deutschen Romanliteratur – und in keiner anderen.«

An Herrn und Frau Arthur Nikisch, 8.6.1927 (Br. 1, 270).
Der Jurist Arthur Nikisch (1889–1968) und seine Frau Grete Merrem-Nikisch, geb. 1887, eine angesehene Sängerin, waren leidenschaftliche Verehrer von Thomas Mann.

1] *»bei meinem zerstreuten Leben ... zu versammeln«*: ›Dichtung und Wahrheit‹, Erster Teil, Viertes Buch.

›Erfolg beim Publikum‹.
ED *Die Literarische Welt*, Berlin, Jg. 4, Nr. 21/22, 1928 (GW XI, 776).

1] *›Dichtung und Wahrheit‹*: Siehe Anm. 9] zu ›Phantasie über Goethe‹, S. 263.

2] *»Der Genius hatte ihn ... öffentlich aufzustellen«*: ›Dichtung und Wahrheit‹, Dritter Teil, Zwölftes Buch.

›Rede über das Theater‹.
Rede zur Eröffnung der Heidelberger Festspiele 1929. ED *Die Neue Rundschau*, Berlin, Jg. 40, H. 9, September 1929 (GW X, 345).

1] *›Wilhelm Meister‹*: Siehe Anm. 5] zu ›Goethe und Tolstoi‹, S. 263.

›Lebensabriß‹.
ED *Die Neue Rundschau*, Jg. 41, H. 6, Juni 1930 (GW XI, 98).

1] *»des Lebens ernstes Führen«* – *»Frohnatur«* – *»Lust zu fabulieren«*: ›Zahme Xenien‹ VI.

An Ernst Bertram, 29. 12. 30.
ED ›Thomas Mann an Ernst Bertram, Briefe aus den Jahren 1910–1955‹. Hrsg. von Inge Jens, Pfullingen: Verlag Günther Neske 1960, 170–172.
Der Kölner Literarhistoriker, 1884–1957, war mit Thomas Mann seit 1910 bekannt und blieb sein »gelehrtester Freund«, bis Bertrams Glaube an die »völkische Erhebung« jede weitere Verständigung unmöglich machte.

1] *ein Goethe-Buch schreiben*: Das Projekt wurde nicht verwirklicht.   77

2] *Drömer*: Der Verleger Adalbert Droemer, 1877–1939, war zum ersten Mal mit S. Fischer in Konflikt geraten, als im März 1920 ein Baron Schey Gerhart Hauptmann für eine Gesamtausgabe bei einer Auflage von 300 000 Exemplaren ein Honorar von einer Million Mark angeboten hatte; als Verlag war Th. Knaur Nachf. vorgesehen, bei welcher Firma damals Droemer als Reisender und Teilhaber tätig war. Der Plan kam nicht zur Ausführung. Im August 1929 war Droemer dann mit dem Vorschlag einer preiswerten Sonderausgabe der ›Buddenbrooks‹, Ladenpreis 2,85 Mark, Honorar 100 000 Mark bei einer Höchstauflage von einer Million Exemplaren an Thomas Mann herangetreten. S. Fischer hatte empört reagiert und dann zu gleichen Bedingungen eine eigene billige Ausgabe publiziert, die ein Jahr nach Erscheinen die Millionengrenze überschritt.

3] *Fischer*: Thomas Manns Verleger Samuel Fischer, 1859–1934.   78

4] *seinem Schwiegersohn*: Gottfried Bermann Fischer, 1897–1995, ursprünglich Arzt, heiratete 1926 Brigitte Fischer und übernahm 1931 die Verlagsleitung.

5] *um des Romans willen*: Thomas Mann schrieb damals am zweiten Band der ›Joseph‹-Tetralogie.

6] *une mer à boire*: eine unmöglich zu bewältigende Angelegenheit. Von Thomas Mann gern gebrauchte Wendung, aber auch von Goethe; siehe ›Biedermann, Gespräche II‹, Riemer aus den Jahren 1803–1814.

7] *Emil Ludwig*: Verfasser erfolgreicher Romanbiographien, 1881–1948.

8] *›Goethe und Tolstoi‹*: Siehe Kapitel: Vor-Bild, Ur-Bild, Über-Bild S. 271.

9] *Nachwort zu den ›Wahlverwandtschaften‹*: Zu der Ausgabe Leipzig 1925, Sammlung Epikon (GW IX, 174–186). Der Name Wahlverwandtschaften erscheint zuerst im Zusammenhang der Novellenentwürfe für die ›Wanderjahre‹ im Tagebuch vom 11. April 1808. Beginn der Niederschrift des Romans Mai 1808, regelmäßige Weiterarbeit ab April 1809, Druckbeginn August 1809 – »ohne zu wissen, wie wir damit zu Ende kommen wollen«. Goethe las am 4. Oktober 1809 den letzten Revisionsbogen.

›Ansprache bei der Einweihung des erweiterten Goethe-Museums in Frankfurt am Main 1932‹. ED (leicht abweichender Text) in ›Festgabe zum Goethe-Jahr 1932‹, Halle: Max Niemeyer 1932 (GW X, 328 f.).

1] *Ernst von Pfuel*: Preußischer General, 1779–1866.   80

2] *»Ich staune nicht … in mir selbst«*: ›Biedermann, Gespräche II‹, E.v. Pfuel, August 1810.

Tagebuch vom 14. III. 1934 (Tb II, 355).

1] *Lion*: Ferdinand Lion, elsässischer Literar- und Kulturkritiker,   81

1883–1965. Von 1937–1938 Redakteur der von Thomas Mann und Konrad Falke herausgegebenen Zweimonatsschrift *Maß und Wert*.

81 2] *G. Benns*: Gottfried Benn, 1886–1956, Lyriker, Essayist, Arzt.

An S. Fischer, 23.8.1934 (TM/GBF, 85).
ED ›Thomas Mann – Briefwechsel mit seinem Verleger Gottfried Bermann Fischer‹. Hrsg. von Peter de Mendelssohn, Frankfurt am Main: S. Fischer 1973.
1] »*Sie glauben nicht ... ein Neues daraus erstehe*«: ›Biedermann, Gespräche II‹, Sulpiz Boisserée an seinen Bruder, 4. Mai 1811.

Tagebuch vom 14.IX.1935 (Tb III, 173 f.).
82 1] *Albert R.*: Sohn des Zürcher Verlegers Max Rascher.
2] *Klaus H.*: Thomas Mann hatte den siebzehnjährigen Klaus Heuser im Sommer 1927 auf Sylt kennengelernt und nach München eingeladen.

Tagebuch vom 8. XI. 1935 (Tb III, 203).

Tagebuch vom 29. IX. 1936 (Tb III, 372).
1] *Fiedler*: Der ev. Pastor Dr. Kuno Fiedler, 1895–1973, stand seit 1915 mit Thomas Mann in freundschaftlichem Briefwechsel und hat Thomas Manns jüngste Tochter Elisabeth getauft.
2] *die Novelle*: Aus dem Plan entwickelte sich der Roman ›Lotte in Weimar‹, der 1939 erschien.

An Arnold Heinz Eichmann, 17.10.1936 (Br. I, 425 f.).
Arnold Heinz Eichmann, geb. 1907, war Orchestermusiker und Musikschriftsteller.
1] »*Das Alte ... erfreulich werden könnte*«: Brief an Charlotte von Stein, 24.5.1807.

An Anna Jacobsen, 13.11.1936 (Br. I, 425 f.).
Anna Jacobsen (1888–1972) war Dozentin für Sprach- und Literaturwissenschaft am Hunter College, New York.

›Maß und Wert‹, Vorwort zum ersten Jahrgang. ED *Maß und Wert*, Zürich, Jg. I, H. I, 1937 (GW XII, 799, 800 f., 802).
83 1] »*Zug von Verwegenheit*«: Genauer Wortlaut des Zitats: »In jedem Künstler liegt ein Zug von Verwegenheit, ohne den kein Talent denkbar ist.« (›Maximen und Reflexionen‹ 62)
2] »*Heute ... ist eitel*«: Gespräch mit Eckermann, 23. Oktober 1828.

3] »*Der Künstler ... woher er stammt*«: ›Biedermann, Gespräche IV‹, aus   84
einem Bericht F. Försters vom 4.8.1831.

4] »*Entzieht euch ... laßt uns lieben!*«: ›Zahme Xenien‹ III (»Dreihundert
Jahre sind vorbei ...«).

5] »*Ich statuiere ... Bessres erschaffen*«: Gespräch mit Kanzler v. Müller,
4. November 1823.

6] »*Alle Gesetze ... die Wahrheit*«: Gespräch mit Kanzler v. Müller,
28. März 1819.

7] »*Recht ist, was dem Volke nützt*«: Von dem NS-Reichsrechtsführer Hans   85
Frank wiederholt verwendetes Schlagwort.

8] »*Ich ziehe die schädliche Wahrheit ... immer schädlicher werden*«: Brief
an Charlotte v. Stein, 8.6.1787.

9] »*Der Patriotismus verdirbt die Geschichte*«: Gespräch mit Riemer, 1817.

An René Schickele, 27.11.1937 (TMS X, 123).
ED ›Jahre des Unmuts. Thomas Manns Briefwechsel mit René Schickele
1930–1940‹, Frankfurt am Main: Vittorio Klostermann 1992.
Mit dem elsässischen Schriftsteller René Schickele, 1883–1940, war Thomas Mann seit dem gemeinsamen Exil in Sanary gut befreundet.

1] *jenes Kapitel*: Das dritte (Riemer-)Kapitel in ›Lotte in Weimar‹.

2] ›*Die Piccolomini*‹: Den Zweiten Teil der ›Wallenstein‹-Trilogie beendete
Schiller im Dezember 1798.

›Lob der Dankbarkeit‹.
Rede, gehalten in englischer Sprache anläßlich der Verleihung der Ehrendoktorwürde der Princeton University am 18. Mai 1939. ED des deutschen
Textes in ›Herbert Lehnert, Thomas Mann in Princeton‹ in *The Germanic Review*, New York, vol. 39, nr. 1, January 1964 (GW XIII, 122).

1] *des* ›*West-östlichen Divan*‹: Siehe Anm. 8] zu ›Phantasie über Goethe‹,   86
S. 263.

2] »*der reichlich Gebende und Nehmende*«: Zitat Thomas Manns aus
›Lotte in Weimar‹ (GW II, 583).

An Heinrich Mann, 3.3.1940 (Br. II, 134).

1] *Du*: Heinrich Mann, Thomas Manns älterer Bruder, 1871–1950.

2] *meinen Roman*: ›Lotte in Weimar‹.

Tagebuch vom 10.X.1940 (Tb V, 163).

1] *die Lektüre von* ›*Nachsommer*‹: Adalbert Stifters Bildungsroman, 1857.

2] *ganz anders wie bei Hofmannsthal*: Siehe Anm. 1] zu ›Notizbuch 9‹,
S. 272.

Tagebuch vom 8.XII.1940 (Tb V, 190).

An Agnes Meyer, 12.7.1942 (TM/AM, 418).
Die Amerikanerin deutscher Abstammung, 1887–1970, Ehefrau des Bankiers und Finanzpolitikers Eugene Meyer, 1875–1959, dem auch die *Washington Post* gehörte, war sicher Thomas Manns einflußreichste und großzügigste Gönnerin in den USA.

87   1] *einen richtigen grossen ›Faust‹-Essay*: Wurde nicht geschrieben.

An Agnes Meyer, 12.1.1943 (TM/AM, 454f.).
1] *mit Engelszungen ... klingende Schelle sei*: 1. Korinther, 13,1.

An Fritz Kaufmann, 3.2.1943 (Br. II, 295).
Fritz Kaufmann, Geschichtsphilosoph, 1891–1958, lehrte an der Northwestern University, Evanston, und an der University Buffalo, N.Y.

88   1] *Ihr Buch*: Fritz Kaufmann hatte Thomas Mann sein Manuskript ›The World as Will and Representation: Thomas Mann's Philosophical Novels‹ geschickt.
2] *in der »Vergangenheit beständig ... Ewigkeit ist«*: ›Gott und Welt, Vermächtnis‹.

An Erich von Kahler, 16.1.1944.
ED ›Thomas Mann – Erich von Kahler, Briefwechsel 1931–1955‹. Hrsg. von Michael Assmann. Hamburg: Luchterhand Literaturverlag 1993, 62.
Erich von Kahler, Historiker und Philosoph, 1885–1970, naher Freund von Thomas Mann in der Zürcher und Princetoner Exilzeit.
1] ›*Cavalleria rusticana*‹: Oper von Pietro Mascagni, 1890.
2] ›*Freischütz*‹ ... ›*Oberon*‹ und ›*Eurianthe*‹: Drei Opern von Carl Maria v. Weber, 1820, 1826, 1823.

Briefentwurf an Monty Jacobs, 12.5.1945 (Tb VI, 823).
ED Tagebücher 1944–1946. Hrsg. von Inge Jens, Frankfurt am Main: S.Fischer 1986.
Der Schriftsteller und Kritiker Monty Jacobs, 1875–1945, leitete in der Emigration das Feuilleton der *Zeitung* in London.
1] *diese rührende Feier*: Geburtstagsfeier für Thomas Mann im Londoner PEN-Club.

89   2] *Mickiewicz*: Adam Mickiewicz, größter polnischer Dichter, 1798–1855.
3] *» Von äußerm Drang ... erprobtes Glück«*: Dritte Strophe des Gedichts ›Am 28. August 1826‹.

An Karl Kerényi, 3.12.1945 (Br. II, 462).
Thomas Mann hatte den ungarischen Philologen und Religionswissenschaftler, 1897–1973, in Budapest 1935 persönlich kennengelernt. Kerényi übersiedelte 1943 in die Schweiz.
1] *Meine Europa-Reise*: Sie fand dann im Mai 1947 statt.   90
2] *Erasmus*: Siehe Anm. 87] ›Phantasie über Goethe‹, S. 268.

An Sidney Philipps, Dial Press, [26.9.1947] (Tb VII, 899 f.).
ED Tagebücher 1946–1948. Hrsg. von Inge Jens, Frankfurt am Main: S. Fischer 1989.
1] *des Buches*: Es erschien 1949 unter dem Titel ›The Permanent Goethe‹.
2] *»Der ist der ... setzen kann«*: ›Maximen und Reflexionen über Literatur und Ethik‹, Aus *Kunst und Altertum*.

Tagebuch vom 29.X.1949 (Tb VIII, 119).
1] *H. Mayer*: Hans Mayer, geb. 1907, studierte Jura, Geschichte, Philosophie, emigrierte 1935 bis 1945 nach Frankreich und in die Schweiz, lehrte von 1948 bis 1963 in Leipzig Literaturgeschichte, ab 1965 in Hannover. Lebt in Tübingen. Publizierte 1950 ›Thomas Mann. Werk und Entwicklung‹, Berlin: Volk und Welt, »ein Ereignis für mich und die literarische Welt« (Thomas Mann).
2] *›Goethes Erbschaft‹*: Hans Mayers Aufsatz erschien in *Neue Welt*, Berlin, Jg. 4, H. 15, August 1949, 14–25.

›Die Entstehung des Doktor Faustus‹. Roman eines Romans.
ED Amsterdam: Bermann-Fischer 1949 (GW XI, 268).
1] *von Kellers epischer Autobiographie*: ›Der Grüne Heinrich‹, s. Anm. 2] ›Notizbuch 9‹, S. 272.
2] *Meierlein und seine »knappen Zifferchen«*: Im 14. Kapitel des Ersten Teils (›Prahler, Schulden und Philister unter den Kindern‹) wird von einem Kameraden, dem Meierlein, erzählt, der in schmalen Zahlen das Register mit seinen Schulden beim ›Grünen Heinrich‹ führt.

›Meine Zeit‹. Vortrag, gehalten in der Universität Chicago im Mai 1950.
ED Frankfurt am Main: S. Fischer 1950 (GW XI, 303 ff.).
1] *»Ich habe den großen Vorteil ... Zeuge war«*: Gespräch mit Eckermann,   91
25. Februar 1824.

Tagebuch vom 18. und 19. VII. 1950 (Tb VIII, 224 f.).
1] *Mühlestein*: Hans Mühlestein, Schweizer Schriftsteller, Übersetzer, Kul-   92
turhistoriker mit sozialistischer Überzeugung, 1887–1969.

281

92 2] *seine Michelangelo-Übersetzung*: Die zweisprachige Edition ›Ausge-
wählte Dichtungen‹, erschienen 1950, erreichte Thomas Mann in St. Mo-
ritz, wo er in zehn Tagen den »Liebes-Aufsatz« niederschrieb. Er erschien
im Oktober-Heft der Zürcher Zeitschrift *DU* unter dem Titel ›Michelangelo in seinen Dichtungen‹, später abgeändert in ›Die Erotik Michelangelos‹.

3] *Tolstoi*: Siehe Anm. 1] ›Goethe und Tolstoi‹, S. 272.

An Geneviève Bianquis, 27. 6. 1951 (Br. III, 215).
Die französische Germanistin Geneviève Bianquis, 1886–1972, schrieb
u. a. eine Studie ›Le temps dans l'œuvre du Thomas Mann‹, erschienen im
Journal de Psychologie normale et pathologique, Janvier–Juin 1951, und
übersetzte ›Königliche Hoheit‹, ›Herr und Hund‹ und 1932 ›Buddenbrooks‹.

1] *»Nichts ist höher zu schätzen ...«*: ›Maximen und Reflexionen‹ 789.

Tagebuch vom 1. v. 1953 (Tb X, 53 f.).

93 1] *Hutchins*: Der Rechtswissenschaftler und Rechtsphilosoph Robert Mynard Hutchins, 1899–1971, ehem. Präsident der Universität Chicago.

2] *Mortimer Adler*: Amerikanischer Philosoph und Bildungsreformer, geb.
1902.

3] *Napoleon mit Goethe in Erfurt*: Goethe wurde am 2. Oktober 1808 in
Erfurt von Napoleon empfangen – siehe ›Paralipomena zu den Annalen‹
und Gespräch mit Kanzler v. Müller, 2. Oktober 1808.

Tagebuch vom 25. VI. 1953 (Tb X, 75).

Tagebuch vom 6. VII. 1953 (Tb X, 81).
1] *den ›Parsifal‹*: Uraufführung 1882.

2] *den ›Faustus‹*: ›Doktor Faustus. Das Leben des deutschen Tonsetzers
Adrian Leverkühn, erzählt von einem Freunde‹. Erste Buchausgabe Stockholm: Bermann-Fischer 1947.

3] *›Der Erwählte‹*: Roman. Erste Buchausgabe Frankfurt am Main:
S. Fischer 1951.

4] *›Die Betrogene‹*: Erzählung. Erste Buchausgabe Frankfurt am Main:
S. Fischer 1953.

94 5] *Den ›Krull‹*: ›Bekenntnisse des Hochstaplers Felix Krull. Der Memoiren
erster Teil‹. Erste Buchausgabe Frankfurt am Main: S. Fischer 1954.

›Betrachtungen eines Unpolitischen‹.
ED Berlin: S. Fischer 1918 (GW XII, 402 f., 500).

1] »*Dialektik ... ist die Ausbildung ... erkennen lerne*«: ›Maximen und   95
Reflexionen‹ 1202.

2] »*Widerstehe nicht dem Bösen!*«: Matthäus 5, 39. In der Einheitsübersetzung der Neuen Jerusalemer Bibel: »Leistet dem, der euch etwas Böses antut, keinen Widerstand, sondern wenn dich einer auf die rechte Wange schlägt, dann halt ihm auch die andere hin.«

›Lübeck als geistige Lebensform‹.
ED Lübeck: Otto Quitzow 1925 (GW IX, 397 f.).

1] »*Nicht dem Deutschen ... und dorthin*«: ›Hermann und Dorothea‹.   97

An Ernst Fischer, 25. 5. 1926 (Br. I, 255 f.).
Ernst Fischer, marxistischer österreichischer Literatur- und Kulturkritiker, 1899–1972. Moskauer Exil 1938, nach dem Krieg Rückkehr nach Wien, 1969 aus der KPÖ ausgeschlossen.

1] ›*Tonio Kröger*‹: Erzählung. ED in *NR*, Jg. 14, H. 2, Febr. 1903.

2] ›*Tod in Venedig*‹: Siehe Anm. 25] zu ›Vorbemerkung‹, S. 262.

3] ›*Der Zauberberg*‹: Roman. ED Berlin: S. Fischer 1924 (in zwei Bänden).

›Goethe als Repräsentant des bürgerlichen Zeitalters‹.
Rede zum hundertsten Todestag Goethe's, gehalten am 18. März 1932 in der Preußischen Akademie der Künste, Berlin. ED *NR*, Jg. 43, H. 4, April 1932 (GW IX, 297–299, 301–306, 307–312, 314, 315–316, 320–321, 328–329, 332).

1] »*Anch' io sono pittore*«: »Auch ich bin Maler«, Ausruf des italienischen   98
Malers Correggio vor einem Gemälde Raphaels. Zitiert von Hofrat Behrends im ›Zauberberg‹ (GW III, 355).

2] *Thomas Carlyle*: Englischer Historiker und Literarkritiker, 1795–1811,   99
mit Goethe in engem mündlichem und schriftlichem Kontakt, übersetzte ›Wilhelm Meister‹, schrieb eine Schiller-Biographie.

3] *Lionardo*: Leonardo da Vinci, Maler, Universalgenie der italienischen   100
Renaissance, 1452–1519.

4] *den Benvenuto Cellini übersetzt*: Italienischer Bildhauer, 1500–1571.
Goethes Übersetzung seiner Autobiographie 1803.

5] *im* ›*Tasso*‹: Siehe Anm. 49] zu ›Phantasie über Goethe‹, S. 266.

6] ›*Hermann und Dorothea*‹: Siehe Anm. 3] zu Tagebuch vom 21.3.1919, S. 272.

7] *die ›Achilleis‹*: Fragment gebliebenes Versepos von Goethe (1799).

8] *er selbst gesteht … gelesen habe*: Gespräch mit Eckermann, 18. Januar 1825.

9] *neben Schillers ›Glocke‹*: Schillers Ballade ›Das Lied von der Glocke‹, 1797–1799.

10] *einem Talent wie Byron*: George Gordon Lord Byron, englischer Dichter, 1788–1824.

11] *»weshalb wir denn … Ständen finden«*: Gespräch mit Eckermann, 24. Februar 1825.

12] *»In Karlsbad hat einmal … das Urteil zusteht«*: ›Biedermann, Gespräche ii‹, Nachlese zum zehnten Abschnitt, H. Laube 1821.

13] *»keineswegs durch exzentrisches Wesen … höflich und einfach«*: ›Biedermann, Gespräche iii‹, aus einem Bericht W. R. Swiftes, April 1896.

14] *daß Zelter ihn regelmäßig*: Carl Friedrich Zelter, 1758–1832, Komponist, Leiter der Berliner Singakademie.

15] *Der Literator und Islandfahrer Martin Friedrich Arendt*: Nordischer Archäologe, 1769–1824. Riemer schildert die Szene 13.-24. Januar 1809.

16] *auf dem Bild von George Dawe*: George Dawe, Maler und Kupferstecher in London, 1781–1829.

17] *bei Vieweg in Berlin*: Johann Friedrich Vieweg, 1761–1835, Buchhändler und Verleger in Berlin bis 1799, dann in Braunschweig.

18] *an seinen Freund Körner*: Christian Gottfried Körner, Jurist, 1756–1831.

19] *»nichts wegschenke«*: Brief Schillers Anfang November 1788.

20] *»des Lebens ernstes Führen«*: Siehe Anm. 1] zu ›Lebensabriß‹, S. 276.

21] *»Die Manier … in der Ausführung«*: Gespräch mit Eckermann, 28. Februar 1824.

22] *»… nicht reist, um anzukommen«*: Gespräch mit C. Herder, 4./8. September 1788.

23] *»Es gibt vortreffliche Menschen … das Höchste geleistet«*: Gespräch mit Eckermann, 28. Februar 1824.

24] *Herrn von Bretschneider*: Heinrich Gottfried von Bretschneider, Studienkollege von Goethe in Leipzig, 1739–1810.

25] *den Berliner Friedrich Nicolai*: Berliner Schriftsteller und Buchhändler, 1733–1811, veröffentlichte 1775 eine ›Werther‹-Parodie.

106

26] *»Es liegt in Goethe … als dieses Objekt«*: ›Biedermann, Gespräche i‹ 64 ff.

27] *»Und wäre es … genauester Sorgfalt tun«*: ›Biedermann, Gespräche iv‹ 477, nach Kanzler v. Müller.

28] *für seinen Enkel*: Walther von Goethe, siehe Anm. 21] zu ›Phantasie über Goethe‹, S. 264.

29] *Ihrer sechzig ... alles leisten mag*«: Nach einer Aufzeichnung des
Kanzlers v. Müller, 13. September 1827.

30] *an der auch Tieck teilnimmt*: Johann Ludwig Tieck, 1773–1853, Dichter der Romantik.

31] *Man erwartet ... gar nicht gefallen*: ›Biedermann, Gespräche IV‹, 31 f.,
Erinnerungen der Jenny v. Gustedt.

32] *»Solche Mühe hat Gott ...«*: Prediger Salomo 1, 13.

33] *eher ziemte es ... gleichsetzen möchte*: ›Dichtung und Wahrheit‹, Vierter Teil, Drittes Buch.

34] *gleich Novalis*: Friedrich von Hardenberg, 1772–1801, Dichter der
Romantik.

35] *»Candide, gerichtet gegen die Poesie«*: ›Candide‹, Voltaires Roman,
1759.

36] *»Die ökonomische Natur ... Angedenken hinterläßt«*: In Novalis,
›Fragmente‹.

37] *»Goethe ist ganz praktischer Dichter ... ausführen wird«*: A. a. O.

109

38] *Wedgwood*: Josiah Wedgwood, Tonwaren- und Steinguthersteller in
England, um Material- und Formverfeinerung bemüht, 1730–1795.

39] *»›Wilhelm Meisters Lehrjahre‹... wirksam vorkommt«*: A. a. O.

40] *»ein Keim von Verwegenheit liege«*: Siehe Anm. 1] zu ›Maß und Wert‹,
S. 278.

41] *des ›Götz‹*: Siehe Anm. 25] zu ›Phantasie über Goethe‹, S. 264.

42] *des ›Faust‹*: Siehe Anm. 27] zu ›Phantasie über Goethe‹, S. 264.

43] *der ›Sprüche in Reimen‹*: Aus dem Alterswerk, erscheint in manchen
Ausgaben auch als ›Sprüche‹ oder ›Sprichwörtlich‹.

44] *›Hermann und Dorothea's‹*: Siehe Anm. 3] zu Tagebuch vom 21. 3.
1919, S. 272.

45] *des ›Tell‹*: ›Wilhelm Tell‹, Schauspiel von Friedrich Schiller. Begonnen
August 1803, Uraufführung März 1804 in Weimar.

46] *der ›Jungfrau‹*: ›Die Jungfrau von Orleans‹. Eine romantische Tragödie
von Friedrich Schiller. Beginn der Ausarbeitung September 1800, Uraufführung September 1801 in Leipzig.

47] *»Der Deutsche ist konservativ«*: Aus: Richard Wagner, ›Was ist
deutsch?‹

48] *»ungeheuer hindernde Kraft«*: Nicht ermittelt.

49] *»Das eigentliche Studium ...«*: ›Die Wahlverwandtschaften‹, Zweiter
Teil, Siebtes Kapitel.

50] *seinen Begriff des »Lebenswürdigen«*: Aus: Goethe, ›Epilog zu Schillers
Glocke‹.

51] *»sehnsuchtsvolle Hungerleider ...«*: ›Faust II‹, Zweiter Akt, Felsbuchten des Ägäischen Meeres.

113 52] »*Freihandel der Begriffe und Gefühle*«: Siehe Anm. 141] zu ›Phantasie über Goethe‹, S. 271.

53] »*weiten Epochenkreisen*«: »In weiten National- oder Epochenkreisen«, ›Biedermann, Gespräche II‹, 524, H. Laube.

54] *der noch Mozart*: Im Sommer 1763, siehe auch Gespräch mit Eckermann, 3. Februar 1830.

55] ›*Über die vierfache Wurzel des Satzes vom zureichenden Grunde*‹: Die Jenaer Promotionsschrift erschien 1813.

56] ›*Die Welt als Wille und Vorstellung*‹: Erschien 1819.

57] »*Der Künstler muß ... woher er stammt*«: Siehe Anm. 3] zu ›Maß und Wert‹, S. 279.

114 58] »*Wo käm' die schönste Bildung her ...*«: ›Zahme Xenien‹ IX.

59] *den* ›*Wanderjahren*‹: Siehe Anm. 6] zu ›Goethe und Tolstoi‹, S. 272.

115 60] »*Entzieht euch ... laßt uns lieben!*«: Schlußverse des Gedichts ›Dreihundert Jahre sind vorbei‹, ›Zahme Xenien‹ III.

›Schopenhauer‹.
ED Stockholm: Bermann-Fischer 1938 (GW IX, 567).

116 1] »*Nicht dem Vergnügen ... der Vernünftige nach −*«: In Schopenhauer, ›Parerga, Aphorismen zur Lebensweisheit‹.

2] *schrieb an Goethe*: Brief vom 11.1.1815.

An Agnes Meyer, 18.8.1942 (TM/AM, 425).

117 1] »*Mit den Jahren steigern ...* : ›Maximen und Reflexionen‹ 677.

Aller Dinge Ursprung

Notizbuch 7 (Nb II, 107, 127 f.)

Tagebuch vom 15. IX. 1918 (Tb I, 6).

118 1] *im Nietzsche*: Ernst Bertram, ›Friedrich Nietzsche. Versuch einer Mythologie‹, 1918.

2] *Faust*: Siehe Anm. 27] zu ›Phantasie über Goethe‹, S. 264.

3] *Zarathustra*: Von Friedrich Nietzsche ›Also sprach Zarathustra‹, entstanden 1883–1891.

4] *Sprüche in Reimen*: Siehe Anm. 43] zu ›Goethe als Repräsentant ...‹, S. 285.

5] *Heinrich*: Bruder Heinrich, 1871–1950.

Tagebuch vom 26. 11. 1919 (Tb I, 161).

1] *Plan zur Achilleis*: Siehe Anm. 7] zu ›Goethe als Repräsentant ...‹,   118
S. 284. Im Gespräch mit Riemer, 1807: »Achill weiß, daß er sterben muß,
verliebt sich aber in die Polyxena und vergißt sein Schicksal rein darüber,
nach der Tollheit seiner Natur.«

2] *Ahasver-Plan*: In ›Dichtung und Wahrheit‹, Dritter Teil, Fünfzehntes
Buch, berichtet Goethe ausführlich von dem Fragment eines epischen Ge-
dichts ›Der ewige Jude‹. ED durch Eckermann und Riemer 1836 in der sog.
Quartausgabe.

3] *›Dichtung und Wahrheit‹*: Siehe Anm. 9] zu ›Phantasie über Goethe‹,   119
S. 263.

4] *zum ›Hochstapler‹*: Zu diesem Zeitpunkt war trotz Vorarbeiten zwischen
1905–1909 und den Niederschriften zwischen 1910 und 1913 vom ›Krull‹
noch nichts publiziert.

›Goethe und Tolstoi‹. Fragmente zum Problem der Humanität (GW IX,
121 f., 158 f.).

1] *zu Spinoza*: Baruch Spinoza, niederländischer Philosoph, 1632–1677,
von großem Einfluß auf Goethe.

2] *»Beilegung der Leidenschaften ...«*: Siehe auch in ›Zu ‹Fiorenza›‹ (GW
XI, 563 als ›Über ‹Fiorenza›‹) »die Erledigung der Leidenschaften«. Ein Spi-
noza-Zitat hierzu bei Bielschowsky im Kapitel ›Goethe und die Philosophie‹
siehe Anm. 23] zu ›Phantasie über Goethe‹, S. 264.

3] *»nicht alle Blütenträume reiften«*: ›Prometheus‹, entstanden wohl Herbst   120
1774.

4] *oder Ibsens*: Henrik Ibsen, norwegischer Dramatiker, 1828–1906.

5] *das Pestalozzi'sche Wesen*: Friedrich Pestalozzi, Schweizer Pädagoge,
1746–1827.

6] *» Was wäre denn ... unendlich erleichtert ist«*: Gespräch mit S. Boisserée,
5. August 1815.

7] *»die Menschen untereinander ... macht«*: A. a. O.

8] *der Pädagogischen Provinz*: Das erste Kapitel des Zweiten Buchs von   121
›Wilhelm Meisters Wanderjahre‹ führt in die Pädagogische Provinz.

9] *vom Geiste der ›Zauberflöte‹*: Mozarts und Schikaneders Oper von 1791.

10] *»An Freundes Hand zum Guten wandeln«*: Aus Sarastros Arie »In diesen heil'gen Hallen« im Zweiten Aufzug, Dreizehnter Auftritt.

›Die geistigen Tendenzen des heutigen Deutschlands‹.
Ansprache unter dem Titel ›Les Tendances Spirituelles de l'Allemagne d'Au-
jourd'hui‹, gehalten am 20. Januar 1926 im Centre Européen de la Dotation
Carnégie, Paris (ED GW XIII, 586).

121 1] *uns in Keilschrift erzählt*: Von den Sumerern im 4. Jahrtausend v. Chr. erfundene Bilderschrift.

2] *lucidus ordo*: Lichtvolle Ordnung, Horaz, ›Ars Poetica‹, Vers 41.

›Ein Wort zuvor: ‹Mein Joseph und seine Brüder›‹.
Einführende Worte zu der Lesung am 5. November 1928 in Wien. ED in
Neue Freie Presse, Wien, 31.10.1928 (GW XI, 626 f.).

›Die Bäume im Garten‹.
Rede für Pan-Europa, gehalten am 18. Mai 1930 in Berlin. ED in *Vossische
Zeitung*, Berlin, 20.5.1930 (GW XI, 869).

122 1] *mit Segen vom Himmel ... die unten liegt*: 1. Mose 49, Vers 25.

2] *den Weg zu den Müttern*: ›Faust II‹, Erster Akt, Finstere Galerie. Mephistopheles: »Der Schlüssel wird die rechte Stelle wittern,/Folg ihm hinab, er
führt dich zu den Müttern.«

3] *des Lebens Leben*: ›West-östlicher Divan‹, Buch Suleika, Suleika.

›Vom Beruf des deutschen Schriftstellers in unserer Zeit‹.
Ansprache an den Bruder, gehalten am 27. März 1931 anläßlich der Feier
von Heinrich Manns 60. Geburtstag in der Preußischen Akademie der Künste zu Berlin. ED ›Heinrich Mann, Fünf Reden und eine Entgegnung zum
sechzigsten Geburtstag‹, Berlin: Kiepenheuer 1931 (TM/HM, 130 f.).

1] *Die Welt Dürers*: Albrecht Dürer, deutscher Maler und Holzschneider,
1471–1528.

2] *»Männlichkeit und Ständigkeit«*: »Wie Albrecht Dürer sie hat gesehn,/Ihr festes Leben und Männlichkeit,/Ihre innre Kraft und Ständigkeit«, ›Erklärung eines alten Holzschnittes vorstellend Hans Sachsens poetische Sendung‹.

3] *Rittertum zwischen Tod und Teufel*: Ritter, Tod und Teufel, Kupferstich
Dürers von 1513.

123 4] *Melencolia*: Kupferstich Dürers von 1514.

5] *»trübe Form und bodenlose Phantasie«*: Genaues Zitat aus den ›Maximen und Reflexionen über Kunst‹: »Ihm schadete eine trübe, form- und bodenlose Phantasie.«

6] *»fror es nach der Sonne«*: Brief Dürers aus Venedig, ca. 1505: »O, wie wird
mich nach der Sunnen frieren, hie bin ich ein Herr, doheim ein Schmarotzer.«

Tagebuch vom 23.X.1933 (Tb II, 231).

124 1] *Weigands Buch*: Das Werk des amerikanischen Germanisten an der Yale
University Hermann John Weigand, geb. 1892, ›Thomas Mann's Novel
‹Der Zauberberg›. A Study‹, erschien 1933.

2] ›*Wilhelm Meister*‹: Siehe Anm. 6] zu ›Goethe und Tolstoi‹, S. 272.

3] *Schlegel*: August Wilhelm Schlegel, 1767–1845, literarischer Berater von Mme. de Staël, Dichter und Schriftsteller.

4] *Stifter*: Adalbert Stifter, 1805–1867, großer österreichischer Erzähler.

Tagebuch vom 17. II. 1935 (Tb III, 38).

1] *Maskenfest beim Kaiser*: ›Faust II‹, Erster Akt, Weitläufiger Saal mit Nebengemächern.

Tagebuch 24. XII. und 27. XII. 1935 (Tb III, 226 ff.).

1] *von Dr. Kris*: Der Wiener Psychoanalytiker Dr. Ernst Kris, 1900–1957, war seit 1933 Herausgeber von *Imago*, wo der genannte Aufsatz in Heft 3, 1935 erschien.

›Achtung, Europa!‹

Als Beitrag für die Tagung des ›Comité de Coopération Intellectuelle‹ vom 1. bis 3. April 1935 in Nizza geschrieben. ED des deutschen Textes in *Neues Wiener Journal*, 15. und 22. I. 1936 (GW XII, 768, 774).

1] »*Wo ist einer … die wir getragen*«: Das Gedicht ›Auf den Kauf‹ von 1814, in der Abteilung ›Epigrammatisch‹.

Tagebuch vom 26. X. 1936 (Tb III, 385 f.).

1] *zur Novelle*: ›Lotte in Weimar‹.

2] *Ernst Weiss*: Der Erzähler Ernst Weiß, 1882–1940, emigrierte 1933 nach Prag und von dort 1938 nach Paris, wo er sich nach dem Einmarsch der deutschen Truppen 1940 das Leben nahm.

3] *des Faust*: Siehe Anm. 27] zu ›Phantasie über Goethe‹, S. 264.

›Freud und die Zukunft‹.

Festrede in Wien bei der Feier von Sigmund Freuds achtzigstem Geburtstag am 8. Mai 1936. ED in *Imago*, Bd. 22, Wien (GW IX, 498 f., 500 f.).

1] *Werther*: Siehe Anm. 26] zu ›Phantasie über Goethe‹, S. 264.

2] *die Meister-Stufe*: Zum ›Wilhelm Meister‹ siehe Anm. 6] zu ›Goethe und Tolstoi‹, S. 272.

3] ›*Faust*‹: Siehe Anm. 27] zu ›Phantasie über Goethe‹, S. 264.

4] ›*Divan*‹: Siehe Anm. 8] zu ›Phantasie über Goethe‹, S. 263.

5] *Freud*: Sigmund Freud, 1856–1939, Begründer der Psychoanalyse.

6] *seine Traumlehre*: ›Die Traumdeutung‹ (1900).

7] »*ein Stück wissenschaftlichen Neulandes … und der Mystik abgewonnen*«: Sigmund Freud, ›Neue Folge der Vorlesungen zur Einführung in die Psychoanalyse‹, Gesammelte Werke 15, 86.

127 8] *Wo Es war, soll Ich werden*«: A.a.O. 15, 6.

9] *das herrische Meer … Grenze zu verengen*«: ›Faust II‹, Vierter Akt, Hochgebirg.

10] »*Eröffn' ich Räume … mit freiem Volke stehn*«: ›Faust II‹, Fünfter Akt, Großer Vorhof des Palasts.

›Warum braucht das jüdische Volk nicht zu verzweifeln?‹
Antwort auf eine Rundfrage. ED in *Jüdische Revue*, Mukačevo, November 1936 (GW XII, 784).

128 1] »*Sie sind … zu verherrlichen*«: ›Wilhelm Meisters Wanderjahre‹, Erster Teil, Zweites Buch.

An Karl Kerényi
6.12.1938 (Br. II, 68 f.).

129 1] *Ihren schönen Aufsatz*: ›Die Geburt der Helena‹, Zürich: Rhein-Verlag 1946. ED in *Mnemosyne*, 1939.

2] *Helena*: Tochter des Zeus und der Leda, Gemahlin des Menelaos, der Sage nach aus einem Ei geboren.

3] *Nemesis*: Göttin, die verdiente Strafe für Missetat und Überheblichkeit austeilt.

4] *Aphrodite*: Die schaumgeborene Göttin der Liebe und Schönheit.

5] *dem Mythologen Creuzer*: Friedrich Creuzer, Altertumsforscher, 1771–1858, ›Symbolik und Mythologie der alten Völker‹, 1810. Über Creuzer s. auch ›Biedermann, Gespräche II‹, 355.

6] *Biedermann'schen* ›*Gesprächen*‹: Woldemar Freiherr von Biedermann, 1817–1903, sächsischer Staatsbeamter, gab 1889 bis 1903 ›Goethes Gespräche‹ in zehn Bänden heraus. Sein Sohn Flodoard, 1858–1934, veröffentlichte eine erweiterte Ausgabe 1909 bis 1911 und hinterließ bei seinem Tod das Manuskript einer nochmals erweiterten dritten Auflage.

7] ›*Klassischen Walpurgisnacht*‹: ›Faust II‹, Zweiter Akt.

16.2.1939 (Br. II, 85).

1] *indem ich Sie las*: ›Vom Wesen des Festes‹ in der Zeitschrift *Paideuma*, 1938; als Kapitel II in ›Die antike Religion. Ein Entwurf aus Grundlinien‹, Amsterdam 1942, aufgenommen.

130 2] *dem Goethe-Roman*: ›Lotte in Weimar‹.

3] *Marianne Willemer*: Geb. Jung, siehe Anm. 5] zu ›Phantasie über Goethe‹, S. 263.

25.10.1940 (GW XI, 649 f.).

1] *Aufsatz über die* ›*Klassische Walpurgisnacht*‹: Von Karl Kerényi ›Das

Ägäische Fest‹ in *Albae Vigiliae*, H. xi, Amsterdam–Leipzig: Pantheon Akademische Verlagsanstalt 1941.

2] *Homunculus-Galatea-Hochzeit*: ›Faust ii‹, Zweiter Akt, Felsbuchten des   130
Ägäischen Meeres.

3] ›*Lotte in Weimar*‹: Siehe Anm. 2] zu ›Tagebuch vom 29. ix. 1936‹,
S. 278.

4] *eine Anekdote eingeschlossen*: Die Erzählung Mai-Sachmes im zweiten   131
Kapitel des Ersten Hauptstücks von ›Joseph, der Ernährer‹. Mai-Sachme
hatte sich zwölfjährig in das Mädchen Nechbet verliebt und konnte zwanzig Jahre später die Augen nicht von ihrer Tochter lassen: »... so daß sich
wohl sagen läßt, ich hätte sie schon geliebt in der Mutter.«

›Richard Wagner und der ‹Ring des Nibelungen›‹.
Vortrag, gehalten am 16. November 1937 in der Aula der Universität Zürich. ED in *Maß und Wert*, Zürich, Jg. 1, H. 3, Januar/Februar 1938 (GW
ix, 506 ff.).

1] *nach dem* ›*Fliegenden Holländer*‹: Romantische Oper in drei Aufzügen   132
von Richard Wagner, Uraufführung Dresden 1843.

2] *Lindwürmern, Riesen und Zwergen*: Gestalten und Figuren aus Richard   133
Wagners ›Der Ring des Nibelungen‹.

3] *Sphinxen, Greifen, Nymphen* ... : Gestalten und Figuren aus Goethes
›Faust ii‹.

4] »*Gestalten groß, groß die Erinnerungen*«: ›Faust ii‹, Zweiter Akt, Klassische Walpurgisnacht.

›Über Goethe's ‹Faust›‹.
Aus dem Princetoner ›Faust‹-Kolleg. ED in *Maß und Wert*, Zürich, Jg. 2,
H. 5, Mai/Juni 1939 (GW ix, 596–598).

1] *ein früh geliebtes Gretchen*: In ›Dichtung und Wahrheit‹, Erster Teil,   134
Fünftes Buch wird das Mädchen beschrieben: »... von unglaublicher
Schönheit ... Ihre Gestalt war von der Rückseite fast noch zierlicher. Das
Häubchen saß so nett auf dem kleinen Kopfe, den ein schlanker Hals gar
anmutig mit Nacken und Schultern verband.«

2] *eine häßlich verlassene Friederike*: Siehe Anm. 120] zu ›Phantasie über
Goethe‹, S. 270.

3] *Romeo und Julia*: Das Liebespaar in Shakespeares erster romantischer
Tragödie, geschrieben wahrscheinlich 1595.

4] *Hero und Leander*: Berühmtes Liebespaar der Antike. Das Schicksal der
Priesterin der Aphrodite und ihres Geliebten, der im Hellespont auf dem
Weg zu ihr ertrank, diente Schiller zum Vorwurf für eine Ballade, Grillparzer
für ein Trauerspiel (›Des Meeres und der Liebe Wellen‹, Uraufführung 1831).

134   5] *Petrarca und Laura*: Die lebenslange Liebe des großen Lyrikers, 1304–1374, zu Laura – wahrscheinlich die Gattin eines Hugo de Sade – schlug sich in der italienischen Sammlung seiner ›Canzoniere‹ nieder.

6] *Paolo und Francesca*: Dante berichtet im Inferno, Fünfter Gesang seiner ›Göttlichen Komödie‹, von der unseligen Liebe der Francesca, Tochter des Grafen von Rimini, zu ihrem Schwager Paolo, die entdeckt wurde: »Die *Liebe* riß in *einen* Tod uns zwei.«

7] *Abälard und Heloise*: Die unglückliche Liebesgeschichte des scholastischen Theologen und Philosophen Abälard, 1079–1142, und seiner hochgebildeten Schülerin Heloise.

8] *Werther und Lotte*: Siehe Anm. 26] zu ›Phantasie über Goethe‹, S. 264.

9] ›*Hexenküche*‹: ›Faust I‹.

10] *das Weib in allen Prächten*: Als Vorbild werden Frauenakte von Giorgione oder Tizian vermutet.

135   11] *das alte Faust-Buch*: Es stammt aus dem Jahr 1587, dort zeigt Faust bereits Studenten die griechische Helena und erbittet sie von Mephistopheles für sich selbst. Sie leben zusammen und haben einen Sohn. Weitere Fassungen des Faust-Buches von 1674 und 1725.

12] »*Beim Himmel … gesehn*«: ›Faust I‹, Straße.

13] »*Der Lippe Rot … ist's nicht!*«: A.a.O.

14] »*etwas schnippisch … Entzücken gar!*«: A.a.O.

An Käte Hamburger, 7.3.1940.
(Selbstkommentare ›Lotte in Weimar‹, Frankfurt am Main: Fischer Taschenbuch Verlag 1996, 52).
Die Germanistin Käte Hamburger, 1896–1992, hatte bereits 1932 ›Thomas Mann und die Romantik‹ veröffentlicht. Sie emigrierte 1933 nach Schweden und lehrte nach dem Zweiten Weltkrieg in Stuttgart.

136   1] *Der Vergleich*: In ihrem Artikel ›Thomas Manns Goethe‹ in *Göteborgs Handels- och Sjöfarts-Tidning*, 13.2.1940.

Tagebuch vom 22.X.1940 (Tb v, 168 f.).
1] *Aufsatz von Kerényi*: ›Das Ägäische Fest‹, *Albae Vigiliae* XI, Amsterdam 1941.
2] *Mai-Sachme*: Siehe Anm. 4] zu Brief an Kerényi 25.10.1940, S. 290.

An Agnes Meyer, 26.6.1941 (TM/AM, 291 f.).
1] *Fritzi Massary*: Berühmte Operettensängerin, 1882–1969, seit 1933 in den USA.
2] *von Pharaos Träumen …* : Das dritte Kapitel des Dritten Hauptstücks von ›Joseph, der Ernährer‹.

3] *Gespräch zwischen Amenhotep und Joseph*: Das sich anschließende   136
vierte Kapitel ›Ich glaub' nicht dran!‹

An Agnes Meyer, 11. 1. 1942 (TM/AM, 354).
1] »*Nicht Kunst … gar wunderbare Sachen!*«: ›Faust 1‹, Hexenküche.   137

›Joseph und seine Brüder, ein Vortrag‹.
Gehalten am 17. November 1942 in der Library of Congress, Washington.
ED des deutschen Textes in *Deutsche Blätter*, Santiago de Chile, Jg. 3,
H. 24, 1945 (GW XI, 654 f., 664).
1] »*Höchst liebenswürdig … Einzelheiten auszuführen*«: ›Dichtung und   138
Wahrheit‹, Erster Teil, Viertes Buch.
2] *Lawrence Sterne's ›Tristram Shandy‹*: Der unvollendete skurrile neunbän-   139
dige Roman des ehemaligen Pfarrers, 1713–1768, erschien 1759 bis 1767.
3] *Goethe's ›Faust‹*: Siehe Anm. 27] zu ›Phantasie über Goethe‹, S. 264.
4] *einen der »schönsten Geister«*: »Yorik Sterne war der schönste Geist, der
je gewirkt hat; wer ihn liest, fühlt sich sogleich frei und schön, sein Humor
ist unnachahmlich, und nicht jeder Humor befreit die Seele.« (›Wilhelm
Meisters Wanderjahre‹, Aus Makariens Archiv 126)

Tagebuch vom 4. III. 1945 (Tb VI, 170).
1] *›Wert und Ehre deutscher Sprache‹*: Titel der von Hugo von Hofmanns-   140
thal herausgegebenen Sammlung. München: Verlag der Bremer Presse 1927.
2] *Schottel*: Justus Georg Schottel, 1612–1676, deutscher Dichter und
Sprachgelehrter.
3] *in das eben Geschriebene blickend*: ›Deutsche Hörer!‹ [11. März 1945],
GW XIII, 740–743.

›Deutschland und die Deutschen‹.
Vortrag, gehalten in der Library of Congress in englischer Sprache Ende
Mai 1945 anläßlich des siebzigsten Geburtstags. ED vollständig in *NR*,
Stockholm, H.1, Oktober 1945 (GW XI, 1131 f.).
1] *dieses wunderlich-ehrwürdigen Stadtbildes*: Von Lübeck.
2] *Sören Kierkegaard*: Dänischer Theologe und Philosoph, 1813–1855.   141
3] *Aufsatz über Mozarts ›Don Juan‹*: ›Eine flüchtige Bemerkung zu einer
Einzelheit im Don Juan‹, 1845.

An Konrad Kellen, 27. 8. 1946 (Br. II, 499).
Konrad Kellen, eigentlich Katzenellbogen, geb. 1913, Freund von Klaus
und Erika Mann, von 1941 bis 1948 Thomas Manns Sekretär, danach Offizier und bei Radio Free Europe tätig.

142   1] *Sternbergers Aufsatz*: ›Thomas Mann und der Respekt‹ in *Die Wandlung*, Juni 1946.

2] *Merlin*: Zauberer und Prophet am Hof des Königs Arthus.

3] *Brahms*: Johannes Brahms, Komponist, 1833–1897.

4] *Bruckner*: Anton Bruckner, Komponist, 1824–1896.

An die Redaktion des *German American* (New York), 20.10.1946.
ED *German American* (New York), 15.11.1946, vol.5, nr. 14, p.5. (Selbstkommentare ›Lotte in Weimar‹, Frankfurt am Main: Fischer Taschenbuch Verlag 1996, 82 f.)

1] *Sir Hartley Shawcross*: Britischer Chefankläger bei den Nürnberger Kriegsverbrecherprozessen.

2] *Lord Inverchapel*: Archibald John Clark-Kerr, Lord Inverchapel, 1882–1951; britischer Botschafter in den USA von 1946–1948.

143   3] *Mr. Bevin*: Ernest Bevin, britischer Politiker, 1881–1951, 1945–1951 Außenminister.

An Hermann Hesse, 25.11.1947 (Br. II, 568).

1] *dieses »inkommensurablen« Werkes*: Hesses Roman ›Das Glasperlenspiel‹, 1943.

2] *Zusammenstellung einer Goethe-Auswahl*: Siehe Anm. 1] zu Brief an Sidney Philipps, 26.9.47, S. 281.

An Maximilian Brantl, 26.12.1947 (Br. II, 581).
Maximilian Brantl, 1881–1959, Jurist und nebenberuflich Schriftsteller, Anwalt von Heinrich Mann.

144   1] *»Der große Mann ist ein öffentliches Unglück«*: Siehe auch ›Lotte in Weimar‹ (GW II, 734).

›Goethe, der Gegenwärtige‹.
ED in *Sie und Er*, Zofingen, No. 34 vom 26.8.1949. Dem Artikel liegen Passagen aus dem Essay ›Die drei Gewaltigen‹ und einige Absätze aus der ›Ansprache im Goethe-Jahr‹ zugrunde (Tb VIII, 661–663).

145   1] *So höre denn … im Ernste raten –«*: ›Faust II‹, Paralipomena.

146   2] *»Mein Busen … ihrem Selbst erweitern«*: ›Faust I‹, Studierzimmer.

3] *ihn Hans Sachsisch sein ließ*: Siehe Anm. 14] zu ›Phantasie über Goethe‹, S. 264.

›Vorschläge zu einem Buchgeschenk‹.
ED in *Die Weltwoche*, Jg. 20, No. 996 vom 12.12.1952 (Tb IX, 729).

148   1] *die Manesse-Ausgabe*: ›J.W.Goethe, West-östlicher Divan‹. Vorwort und

Erläuterungen von Max Rychner. Manesse Bibliothek der Weltliteratur. Zürich: 1952.

2] *Max Rychners*: Siehe Anm. 37] zur Vorbemerkung. 148

Vergeistigung des Politischen

›Betrachtungen eines Unpolitischen‹ (GW XII, 117f., 206, 216, 219f., 254, 257f., 269, 279, 285 f., 315, 468, 508, 545 f.).

1] *über Uhland*: Ludwig Uhland, Lyriker, Professor für deutsche Sprache 149 und Literatur in Tübingen, liberaler Politiker, 1787–1862.

2] *zu Eckermann*: Siehe Anm. 1] zu Brief an Otto Grautoff, 21. 7. 1897.

3] *»Geben Sie acht ... es aus sein«*: Gespräch mit Eckermann, erstes Drittel März 1832, geringfügig abgeändert.

4] *»Niemand sieht erbärmlich aus ... fordern zu dürfen«*: ›Die Wahlverwandtschaften‹, Zweiter Teil, Neuntes Kapitel (Ottiliens Tagebuch).

5] *»Gerechtigkeit ... der Deutschen«*: ›Maximen und Reflexionen‹ 1075.

6] *» Was euch die ... Verachtung öffentlicher Meinung«*: ›Zahme Xenien‹ II.

7] *ein Großer*: Goethe. 150

8] *zu dem lauschenden Famulus*: Eckermann.

9] *»Ich weiß recht gut ... eines Jakobiner-Klubs werden«*: Gespräch mit Eckermann, März 1832.

10] *»die Vergeistigung des Politischen und Militärischen«*: Im Gespräch mit Kanzler v. Müller, 23. August 1827: »Was ist Kultur anderes als ein höherer Begriff von politischen und militärischen Verhältnissen?«

11] *sang Herwegh*: Georg Herwegh, 1817–1875, politisch-revolutionärer Lyriker, Flucht 1848 in die Schweiz.

12] *jeder vernünftige Mensch sei ein gemäßigter Liberaler*: Im Gespräch mit Soret, 3. Febr. 1830: »Dumont ist eben ein gemäßigter Liberaler, wie es alle vernünftigen Leute sind und sein sollen und wie ich es selber bin ...«

13] *schrieb Ruskin*: John Ruskin, englischer Schriftsteller, Kunst- und Kul- 151 turkritiker, 1819–1900.

14] *selbst Adalbert Stifter*: Siehe Anm. 4] zu Tagebuch vom 23. X. 1933, S. 289.

15] *Luther*: Siehe Anm. 15] zu ›Phantasie über Goethe‹, S. 264.

16] *mit dem Historiker Luden*: Heinrich Luden, 1780–1847, seit 1810 Professor für Geschichte in Jena.

17] *»Uns Einzelnen bleibt ... des Ruhmes anbricht«*: Gespräch mit H. Lu- 152 den, 13. Dezember 1813.

18] *bei Guizot*: François Pierre Guillaume Guizot, 1787–1874, konservativer französischer Historiker und Politiker.

152   19] »*Ist das nicht … unserer Literatur …*«: Gespräch mit Eckermann, 6. April 1829.

       20] »*Was uns die … kein Ende haben*«: Gespräch mit Eckermann, 25. Februar 1824.

153   21] *Eckermann*: Siehe Anm. 1] zu Brief an Otto Grautoff, 21.7.1897, S. 271.

       22] »*Mehr Wollen … gänzlich verlorengegangen*«: Gespräch mit Eckermann, 13. Dezember 1826.

An Ida Boy-Ed, 5.12.1922 (TM/OG, 223 f.).
Ida Boy-Ed, Thomas Manns »mütterliche Freundin«, heiratete in eine alte lübische Patrizierfamilie ein und begann 1882 zu publizieren; sie schrieb unterhaltende Romane, Kritiken, Rezensionen. Ganz früh schon setzte sie sich für Thomas Mann ein.

154   1] *Dieser Aufsatz*: ›Von Deutscher Republik‹, 1922.

       2] *Herrn Spengler*: Oswald Spengler, 1880–1936, Kulturphilosoph und -historiker (›Der Untergang des Abendlandes‹, 1918–1922). In seinen politischen Schriften (›Jahre der Entscheidung‹, 1933) prophezeite er eine caesaristische Epoche des weltweiten Machtkampfs.

›On Myself‹.
Vortrag in zwei Teilen, gehalten in Prof. Hans Jaegers Seminar über ›Deutsche Literatur des neunzehnten und zwanzigsten Jahrhunderts‹ in der Princeton University am 2. und 3. Mai 1940. ED in *Blätter der Thomas Mann Gesellschaft*, Zürich, Nr. 6, 1966 (GW XIII, 160 f.).

155   1] *für den Kaiser*: Wilhelm II, 1859–1941.

       2] *für Ludendorff*: Erich Ludendorff, 1865–1937, General, Parteigänger Hitlers.

›Von Deutscher Republik‹.
Rede gehalten am 15. Oktober 1922 im Beethovensaal zu Berlin. ED *NR*, Jg. 33, H. 11, 1922 (GW XI, 816, 847 ff.).

156   1] *Adalbert Stifter*: Siehe Anm. 4] zu Tagebuch vom 23.10.1933, S. 289.

157   2] *das Phänomen sei durchaus in – nicht außer der Natur*: Dazu im Gespräch mit Riemer, 20. November 1806: »Der Streit, ob die männliche Schönheit in ihrer Vollkommenheit oder die weibliche in ihrer Art höher stehe, kann nur aus der größeren oder geringeren Annäherung der männlichen oder der weiblichen Form an die *Idee* geschlichtet werden. Nun reicht die männliche aber mehr an die Idee, denn in ihr hört das *Reale* auf; des Mannes Bildung geht offenbar über die des Weibes hinaus und ist keineswegs die vorletzte Stufe.«

›Geist und Wesen der Deutschen Republik‹.
Ansprache bei der Rathenau-Gedächtnisfeier der Arbeitsgemeinschaft republikanischer Studenten in München. ED *Frankfurter Zeitung*, 28. 6. 1923 (GW XI, 855 f., 859 f.).

1] ›*Wilhelm Meister*‹: Siehe Anm. 6] zu ›Goethe und Tolstoi‹, S. 272.   158

2] *Hölderlin*: Friedrich Hölderlin, 1770–1843, Dichter.

›Leiden und Größe Richard Wagners‹.
Zum fünfzigsten Todestag von Richard Wagner. In gekürzter Form als Vortrag gehalten am 10. Februar 1933 im Auditorium Maximum der Universität München. ED *NR*, Jg. 44, H. 4, April 1933 (GW IX, 418).

1] *Verse vom »Deutschen Schwert«*: ›Lohengrin‹, III. Akt, König Heinrich: 159
»Nun soll des Reiches Feind sich nahn, / wir wollen tapfer ihn empfahn: / aus seinem öden Ost daher / soll er sich nimmer wagen mehr! / Für deutsches Land das deutsche Schwert! / So sei des Reiches Kraft bewährt.«

2] *»Zerging' in Dunst ... deutsche Kunst«*: Schlußwort des Hans Sachs.

3] *Weber*: Carl Maria von Weber, deutscher Komponist, 1786–1826.

4] *Marschner*: Heinrich Marschner, deutscher Komponist, 1795–1861.

5] *Lortzing*: Albert Lortzing, deutscher Komponist, 1801–1851.

6] *Spontini*: Gasparo Spontini, italienischer Komponist, 1774–1851.

7] *»Was wollen die Deutschen ...«*: Nicht ermittelt.

Tagebuch vom 29. VII. 1934 (Tb II, 486 f.).
1] *die Rolle der Juden*: »... der beste Rat, der zu geben sei, ist die Deut-   160
schen, wie die Juden, in alle Welt zu zerstreuen, nur auswärts seien sie noch erträglich.« (Brief an Wilhelm v. Humboldt, 17. / 18. 11. 1808)

Brief an den sowjetischen Schriftsteller-Verband, 5. 4. 1937 (Br. II, 21).
1] *»Die Grausamkeiten ... nicht übersehen konnte«*: Sinngemäß zitiert aus dem Gespräch mit Eckermann, 4. Januar 1824.

›Deutsche Hörer‹.
Fünfundfünfzig Radiosendungen nach Deutschland. ED Stockholm: Bermann-Fischer 1945 (GW XI, 1016 f., 1019).

1] ›*Des Epimenides Erwachen*‹: Ein Festspiel, geplant für die offizielle Siegesfeier in Berlin nach der Niederwerfung Napoleons anläßlich der Rückkehr des preußischen Königs Friedrich Wilhelm III. im Juni 1814. Uraufführung dann doch erst 30. März 1815 in Berlin.

2] *»frommen Deutschen Nation ... ist verspielt«*: ›Zahme Xenien‹ V.   161

›Roosevelt‹.

Das Statement erschien unter dem Titel ›Ein Mann der guten Tat‹ im *German American*, New York, vol. III, No. 11 vom 1.10.1944 (Tb VI, 813 f.).

161 1] *Roosevelt*: Franklin Delano Roosevelt, 1882–1945, demokratischer Politiker, 32. Präsident der USA (1933–1945).

2] *Klug wie die Schlangen* ... : Matthäus 10, 16.

3] *»sich stets erhöhter ... wachse, fromme ...«*: ›Epilog zu Schillers Glocke‹, siehe auch Anm. 17] zu ›Goethe und Tolstoi‹, S. 273.

Tagebuch vom 30. VIII. 1947 (Tb VII, 150).

162 1] *neue Goethe-Arbeit*: Einleitungsessay zu ›The Permanent Goethe‹, deutsch ›Phantasie über Goethe‹, siehe S. 263.

2] *Hutten*: Ulrich von Hutten, Reichsritter, Humanist, Dichter, Anhänger der Reformation, 1488–1523.

Briefkonzept an G.W. Zimmermann (Br. III, 117 f.).

1] Vom Empfänger ist nur Ingenieur als Beruf zu ermitteln.

2] *bei den ›Drei Gewaltigen‹*: Dieser Aufsatz von Thomas Mann erschien zuerst unter dem Titel ›Goethe, das deutsche Wunder‹ in *Der Monat*, Berlin, Jg. 1, Nr. 11, August 1949 (GW X, 374–383).

›Goethe und die Demokratie‹.

Vortrag bei der Goethe-Feier in Oxford 1949. ED *NR*, Amsterdam, H. 15, Sommer 1949 (GW IX, 755, 757–759, 760 f., 769–771, 774 f., 776).

163 1] *Carlyle's*: Siehe Anm. 2] zu ›Goethe als Repräsentant des bürgerlichen Zeitalters‹, S. 283.

2] *Emersons*: Siehe Anm. 140] zu ›Phantasie über Goethe‹, S. 271.

3] *Gide*: Siehe Anm. 5] zu ›Pariser Rechenschaft‹, S. 275.

4] *Valéry*: Paul Valéry, 1871–1945. Auf seine Beschäftigung mit Goethe verweisen sein ›Discours en l'honneur de Goethe‹, 1932, und sein Drama ›Mon Faust‹, 1946.

164 5] *»Tatenarm und gedankenreich«*: »Tatenarm und gedankenvoll« heißt es in Hölderlins Gedicht ›An die Deutschen‹.

6] *»Während die Deutschen ... gewinnen die Welt«*: Gespräch mit Eckermann, 1. September 1829.

7] *Ostindischen Kompanie*: Die Englisch-Ostindische Compagnie entstand am 31.12.1600 durch einen Freibrief von Königin Elisabeth, der 50 Londoner Bürgern das Privileg für den Handel in gewissen Gebieten Asiens, Afrikas und Amerikas einräumte. Später wurde ihr auch die Zivilgerichtsbarkeit und Militärgewalt gewährt. 1858 gingen ihre Rechte an die englische Krone über.

8] *den größten Dramatiker*: Shakespeare. 164

9] *Barker Fairley, ›A Study on Goethe‹*: Oxford 1947. 165

10] *»Den Lebenswürdigen ... erbeuten!«*: Zweite Strophe von ›Epilog zu 166
Schillers Glocke‹.

11] *»man von oben herab ... zu halten habe«*: Gespräch mit Eckermann,
18. Februar 1831.

12] *gegen Weichheit und Schlaffheit*: Gespräch mit Eckermann, 19. Februar
1831.

13] *»Sie ist die erste nicht!«*: Mephisto in ›Faust 1‹, Trüber Tag, Feld.

14] *seinem großen Kaiser*: Joseph II., der von 1765 bis 1790 regierte.

15] *jüdische Oberhofmeisterin*: »... überdies wolle er nur sehen, wie man
verhindern wolle, daß einmal eine Jüdin Oberhofmeisterin werde.« Gespräch mit Riemer, 23. September 1823.

16] *in einem seiner gereimten Sprüche*: »Was ich mir gefallen lasse? / Zu- 167
schlagen muß die Masse, / dann ist sie respektabel; / urteilen gelingt ihr miserabel.« Aus ›Sprichwörtlich‹, von Thomas Mann zumeist als ›Sprüche in
Reimen‹ bezeichnet.

17] *»Wer daran denkt ... wollen und suchen«*: Gespräch mit Eckermann,
11. Oktober 1828.

18] *aller Tadel ... schreiben*: Gespräch mit Eckermann, 12. Mai 1825.

19] *»die Pyramide seines Daseins ... hinaufzuspitzen«*: Brief an Lavater,
etwa 20. 9. 1780.

20] *»Wer keinen Namen ... so fahret hin!«*: Panthalis in ›Faust II‹, Dritter
Akt, Innerer Burghof.

21] *»Die christliche Religion ... geworden ist«*: ›Maximen und Reflexionen
über Literatur und Ethik‹.

22] *Ich habe nichts ... auf ihn niederschaun*: ›Zahme Xenien‹ IX. 168

23] *»Man müßte gleich ... Menschen sind«*: Aus den Tagebucheintragungen
vom 25. 9. 1786, von Thomas Mann zusammengezogen.

24] *er preist Venedig*: ›Italienische Reise 1‹.

25] *›Egmont‹*: Ein Trauerspiel in fünf Aufzügen. Beginn der Niederschrift
Herbst 1775 nach längerer Beschäftigung mit dem Stoff, Weiterarbeit 1778,
1779 und 1782, neuer Ansatz in Rom 1787, Abschluß 5. September 1787,
Erstaufführung 1791 in Weimar, ohne Erfolg.

26] *›Faust‹*: Siehe Anm. 27] zu ›Phantasie über Goethe‹, S. 264.

27] *Rochus-Fest zu Bingen*: Goethes Aufsatz ›Sankt-Rochus-Fest zu Bingen.
Am 16. August 1814‹. Gleichzeitig mit den Anfängen des ›West-östlichen
Divan‹ entstanden; Sommer 1816 abgeschlossen. Erstdruck 1817 in der
Zeitschrift *Kunst und Altertum*.

28] *»Im Bewußtsein ... lebt seine Wurzel«*: Gespräch mit Riemer, 5. August 169
1810.

169 29] »*Er hatte ... ein Aristokrat als ich*«: Gespräch mit Eckermann, 4. Januar 1824.

30] »*Von hier und ... seid dabei gewesen*«: ›Campagne in Frankreich‹, 19. September nachts.

31] »*Der König ... Bürger triumphiert*«: Chiron in ›Faust II‹, Klassische Walpurgisnacht.

32] »*die Epoche zu beschleunigen*«: Gespräch mit Eckermann, 31. Januar 1827.

170 33] »*Freundes des Bestehenden ... Die Zeit ... ein Gebrechen ist*«: Gespräch mit Eckermann, 8. Januar 1824.

›Goethe und die Demokratie‹, im Manuskript gestrichene Passage. ED Essays VI, 454 f.

171 1] »*Wie sehr ich ... die höchste ist*«: Brief an Charlotte von Stein, 4. 12. 1777.

2] *zur Zeit der ›Mitschuldigen‹*: Das frühe Lustspiel liegt in drei Fassungen vor, die erste von 1769, bald danach die zweite, etwas umgearbeitet und erweitert, die 1776 in Weimar uraufgeführt wurde, die dritte, 1787 erschienen, geht auf Umarbeitungen der Jahre 1780 bis 1783 zurück.

3] »*die seltsamen Irrgänge ... unterminiert ist*«: ›Dichtung und Wahrheit‹, Zweiter Teil, Siebtes Buch.

4] *des französischen Sozialisten Saint Simon*: Claude Henri Comte de Saint-Simon, 1760–1825, französischer Sozialphilosoph, Anhänger einer klassenlosen Gesellschaft.

›Meine Zeit‹ (GW XI, 322 f.).

172 1] *ein gemäßigter Liberaler*: Gespräch mit Eckermann, 3. Februar 1830.

›Der Künstler und die Gesellschaft‹.
Vortrag, gehalten im Salzburger Mozarteum am 9. September 1952. ED Wien: Wilhelm Frick 1953 (= Unesco-Schriftenreihe) (GW X, 394).

›Comprendre‹.
ED Originaltext ›Nachlese. Prosa 1950–1955‹. Berlin, Frankfurt am Main: S. Fischer 1956 (GW XII, 977 f.).

1] »*Mir ist nicht bange ... eins werde*«: Gespräch mit Eckermann, 23. Oktober 1828.

›Betrachtungen eines Unpolitischen‹ (GW XII, 490 f.).

1] *Pascal*: Blaise Pascal, 1623–1662, französischer Philosoph und Mathe-   173
matiker, später Verteidiger des christlichen Glaubens.

An Carl Maria Weber, 4.7.1920 (Br. 1, 176 f.).
Der Kritiker und Essayist, 1890–1953, war Lehrer an der Freien Schulge-
meinde Wickersdorf.

1] ›*Tod in Venedig*‹: Siehe Anm. 25] zur Vorbemerkung, S. 262.   174

2] ›*Wahlverwandtschaften*‹: Siehe Anm. 9] zu Brief an Ernst Bertram,
S. 277.

3] ›*Gesang vom Kindchen*‹: Idylle. ED *Der Neue Merkur*, München, Jg. 3,
H. 1–2, 1919 (GW VIII, 1068–1101). Die sieben Zeilen stammen aus dem
»Vorsatz«.

4] *Hans Blüher*: Schriftsteller, 1888–1955. Seine Thesen zur Rolle der Ero-   175
tik, auch in der Jugendbewegung, übten große Wirkung aus.

5] *zu jenem kleinen Mädchen in Marienbad*: Ulrike von Levetzow, siehe
Anm. 77] zu ›Phantasie über Goethe‹, S. 267.

›Zu Goethe's ‹Wahlverwandtschaften›‹.
ED *NR*, Jg. 36, H. 4, April 1925 (GW IX, 174–175, 177–186).

1] »*Ein solches Werk ... zu vollenden*«: Gespräch mit Rudolf Abeken,   177
27. März 1810.

2] *Cotta*: Johann Friedrich Cotta, 1764–1832, seit 1800 durch Schillers
Vermittlung Goethes Verleger, zuerst in Tübingen, ab 1811 in Stuttgart.

3] »*So sehr die Ausbeugungen ... aus dem Ganzen an*«: Aus einem Brief des
Schriftstellers Joh. Friedrich Rochlitz, 1770–1848, an Goethe vom 5.11.
1809.

4] *Schillers unsterbliche Abhandlung*: ›Über naive und sentimentalische   178
Dichtung‹, Januar 1796.

5] *Solger schrieb*: Der Ästhetiker Karl Wilh. Ferd. Solger, 1780–1819, Professor in Frankfurt/Oder und Berlin, schrieb bereits 1809 einen undatierten
und unadressierten Brief über die ›Wahlverwandtschaften‹, den Goethe erst
1827 aus dessen nachgelassenen Schriften zur Kenntnis erhielt. Im Gespräch mit Eckermann, 21. Januar 1827, heißt es: »... es ist nicht leicht etwas Besseres über jenen Roman gesagt worden.« Die Zitate bis »als die
würdige Kunst mag« sind dem Brief Solgers entnommen; siehe ›Biedermann, Gespräche III‹, 330 f.

6] *Riemer erzählt*: Die angegebenen Beispiele auch im Tagebuch H.A. Varn-   179
hagen von Enses, Ende 1809.

179 7] *Engelhardt*: Daniel Engelhard, 1788–1856, Architekt, bis Anfang 1809 in Weimar, dann in Kassel. Goethe in den ›Annalen‹ von 1811: »Man wollte behaupten, ich habe ihn in früherer Zeit als Musterbild seines Kunstgenossen in den Wahlverwandtschaften im Auge gehabt.«

181 8] *Goethe neigt sich vor der »sittlichen Kultur« des Christentums*: Gespräch mit Eckermann, 11. März 1832.

9] *Maurice Barrès*: Französischer Politiker und Schriftsteller, 1862–1923, traditionalistischer Tendenz.

182 10] *»Ich heidnisch?«*: Tagebuch Varnhagen von Ense, 28. Juni 1848.

11] *»Er sprach von seinem Verhältnis ... in seinen Reden«*: Gespräch mit Sulpiz Boisserée, 5. Oktober 1815.

12] *»Der sehr einfache Text ... erkannt hat«*: Brief an Joseph Stanislaus Zapper, 7.9.1821.

183 13] *Wieland fühlte es*: In einem Brief an eine unbekannte Adressatin.

14] *›Kreutzersonate‹*: Erzählung von Leo Tolstoi, 1889.

15] *vor der Wieland ... flüchtete*: In den ›Erinnerungen B.R. Abekens‹, der am 10.4.1810 bei Wieland speiste.

184 16] *»Hier, wo das Grundgemäuer ... aufgenommen wurde«*: ›Dichtung und Wahrheit‹, Dritter Teil, Elftes Buch.

17] *da er ja nichts ... »abhandle«*: Riemer, Tagebuch, 28. Januar 1810.

185 18] *alles, was ... war so lieb*: ›Faust I‹, Am Brunnen.

19] *der kleinen Herzlieb*: Siehe Anm. 122] zu ›Phantasie über Goethe‹, S. 270.

›Tischrede bei der Feier des fünfzigsten Geburtstags‹.
Gehalten im alten Rathaussaal zu München. ED *Almanach 1926*, Berlin: S.Fischer 1925 (GW XI, 367 f.).

187 1] *»Du kommst ...«*: »Thou com'st in such a questionable shape«, ›Hamlet‹, Erster Akt, Vierte Szene.

2] *er »könne was lehren ... zu bekehren«*: ›Faust I‹, Nacht.

›Kleists ‹Amphitryon›‹. Eine Wiedereroberung.
Vortrag, gehalten bei der Kleist-Feier im Münchner Schauspielhaus am 10. Oktober 1927. ED unter dem Titel ›Die große Szene in Kleists Amphitryon‹ in *Vossische Zeitung*, Berlin, 16.10.1927 (GW IX, 189 f., 205).

1] *»klatrig«*: »Das Stück ›Amphitryon‹ von Kleist enthält nichts Geringeres, als eine Deutung der Fabel ins Christliche, in die Überschattung der Maria vom Heiligen Geist ... das Ende ist aber klatrig.« Gespräch mit Riemer, 14. Juli 1807.

188 2] *»Was du ... nicht schaden«*: Jupiter in ›Amphitryon‹, Dritter Akt, Elfte Szene.

3] »*O Charis!... Perser halten*«: Alkmene a.a.O., Zweiter Akt, Vierte   188
Szene.

4] »*man ohne pathologisches ... werde*«: Brief an Schiller, 27.12.1797.   189

›Über den Film‹. Antwort auf eine Umfrage.
ED *Schünemanns Monatshefte*, Bremen, H. 8, August 1928 (GW x, 900).

1] »*Denn sie kommt aus dem Verstande*«: »Kunst eine andere Natur, auch
geheimnisvoll, aber verständlicher, denn sie entspringt aus dem Verstande«,
›Paralipomena zu den Maximen und Reflexionen‹.

›Die Wiedergeburt der Anständigkeit‹.
ED in *Der Staat seid Ihr*, Berlin 1931, Jg. 1, Nr. 1–4 (GW xii, 676).

1] »*konservative Revolution*«: Vieldeutiger, viel verwendeter gesellschafts-
politischer Begriff der Zwanziger Jahre, hier von Thomas Mann im Sinne
der äußersten, nationalsozialistischen Rechten verwendet.

›Goethe als Repräsentant des bürgerlichen Zeitalters‹ (GW ix, 318).

1] »*Von Leiden kann ja ...*«: Gespräch mit B.R. Abeken, Mai 1809.   190

2] »*Jedes Gedicht ... Kinder*«: Gespräch mit Ortlepp, Herbst 1825. Vgl.
auch Drittes Kapitel von ›Lotte in Weimar‹ (GW ii, 446).

›Notizbuch 14‹, auf Anfang 1932 zu datieren (Nb ii, 357).

1] *Boccaz*: Giovanni Boccaccio, 1313–1375, italienischer Erzähler, ›Deca-   191
merone‹, 1348–1353.

2] *Stella*: Siehe Anm. 118] zu ›Phantasie über Goethe‹, S. 269.

3] *Dichter-Jubiläum*: Die Notizen dienten der Weimarer Rede zum 100. Todestag Goethes ›Goethe's Laufbahn als Schriftsteller‹.

›Leiden und Größe Richard Wagners‹ (GW ix, 405 f.).

1] *Nietzsche erklärt*: Aus den nachgelassenen Fragmenten, Oktober 1888,
von Thomas Mann stark gekürzt.

2] *Goethe's ›Seliger Sehnsucht‹*: ›West-östlicher Divan‹, Buch des Sängers.   192

Tagebuch vom 9.v.1933 (Tb ii, 79).

1] *Der junge Schickele*: Einer der beiden Söhne René Schickeles. (Vgl. dazu
Brief an R. Schickele, 27.11.1937)

2] *Pannwitz*: Rudolf Pannwitz, 1881–1969, Schriftsteller, Kulturphilosoph,
der seit 1921 auf einer adriatischen Insel lebte.

3] *Mombert*: Alfred Mombert, 1872–1942, Dichter und Philosoph, kam als
Jude ins Konzentrationslager Gurs in Frankreich und starb an den Folgen in
der Schweiz.

192 4] *R. Huch*: Ricarda Huch, 1864–1947. Die Dichterin und Historikerin trat Ende März 1933 aus der »Dichterakademie« aus.

5] *Hauptmann*: Gerhart Hauptmann, 1862–1946, Nobelpreis 1912.

6] *Eberts*: Friedrich Ebert, 1871–1925, Politiker, 1919 Reichspräsident.

7] *Rathenaus*: Walther Rathenau, 1867–1922, Industrieller und Politiker, 1922 Außenminister.

8] *Loyalität gegen das Gemeine*: Dazu etwa in ›Maximen und Reflexionen‹ 350: »Das Gemeine muß man nicht rügen; denn das bleibt sich ewig gleich.«

9] *zu konversieren*: »Übermacht, ihr könnt es spüren,/Ist nicht aus der Welt zu bannen;/Mir gefällt, zu konversieren/Mit Gescheiten, mit Tyrannen«, ›West-östlicher Divan‹, Buch des Unmuts.

10] *die ich verherrlichen half*: 1922 in ›Von deutscher Republik‹ (GW XI, 811–852), 1932 ›Gerhart Hauptmann zum siebzigsten Geburtstag‹ (GW X, 467–472).

›Meerfahrt mit ‹Don Quijote›‹.
ED *Neue Zürcher Zeitung*, 5.–15.11.1934 (GW IX, 447).

1] *Albert Einsteins*: Physiker, 1879–1955, Relativitätstheorie 1905 bzw. 1916, Nobelpreis 1921.

193 2] *»Dem einzelnen … ist der Mensch«*: ›Die Wahlverwandtschaften‹, Zweites Buch, Siebtes Kapitel.

An Karl Vossler, 4.5.1935 (Br. I, 387).
Der von Thomas Mann hochgeschätzte Romanist, 1872–1949, lehrte an der Universität München.

1] *»Sagt es niemand, nur den Weisen –«*: ›West-östlicher Divan‹, Buch des Sängers, Selige Sehnsucht.

›Humaniora und Humanismus‹.
Aus der Rede am 9. Juni 1936 auf der Tagung des »Comité International pour la Coopération Intellectuelle« in Budapest.
ED ›Altes und Neues. Kleine Prosa aus fünf Jahrzehnten‹, Frankfurt am Main: S.Fischer 1953 (GW X, 340, 345).

194 1] *Aristoteles*: Griechischer Philosoph, 384–322 v. Chr.

›Zum Problem des Antisemitismus‹.
Einleitung zu einer Lesung aus ›Joseph in Ägypten‹ vor dem zionistischen Verein »Kadimah« in Zürich im März 1937.
ED *Allgemeine Wochenzeitung der Juden in Deutschland*, Düsseldorf, 18.12.1959 (GW XIII, 484).

1] »*nur Kultur oder Barbarei* ...«: Genauer: »nur Kultur und Barbarei   194
Dinge von Bedeutung sind«, Gespräch mit Soret, 14. März 1830.

›Schopenhauer‹ (GW IX, 568 f., 573, 574–576).
1] »*Denn das Leben ist die Liebe* ...«: ›West-östlicher Divan‹, Buch Suleika,   196
Suleika.
2] »*Wenn dich dein Auge ärgert* ...«: Matthäus 5, 29.

An Agnes Meyer, 11. 11. 1939 (TM/AM, 179).
1] »*Ironie ist* ... *geniessbar macht*«: Nicht-authentisches Goethe-Zitat aus   197
›Lotte in Weimar‹ (GW II, 442): »... durch welches das Aufgetischte überhaupt erst genießbar wird.«

›Über Goethe's ‹Faust›‹ (GW IX, 581 f.).
1] »*die Mehrzahl guter Menschen*«: Gespräch mit Eckermann, 25. Februar   198
1824.
2] »*Denen das Wesen* ... *Vorwurf ist?*«: »Denen das Wesen wie du bist, / Im
Stillen ein ewiger Vorwurf ist?« ›West-östlicher Divan‹, Buch der Sprüche.
3] *Clavigo*: Der schuldig-unschuldige Titelheld des Trauerspiels von 1774.
4] *Weislingen*: Der Verräter, Höfling des Bischofs von Bamberg im 1771 ab-
geschlossenen Schauspiel ›Götz von Berlichingen‹ (Erstdruck 1773).
5] *Carlos*: Freund Clavigos.
6] *des* »*Flüchtlings und Unbehausten*«: Faust in ›Faust I‹, Wald und Höhle.   199
7] »*Unmenschen ohne Zweck und Ruh*«: A. a. O.
8] »*Sie, ihren Frieden* ... *Opfer haben!*«: A. a. O.
9] »*Viel lügen ja die Dichter*«: Im 19. Gesang der ›Odyssee‹, Vers 203,
täuscht der Held »die Gattin mit wahrheitsgleicher Erdichtung«. Um 700 v.
Chr. hatten die Musen Hesiod zum Dichter geweiht und ihm verkündet:
»Wir wissen viele der Wahrheit ähnliche Lügen zu sagen; aber wenn wir
wollen, wissen wir auch die Wahrheit zu künden.« Bei Solon heißt es lapi-
dar: »Vieles lügen die Dichter.«
10] »*Warum ziehst du* ... *öden Nacht?*«: ›An Belinden‹, entstanden Anfang   200
1775, erste Strophe.
11] *Menschenantlitz*: »und kaum seh' ich ein Menschengesicht, / so hab ichs
wieder lieb«, ›Hypochonder‹, entstanden 1777.
12] »*So höre denn* ... *im Ernste rathen* –«: ›Faust II‹, Paralipomena 118.
13] »*Von allem* ... *der Mensch bedarf?*«: ›Faust II‹, Vierter Akt, Hochgebirg.
14] »*Wenn er mir* ... *Jahre zieren*«: ›Faust‹, Prolog im Himmel.   201
15] »*Es irrt der Mensch* ...«: A. a. O.
16] »*Und steh beschämt* ... *wohl bewußt*«: A. a. O.

An Siegfried Mack, 19.9.1941 (Br. II, 208).
Der Philosoph, Historiker und Soziologe, 1889–1957, emigrierte 1933 nach Frankreich, 1939 in die USA und lehrte dort am Roosevelt College, Chicago.

202 1] *Goethe hat einmal gesagt*: »Die Deutschen sollten in einem Zeitraum von dreißig Jahren das Wort Gemüt nicht aussprechen ...«, ›Maximen und Reflexionen‹ 340.

›Goethe's ‹Werther›‹. Aus dem Princetoner ›Werther‹-Kolleg.
ED *Corona. Studies in Celebration of the 80th Birthday of Samuel Singer.*
Durham, North Carolina 1941 (GW IX, 648 f., 654).

1] *»Fühlen Sie nicht ... reizend macht«*: Lotte in ›Die Leiden des jungen Werther‹, Zweites Buch.

204 2] *»Raubt das Übel ... davon zu befreien?«*: A.a.O., Erstes Buch, Am 8. August.

›Dem Dichter zu Ehren‹. Franz Kafka und ›Das Schloß‹.
ED (deutscher Text) in *Der Monat*, Berlin, Jg. 1, Nr. 8/9, Juni 1949 (GW X, 774 f.).

1] *»Ich schreibe ... eine Besserung«*: Franz Kafka ›Tagebuch‹, 15.8.1914.
2] *Kafka*: Franz Kafka, 1883–1924; seinen Roman ›Das Schloß‹ rechnete Thomas Mann »zum Lesenswertesten, was die Weltliteratur hervorgebracht hat«.
3] *»Man weicht ... durch die Kunst«*: ›Maximen und Reflexionen‹ 52.

An Agnes Meyer, 16.2.1941 (TM/AM, 258).
205 1] *»Unbedingte Tätigkeit ... bankerott«*: ›Maximen und Reflexionen‹ 461.

›Schicksal und Aufgabe‹.
ED (deutscher Text) in *Deutsche Blätter*, Santiago de Chile, Jg. 2, H. 7, 1944 (GW XII, 924 f.).

›Doktor Faustus‹. Das Leben des deutschen Tonsetzers Adrian Leverkühn, erzählt von einem Freunde. Stockholm: Bermann-Fischer 1947 (GW VI, 547).
206 1] *›Die Kunst ... und Guten‹*: ›Die Wahlverwandtschaften‹, Zweiter Teil, Fünftes Kapitel.

An Hans Carossa, 22.6.1949 (TM/Autoren, 130). Arzt, Lyriker in der abendländischen Tradition, 1878–1956.

›Die Erotik Michelangelo's‹.
ED unter dem Titel ›Michelangelo in seinen Dichtungen‹ in *DU*, Zürich,
Nr. 10, 1950 (GW IX, 790). Siehe Anm. 1] und 2] zu Tagebuch vom 18. und
19. VII. 1950, S. 281–282.

1] *Wie bei Goethe*: Dazu Thomas Mann in ›Goethe und die Demokratie‹:   207
»... das ihm eingeborene dichterische Talent betrachtet er ›ganz als Natur‹«.

2] *»wie schön ihr wart ... zu weihn!«*: Aus dem Sonett ›Wie ist's nur möglich Herrin‹.

Tagebuch vom 27. V. 1952 (Tb IX, 220).
1] *Der ›Wendepunkt‹*: Klaus Manns Autobiographie war unter dem Titel
›The Turning point‹ englisch 1944 erschienen, deutsch 1952.

2] *Breitkopf*: Nicht ermittelt.

Weil die Poesie ein Gemeingut der Menschheit ist

An die Rupprechtspresse, 25. 3. 1921 (Br. I, 186 f.).
1] *›Gesang vom Kindchen‹*: ED in *Der Neue Merkur*, München, Jg. 3,   208
H. 1–2, 1919 (GW VIII, 1068–1101).

2] *›Herr und Hund‹*: ED einmalige Vorzugsausgabe von 120 signierten und
numerierten Exemplaren für den ›Schutzverband Deutscher Schriftsteller,
Ortsgruppe München‹ (GW VIII, 526–617).

3] *den alten Voß*: Johann Heinrich Voß, 1751–1826, als Homer-Übersetzer
bis heute anerkannt. Das indirekte Zitat aus Voß' Brief an seine Frau vom
13. Juni 1794 bezieht sich allerdings auf die Hexameter von ›Reineke
Fuchs‹.

4] *›Hermann und Dorothea‹*: Siehe Anm. 3] zu Tagebuch vom 21. III. 1919,
S. 272.

5] *Friedrich Schlegel*: Philosoph und Kritiker, 1772–1829.

6] *Rupprechtspresse*: Verlag in München, wo 1920 eine bibliophile Ausgabe   209
von ›Gesang vom Kindchen‹ in einer Auflage von 200 Exemplaren erschien.

›Rede über Lessing‹.
Gehalten bei der Lessing-Feier der Preußischen Akademie der Künste, Ber-
lin, am 22. Januar 1929. ED *Neue Schweizer Rundschau*, Zürich, Jg. 22,
Nr. 2, Februar 1929 (GW IX, 237).

1] *Lessing*: Gotthold Ephraim Lessing, 1729–1781, Dichter, Kritiker.

2] *›Nathan‹*: Lessings ›Nathan der Weise‹. Ein dramatisches Gedicht in fünf   210
Aufzügen, 1779.

210 3] »*ordentlich prosterniert*«: Aufzeichnung F. H. Jacobis, April 1780: »Knebel versicherte ... vor Nathan dem Weisen sei er [Goethe] ordentlich prosterniert. Er werde nicht müde, ihn als das höchste Meisterstück menschlicher Kunst zu bewundern und zu preisen.«

›Der Tag des Buches‹.
ED in *Reclams Universum*, Leipzig, Jg. 45, H. 25, 21.3.1929 (GW X, 904 f.).
1] »*ganz tüchtig kultiviert*«: »Wir Deutschen sind von gestern. Wir haben zwar seit einem Jahrhundert ganz tüchtig kultiviert ...« Gespräch mit Eckermann, 3. Mai 1827.
2] »*Denn wer der Dichtkunst ... wer es sei*«: ›Torquato Tasso‹, Fünfter Aufzug, Erster Auftritt.

›Goethe's Laufbahn als Schriftsteller‹.
Rede, gehalten in der Stadthalle zu Weimar am 21. März 1932. ED *Corona*, München / Berlin / Zürich, Jg. 3, H. 3, Februar 1933 (GW IX, 334 f., 335–338, 341–343, 346–350, 355).
211 1] »*Schriftstellen ist ... zu ergeben*«: Brief an J.J. v. Willemer, 22.12.1820.
2] »*Schreiben ... seine Persönlichkeit*«: ›Dichtung und Wahrheit‹, Zweiter Teil, Zehntes Buch.
212 3] »*Man muß etwas sein ...*«: Gespräch mit Eckermann, 20. Oktober 1828.
4] *im Gespräch mit Eckermann*: Mehrfach im Juli 1827.
5] *Manzoni*: Alessandro Manzoni, 1785–1873, bedeutender italienischer Dichter, ›Die Verlobten‹, 1827.
6] »*Nur wer von Allah ... und reich*«: ›West-östlicher Divan‹, Buch der Betrachtungen, Ferdusi spricht.
7] »*Das ganze Schriftsteller- und Rezensentenwesen ... setzen*«: Brief an F.H. Jacobi, 26.12.1796.
213 8] »*Sie hat das Eigene ... keinen Begriff hat*«: Brief an Knebel, 2.3.1797.
9] »*Wie köstlich ... bespiegelt!*«: Brief an Charlotte von Stein, 28.12.1782.
10] »*Was doch alles Schreibens ... Gaffern und Schwätzern*«: Brief an F. H. Jacobi, 21.8.1774.
214 11] »*Neue Erfahrungen ... können*«: Gespräch mit J. S. Grüner, 24. August 1823.
12] »*Wir haben ... zu erfassen*«: ›Maximen und Reflexionen‹ 674.
215 13] ›*Stella*‹: Siehe Anm. 117] zu ›Phantasie über Goethe‹, S. 118.
14] »*Mit einer Eigenheit ... sein könnte*«: ›Dichtung und Wahrheit‹, Dritter Teil, Dreizehntes Buch.
216 15] »*Wir können nichts machen ... des Himmels*«: Brief an F. H. Jacobi, 1.2.1793.
16] »*Denn wer liefert ... Meisterwerke?*«: Nicht ermittelt.

17] »*Muß ja doch ... sein!*«: Genauer: »Muß ja doch nicht alles über alle   216
Begriffe hinausgehen ...«, ›Dichtung und Wahrheit‹, Dritter Teil, Fünfzehntes Buch.

18] »*Es ist ja ... zu hoffen sei*«: Brief an H. G. Hotho, 19. 4. 1830.

19] »*Die Feinde ... Götterreich*«: ›Zahme Xenien‹ v.   217

20] »*nicht männlich gegen Beifall und gegen Leiden*«: Brief Johann Georg
Schlossers an Lavater, 5. Mai 1874.

21] *Caroline von Wolzogen*: Schillers Schwägerin, geb. von Lengefeld,
1765–1847. Ihr anonym veröffentlichter Roman ›Agnes von Lilien‹ galt
lange als ein Werk Goethes.

22] »*Die Welt tut ... Genuß zurück*«: Brief an A. Müller, 28. 8. 1807.

23] »*Was würde aus ... von Sinn glaubte*«: Brief an F. v. Schuckmann, 3. / 4.   218
10. 1795.

24] »*Ihr schmähet ... sie euch an*«: ›Zahme Xenien‹ v.

25] »*Sollen dich ... Kirchturm sein*«: ›Zahme Xenien‹ v.

26] *Degas*: Edgar Degas, impressionistischer Maler, Graphiker und Plasti-
ker, 1834–1917.

27] »*Es war ganz ... vollendet war*«: Genauer: »Dagegen war es ganz gegen   219
meine Natur, über das, was ich von poetischen Plänen vorhatte, mit irgend
jemand zu reden, selbst nicht mit Schiller ... vollendet war«. Gespräch mit
Eckermann, 14. November 1823.

28] ›*Novelle*‹: Erste Überlegungen zu einem epischen Gedicht 1797, Wieder-
aufnahme 1826, Erstdruck 1828.

29] »*Nur der Dichter ... schreiben will*«: Gespräch mit Eckermann, 18. Januar 1827.

›Robert Musil ‹Der Mann ohne Eigenschaften›‹.
Antwort auf die Rundfrage: ›Die besten Bücher des Jahres‹. ED *Das Tagebuch*, Berlin, Jg. 13, H. 49, 1932 (GW XI, 783 f.).

1] ›*Mann ohne Eigenschaften*‹: Von Robert Musils Roman erschien 1930   220
Band I, Erster und Zweiter Teil, 1932 Band II mit einem Fragment des Dritten Teils.

2] »*alles Vollkommene ... werden muß*«: ›Die Wahlverwandtschaften‹,
Zweiter Teil, Neuntes Kapitel.

›Meine Goethereise‹.
Vortrag, gehalten bei der Zusammenkunft des Rotary-Clubs München am
5. April 1932. ED in *Beilage zum Wochenbericht IV/40 (169) des Rotary-
Clubs, München* (GW XIII, 75).

1] *Diese Goethe-Feier*: Am 21. März 1932 hielt Thomas Mann anläßlich des
100. Todestages in Weimar die Rede ›Goethe's Laufbahn als Schriftsteller‹.

›An die japanische Jugend‹. Eine Goethe-Studie.

ED *Goethe-Studien. Japanisch-deutscher Geistesaustausch*, Tokio, H. 4, 1932 (GW IX, 282, 286, 294, 195 f.).

222 1] *von einem chinesischen Roman*: ›Chinese Courtship‹, ins Englische übersetzt von Thoms.

2] *›Hermann und Dorothea‹*: Siehe Anm. 3] zu Tagebuch vom 21. III. 1919, S. 272.

3] *des Richardson*: Samuel Richardson, englischer Schriftsteller, 1689–1761, Schöpfer des empfindsamen (Brief-)Romans (›Pamela‹, 1740; ›Clarissa‹, 1747 f.).

4] *»Ich sehe ... der Menschheit ist«*: Gespräch mit Eckermann, 31. Januar 1827.

223 5] *»in Jahrtausenden lebe«*: Gespräch mit Eckermann, 5. Juli 1827.

6] *ist Goethe ein göttlicher Mensch*: So K. Graß in seinen Aufzeichnungen vom 12. Februar 1791: »Dieser Mann ist in Weimar wie ein Gott, aber es ist auch wie *ein* Gott, nur *ein* Goethe.«

7] *»antiker Form sich nähern«*: ›Antiker Form sich nähernd‹, Gedichtgruppe Goethes mit 35 Nummern.

224 8] *»Wie ist Natur ... am Busen hält!«*: »Ich saug an meiner Nabelschnur / Nun Nahrung aus der Welt, / Und herrlich rings ist die Natur / Die mich am Busen hält«, Tagebuch, 15. 6. 1775.

9] *»Da sind sie nun ... so gesungen«*: Erste Strophe des Gedichts von 1769 ›Zueignung‹ aus der Sammlung ›Neue Lieder‹.

An Stefan Zweig, 27. 5. 1935 (Br. I, 391 f.).

Der international erfolgreiche österreichische Erzähler, Biograph, Essayist, 1881–1942, verlegte bereits 1935 seinen zweiten Wohnsitz von Salzburg nach London. Verzweifelt wählte er in Brasilien den Freitod.

225 1] *dieser Handschrift*: Vierzeiler von Goethe im Original, eine Gabe zum 60. Geburtstag: »Will einer sich gewöhnen, / So sei's zum Guten, zum Schönen. / Man thue nur das Rechte, / Am Ende duckt, am Ende dient das Schlechte.« (›Zahme Xenien‹ V)

›Einführung in den ‹Zauberberg›‹.

ED in ›Der Zauberberg‹, Stockholm: Bermann-Fischer 1939 (GW XI, 608, 615 f.).

1] *die Davoser Geschichte*: ›Der Zauberberg‹.

2] *›Tod in Venedig‹*: Siehe Anm. 25] zu Vorbemerkung, S. 262.

3] *›Betrachtungen eines Unpolitischen‹*: Begonnen im Herbst 1915, abgeschlossen im Herbst 1918.

4] *»Diese sehr ernsten Scherze«*: Brief an Wilhelm v. Humboldt, 17. 3. 1832.

5] »*Que diable* …«: Aus ›Scapins Schelmenstreiche‹ von Molière (1671):   225
»Was, zum Teufel, macht er auf dieser Galeere?«

6] ›*The Quester Hero*‹: Dissertation von Howard Stanley Nemerow, Har-   226
vard University, Cambridge, Mass., 1940.

7] *Gawain, Galahad*: Ritter aus König Arthus Tafelrunde.

8] *Perceval*: Parzifal aus den Epen von Chrétien de Troyes und Wolfram von
Eschenbach.

9] »*Guileless Fool*«: Argloser Narr, tumber Tor.

›Über Goethe's ‹Faust›‹ (GW IX, 587f.).

1] »*Doch werdet ihr … nachzujagen?*«: ›Urfaust‹, Erste Szene, Nacht.   227

2] »*Schon früher … Ausdruck desselben*«: ›Dichtung und Wahrheit‹, Dritter Teil, Elftes Buch.

3] »*Letzte Wirkung … Anmut*«: Genauer: »… das höchste Ziel der Kunst   228
ist Schönheit und ihre letzte Wirkung Gefühl der Anmut«, ›Schriften zur
Kunst‹, Der Sammler und die Seinigen, Fünfter Brief.

An Brigitte Bermann Fischer, 14.1.1940 (TM/GBF, 255).
Brigitte Bermann Fischer, 1905–1991, Tochter des Verlegers S. Fischer und
Ehefrau von Gottfried Bermann Fischer, Autorin von ›Sie schrieben mir
oder was aus meinem Poesiealbum wurde‹, Zürich und Stuttgart 1978.

1] *… komme alles auf die Konzeption an*: ›Maximen und Reflexionen‹ 224.

2] *dieser Geschichte*: ›Lotte in Weimar‹.

Das Genie kann nicht normal sein

›Betrachtungen eines Unpolitischen‹ (GW XII, 402f.).

1] »*Dialektik … erkennen lerne*«: ›Maximen und Reflexionen‹ 1202.   229

›Goethe und Tolstoi‹ (GW IX, 140f.).

1] »*Erhabner Geist … zu schauen …*«: ›Faust I‹, Wald und Höhle.

›Vorwort zu Edmond Jaloux' Roman ‹Die Tiefen des Meeres›‹.
ED Berlin 1928 (GW X, 708).

1] *dieses Autors*: Edmond Jaloux, französischer Kritiker und Erzähler,   230
1878–1949, veröffentlichte 1933 eine Goethe-Biographie.

2] *ein Dichterdrama*: ›Torquato Tasso‹.

›Goethe als Repräsentant des bürgerlichen Zeitalters‹ (GW IX, 321–324).

1] »*Beruhigt euch … zu viele*«: Gespräch mit Eckermann, 27. Januar 1824.   231

231   2] »*Das Außerordentliche ... unterworfen*«: Gespräch mit Eckermann, 20. Dezember 1829.

3] »*Dem Leiden ... vertraut*«: ›Epilog zu Schillers Glocke‹.

232   4] »*Wohl kamst ... den Hals!*«: ›Zahme Xenien‹ VII.

5] »*Wer mit zwanzig ... mit siebzig!*«: Genauer: »›Du hast dich dem aller-verdrießlichsten Trieb / In deinen Xenien übergeben.‹ / Wer mit XXII den Werther schrieb / Wie will der mit LXXII leben!«, ›Zahme Xenien‹ III.

6] »*Zum Bleiben ... verloren*«: ›Trilogie der Leidenschaft. An Werther‹.

7] »*lauter Brandraketen ... hervorging*«: Gespräch mit Eckermann, 2. Januar 1824.

8] »*Lazarettpoesie*«: Siehe Anm. 119] zu ›Phantasie über Goethe‹, S. 270.

9] *die tyrtäische [Kunst]*: Der Dichter Tyrtaios begeisterte im zweiten messenischen Krieg (7. Jahrhundert v. Chr.) die Spartaner mit seinen kraftvollen Elegien so sehr, daß sie ihre Feinde besiegten.

233   10] *die Geschichte eines historischen Kollegen*: Des italienischen Dichters Torquato Tasso, 1544–1595.

11] *seinem Famulus*: Eckermann.

12] *Byrons*: Siehe Anm. 10] zu ›Goethe als Repräsentant des bürgerlichen Zeitalters‹, S. 284.

13] »*Warum nicht gar ... gewahr werden!*«: Gespräch mit Eckermann, 16. Dezember 1828.

14] »*Franzosen ... nicht heraus*«: Gespräch mit Riemer, 20. März 1807.

›On myself‹ (GW XIII, 167 f.).

1] *Madame Charlotte Kestner*: Geb. Buff, 1753–1828.

›Deutschland und die Deutschen‹ (GW XI, 1144 f.).

235   1] *das Klassische sei ... das Kranke*: Gespräch mit Eckermann, 2. April 1829.

›Dostojewski – mit Maßen‹.
ED *NR*, Stockholm, H. 4, September 1946 (GW IX, 656 f.).

236   1] »*tiefe, verbrecherische Heiligenantlitz Dostojewski's*«: In ›Zum Geleit‹, geschrieben 1921 als Einleitung zu einem Themenheft der *Süddeutschen Monatshefte*, GW X, 590–603 unter dem Titel ›Russische Anthologie‹.

2] »*großen Schriftstellers des Russenlandes*«: Turgenjew über Tolstoi.

›Die Entstehung des ‹Doktor Faustus›‹ (GW XI, 193, 200 f., 289 f.).

1] *Hermann Hesses ›Glasperlenspiel‹*: Erschienen 1943.

237   2] »*Erinnert zu werden ... unangenehm*«: Tagebuch vom 9. III. 1944 (Tb VI, 32).

3] »*Lebt man ... leben?*«: ›West-östlicher Divan‹, Buch des Unmuts.　　237

4] *Saul Fitelbergs*: Internationaler Musik-Gewerbmann und Konzert-Unternehmer, der in Kapitel XXXVII des ›Doktor Faustus‹ Adrian Leverkühn seine Dienste anbietet.

5] *Sainte-Beuve*: Charles Augustin de Sainte-Beuve, 1804–1869, französischer Literaturkritiker.

6] »*Talleyrand*«: Wendiger französischer Staatsmann, 1754–1838.

7] *Goethe's Ablehnung des »ungebändigten Menschen«*: Genauer: »allein　　238 er ist leider eine ganz ungebändigte Persönlichkeit, die zwar nicht ganz unrecht hat, wenn sie die Welt detestabel findet, aber sie freilich dadurch weder für sich noch für andere genußreicher macht«, Goethe über Beethoven im Brief an Zelter 2. 9. 1812.

›Heinrich von Kleist und seine Erzählungen‹.

Vortrag, gehalten am 30. November 1954 in der Eidgenössischen Technischen Hochschule in Zürich. ED ›Gesammelte Werke in zwölf Bänden‹, Band 10. Berlin: Aufbau-Verlag 1955 (GW IX, 828–831).

1] *In Oßmannstedt*: Kleist hielt sich von November 1802 bis Februar 1803 in Weimar und auf Wielands Gut in Oßmannstedt auf.

2] *den Plan des ›Guiskard‹*: Kleists Tragödie, von der zehn Szenen erhalten sind, von Kleist 1808 publiziert.

3] »*Wer nicht ... nicht leben*«: Gespräch mit Kanzler v. Müller, 3. April　　239 1824.

4] *Winckelmann'schem*: Johann Joachim Winckelmann, 1717–1768, Archäologe und Kunsthistoriker, begründete das klassische Antikenbild.

5] ›*Iphigenie*‹: Siehe Anm. 10] zu ›Phantasie über Goethe‹, S. 263.

6] ›*Braut von Messina*‹: Schillers Trauerspiel mit Chören, 1803.

7] ›*Prinzen von Homburg*‹: Kleists Schauspiel ›Prinz Friedrich von Homburg‹, 1810.　　240

8] ›*Penthesilea*‹: Trauerspiel, 1807 vollendet.

9] *die er ... darbrachte*: Mit Brief vom 24. 1. 1808, in dem Kleist »Knieen des Herzens« in Anführungszeichen gesetzt hat. In ›Penthesilea‹, 24. Auftritt, sagt Prothoe zu Penthesilea: »O du, / Vor der mein Herz auf Knieen niederfällt.« Und in dem apokryphen ›Gebet Manasses‹ heißt es Vers 11: »Darum beuge ich nun die Kniee meines Herzens und bitte dich, Herr, um Gnade.«

10] *dieser kalt ablehnte*: Am 1. Febr. 1808 schreibt Goethe an Kleist: »daß es mich immer betrübt und bekümmert, wenn ich junge Männer von Geist und Talent sehe, die auf ein Theater warten, welches da kommen soll«.

11] ›*Hermannsschlacht*‹: Drama, 1808 vollendet.

12] ›*Käthchen von Heilbronn*‹: Großes historisches Ritterschauspiel, 1808 vollendet.

240   13] *worauf Kleist ... wollte*: »Mir aber den Fall desselben zuzuschreiben, ja, mir sogar, wie es im Werke gewesen ist, eine Ausforderung deswegen nach Weimar schicken zu wollen, deutet, wie Schiller sagt, auf eine schwere Verirrung der Natur«, Gespräch mit J. D. Falk, 1809.

14] *verbrannte das Stück*: »Ein wunderbares Gemisch von Sinn und Unsinn! Die verfluchte Unnatur! und warf es [›Käthchen von Heilbronn‹] in das lodernde Feuer des Ofens«, Gespräch mit E. W. Weber, zeitlich unbestimmt.

15] *»Mir erregte ... ergriffen wäre«*: ›Schriften zur Literatur‹, Tiecks Dramaturgische Blätter.

16] *»Du mußt ... betrachten«*: Im Brief an seine Schwester Ulrike vom 12.1.1802 schreibt Kleist: »betrachte mein Herz wie einen Kranken«.

An die Familie Michael Mann, 9.8.1955 (Br. III, 418).
Letzte publizierte Äußerung über Goethe.

241   1] *Familie Michael Mann*: Michael (Bibi), der jüngste Sohn Thomas Manns, 1919–1977, Musiker und Germanist; verheiratet mit Gret, geb. Moser; Söhne Fridolin (Frido), geb. 1940, und Anthony (Toni), geb. 1942.

Ein Bund wechselseitiger Bewunderung

›Schwere Stunde‹.
ED *Simplicissimus*, München, Jg. 10, Nr. 6, 9.5.1905 (GW VIII, 377).
242   1] *größer werde als er*: Schiller.
2] *an ihn, den anderen*: Goethe.

›Goethe und Tolstoi‹ (GW IX, 73 f., 93 f., 100 f.).
1] *»So bin ich ... mich selbst«*: Brief an Charlotte v. Stein, 10.10.1780.
243   2] *» Wie groß ... werden kann«*: Brief an Schiller, 27.8.1794.
3] *»tiefes, ruhiges Anschauen«*: Genauer: »... wie ein reines Anschauen uns vollkommen überzeugt und beruhigt«, Brief an Ch. D. v. Buttel, 3.5.1827.
4] *»Bewegungen ... zu dienen«*: Schiller, ›Über Anmut und Würde‹, ED in der ›Neuen Thalia‹, zweites Stück des Jahrgangs 1793.
244   5] *»Anmut ist ... wird«*: A.a.O.
6] *»... Sie ist Schönheit ... Verdienst«*: A.a.O.
7] *» Wie sich Verdienst ... niemals ein«*: ›Faust II‹, Erster Akt, Saal des Thrones.

>Rede über das Theater< (GW x, 297 f.).

1] *daß alle höchste Kunst ... zu sinken*: Genaues Zitat: »Auf ihrem höch-   244
sten Gipfel scheint die Poesie ganz äußerlich; je mehr sie sich ins Innere zu-
rückzieht, ist sie auf dem Wege zu sinken«, >Maximen und Reflexionen<
759.

2] *»Der Mensch ... Ziele«*: Zweitletzte Strophe des im Ganzen eher ironi-   245
schen Gedichts von Schiller >Die Weltweisen<, 1795.

>Goethe's Laufbahn als Schriftsteller< (GW IX, 351 f.).

1] *»Den rohen Teil ... zum besten«*: Brief an J.F. Reichardt, 28. 2. 1790.

2] *>Hermann und Dorothea<*: Siehe Anm. 3] zu Tagebuch vom 21. III. 1919,
S. 272.

3] *»So wie jeder ... rechnen kann«*: Brief vom 3. 1. 1798.

>Versuch über Schiller<.
Zum 150. Todestag des Dichters – seinem Andenken in Liebe gewidmet. ED
Berlin und Frankfurt am Main: S.Fischer 1956 (GW IX, 916, 934–939,
941–946).

1] *die >Jungfrau<*: Siehe Anm. 46] zu >Goethe als Repräsentant des bürger-   247
lichen Zeitalters<, S. 285.

2] *... es sei Schillers schönstes*: In Schillers Brief an Körner vom 12. 5. 1801
heißt es: »Goethe meint, daß es mein bestes Werk sei ...«

3] *>Das Glück<*: Zuerst veröffentlicht im >Musenalmanach< 1799.

4] *>Epilog zur Glocke<*: Siehe Anm. 17] zu >Goethe und Tolstoi<, S. 273.   248

5] *»Öfters um Goethe ... befragen«*: Brief Schillers an Körner, 2. 2. 1789.   249

6] *»Goethe ist mir ... kämpfen!«*: Brief an Körner, 9. 3. 1789.

7] *»Interessant ... zugleich auf«*: Brief an Körner, 1. 11. 1790.

8] *»schönen Verhältnis«*: Schillers Brief an Goethe, 2. 7. 1796.

9] *»Dem Vortrefflichen ... die Liebe«*: Brief an Goethe, 2. 7. 1796.

10] *»Die hohen Vorzüge ... befunden«*: Undatierter Brief Schillers an Charlotte Gräfin Schimmelmann, zitiert nach >Biedermann, Gespräche 1<, 293 ff.

11] *»Die Anforderungen des Faust ... müssen«*: Brief an Goethe, 23. 6. 1794.   250

12] *>Idee? ... reihen wollen!«*: Gespräch mit Eckermann, 6. Mai 1827.

13] *»Sie haben mir ... gemacht«*: Brief Goethes an Schiller, 6. 1. 1798.

14] *»Geliebter Freund!«*: Brief Schillers an Goethe, 2. 7. 1796.   251

15] *Chiron-Szene*: >Faust II<, Zweiter Akt, Klassische Walpurgisnacht, Am
untern Peneios.

16] *Traum einer olympischen Idylle*: Entwickelt im Brief Schillers an Wil-   252
helm v. Humboldt, 29./30. 11. 1795.

17] *wenn Schiller ... warnt?*: Gespräch mit Eckermann, 11. April 1827.

18] *»findet augenscheinlich ... zu rücken«*: Brief an Goethe, 5. 1. 1798.

253   19] *»Goethe ist ... ginge fort«:* Brief Schillers an Wilhelm v. Humboldt, 17. 2. 1802.

20] *» Was Schiller ... bequem lagen«:* Aus Herman Grimm, ›Vorlesungen über Goethe‹.

21] *»Mir schien freilich ... als in Schillers«:* Aus einem Bericht Karl Ludwig v. Woltmanns, etwa 1804–1805 (›Biedermann, Gespräche I‹).

254   22] *»Freilich verlautet ... eigene Meinung«:* Aus einer Aufzeichnung Friedrich Johann Bertuchs, 17. April 1808, a.a.O.

23] *»Ich nehme ... zu halten!«:* Aus einer Aufzeichnung Johann Daniel Falks, 17. April 1808, a.a.O.

24] *»Neugierig bin ich ... Kopf werfen!«:* Nach einem Bericht Friedrich Schlegels, September 1800, a.a.O.

25] *»O weh ...«:* Siehe oben Anm. 13] Chiron-Szene.

26] *»Ich kann, ich kann ...«:* Aufzeichnung B. R. Abekens vom 10. August 1805, a.a.O.

255   27] *»Es war nicht Schillers Sache«* ... *unvergeßlicher Mensch:* Aus den Gesprächen mit Eckermann vom 13. November 1823 und 18. Januar 1825 zusammengezogen.

28] *»Goethes episches Gedicht ... zu lassen«:* Brief Schillers an H. Meyer, 11./18. 7. 1797.

29] *»Mit Goethe ... mein eigen ist«:* Schillers Brief an Körner, 25. 2. 1789.

256   30] *»Daß ich auf dem Wege ... einander koordinieren«:* Schillers Brief an Wilhelm v. Humboldt, 21. 3. 1796.

257   31] *»Da streiten sich ... streiten können«:* Gespräch mit Eckermann, 12. Mai 1825.

32] *»Ihr seid alle ...«:* Aus einem Bericht Jenny v. Pappenheims (›Biedermann, Gespräche IV‹).

Verzeichnis der erwähnten Werke Thomas Manns

Achtung, Europa! 124–125, 289
Altes und Neues 262, 304
An die japanische Jugend
    222–224, 310
An die Redaktion des ›German
    American‹ s. Brief an die Redak-
    tion des ›German American‹
An die Rupprechtspresse 209, 307
Ansprache bei der Einweihung des
    erweiterten Goethe-Museums in
    Frankfurt am Main 79–81,
    262, 277
Ansprache im Goethe-Jahr 294

Die Bäume im Garten 122, 288
Bekenntnis und Erziehung 73 f.,
    275
Bekenntnisse des Hochstaplers
    Felix Krull 94, 119, 282, 287
Betrachtungen eines Unpolitischen
    13, 73, 96 f., 149–155, 173 f.,
    208, 225, 229, 261, 272, 283,
    295, 301, 310 f.
Die Betrogene 93, 282
Bilse und ich 62, 272
Brief an den sowjetischen Schrift-
    steller-Verband 160, 297
Brief an die Redaktion des ›German
    American‹ 142 f., 294
Buddenbrooks 76 f., 88, 277,
    282
    Thomas Buddenbrook 75

Comprendre 172, 300

Deutsche Hörer 140, 160 f., 293,
    297
Deutschland und die Deutschen
    140–141, 234 f., 293, 312
Dem Dichter zu Ehren 204 f., 306
Die drei Gewaltigen 162, 294, 298
Doktor Faustus 93, 118, 142, 206,
    282, 306, 313
    Adrian Leverkühn 206, 313
    Saul Fitelberg 237, 313
    Wendell Kretzschmar 206
Dostojewski – mit Maßen 236,
    312

Einführung in den ›Zauberberg‹
    225–227, 310
Die Entstehung des Doktor Faustus
    10, 90 f., 236–238, 261, 281,
    312
Erfolg beim Publikum 76 f., 276
Die Erotik Michelangelo's 207,
    282, 307
Der Erwählte 93, 282

Freud und die Zukunft 126 f., 289

Gedenkblatt für Hofmannsthal.
    In memoriam 272
Geist und Wesen der Deutschen
    Republik 158, 297
Die geistigen Tendenzen des heuti-
    gen Deutschlands 121, 287
Gerhart Hauptmann zum siebzig-
    sten Geburtstag 304

Gesang vom Kindchen 174, 208,
301, 307
Goethe als Repräsentant des bürgerlichen Zeitalters 98–115,
190, 231–233, 283, 303, 311
Goethe, der Gegenwärtige
145–147, 294
Goethe's Laufbahn als Schriftsteller
211–219, 246 f., 303, 308 f., 315
Goethe, das deutsche Wunder
s. Die drei Gewaltigen
Goethe und die Demokratie
163–171, 298, 300, 307
Goethe und Tolstoi 64–72, 78,
119–121, 229 f., 242–244,
272, 311, 314
Goethe's ›Werther‹ 202–204,
262, 306
Die große Szene in Kleists Amphitryon 302

Heinrich von Kleist und seine
Erzählungen 238–241, 313
Herr und Hund 208, 282, 307
Humaniora und Humanismus
193 f., 304

Joseph und seine Brüder 79, 82 f.,
124, 126, 129, 131, 136, 140,
277
Joseph in Ägypten 83
Joseph, der Ernährer 28 f., 83,
131, 136, 265, 291 f.
Amenhotep 136, 293
Joseph 136, 293
Mai-Sachme 136
Joseph und seine Brüder, ein Vor-
trag 138–140, 293

Der Kleiderschrank 74, 275
Kleists ›Amphitryon‹ 187–189,
302

Königliche Hoheit 282
Der Künstler und die Gesellschaft 172, 300

Lebensabriß 77, 276
Leiden und Größe Richard Wagners 159, 297, 303
Lob der Dankbarkeit 86, 279
Lotte in Weimar 12 f., 85, 126,
130, 142, 228, 233 f., 270, 279,
289 f., 294, 305, 311
Lübeck als geistige Lebensform
96 f., 283

Maß und Wert, Vorwort zum ersten
Jahrgang 83–85, 278
Meerfahrt mit ›Don Quijo-
te‹ 192 f., 304
Meine Arbeitsweise 74, 275
Meine Goethereise 220 f., 309
Meine Zeit 91 f., 171 f., 281, 300
Michelangelo in seinen Dichtungen
s. Die Erotik Michelangelo's
Mitteilung an die Literarhistorische
Gesellschaft in Bonn 63, 272

Noch einmal der alte Fontane 261
Notizbücher II 10, 62 f., 118, 191,
261, 271 f., 286, 303

On Myself 155, 233 f., 296, 312

Pariser Rechenschaft 75 f., 275
Phantasie über Goethe 14, 17–58,
263, 298

Rede über das Theater 77, 244 f.,
276, 315
Rede über Lessing 209 f., 307
Richard Wagner und der ›Ring des
Nibelungen‹ 132 f., 291

Robert Musil ›Der Mann ohne
  Eigenschaften‹ 220, 309
Roosevelt 161, 298
Russische Anthologie s. Zum Geleit

Schicksal und Aufgabe 205 f., 306
Schopenhauer 116, 195 f., 286,
  305
Schwere Stunde 242, 314

Der Tag des Buches 210, 308
Tagebücher 1918–1921 63,
  118 f., 272, 286 f.
Tagebücher 1933–1934 81, 124,
  160 f., 192, 277, 288, 297, 303
Tagebücher 1935–1936 82, 124,
  126, 278, 289
Tagebücher 1940–1943 86 f.,
  136, 279 f., 292
Tagebücher 1944–1946 140,
  280, 293, 312
Tagebücher 1946–1948 162,
  281, 298
Tagebücher 1949–1950 90, 92,
  281
Tagebücher 1951–1952 207,
  307
Tagebücher 1953–1955 93 f., 282
Tischrede bei der Feier des fünfzig-
  sten Geburtstags 187, 302
Der Tod in Venedig 12, 97, 174 f.,
  225, 262, 283, 301, 310
  Tadzio 175
Tonio Kröger 97, 283

Über den Film 189, 303
Über den ›Gesang vom Kindchen‹
  73, 275

Über die Ehe 74 f., 275
Über Goethe's ›Faust‹ 134 f.,
  198–201, 227 f., 262, 291, 305,
  311

Versuch über Schiller 247–257,
  315
Vom Beruf des deutschen Schriftstellers in unserer Zeit 122–123,
  288
Von Deutscher Republik 154,
  156 f., 296, 303
Vorrede zur Zauberflöte 275
Vorschläge zu einem Buchgeschenk
  1952 148, 294
Vorwort zu Edmond Jaloux'
  Roman ›Die Tiefen des Meeres‹
  230, 311

›Warum braucht das jüdische
  Volk nicht zu verzweifeln?‹ 128,
  290
Die Wiedergeburt der Anständigkeit 189 f., 303
Ein Wort zuvor: Mein ›Joseph und
  seine Brüder‹ 121–122, 288

Der Zauberberg 10, 12, 52, 74, 97,
  124, 225–227, 272, 275 f., 283,
  310
  Hans Castorp 74, 225, 275
  Hofrat Behrends 283
Zu ›Fiorenza‹ 287
Zu Goethe's ›Wahlverwandtschaf-
  ten‹ 177–186, 262, 301
Zum Geleit 312
Zum Problem des Antisemitismus
  194, 304

Verzeichnis der erwähnten Namen, Personen und fremden Werke

Abälard 134, 292
Abeken, Bernhard Rudolf 177, 301, 303, 316
– Erinnerungen B. R. Abekens 302
Adler, Mortimer 93, 282
Alexander III., der Große, König von Makedonien 36
Alkmene 252
Antäus 66, 229, 273
Apoll 34 f., 196 f.
Aphrodite 129, 290 f.
Arendt, Martin Friedrich 103, 284
Ares 252
Aristoteles 29, 194, 304
Arnim, Achim und Bettina von 261
Arnim, Gisela von 261
Arthus, König 294, 311

Barrès, Maurice 181, 302
Beethoven, Ludwig van 238, 313
Benn, Gottfried 81, 278
Bentham, Jeremy 38, 267
Bermann Fischer, Brigitte 277, 311
Bermann Fischer, Gottfried 78, 228, 277, 311
Bertram, Ernst 79, 276, 286, 301
– Friedrich Nietzsche. Versuch einer Mythologie 286
Bertuch, Friedrich Johann 316
Bevin, Ernest 143, 294
Bianquis, Geneviève 92, 282
Biedermann, Flodoard Freiherr von 290

Biedermann, Woldemar Freiherr von 290
– Biedermannsche Gespräche 12, 129
  Biedermannsche Gespräche I 315 f.
  Biedermannsche Gespräche II 46, 67, 269, 273, 277–278, 284, 286
  Biedermannsche Gespräche III 301
  Biedermannsche Gespräche IV 56, 271, 279, 285, 316
Bielschowsky, Albert 264 f., 267, 287
Bismarck, Otto Fürst von 43, 91, 162
Blüher, Hans 175, 301
Boccaccio, Giovanni 191, 303
Boisserée, Sulpiz 68, 81, 120, 182, 273, 278, 287, 302
Börne, Ludwig 42, 159, 268
– Briefe aus Paris 268
Boy-Ed, Ida 155, 296
Brahms, Johannes 142, 294
Brantl, Maximilian 144, 294
Breitkopf 207, 307
Bretschneider, Heinrich Gottfried von 105, 284
Brion, Friederike 49, 134, 270, 291
Bruckner, Anton 142, 294
Brutus 249
Buff, Charlotte s. Kestner, Charlotte geb. Buff

Buttel, Ch. D. von 314
Byron, George Gordon Lord 101,
  233, 238, 284, 312

Cäsar 249
Canterbury, Anselm von 274
– Proslogion 274
Carl August s. Karl August
Carlyle, Thomas 99, 163, 283,
  298
Carossa, Hans 11, 206, 262, 306
Cassius 249
Cellini, Benvenuto 100, 283
Chinese Courtship 222, 310
Clark-Kerr, Archibald John 142,
  294
Correggio 98, 283
Cotta, Johann Friedrich 177, 301
Creuzer, Friedrich 129, 290

Dante 292
– Göttliche Komödie 292
  Paolo und Francesca 134, 292
Dawe, George 103, 284
Degas, Edgar 218, 309
Demeter 131
Dilthey, Wilhelm 10, 261
– Goethe und die dichterische
  Phantasie 261
Dionysos 239
Dostojewski, Fedor 69, 236, 243,
  274, 312
Droemer, Adalbert 77, 277
Dürer, Albrecht 288
Dumont, Pierre Etienne Louis 295
d'Urfé s. Urfé, Honoré d'

Ebert, Friedrich 192, 304
Eckermann, Johann Peter 39, 62,
  66, 91, 100, 105, 149, 150, 153,
  164, 169, 177, 212, 222, 231,

[Eckermann, Johann Peter] 233,
  245, 263, 268, 270 f., 273, 278,
  281, 284, 286 f., 295–302, 305,
  308–312, 315
Egeria 34, 267
Eichmann, Arnold Heinz 83, 278
Eichstätt, H. C. A. 31, 266
Einstein, Albert 192, 304
Elisabeth, Königin 298
Emerson, Ralph Waldo 55, 163,
  271, 298
Engelhard, Daniel 179, 302
Ense, H. A. Varnhagen von 301 f.
Erasmus von Rotterdam 41 f., 90,
  162, 268
– Lob der Torheit 268
Eschenbach, Wolfram von 311
– Parzifal 311

Fairley, Barker 165, 299
– A Study on Goethe 165, 299
Falk, Johann Daniel 314, 316
Faust-Buch 135, 292
Fichte, Johann Gottlieb 52
Fiedler, Kuno 278
Fischer, Brigitte s. Bermann Fischer,
  Brigitte
Fischer, Ernst 97, 283
Fischer, Samuel 78, 81, 277 f., 311
Förster, F. 279
Fontane, Theodor 10, 187, 261
Frank, Hans 279
Freud, Sigmund 127, 289
– Neue Folge der Vorlesungen
  zur Einführung in die Psycho-
  analyse 289
– Die Traumdeutung 289
Friedrich II., der Große, König von
  Preußen 51, 269 f.
Fritsch, Jacob Friedrich von 28,
  265

Fröhlich, Katharina 267
Frommann, Karl Friedrich Ernst
  185, 270

Gagern, Hans Christoph Ernst
  Freiherr von 41 f., 268
Gaia 273
Galahad 226, 311
Gawain 226, 311
George, Stefan 10, 261
– Der Siebente Ring 10, 261
Gide, André 76, 163, 275, 298
– Les Caves du Vatican 76
Giorgione 292
Girnus, Wilhelm 90
Göchhausen, Luise von 264
Goethe, Christiane von s. Vulpius,
  Christiane
Goethe, Cornelia s. Schlosser,
  Cornelia
Goethe, Friedrich Georg 23, 264
Goethe, Johann Kaspar 23, 35, 40,
  104 f., 264
Goethe, Johann Wolfgang von
– Achilleis 100, 118, 284
    Achill 119, 189, 287
    Polyxena 119, 189, 287
– Antiker Form sich nähernd 223,
  310
– Biographische Einzelnheiten 265
– Campagne in Frankreich 169, 300
    Clavigo 216, 269, 305
    Carlos 198 f., 305
    Clavigo 48, 198 f., 269
    Marie Beaumarchais 199
– Dichtung und Wahrheit 20, 51,
  64, 76, 102, 104, 118 f., 134,
  138, 184, 215, 263, 275 f., 285,
  287, 291, 293, 300, 302, 308 f.,
  311
    Ahasver-Plan 119, 287

[Goethe, Johann Wolfgang von]
– Des Epimenides Erwachen 160,
  297
– Egmont, 48, 168, 299
    Clärchen 48
– Epilog zu Schillers Glocke 67,
  112, 165, 248, 273, 285, 298 f.,
  312, 315
– Zur Farbenlehre 36
– Faust I 9, 12, 35, 46, 48, 51,
  68, 73, 82, 90, 94, 104, 110,
  118, 126, 129, 134, 136 f.,
  139–141, 143 f., 146, 166, 168,
  198–201, 205, 225 f., 228, 245,
  250, 265, 273, 285 f., 289,
  292–294, 299, 302, 305, 311
    Faust 134, 145 f., 198–200,
    229
    Gretchen 48, 61, 90, 134 f.,
    182, 185, 262, 291
    Mephistopheles 38, 136,
    145 f., 188, 199 f., 234, 299
– Faust II 9, 12, 24, 35, 38,
  46–48, 53–55, 57, 61, 73, 82,
  87, 90, 94, 104, 110, 118, 124,
  126 f., 129 f., 133, 136 f.,
  139–141, 143–145, 168 f.,
  198 f., 205, 225 f., 228, 245,
  250 f., 262, 269, 271, 285 f.,
  288–291, 299 f., 294, 305, 314 f.
    Faust 134, 145 f., 198–200,
    251
    Helena 54 f., 87, 130, 134 f.,
    139, 143, 290
    Mephistopheles 38, 134,
    145 f., 188, 199 f., 234
    Panthalis 299
– Geschichte meines botanischen
  Studiums 274
– Götz von Berlichingen 25, 51,
  110, 198, 264, 270, 285, 305

[Goethe, Johann Wolfgang von]
- Hermann und Dorothea 63, 73,
  97, 100 f., 103, 110, 171, 208 f.,
  222, 245, 255, 272, 275, 283,
  285, 307, 310, 315
- Iphigenie auf Tauris 21, 30 f.,
  34, 52, 181, 239, 263, 266, 313
    Iphigenie 263
    Orest 263
- Italienische Reise 31, 266, 274,
  299
- Jerry und Bätely 271
- Literarischer Sansculottismus 268
- Die Leiden des jungen Werther
  12, 25, 35, 41, 46, 48 f., 51 f., 54,
  76, 105, 126, 134, 167 f., 202 f.,
  232 f., 241, 262, 264, 270, 284,
  289, 292, 306
    Werther 134, 189, 202–204,
    292
    Lotte 134, 202, 292, 306
- Marienbader Elegie 12
- Maximen und Reflexionen 45,
  214, 229, 268 f., 278, 282, 283,
  286, 295, 304, 306, 308, 311,
  315
- Maximen und Reflexionen über
  Kunst 288
- Maximen und Reflexionen über
  Literatur und Ethik 281, 299
- Dem Menschen wie den Tieren
  ist ein Zwischenknochen der
  obern Kinnlade zuzuschreiben 11
  274
- Die Mitschuldigen 171, 300
- Die natürliche Tochter 50, 270
- Neue Lieder 310
- Novelle 219, 309
- Pandora 43, 268, 275
- Paralipomena zu den Maximen
  und Reflexionen 303

[Goethe, Johann Wolfgang von]
- Prometheus 287
- Römische Elegien 32
- Sankt-Rochus-Fest zu Bingen
  168, 299
- Schriften zur Kunst 311
- Schriften zur Kunst
  1816–1832 265
- Schriften zur Kunst, Propyläen,
  Einleitung 274
- Schriften zur Literatur 314
- Schriften zur Natur- und Wissen-
  schaftslehre, Fragment über die
  Natur 66, 273
- Sprüche in Reimen 110, 118,
  167, 285 f., 299
- Stella 48, 191, 215, 269, 303,
  308
    Fernando 48, 269
- Torquato Tasso 30 f., 34, 52, 81,
  100, 182, 210, 230, 233, 241,
  261, 266 f., 283, 308, 311
    Antonio 199
    Prinzessin von Este 34, 267
    Tasso 48, 189, 199
- Trilogie der Leidenschaft.
  An Werther 312
- Versuch aus der vergleichenden
  Knochenlehre, daß der Zwi-
  schenknochen der obern Kinnlade dem Menschen mit den übrigen Thieren gemein sei 274
- Vier Jahreszeiten 268
- Die Wahlverwandtschaften 12,
  47 f., 52, 78, 174, 177–180,
  182 f., 185, 217, 238, 277, 285,
  295, 301, 306, 309
    Charlotte 179, 183, 185
    Eduard 183, 185
    Ottilie 179, 182–185
    Otto 179

[Goethe, Johann Wolfgang von]
– West-östlicher Divan 18–20,
   45, 47, 53, 64, 86, 110, 126,
   148, 192, 196, 198, 212, 224,
   237, 261, 263, 269, 271, 273,
   288 f., 294, 303–305, 308, 313
      Suleika 18, 263, 273, 305
      Hatem 19 f., 86, 130, 263
– Wilhelm Meister 12, 35, 48, 52,
   64, 73, 76, 108, 124, 126, 158,
   226, 255, 276, 283, 289, 297
      Wilhelm Meisters Lehrjahre
      30, 58, 109, 266, 271 f.
         Mignon-Lieder 30, 189,
         266
         Wilhelm 70
      Wilhelm Meisters Wander-
      jahre 56, 64, 70, 114, 121,
      180, 273 f., 287, 290, 293
         Wilhelm 70
– Urfaust 25, 227, 264, 311
– Zahme Xenien 58, 114 f., 149,
   168, 217 f., 232, 271, 276, 279,
   286, 295, 297, 299, 309 f., 312
Goethe, Julius August Walther von
   24, 34, 50, 264, 272
Goethe, Katharina Elisabeth geb.
   Textor, genannt Aja 17, 23, 40,
   263
Goethe, Ottilie von geb. von Pog-
   wisch 257
Goethe, Walther (Wolfgang) von
   24, 106 f., 264, 284
Goethe, Wolfgang (Maximilian)
   von 24, 264
Graß, K. 310
Grautoff, Otto 11, 61 f., 262, 271
Grillparzer, Franz 35, 267, 291
– Des Meeres und der Liebe Wellen
   291
Grimm, Herman 10, 253, 316

Grimm, Jacob 261
Grimm, Wilhelm 261
Grüner, Joseph Sebastian 36, 267,
   308
Guizot, François Guillaume 152,
   295
Gundolf, Friedrich 10, 261
– Goethe 261
Gustedt, Jenny von 285

Hamburger, Käte 136, 292
Hamsun, Knut 75, 275
– Hunger 75
– Das letzte Kapitel 75
Hardenberg, Friedrich von
   s. Novalis
Hauptmann, Gerhart 10 f., 192,
   261, 277, 304
Haydn, Joseph 52, 241
Hebe 252
Helena 129
Heloise 134, 292
Herakles 273
Herder, Johann Gottfried 25, 31,
   34, 50, 71, 140, 264, 266 f.,
   270, 274, 284
Herder, Caroline geb. Flachsland
   33 f., 49, 267
Herkules 251 f.
Hermes 35, 175, 247, 252
Hero 134, 291
Herwegh, Georg 150, 295
Herzlieb, Minna 49, 185, 270, 302
Hesiod 305
Hesse, Hermann 76, 144, 236,
   276, 294, 312
– Das Glasperlenspiel 143, 236,
   294, 312
Hessen-Darmstadt, Luise s. Luise,
   Prinzessin von Hessen-Darm-
   stadt

Heuser, Klaus 82, 278
Hitler, Adolf 92, 142, 160
Hölderlin, Friedrich 158, 164, 297 f.
Hofmannsthal, Hugo von 10, 63, 86, 140, 261, 272, 279, 293
Holtei, C. E. 45, 269
Homer 49, 199, 209, 268, 305, 307
– Odyssee 305
   Proteus 44
Horaz 121, 288
Hotho, Heinrich Gustav 309
Huch, Ricarda 192, 304
Humboldt, Wilhelm von 18, 21, 219, 253, 256, 263, 266, 270, 297, 310, 315 f.
Hutchins, Robert Mynard 93, 282
Hutten, Ulrich von 298

Ibsen, Hendrik 120, 287
Inverchapel, Lord s. Clark-Kerr, Archibald John

Jacobi, Friedrich Heinrich 308
Jacobs, Monty 89, 280
Jacobsen, Anna 83, 278
Jaloux, Edmond 230, 311
Jens, Inge 280 f.
Jesus von Nazareth 223
Joseph II., Kaiser 166, 299
Jupiter 35, 188, 254

Kafka, Franz 204 f., 306
– Das Schloß 306
– Tagebuch 306
Kahler, Erich von 88, 280
Kant, Immanuel 85, 116, 252
Karl August, Großherzog von Sachsen-Weimar 25, 27–29, 36, 42, 265

Karoline, Erbprinzeß 269
Kaufmann, Fritz 88, 262, 280
Kellen, Konrad 142, 293
Keller, Gottfried 10, 52, 63, 90 f., 261, 272, 281
– Der Grüne Heinrich 63, 90 f., 272, 281
Kerényi, Karl 90, 129, 136, 281, 290, 292
Kestner, Charlotte geb. Buff 49, 234, 270, 312
Kestner, Johann Christian 49, 233 f., 270
Keyserling, Graf Hermann 275
Kierkegaard, Sören 141, 293
Kleist, Heinrich von 12, 187, 196, 238–241, 262, 313 f.
– Amphitryon 187 f., 302
   Alkmene 187 f., 303
   Amphitryon 188
   Charis 188
   Jupiter 302
   Merkur 188
   Sosias 188
– Robert Guiscard 238 f., 313
– Die Hermannsschlacht 240, 313
– Das Käthchen von Heilbronn 240, 313 f.
– Penthesilea 240, 313
   Penthesilea 313
   Prothoe 313
– Prinz Friedrich von Homburg 240, 313
– Der zerbrochene Krug 240
Kleist, Ulrike von 314
Knebel, C. L. 183, 273, 308
Körner, Christian Gottfried 104, 267, 284, 315 f.
Kolbenheyer, Erwin Guido 9, 261
Kris, Ernst 124, 289

Laube, H. 101, 109, 272, 284, 286
Laura 134, 292
Lavater, Johann Kaspar 299, 309
Leander 134, 291
Leda 290
Leibniz, Gottfried Wilhelm 140, 194
Leo x., Papst 41, 268
Leonardo da Vinci 100, 194, 283
Lessing, Gotthold Ephraim 203, 209, 307 f.
– Nathan der Weise 210, 307 f.,
Levetzow, Ulrike von 19, 38, 175, 263, 267, 301
Lion, Ferdinand 81, 277
Lionardo s. Leonardo da Vinci
Lobe, J. Ch. 274
Lortzing, Albert 159, 297
Ludwig, Emil 78, 277
Luise, Prinzessin von Hessen-Darmstadt, später Großherzogin von Sachsen-Weimar 27, 179, 265
Luden, Heinrich 151, 295
Ludendorff, Erich 155, 296
Luther, Martin 23, 42 f., 46, 93, 100, 141, 144, 151, 162, 245, 264, 295

Mack, Siegfried 202, 306
Macpherson, James 49, 270
Mann, Anthony 262, 314
Mann, Erika 293
Mann, Fridolin 262, 314
Mann, Gret geb. Moser 262, 314
Mann, Heinrich 86, 118, 124, 279, 286, 294
Mann, Johann Sigmund, der Jüngere 11, 262
Mann, Katia geb. Pringsheim 271
Mann, Klaus 207, 293, 307

Mann, Michael (Bibi) 11, 262, 314
Mann Borgese, Elisabeth 278
Manzoni, Alessandro 212, 308
– Die Verlobten 308
Marschner, Heinrich 159, 297
Mascagni, Pietro 280
– Cavalleria rusticana 88, 280
Massary, Fritzi 136, 292
Matt, Peter von 10, 261
– Das Schicksal der Phantasie 261
Mayer, Hans 90, 281
– Thomas Mann. Werk und Entwicklung 281
Mayer, Hans-Otto 14, 263
Mendelssohn, Peter de 278
Menelaos 290
Merkur 104
Merlin 142, 294
Merrem-Nickisch, Grete 276
Meyer, Agnes E. 13, 87, 117, 136 f., 197, 205, 262, 280, 286, 292 f., 305 f.
Meyer, Conrad Ferdinand 269
– Huttens letzte Tage 45, 269
Meyer, Eugene 280
Meyer, H. 316
Michelangelo Buonarroti 92, 207, 282
Mickiewicz, Adam 89, 280
Minerva 248
Molière (Jean-Baptiste Poquelin) 187, 237, 239, 311
– Amphitryon 187, 240
– Scapins Schelmenstreiche 311
Mombert, Alfred 192, 303
Mozart, Wolfgang Amadeus 113, 141, 241, 286 f.
– Don Giovanni (Don Juan) 141, 293
– Die Zauberflöte 121, 287
   Sarastro 121, 287

Müffling, Freiherr von 179
Mühlestein, Hans 92, 281
Müller, A. 309
Müller, Kanzler von 68, 268, 273,
    279, 282, 284 f., 295, 313
Musil, Robert 220, 309
– Der Mann ohne Eigenschaften
    220, 309
Mussolini, Benito 192

Napoleon I., Kaiser der Franzosen
    18, 51, 91, 93, 160, 171, 282
Nemerow, Howard Stanley 311
Nemesis 129, 290
Nicolai, Friedrich 105, 284
Nicolovius, Georg Heinrich Lud-
    wig 264
Nicolovius, Luise Marie Anna geb.
    Schlosser 24, 264
Nietzsche, Friedrich 12, 44, 79,
    95–97, 113 f., 118, 144, 149,
    155, 158, 163, 183, 191 f., 235 f.,
    262, 268 f., 286, 303
– Also sprach Zarathustra 118,
    286
– Zur Genealogie der Moral 45,
    269
– Jenseits von Gut und Böse 44 f.,
    268 f.
Nikisch, Arthur 76, 276
Novalis (Friedrich Leopold Freiherr
    von Hardenberg) 108 f., 156,
    285
– Fragmente 285
Numa, König 267

Odilie, Heilige 185
Odin 213
Odyniecs, A. E. 271
Oken, Laurentius 266
Ortlepp 303

Palladio, Andrea 44
Pan 44
Pannwitz, Rudolf 192, 303
Pappenheim, Jenny von 316
Pascal, Blaise 173, 301
Paul, Jean s. Richter, Johann Paul
    Friedrich
Perceval 226
Persephone 131
Pestalozzi, Friedrich 120, 287
Petrarca 134, 292
Petrus 93
Pfuel, Ernst von 67, 80, 273, 277
Phillips, Sidney 90, 281
Phöbus 247, 252
Pius XII., Papst 93
Poseidon 273
Priapos 34, 267
Pringsheim, Katia s. Mann, Katia
Properz (Sextus Propertius) 212
– Elegien 212
Proust, Marcel 76, 276

Raphael 283
Rascher, Max 82, 278
Rathenau, Walther 192, 297, 304
Reed, T. J. 12, 262
Reichardt, J. F. 315
Reitzenstein, Fräulein von 179
Richardson, Samuel 222, 310
– Clarissa 310
– Pamela 310
Richter, Johann Paul Friedrich 76,
    106, 275
Riemer, Friedrich Wilhelm 46 f.,
    64, 86, 179, 269, 272, 277, 279,
    284, 287, 296, 299, 301 f., 312
Rochlitz, Johann Friedrich 177,
    301
Roosevelt, Franklin Delano 161,
    298

327

Rousseau, Jean-Jacques 73, 275
– Emile 73, 275
– Les confessions 73, 275
Ruskin, John 151, 295
– The Seven Lamps of Architecture
151
Rychner, Max 14, 148, 262 f.,
295

Sachs, Hans 23, 146, 264, 294,
297
Sade, Hugo de 292
Saint-Beuve, Charles Augustin de
237, 313
Saint-Simon, Claude Henri Comte
de 171, 300
Schickele, René 86, 279, 303
Schikaneder, Emanuel 287
Schiller, Charlotte von geb. von
Lengefeld 44, 269
Schiller, Friedrich von 36, 48, 65 f.,
68 f., 81, 85, 104, 110, 119, 169,
178, 180, 189 f., 219, 231, 238 f.,
242–257, 265, 267 f., 273, 279,
283–285, 291, 303, 314–316
– Braut von Messina 239, 313
– Das Glück 247 f., 315
– Die Jungfrau von Orleans 110,
247, 285, 315
– Das Lied von der Glocke 101,
284
– Maria Stuart 254
    Elisabeth 254
    Maria 254
– Über Anmut und Würde 243,
314
– Über naive und sentimentalische
Dichtung 178, 301
– Wallenstein 253, 256, 279
    Die Piccolomini 85, 279
– Die Weltweisen 315

– Wilhelm Tell 110, 285
Schimmelmann, Charlotte Gräfin
315
Schlegel, August Wilhelm 289
Schlegel, Friedrich 73, 124,
208–210, 275, 307, 316
Schlosser, Cornelia geb. Goethe 24,
264
Schlosser, Johann Georg 264, 309
Schlosser, Luise Marie Anna s.
Nicolovius, Luise Marie Anna
Schmidt, Erich 264
Schnitzler, Arthur 76, 276
Schönemann, Anna Elisabeth (Lili)
27, 265
Schopenhauer, Arthur 12, 79,
112 f., 116, 149, 151, 163,
194–196, 262, 286
– Paralipomena. Aphorismen zur
Lebensweisheit 286
– Über die vierfache Wurzel des
Satzes vom zureichenden Grunde
113, 286
– Die Welt als Wille und Vorstel-
lung 113, 196, 286
Schottel, Justus Georg 140, 293
Schröter, Corona 263
Schuckmann, F. von 309
Schütz, Johann Stephan 269
Semenowitsch, Graf Sergej 270
Seneca 269
Shakespeare, William 40, 49, 51,
164, 237, 270, 291, 299
– Hamlet, Prinz von Dänemark
202, 302
– Romeo und Julia 134, 291
Shaw, George Bernard 75, 275
Shawcross, Sir Hartley 142 f., 294
Simmel, Georg 10, 261
Sömmering, Samuel Thomas von
38, 267

Solger, Karl Wilhelm Friedrich 178 f., 301
Solon 305
Soret, Friedrich J. 267, 295, 305
Spengler, Oswald 154, 296
– Der Untergang des Abendlandes 296
Spinoza 40, 119, 180, 194, 252, 287
Spontini, Gasparo 159, 297
Staël, Germaine de 289
Stein, Charlotte von geb. von Schardt 30–32, 34, 49, 71, 171, 265 f., 270, 274, 278 f., 300, 308, 314
Stein, Friedrich von 34, 267
Sterne, Lawrence 139, 293
– Das Leben und die Meinungen des Tristram Shandy 139, 293
Sternberger, Dolf 142, 294
Sternheim, Carl 63, 272
Stifter, Adalbert 10, 52, 124, 151, 156, 279, 289, 295 f.
– Der Nachsommer 86, 279
Stolberg, Auguste Gräfin zu 273
Stolberg, Christian Graf zu 27, 265
Stolberg, Friedrich Leopold Graf zu 27, 265
Strich, Fritz 55, 271
– Goethe und die Weltliteratur 55, 271
Swifte, W. R. 102, 284

Talleyrand, Charles-Maurice de 237, 313
Tasso, Torquato 312
Textor, Anna Margareta geb. Lindheimer 17, 22, 40, 262
Textor, Katharina Elisabeth s. Goethe, Katharina Elisabeth
Textor, Johann Wolfgang 23, 264

Themis 248
Tieck, Johann Ludwig 107, 285
Tizian 292
Tolstoi, Leo Nikolajewitsch Graf 64, 79, 92, 121, 183, 207, 236, 242 f., 272, 282, 302, 312
– Die Kreuzersonate 183, 302
Troyes, Chrétien 311
– Parzifal 311
Türckheim, Bernhard Friedrich von 265
Turgenjew, Iwan Sergejewitsch 312
Tyrtaios 232, 312

Uhland, Ludwig 149, 295
Undine 185
Urfé, Honoré d' 263
– L'Astrée 263

Vaget, Hans Rudolf 12
– Im Schatten Wagners 12
Valéry, Paul 163, 298
Venus 247 f.
Vieweg, Johann Friedrich 103, 284
Viktoria, Queen 91
Voltaire (François-Marie Arouet) 22, 264, 285
– Candide 108, 285
– Rameaus Neffe 22, 264
Voß, Johann Heinrich 208, 307
Vossler, Karl 193, 304
Vulpius, Christiane 34, 267

Wagensperg, Gräfin 253, 316
Wagner, Richard 12, 43, 79, 93, 97, 111, 113, 119 f., 129, 132 f., 159, 163, 180, 192 f., 262, 268, 285, 291, 297 f.
– Der fliegende Holländer 132, 291

[Wagner, Richard]
– Lohengrin 159, 297
– Die Meistersinger von Nürnberg
  159
– Parsifal 93, 282
– Der Ring des Nibelungen 133,
  205, 291
    Die Walküre 43, 268
    Wotan 43
– Tristan und Isolde 191 f.
– Was ist deutsch? 285
Wandrey, Conrad 63, 272
Weber, Carl Maria von 88, 159,
  176, 280, 297, 301
– Der Freischütz 88, 280
– Oberon 88, 280
– Euryanthe 88, 280
Weber, E. W. 314
Wedgwood, Josiah 109, 285
Weigand, Hermann John 124, 288
Weiß, Ernst 126, 289
Wieland, Christoph Martin 25,
  30, 183, 238, 265 f., 302, 313

Wilde, Oscar 272
– An ideal husband 272
    Lord Goring 272
Wilhelm II., Kaiser 155, 296
Wilhelm III., König Friedrich 297
Willemer, Marianne von geb. Jung
  18, 49, 130, 261, 263, 270, 290,
  308
Winckelmann, Johann Joachim
  239, 313
Woltmann, Karl Ludwig von
  316
Wolzogen, Caroline von geb. von
  Lengefeld 217, 309
– Agnes von Lilien 309
Wysling, Hans 11

Zapper, Joseph Stanislaus 302
Zelter, Carl Friedrich 52, 102,
  268, 270 f., 284, 313
Zeus 49, 247, 252, 290
Zimmermann, G. W. 162, 298
Zweig, Stefan 225, 310

Thomas Mann

Essays

in der Fassung der Erstdrucke

Herausgegeben von
Hermann Kurzke und Stephan Stachorski

Sechs Bände:

I. *Frühlingssturm*
Essays 1893-1918
Band 10899

II. *Für das neue Deutschland*
Essays 1919-1925
Band 10900

III. *Ein Appell an die Vernunft*
Essays 1926-1933
Band 10901

IV. *Achtung, Europa!*
Essays 1933-1938
Band 10902

V. *Deutschland und die Deutschen*
Essays 1938-1945
Band 10903

VI. *Meine Zeit*
Essays 1945-1955. Gesamtregister
Band 10904

Fischer Taschenbuch Verlag

fi 111 / 5

Thomas Mann

Buddenbrooks
Verfall einer Familie
Roman. Band 9431

Königliche Hoheit
Roman. Band 9430

Der Zauberberg
Roman. Band 9433

Joseph und seine Brüder
Roman
I. *Die Geschichten Jaakobs.* Band 9435
II. *Der junge Joseph.* Band 9436
III. *Joseph in Ägypten.* Band 9437
IV. *Joseph, der Ernährer.* Band 9438

Lotte in Weimar
Roman. Band 9432

Doktor Faustus
Das Leben des deutschen Tonsetzers
Adrian Leverkühn, erzählt von einem Freunde
Roman. Band 9428

Der Erwählte
Roman. Band 9426

Bekenntnisse des Hochstaplers Felix Krull
Der Memoiren erster Teil. Band 9429

Fischer Taschenbuch Verlag

Thomas Mann
Ein Leben in Bildern

Herausgegeben von
Hans Wysling und Yvonne Schmidlin

Band 13885

Wir kennen Thomas Mann, sein Werk, seine Familie, sein Um-
feld und seine Figuren nur aus seinen Büchern, nicht aber in
Bildern. Viele seiner Leser haben den Wunsch, auch seine
Schrift, seinen Schreibtisch, die Städte und Häuser, in denen er
lebte und arbeitete, kennenzulernen.

Die Herausgeber Hans Wysling und Yvonne Schmidlin halten
aus den verschiedenen Lebensepochen Thomas Manns nicht
nur Bekanntes fest, sondern auch bisher unbekanntes Material:
Porträts, Familienbilder, Figuren und Orte, die im Werk eine
Rolle spielen: Hans Hansen (*Tonio Kröger*), Tadzio (*Der Tod
in Venedig*), Imma Spoelmann (*Königliche Hoheit*), Clawdia
Chauchat (*Der Zauberberg*) oder Mme Houpflé (*Bekenntnisse
des Hochstaplers Felix Krull*).

Die Bilder werden ergänzt durch Textdokumente, Briefe, Buch-
umschläge und begleitende Kommentare der Herausgeber und
ergeben nicht nur ein Bilderbuch, sondern *Ein Leben in Bildern*.

Fischer Taschenbuch Verlag

fi 382 / 7

Im Schatten Wagners

Thomas Mann über Richard Wagner
Texte und Zeugnisse 1895-1955

Herausgegeben und eingeleitet von Hans Rudolf Vaget

Band 13835

Wie die hier versammelten Texte belegen, war Richard Wagner
für Thomas Mann eigentlich immer präsent. Kein anderer
Künstler, weder Goethe, noch Schiller oder Tolstoi, ja nicht
einmal Nietzsche hatte für ihn eine solche Bedeutung. Die Beschäftigung mit Wagner, das Erlebnis seiner Musik, setzten bei
Thomas Mann kreative Energien frei. Daß seine Beschäftigung
mit Wagner hauptsächlich auf dem Umweg über die Wagner-
Kritik Nietzsches geschah, steigerte ihre Intensität eher noch.
Nietzsche machte Thomas Mann Lust, Wagner literarisch wei-
terzuverarbeiten, ihn gleichsam fortzuschreiben. So überwiegt
am Ende, trotz aller kritischen Anmerkungen zu Person und
zum Schaffen Wagners bei Thomas Mann die Dankbarkeit für
eine für immer nachzitternde »geistige Beglückung«.

»Es gibt Fälle, bei denen man alles mögliche zugeben mag, und
es bleibt immer etwas Überwältigendes zurück.«

Thomas Mann, ›Zu Wagners Verteidigung‹

Fischer Taschenbuch Verlag

fi 1637 / 4